Wolfgang Lentzen-Deis

Den Glauben Christi teilen

Praktische Theologie heute

Herausgegeben von

Gottfried Bitter
Peter Cornehl
Ottmar Fuchs
Albert Gerhards
Henning Schröer
Klaus Wegenast

Band 2

Wolfgang Lentzen-Deis

Den Glauben Christi teilen

Theologie und Verkündigung bei Nikolaus von Kues

Verlag W. Kohlhammer
Stuttgart Berlin Köln

Die Deutsche Bibliothek - CIP-Einheitsaufnahme

Lentzen-Deis, Wolfgang:
Den Glauben Christi teilen : Theologie und Verkündigung
bei Nikolaus von Kues / Wolfgang Lentzen-Deis. -
Stuttgart ; Berlin ; Köln : Kohlhammer, 1991
(Praktische Theologie heute ; Bd. 2)
ISBN 3-17-011408-5
NE: GT

Stuttgart Berlin Köln
Verlagsort: Stuttgart
Gesamtherstellung:
W. Kohlhammer Druckerei GmbH + Co. Stuttgart
Printed in Germany

Inhaltsverzeichnis

Abkürzungen

App.	= Apparat (I-III) von h
b	= Nicolai de Cusa Opera, ed. Henricus Petri, Basilea 1565
BGPhMA	= Beiträge zur Geschichte der Philosophie des Mittelalters, Münster 1891ff. Seit 1928 unter dem Titel:
BGPhThMA	= Beiträge zur Geschichte der Philosophie und Theologie des Mittelalters, Texte und Untersuchungen, Münster 1928ff
C	= Codex Cusanus 220, Bibliothek des St. Nikolaushospitals, Bernkastel-Kues
CT	= Cusanus Texte, Sitzungsberichte der Heidelberger Akademie der Wissenschaften, Philosophisch-historische Klasse, Heidelberg 1929ff
D	= Codex Magdeburgensis 38, Bibliothek des Domgymnasiums, Magdeburg
fol.	= folio
r	= recto
v	= verso
a	= linke Kolumne
b	= rechte Kolumne
h	= Nicolai de Cusa Opera omnia iussu et auctoritate Academiae litterarum Heidelbergensis, Lipsiae 1932 sqq., Hamburgi 1959 sqq.
L	= Codex Ashburnham 1374, Bibliothek Laurenziana, Florenz
MFCG	= Mitteilungen und Forschungsbeiträge der Cusanus-Gesellschaft, Mainz 1961ff
NvK	= Nikolaus von Kues
p	= Nicolai Cusae Cardinalis Opera, ed. Jacobus Faber Stapulensis Parisiis 1514, Nachdruck Frankfurt 1962
U_1	= Codex Sublacensis 235, Bibliothek der Abtei Subiaco
U_2	= Codex Sublacensis 205, Bibliothek der Abtei Subiaco
V_1	= Codex Vaticanus Latinus 1244, Vatikanische Bibliothek, Rom
V_2	= Codex Vaticanus Latinus 1245, Vatikanische Bibliothek, Rom

Vorwort

Die Idee, das Werk des Nikolaus von Kues und insbesondere seine Sermones unter praktisch-theologischer Rücksicht zu untersuchen, geht auf eine Anregung von Herrn Universitätsprofessor Dr. Gottfried Bitter CSSP zurück, dem ich herzlich zu danken habe für seine freundschaftliche, kritische und konstruktive Begleitung bei der Erstellung dieser Arbeit, die von der Katholisch-Theologischen Fakultät der Rheinischen Friedrich-Wilhelms-Universität Bonn im Jahre 1990 als Habilitationsschrift angenommen wurde.

Besonderen Dank schulde ich Herrn Universitätsprofessor em. Prälat Dr. Dr. h.c. Rudolf Haubst, der mir wesentliche Zugänge zum Werk und vor allem zu den noch nicht edierten Sermones des Nikolaus von Kues, unseres gemeinsamen moselländischen Landsmanns, erschlossen hat. Seinen Mitarbeitern Dr. Alfred Kaiser, Dr. Heinrich Pauli und Dr. Hermann Schnarr verdanke ich manche Hinweise und technische Hilfen anläßlich meiner Studien im Institut für Cusanusforschung in Trier.

Dank gebührt den Herausgebern der Reihe "Praktische Theologie heute" für die Aufnahme des Buches in eben diese Reihe, dem Verlag W. Kohlhammer für die Betreuung und dem Bistum Trier für den Druckkostenzuschuß. Danken möchte ich nicht zuletzt Frau Stefanie Kolz für die Mühe des Schreibens und Ausdruckens. Frau Carola Fleck-Saberschinsky hat mit Sorgfalt Korrektur gelesen.

Es wäre ein schöner Lohn der aufgewandten Mühe, wenn die Untersuchung dazu beitrüge, Cusanus, den großen Glaubensmittler an der Epochenschwelle zur Neuzeit, für die Praktische Theologie von heute und morgen zu entdecken.

Trier, im April 1991

Wolfgang Lentzen-Deis

Einleitung

Die offensichtliche, allenthalben von kirchlicher Seite beklagte Krise, in der sich die "Weitergabe des Glaubens" heute befindet, läßt sich nicht allein durch psychologische und soziologische Analysen erfassen, sondern muß im Zusammenhang mit den geistesgeschichtlichen Umbrüchen seit Beginn der Neuzeit gesehen werden. Im Vergleich zur modernen Rationalität hat man das metaphysische, antik-mittelalterliche Denken als rezeptiv-schauend charakterisiert.[1] Indem sich der neuzeitliche Mensch von den Objekten dem Akt des Erkennens selbst zuwandte, entdeckte er die Spontaneität seiner Vernunft, die sich selbst und ihre Welt "setzt". Nach der weiteren Wende zum geschichtlichen Denken wird die Geisteseinstellung des modernen Menschen durch die Wandlung zum technisch Machbaren und zu einer auf Ökonomie und Effektivität ausgerichteten Arbeitsrationalität geprägt. Er erwartet die Behebung aller Mängel und die Erfüllung seiner Bedürfnisse von der "Arbeit". Vor dem Hintergrund eines solchen Bewußtseinswandels erscheint die alte Weise vernehmend-kontemplativen Denkens, das Gott und die von ihm geschaffene Welt zu sehen glaubte, als Selbsttäuschung oder zumindest als zu überwindendes Durchgangsstadium. Theologie und Verkündigung des christlichen Glaubens stehen damit vor der radikalen Herausforderung, den Offenbarungsglauben einer Vernunfteinstellung vermitteln zu sollen, die nur anerkennen kann, was als Wissen von ihr selbst hervorgebracht zu werden vermag.[2]

Konnten Paulus und nach ihm die Kirchenväter gegenüber der Weisheit der Welt das Evangelium von der Torheit des Kreuzes als totalen Gegensatz zur Geltung bringen (vgl. 1 Kor 1,22ff), so wird heute sogar die Provokation unmöglich, weil die Botschaft gar nicht mehr vernommen wird. Es scheint, als ob moderne Lebens- und Arbeitsvernunft auf der einen Seite sowie schauende Glaubenseinsicht auf der anderen Seite einander unvermittelbar gegenüberständen. In dieser Situation ist es vordringlich, nach dem Verhältnis der beiden genannten Weisen geistiger Grundeinstellung zueinander und damit nach Beziehungen zwischen dem menschlichen Subjekt und der göttlichen Offenbarung zu fragen. Das ist m.a.W. die Frage nach der Möglichkeit einer "Didaktik des Glaubens".

---

1 Vgl. zum folgenden etwa K. Löwith, Weltgeschichte und Heilsgeschehen. Die theologischen Voraussetzungen der Geschichtsphilosophie, Stuttgart 1973; J. Ratzinger, Einführung ins Christentum, München 1968, S.33-43 sowie Alois Halder, Aktion und Kontemplation, in: Christlicher Glaube in moderner Gesellschaft VIII, Freiburg 1980, S.72-98.

2 Allerdings wird im ausgehenden 20. Jahrhundert die Hypothese immer wahrscheinlicher, daß "die neuzeitliche aktivistische Selbstdeutung des Menschen dem Stadium der Erschöpfung zulaufen könnte", so daß heute ein grundsätzliches Umdenken der Bildungsvorstellungen gefordert wird. Vgl. J. Ruhloff, Renaissance - Humanismus. Pädagogisches Gegenwartsproblem und historischer Begriff, in: Ruhloff, J. (Hrsg.), Renaissance - Humanismus. Historische und systematische pädagogische Studien zur Bildungstheorie der frühen Neuzeit, Wuppertal 1986, S.15. Aber die Plausibilitätskrise des christlichen Glaubens wird auch durch die neuerliche Infragestellung der Fortschrittsidee und die Anzeichen eines "postmodernen" Geschichtsumbruchs nicht aufgehoben, sondern eher verschärft. Selbst die kritischen, "alternativen" Bemühungen um Distanzierung von der modernen Lebenswelt und ihrer Rationalität, in der die Menschlichkeit der Menschen und die Natürlichkeit der Natur aufs äußerste bedroht erscheinen, erweisen sich noch als Artikulationen der autonomen, "setzenden" Rationalität, zu deren Konsistenz es gehört, auf einen Gott als Lückenschließer ungelöster Probleme zu verzichten.

An diesem Punkt bietet sich eine Auseinandersetzung mit Nikolaus von Kues an. Sein Werk entstand zu einem Zeitpunkt, da jener geistige Umbruch zum modernen naturwissenschaftlichen Denken einsetzte, den er selbst mitinitiiert hat.[3] Neuere pädagogisch-historische Studien lassen es nicht mit dem bisher üblichen Rückgriff auf die Aufklärung als Quelle des modernen Bildungsbewußtseins bewenden, sondern fragen nach den schon im Spätmittelalter und in der Renaissance liegenden Wurzeln neuzeitlichen Selbst- und Weltverständnisses. Mit Einschränkungen kann Nikolaus von Kues der humanistischen Bildungsbewegung zugeordnet werden, die in der frühen Neuzeit von Italien ausgehend durch ihre "aktivistische Selbstinterpretation von Menschlichkeit nicht nur das Verständnis von 'Bildung', 'Unterricht' und 'Erziehung' in Mittel-, Nord- und Osteuropa mehr und mehr bestimmte, sondern das Lebensgefühl der Menschen in allen Bereichen - obzwar nicht ohne Widerstand - verwandelt hat."[4] Es ist ein Ziel der vorliegenden Untersuchung aufzuzeigen, inwiefern sein Werk zugleich eine Auseinandersetzung darstellt mit der Tendenz, die Selbsttätigkeit der menschlichen Vernunft zu verabsolutieren.

Freilich - wer sich mit der Person und dem Werk des Nikolaus von Kues befaßt, stößt auf eine überraschende Mannigfaltigkeit, die eine breite, fast unüberschaubare Fülle von wissenschaftlichen Arbeiten der verschiedensten Forschungsrichtungen angeregt hat. Die politischen und reformerischen Ziele dieses kurialen Diplomaten, die Absichten des Unionstheologen, die erkenntnistheoretischen Spekulationen des Philosophen, die mathematischen Beobachtungen des Naturkundlers und die Intentionen des Predigers und kirchlichen Hirten können den Eindruck eines bunten Kaleidoskops ohne innere Konsistenz erwecken. Die scheinbar zerfließende Mannigfaltigkeit im Gesamtwerk des Cusanus gewinnt jedoch eine verborgene Mitte, wenn ein zentraler Aspekt berücksichtigt wird, der bisher in der Cusanusforschung zu wenig beachtet wurde: das überraschend dialogische, mittlerische, pragmatische Interesse, das seine Tätigkeit und sein schriftliches Werk - eingeschlossen die im allgemeinen noch zu wenig einbezogenen "Sermones" - auszeichnet. Diese Entdeckung gibt dem vorliegenden Buch eine praktisch-theologische bzw. religionspädagogische Ausrichtung.

Im ersten Kapitel wird im Durchgang durch die wichtigsten bisherigen Interpretationsversuche die glaubensmittlerische Grundintention des Nikolaus von Kues aufgezeigt. Dabei wird schon deutlich werden, daß Cusanus - an der Epochenschwelle zwischen Mittelalter und Neuzeit, gleichsam an der Schaltstelle des geistigen Umbruchs vom vernehmend-kontemplativen zum setzend-aktivistischen Denken stehend - für eine heutige Theorie der Glaubensvermittlung unerwartete Bedeutung erlangen kann.

Darum untersucht das zweite Kapitel die erkenntnistheoretische, anthropologische und theologische Grundlage der cusanischen Verkündigung insbesondere im Hinblick auf das Zusammenspiel von Empirie, Rationalität und Glaubenseinsicht. Hier-

3 Vgl. Fritz Nagel, Nicolaus Cusanus und die Entstehung der exakten Wissenschaften, Münster 1984.

4 Vgl. J. Ruhloff, a.a.O., S.11f, der sich auf G. Böhme, "Bildungsgeschichte des frühen Humanismus", Darmstadt 1984, und "Bildungsgeschichte des europäischen Humanismus", Darmstadt 1986, bezieht. Zur Stellung des Nikolaus von Kues in dieser humanistischen Bewegung vgl. U. Balzer, Menschliche Existenz im Humanismus. Nikolaus Cusanus in Gegenüberstellung zu Jean Paul Sartre und Albert Camus, in: J. Ruhloff (Hrsg.), a.a.O., S.81-103.

bei wird sich herausstellen, daß die cusanische Lehre vom "belehrten Nichtwissen" und das unser logisches Denken sprengende Prinzip vom "Ineinsfall der Gegensätze" Voraussetzungen dafür bieten, daß einerseits die Unverfügbarkeit der Offenbarung gegenüber der menschlichen Rationalität gewährleistet und andererseits der gnadenhaft geschenkte, vom menschlichen Geist zu vollziehende Überstieg zur Glaubenseinsicht möglich wird. Als theologisch-anthropologische Grundlage erweist sich die Christologie des Cusanus, die mit seiner Trinitätslehre, Schöpfungslehre und Soteriologie eng verwoben ist.

Das dritte Kapitel befaßt sich mit der konkreten Darstellung der Glaubenspredigt ausgewählter christologischer Sermones. Die Untersuchung wird aufzeigen, daß die cusanische Christusverkündigung eine erstaunliche Entwicklung durchmacht von der eher objektiven Betrachtungsweise zur Bewußtmachung der Christuswahrheit in der Selbsterfahrung des menschlichen Geistes.

Im vierten Kapitel wird die Begründung und Bestätigung für diese Erkenntnisse in Reflexionen gesucht, die Nikolaus von Kues über die Glaubensverkündigung anstellt. In seinem Vermittlungskonzept kommt der Menschlichkeit Christi eine besondere Funktion zu. Aufgrund der Teilhabe an seiner mit dem göttlichen Logos geeinten und daher vollkommensten Menschennatur traut Cusanus Menschen die Fähigkeit zu, selbst zu glauben und den Glauben an andere weiterzugeben. So werden didaktische Bemühungen, das Subjekt des menschlichen Verkündigers und Hörers mit der Selbstmitteilung Gottes in Jesus Christus zu vermitteln, christologisch legitimiert.

Insgesamt wird die vorliegende Untersuchung bei Cusanus eine heute neu zu lernende Einheit von spekulativer und praktischer Theologie sichtbar machen. Seine Erkenntnistheorie und theologische Anthropologie stehen im Dienst möglichen Gott-Denkens und dienen dazu, Möglichkeiten des "Transzendierens" zu erkunden, zu bedenken und zu initiieren. Der Prozeß solchen Glauben-Lernens, dessen Ziel die kühne Einheit von ekklesial vermittelter Gottes-, Welt- und Selbsterkenntnis ist, wird bei Cusanus schöpfungs- und inkarnationstheologisch begründet und anthropologisch durch die dem Menschen innewohnende, unendliche geistige Dynamik (*desiderium naturale*) aufgewiesen.

Der geschenkte und gewonnene Vollzug des Glaubens wird vor allem als personales Geschehen, als Teilhabe am "Glauben Christi" vorgestellt. Mit diesem bis heute in der Theologie ungewöhnlichen Verstehensmodell ist von vorneherein sowohl eine intellektualistische Reduktion des Gottesglaubens als auch ein allzu frommes Leisten-Wollen abgewehrt.

Neben dem praktisch-theologischen Ergebnis möchte dieser Beitrag der Cusanusforschung dadurch dienen, daß der bisher kaum gesehene glaubensmittlerische Aspekt des Gesamtwerks herausgearbeitet wird und eine Reihe von noch nicht erschlossenen cusanischen Predigttexten veröffentlicht, übersetzt und kommentiert werden. Der Erschließung des cusanischen Werks aus implizit praktisch-theologischen Intentionen entspricht die Methode vorwiegend text- und werkimmanenter Interpretation, deren sich die Arbeit bedient.

Erstes Kapitel

Die Weitergabe des christlichen Glaubens als Grundintention in Leben und Werk des Nikolaus von Kues

0 Einführung in das Kapitel

Die Gestalt und vor allem das schriftliche Werk des NvK sind Gegenstand vielfältiger wissenschaftlicher Forschungen. Die ständig anwachsende Cusanus-Bibliographie umfaßt nicht nur Editionen und Übersetzungen, Untersuchungen zu Handschriften und alten Ausgaben, biographisch-historische Arbeiten und zahlreiche philosophische und theologische Interpretationen, sondern auch die verschiedensten human- und naturwissenschaftlichen, mathematischen, astronomischen und geographischen Beiträge.[1]

Die Forschung hat es bei NvK mit der Genialität und Universalität eines wachen menschlichen Geistes zu tun, der sich aller Wirklichkeit zuwandte, die der Erfahrung im 15. Jahrhundert zugänglich war. Viele seiner Ideen und Einsichten wirkten über seine Zeit und die unmittelbare Nachwelt hinaus; sie scheinen in ihrer Tragweite erst heute erfaßt werden zu können.

Die Vielfalt der Aspekte, unter denen das Werk des NvK in jeweils spezifischer wissenschaftlicher Einstellung betrachtet werden kann, bringt die Gefahr mit sich, das Ganze und Einheit Stiftende seines Lebens und seines Werkes - und damit vielleicht das Beachtenswerteste - zu übersehen.

Die ganzheitliche Erschließung einer Persönlichkeit gehört zur Aufgabe der biographischen Betrachtungsweise, der es darum geht, einen Menschen in allen seinen Lebensbeziehungen zu sehen und zu beschreiben. Die Bemühungen auf diesem Gebiet um NvK haben in den letzten Jahrzehnten beträchtliche Fortschritte gemacht. Leichter als seine Person war der Forschung sein schriftlich hinterlassenes Werk zugänglich, das zunächst vor allem aus philosophischer Sicht vielfältige Interpretationen gefunden hat, die mehr oder minder auch um das Verstehen der Einheit seines Denkens bemüht waren. In unserem Jahrhundert wird zunehmend erkannt, daß den Voraussetzungen des Glaubens und den theologischen Implikationen seines Denkens eine besondere Bedeutung zukommt.

Unter diesen drei Aspekten soll im Teil A dieses ersten Kapitels ein Überblick über den Stand der Cusanusforschung gegeben werden. Dabei geht es allerdings weder um eine umfassende Biographie noch um vollständige Wiedergabe der philosophischen und theologischen Interpretationen seiner Werke, sondern darum, die Ergebnisse der vorhandenen Untersuchungen unter dem Leitgedanken zu befragen: Gibt es unter biographischen, philosophischen und theologischen Rücksichten Impulse und Interessen, die sein Leben und Werk durchziehen und grundlegend bestimmen?

---

1 Vgl. die Cusanus-Bibliographien, in: MFCG 1 (Mainz 1961), S.95-126; 3 (Mainz 1963), S.223-237; 6 (Mainz 1967), S.178-202; 10 (Mainz 1973), S.207-234; 15 (Mainz 1982), S.121-147.

Aus den Erkenntnissen, die aus der bisherigen Cusanusforschung gewonnen werden, sollen im Teil B dieses Kapitels Folgerungen für die Aufgabenstellung, die Auswahl der Quellen und den Aufbau der gesamten Untersuchung gezogen werden.

A Zum Stand der biographischen, philosophischen und theologischen Cusanusforschung

1 Biographische Beobachtungen

1.1 Vielfältige Begabungen und gegensätzliche Strebungen im Leben des Nikolaus von Kues

Wenn die genannte Leitfrage auf die vorhandenen biographischen Darstellungen[2] angewandt wird, so könnte bei oberflächlicher Betrachtung der Eindruck entstehen, als ob das Leben des NvK von vielfältigen und gegensätzlichen Strebungen und Begabungen durchzogen sei. Dies gilt schon im Blick auf seine Kindheit, auf familiäre Herkunft und soziokulturelle Voraussetzungen. Obwohl uns über seine frühe Lebenszeit kaum historische Zeugnisse vorliegen, spricht manches dafür, daß er - wie die Legende berichtet - in jungen Jahren mit der Heimat und der Familie einen Bruch vollzogen hat. Tatsächlich blieb er diesen zeitlebens eng verbunden, wie die verschiedentliche Rückkehr nach Kues, die Gründung des St.-Nikolaus-Hospitals und die Bevorzugung von Verwandten bei Pfründen- und Ämterbesetzungen noch in Brixen belegen.

Noch in mittelalterlichen Ausdrucksformen des Gottesglaubens und in den Sicherungen dieser Gläubigkeit verwurzelt, öffnet er sich den religiösen Erneuerungsbewegungen der *Devotio moderna* und der flämischen und deutschen Mystik[3], die seine Frömmigkeit zeitlebens - nicht nur auf den Höhepunkten seiner Laufbahn, sondern auch in den Tiefpunkten, etwa nach der Brixener Katastrophe und ganz besonders in seinen letzten Lebensjahren - prägen.[4]

Es zeichnet ihn ein Hang zur Kontemplation aus, und gelegentlich äußert er das Verlangen, die klösterliche Lebensform vorzuziehen.[5] Zugleich aber hatte der Sohn des Winzerdorfes Kues an der Mosel von seinem Vater, dem wohlhabenden und erfolgreichen Kaufmann, die Hinneigung zur *vita activa* geerbt, wie ihn zeitlebens Geschäftssinn, Tüchtigkeit im Umgang mit Geld und materiellen Gütern auszeichnen.[6]

---

2 Nach der grundlegenden Darstellung E. VANSTEENBERGHE, Le cardinal de Cues (1401-1464). L'action - la pensée, Paris 1920, in der die ältere Literatur verarbeitet ist, hat Erich Meuthen die Ergebnisse der Quellenforschung prägnant zusammengefaßt: E. MEUTHEN, Nikolaus von Kues. Skizze einer Biographie, Münster [6]1985.

3 Wenn auch historisch nicht einwandfrei nachzuweisen ist, daß NvK seine erste Bildung bei den Fraterherren zu Deventer erfuhr, so begegnete er der Spiritualität der Devotio moderna auf jeden Fall in sehr intensiver Weise bald nach dem Jahre 1430, als er als Dechant des Stifts St. Florin in Koblenz enge Kontakte mit dem Windesheimer Kloster Niederwerth pflegte.

4 Vgl. E. MEUTHEN, Die letzten Jahre des Nikolaus von Kues. Biographische Untersuchungen nach neuen Quellen, Köln und Opladen 1958.

5 Vgl. G. HEINZ-MOHR, Nikolaus von Cues und das Mönchtum, in: Benediktinische Monatsschrift zur Pflege religiösen und geistigen Lebens 38 (1952), S.27-32, bes. 30f.

6 Diese Begabung kam ihm bei seinen späteren Tätigkeiten oft zustatten bei der Verwaltung von

Zum Bild seiner Persönlichkeit gehört auch seine hohe juristische und politische Begabung. Nach seiner Ausbildung an der Universität von Padua macht er sich - als Doktor des kanonischen Rechts 1425 in Köln immatrikuliert - einen Namen durch meisterhaft geführte rechtsgeschichtliche und quellenkritische Untersuchungen, unter anderem durch den Aufsehen erregenden Nachweis der konstantinischen Schenkung als einer Fälschung. Doch dem zweimaligen Ruf der Stadt Löwen (1425 und 1435) auf eine Professur für kanonisches Recht an der neugegründeten Universität verweigert er sich. Die Tatsache, daß NvK die systematisch-wissenschaftliche Arbeit und Lehre als Lebensaufgabe ausdrücklich ablehnt, hat im Hinblick auf die Fragestellung dieser Untersuchung eine besondere Bedeutung.

Aufgrund seiner außerordentlichen Begabung und universalen Bildung steht NvK der geistigen Bewegung des Humanismus nahe, und eine entsprechende Laufbahn wäre denkbar gewesen.[7]

Seine spekulativen Schriften haben ihm bis heute in erster Linie den Ruf eines Philosophen eingetragen. Wegen der Bedeutung der entsprechenden Interpretationen seines Werkes soll sich der nächste Abschnitt gesondert damit befassen. Aus biographischer Sicht läßt sich auch auf diesem Gebiet ein gewisser Widerspruch feststellen. Obwohl sich seine Gedankenflüge auf höchster Reflexions- und Abstraktionsstufe bewegen, geben seine Abhandlungen keineswegs eine geschlossene Theorie wieder. Die meisten seiner Schriften verfaßt er aus praktischen Anlässen, um Antworten auf Fragen anderer oder auf Situationen des eigenen Lebens und des Zeitgeschehens zu geben. So behandelt er in seinen frühesten Traktaten *De communione sub utraque specie*, *Reparatio kalendarii cum histographiae astrologicae fragmento* und *De concordantia catholica* - dem ersten großen Werk - (alle 1433/34) sowie in *De autoritate praesidendi in concilio generali* (1434) Fragen, die sich während des Basler Konzils stellten. Die Anregung zu den beiden spekulativ grundlegenden Werken *De docta ignorantia* (1440) und *De coniecturis* (1442/43) führt er selbst auf ein Erleuchtungserlebnis zurück, das ihm bei der Rückreise von seiner Gesandtschaft zum Patriarchen der griechischen Kirche und zum griechischen Kaiser auf der Schiffahrt von Konstantinopel nach Italien widerfahren war.[8] Dieses viel zitierte philosophische "Damaskuserlebnis" und die in den genannten Schriften dargelegte Einsicht des sich belehren lassenden und belehrten Nicht-Wissens besagen nicht nur eine theoretische Erkennt-

---

Pfründen, bei der Vermittlung in Rechtsstreitigkeiten oder etwa der wirtschaftlichen Führung seines Bistums Brixen, das er aus tiefsten Schulden herausbrachte.
Der Biograph nimmt ihn im übrigen in Schutz gegen den Vorwurf persönlicher Bereicherung und verschwenderischen Lebens. Zeugen bescheinigen ihm einen anspruchslosen und bescheidenen Lebensstil. Hinzu kommt, daß er die erworbenen Güter gewissenhaft verwaltete und die ihm anvertrauten Institutionen materiell förderte, für seine Mitarbeiter sorgte und nicht zuletzt das Gebot der christlichen Caritas übte, wie etwa die Gründung des St.-Nikolaus-Hospitals zu Kues, eines Altenheimes für Arme, bis heute unter Beweis stellt. Vgl. E. MEUTHEN, Nikolaus von Kues (s. oben, Anm. 2), S.11.

7 Mit der humanistischen Bewegung war NvK in seiner Studienzeit in Padua in Berührung gekommen. Während seiner Kölner Zeit erwarb er sich durch die Funde alter Werke (u.a. der 'Naturalis Historia' des jüngeren Plinius, unbekannter Komödien des Plautus sowie durch Tacitusentdeckungen) bei den italienischen Humanisten hohes Ansehen. VGL. L. PRALLE, Die Wiederentdeckung des Tacitus. Ein Beitrag zur Geistesgeschichte Fuldas und zur Biographie des jungen Cusanus, in: Quellen und Abhandlungen zur Geschichte der Abtei und Diözese Fulda, Bd. 17, Fulda 1952.

8 Vgl. De docta ignorantia, Epilog, h I, S.163.

nis, sondern bestimmen sein zukünftiges Handeln und seine Einstellung zur Kirche entscheidend. Seither tritt er umsichtiger für die Vorrangstellung des Papstes vor dem Konzil ein. Unter Berufung auf zwei seiner Briefe an ein Karthäuserkloster (1441) und an den Kastilier Rodrigo Sanchez de Arévalo (1442) vertritt E. Meuthen sogar die Auffassung, der Umschwung zur entschiedenen Behauptung der Vorrangstellung des Papstes sei "undenkbar ohne die in der 'Docta ignorantia' gewonnene Einsicht in das Verhältnis von Einfaltung und Ausfaltung. Im Papste, der in der 'Concordantia' die Kirche nur 'konfus' repräsentierte, sieht er jetzt die ganze Kirche eingefaltet. Über die hierarchischen Ränge hinweg entfaltet sie sich in ihrer ganzen Fülle. In dieser grundsätzlichen Umkehrung der Blickrichtung von oben nach unten haben wir den wesentlichen Unterschied zu erkennen. Die Folgerungen für das Verhältnis von Papst und Konzil ergeben sich daraus zwangsläufig".[9] Seine Verteidigungsschrift *Apologia doctae ignorantiae* (1449) antwortet auf die vernichtende Kritik, die der Heidelberger Professor Wenck an *De docta ignorantia* geübt hatte.[10] Die Trilogie *De Deo abscondito*, *De quaerendo Deum* und *De filiatione Dei* sowie *De dato Patris luminum* (alle 1445) sind erste Früchte der in *De docta ignorantia* niedergelegten Einsicht. Der Prolog von *De pace fidei* (1453) läßt diese Schrift als eine Reaktion auf die Eroberung Konstantinopels durch die Türken erkennen. *De visione dei* (1453) und *De beryllo* (1458) sind auf Bitten der Tegernseer Mönche entstanden und gehen auf ihre Anfragen ein. In *Tu quia es 'de principio'* (1459) setzt er sich mit dem neuplatonischen Philosophen Proklos auseinander, von dessen *Theologia Platonis* er sich zu dieser Zeit eine Übersetzung durch Pietro Balbo anfertigen ließ.[11] Zu dem Alterswerk *De venatione sapientiae* (1462) wurde er schließlich durch eine Lektüre des Diogenes Laertios angeregt.

Die großen spekulativen Werke sind in Ruhepausen zwischen angestrengten kirchenpolitischen Aktivitäten (*De docta ignorantia* freilich erstaunlicherweise inmitten angespannter Tätigkeit) entstanden. Aber sie spiegeln nicht einfach die andere, innere Seite seines Wesens wider, sondern verarbeiten und unterbauen sein nach außen auf konkretes Gestalten gerichtetes Wirken, das den weitaus größeren Teil seiner Zeit beanspruchte.

Die Spannungen, die dabei in seinem Werk wie in seinem Leben zu beobachten sind, werden verständlicher, wenn seine kirchliche Berufung zum Reformer und Vermittler des christlichen Glaubens als maßgeblicher biographischer Gesichtspunkt berücksichtigt wird.

1.2 *Evangelisatio* und Kirchenreform als Grundanliegen

Der herausragende Zug im Lebensportrait des NvK ist sein Einsatz als Diener der Kirche und als Verkünder des christlichen Glaubens. Schon seit 1425 sehen wir ihn im Dienst des Trierer Erzbischofs Otto von Ziegenhain an der Trierischen Kurie mit

9 E. MEUTHEN, a.a.O., S.78.

10 Vgl. J. WENCK VON HERRENBERG, De ignota litteratura, ed. E. Vansteenberghe, in: BGPhThMA VIII/6 (1910), S.19-41.

11 Vgl. R. KLIBANSKY, Ein Proklos-Fund und seine Bedeutung, Heidelberg 1929, S.26, Anm. 2 sowie die Bestätigung dieser Tatsache durch R. HAUBST, Die Thomas- und Proklos-Exzerpte des Nicolaus Trevirensis in Codicillus Straßburg 84, in: MFCG 1 (1961), S.42f.

Rechtsfragen und Klosterreformen beschäftigt. Als Advokat Ulrichs von Manderscheid auf dem Baseler Konzil betritt er die Bühne der Gesamtkirche. In brillanter Argumentation verknüpft er Ulrichs Einzelfall mit Fragen der allgemeinen Kirchenverfassung, wie sie in der Bischofsversammlung zur Debatte standen, insbesondere mit der Frage nach dem Verhältnis von hierarchischem Amt und Mitbestimmung der Laien im Sinne der mittelalterlichen Ständeordnung.[12] Als er mit diesem Bemühen scheitert - nicht zuletzt wegen der Unwürdigkeit seines Mandanten -,ist er bereit, persönlichen Ehrgeiz und menschliche Beziehungen dem Dienst an der Kirche und der rechtmäßigen Autorität unterzuordnen.[13]

Aber sein Einsatz im Dienst der Kirche ist alles andere als unterwürfige, konformistische Anpassung. Sein Planen, Raten und Mahnen schon auf dem Basler Konzil zielt auf "Eintracht" und Reform der Kirche und der gesamten abendländischen Gesellschaftsordnung, wie das erste große Werk *De concordantia catholica* (1433-34) ausweist.

Bei den wachsenden Aufträgen, die ihm das Konzil und später der Papst erteilen, wird die Einheit der Kirche immer mehr zu seinem großen Reformanliegen. Sein Kompromißvorschlag im Glaubensgespräch mit den Konzilsgesandten der böhmischen Hussiten legt davon Zeugnis ab.[14]

In der Sorge um die kirchliche Einheit wird letztlich auch das Motiv zu suchen sein für sein Umschwenken von der Seite der Konziliaristen in das Lager des Papstes, das ihm fälschlicherweise als Verrat angekreidet wurde.[15] Als Höhepunkt seines Einsatzes für die Einheit der Ökumene kann die ehrenvolle Berufung zur Teilnahme an der Gesandtschaft nach Konstantinopel und sein Beitrag zum Unionskonzil von Ferrara (1438) mit der griechischen Kirche bezeichnet werden.

Seine juristische Befähigung, politische Begabung und kirchliche Berufung verbinden sich miteinander, als er sich nach 1440 bemüht, dem Auftrag Papst Eugens IV. nachzukommen, das drohende Schisma zu verhindern und die deutschen Fürsten von ihrer neutralen Haltung gegenüber dem Papst abzubringen. Seine Reden und Diskussionsbeiträge vor Reichstagen und Fürstenversammlungen führten nach langem Ringen zum Erfolg des Wiener Konkordats (1448), auf dem sich die Fürsten dem römischen Papst anschlossen.

Vor allem aber tritt NvK durch seine Predigten als Seelsorger und Verkünder des Glaubens in Erscheinung. Die ersten uns vorliegenden Sermones datieren um das Jahr 1430, als er noch nicht Priester war, aber als Dekan des Stiftes St. Florin in Koblenz an hohen Festtagen das Recht und die Pflicht hatte, zu predigen. Nach sei-

---

12 Vgl. E. MEUTHEN, a.a.O., S.34f.

13 Nachdem das Basler Konzil am 15. Mai 1434 den vom Papst ernannten bisherigen Bischof von Speyer, Raban von Helmstadt, als den rechtmäßigen Erzbischof von Trier anerkannte, unterwarf sich NvK der Konzilssentenz. Vgl. E. MEUTHEN, a.a.O., S.33-36.

14 Der Kompromißvorschlag bestand darin, die Böhmen sollten die Kommunion weiterhin unter beiden Gestalten empfangen, wenn sie im übrigen ihre Forderungen aufgäben. Vgl. a.a.O., S.37.

15 Nach E. MEUTHEN tat NvK diesen Schritt in der Erkenntnis, daß die Mehrheit des Konzils illegitim handelte, indem sie "sich unberechtigt eine Unfehlbarkeit zusprach, die das entgegenstehende Recht der Minderheit tyrannisierte", und daß seine Entscheidung im Grunde mit dem theoretischen Konzept seiner "Concordantia catholica" übereinstimmte. Vgl. a.a.O., S.48.

ner Priesterweihe (zwischen 1436 und 1440)[16] kommen bedeutende Predigten - außer in Koblenz - in Augsburg, Trier, besonders in Mainz und anderswo hinzu. Seine Predigttätigkeit setzt sich intensiv auf seinen Legationsreisen fort. Im Anschluß an das Heilige Jahr 1450 wurde der neuernannte Kardinal von seinem Freund, Papst Nikolaus V., als Legat in die deutschen Lande gesandt, um den Jubiläumsablaß zu verkünden. Zugleich erhielt er weitreichende Vollmachten zur Durchsetzung kirchlicher Reformen. Er erfüllte diese seelsorgerischen Aufgaben mit Hingebung und großem Einsatz. Ein Beispiel für sein katechetisches Engagement ist die Tatsache, daß er an der Domkirche zu Hildesheim eine Tafel aufhängen ließ mit dem deutschen Text des Vaterunsers, des Ave-Marias, des Glaubensbekenntnisses und der zehn Gebote.[17] Sein Anliegen war es, dem Volk in einer Art fundamentalem Katechismus die Grundlagen des Glaubens zu vermitteln.

Als Reformer der Kirche und Verkünder des Glaubens erweist ihn besonders seine Legationsreise ab 1451, die ihn in fast alle bedeutenden Städte Österreichs, Bayerns, Mittel-, Nord- und Westdeutschlands, in das heutige Belgien und die Niederlande führt. Er mahnt und warnt, er entwickelt Reformpläne und greift energisch durch, um im Klerus, unter den Ordensleuten und im Volk die darniederliegenden Sitten und religiösen Verhältnisse zu ändern.[18]

Auch seine Amtsführung als Bischof von Brixen steht trotz aller auftretenden Schwierigkeiten und Fehlgriffe[19] im Zeichen eines unnachgiebigen, kompromißlosen Reformwillens und ernsten, seelsorgerischen Einsatzes. Das mit seinem kirchlichen Amt verbundene weltliche Engagement sah er als seinem geistlichen Auftrag zugehörig an. Rückzug aus der Welt hätte für ihn Rückzug aus der Verantwortung für die Welt bedeutet.[20]

Als Fazit dieses Überblicks kann festgehalten werden: Das dem Leben und Werk des NvK Einheit und Identität stiftende Leitmotiv ist seine von ihm persönlich ergriffene kirchliche Berufung. Auf dem Höhepunkt seiner Verkündigungstätigkeit als Bischof von Brixen benennt er auf einer Diözesansynode als Ziel aller pastoralen und homiletischen Bemühungen die Christusverkündigung.[21] *Evangelizare Christum*[22] kann tatsächlich als Grundintention seines gesamten reformerischen, pastoralen und homiletischen Einsatzes bezeichnet werden, in den er seine universale Begabung und seine vielseitigen politischen, juristischen, humanistischen, naturwissenschaftlichen, philosophischen und theologischen Ambitionen integriert.

Mit dieser Erkenntnis weist schon die biographische Betrachtung der vorliegenden Untersuchung eine Richtung.

---

16 Vgl. E. MEUTHEN. Die Pfründen des Cusanus, in: MFCG 2 (1962), S.39ff.

17 Vgl. J. KOCH u. H. TESKE, CT, I. Predigten, 6. Die Auslegung des Vaterunsers in vier Predigten, Heidelberg 1940, S.280-285.

18 Aufschlußreich sind hierfür die Reformdekrete, die er mitbringt und nach Möglichkeit veröffentlicht. Sie beziehen sich u.a. auf das würdige Verhalten im Gottesdienst, auf finanzielle Mißbräuche bei der Pfründenverleihung, auf das Verbot des Konkubinats und auf Ordensreformen. Vgl. J. KOCH, Nikolaus von Cues und seine Umwelt. Untersuchungen zu CT IV. Briefe, Heidelberg 1948, S.111-115.

19 Vgl. E. MEUTHEN, Nikolaus von Kues (s. oben, Anm. 2), S.111ff.

20 Vgl. zum inneren Ringen des NvK um diese Fragen E. MEUTHEN, S.21f.

21 Vgl. Sermo CCLXXX (277), den Text s. unten, S.213-235.

22 A.a.O., Nr. 7, Z.3f, Nr. 8, Z.2f.

In einem zweiten Schritt wird an die philosophisch-theologischen Interpretationen des NvK die Frage zu stellen sein, ob sie das genannte glaubenspraktische Anliegen des NvK berücksichtigen.

2 Zur philosophischen Cusanus-Rezeption

Nvk und sein literarisches Werk ist in der Vergangenheit vorwiegend unter philosophischen Gesichtspunkten betrachtet und aufgenommen worden.

Schon in der ersten nachcusanischen Generation waren es humanistische Philosophen der platonischen Akademie in Florenz, die sich von seinen Ideen anregen ließen.[23]

Die erste, durch den französischen Humanisten Faber Stapulensis (Jaques Le Fèvre d'Etaples) und seine Schüler herausgegebene, gedruckte Ausgabe *Nicolai Cusae Cardinalis Opera* diente wohl dem Bemühen, seinen Schriften Eingang in die damalige Schulphilosophie zu verschaffen. Eine "Schule" hat sich aber im Anschluß an NvK nicht gebildet.

Von einer eigentlichen Cusanusforschung kann erst frühestens in der zweiten Hälfte des 19. Jahrhunderts gesprochen werden. Sein Andenken war dabei lange durch den Pantheismusverdacht belastet, seitdem Giordano Bruno sich in seinen Werken *De la causa* und *De l'infinito* auf ihn berufen hatte.[24] Unter dem Gesichtspunkt der Pantheismusfrage setzten sich seine Neuentdecker im vorigen Jahrhundert, F.J. Clemens und R. Falckenberg, mit seinem Werk negativ auseinander.[25]

In den Darstellungen der Philosophiegeschichte ist die Einordnung des NvK umstritten. Während J. Hirschberger ihn noch unter die "Spätscholastiker" einreiht[26], vertritt H. Heimsoeth[27] die Auffassung, daß er das neuzeitliche Denken auf seine Bahn bringt.[28]

---

23 Vgl. E. COLOMER, Das Menschenbild des NvK in der Geschichte des christlichen Humanismus, in: MFCG 13 (1978), S.117-143; K. FLASCH, Nikolaus von Kues und Pico della Mirandola, in: MFCG 14 (1980), S.113-120; R. HAUBST, Aktuelles aus der Cusanusforschung, in: MFCG 15 (1982), S.30.

24 Vgl. E. HOFFMANN, Nikolaus von Cues, 2 Vorträge, Heidelberg 1940, der feststellt, daß cusanisches Denken erst über die Vermittlung G. Brunos zu Leibniz, J.G. Hamann und vor allem zu Schelling und Schleiermacher gelangte. Dabei ist G. Bruno vom pantheistischen Mißverständnis abzugrenzen. Vgl. W. BEIERWALTES, Identität und Differenz, Frankfurt a.M. 1980, S.98ff.

25 Vgl. F.J. CLEMENS, Giordano Bruno und Nicolaus von Cues, Bonn 1847; R. FALCKENBERG, Grundzüge der Philosophie des Nikolaus Cusanus mit besonderer Berücksichtigung der Lehre vom Erkennen, Breslau 1880.

26 Vgl. J. HIRSCHBERGER, Geschichte der Philosophie I, Altertum und Mittelalter, S.569-584. Auch E. GILSON, PH. BOHNER, Nikolaus von Cues, in: Christliche Philosophie von ihren Anfängen bis Nikolaus von Cues, Paderborn [3]1954, S.632-645 und K. VORLANDER, E. METZKE, H. KNITTERMEYER, Geschichte der Philosophie, Hamburg 1963ff schreiben NvK die Intention zu, das in Auflösung begriffene mittelalterliche Denken zu einigen.

27 H. HEIMSOETH, Die sechs großen Themen der abendländischen Metaphysik und der Ausgang des Mittelalters, Darmstadt [4]1958.

28 Ähnlich urteilen einige Einführungen in Ausgaben cusanischer Schriften wie die von R. Eucken, A. Petzelt und L. Gabriel.

Auch J. Ritter[29] und K. Jacobi[30] unterscheiden in ihren ausführlichen Berichten über den Stand der Cusanus-Forschung zwischen Versuchen, NvK entweder dem mittelalterlichen oder dem neuzeitlichen Denken zuzuordnen. Darüber hinaus ergibt sich eine dritte Möglichkeit, das seinem Werk Einheit Verleihende weder in einer Erneuerung antik-mittelalterlicher Philosophie noch in einem Durchbruch zur modernen Wissenschaftsidee, sondern in einem eigenen, originär cusanischen Ansatz zu sehen.

Der folgende Abriß über die vielfältigen philosophischen Cusanus-Interpretationen hält sich an diese grobe Dreiteilung.

2.1 Versuche einer Einordnung des Nikolaus von Kues in traditionelle philosophische Schulen

2.1.1 Thomistische Cusanus-Interpretationen

a) Apologetische Ablehnung

Für die Cusanus-Interpretation scholastischer, thomistischer Provenienz ist es die zentrale Frage, ob und wieweit sich die cusanischen Gedanken in das philosophisch-theologische System des Thomismus einbauen lassen. Die Urteile über seine "Rechtgläubigkeit" fielen teilweise sehr ungünstig aus. Wie schon der Zeitgenosse des NvK, der Heidelberger Johannes Wenck[31], und Ende des 19. Jahrhunderts M. Glossner[32], so brandmarkten in der ersten Hälfte dieses Jahrhunderts die Jesuiten B. Jansen[33] und J. Neuner[34] die Unvereinbarkeit der cusanischen Gedanken mit der neuscholastischen Position. Der Widerspruch der aristotelisch-thomistisch geschulten Autoren entzündet sich vor allem an dem cusanischen Prinzip der *docta ignorantia* und dem Gedanken der absoluten Einheit, in der alle Gegensätze "einshaft" aufgehoben sind. Schon in seinem grundlegenden Werk *De docta ignorantia* hat NvK dargelegt, daß es der setzenden, vergleichenden, diskursiven Erkenntnisart des menschlichen Verstandes nicht möglich ist, zum schlechthin Einen zu gelangen, in dem alle Gegensätze, ja selbst Widersprüche, ineinsfallen. Doch die Einsicht in das Aufgehen der Vielheit und Andersheit in Einheit ist für NvK zugleich "belehrtes Nichtwissen" und die einzige Möglichkeit für den menschlichen Geist, "über allem Verstandesdiskurs unbegreifenderweise doch irgendwie das Unendliche zu berühren, in dem das absolut 'Größte' (maximum) und 'Kleinste' (minimum) ineinsfallen"[35].

---

29 J. RITTER, Die Stellung des Nicolaus von Cues in der Philosophiegeschichte. Grundsätzliche Probleme der neueren Cusanus-Forschung, in: Bl.f.dt.Phil. XIII (1939), S.111-155.

30 K. JACOBI, Die Methode der Cusanischen Philosophie, Freiburg/München 1969.

31 Vgl. J. WENCK VON HERRENBERG, De ignota litteratura, ed. E. Vansteenberghe, in: BGPhThMA VIII/6 (1910), S.19-41 und die Antwort des NvK: Apologia doctae ignorantiae, dazu: R. HAUBST, Studien zu Nikolaus von Kues und Johannes Wenck, BGPhThMA XXXVIII/1 (1955).

32 M. GLOSSNER, Nikolaus von Cusa und Marius Nizolius als Vorläufer der neueren Philosophie, München 1891.

33 B. JANSEN, Aufstiege zur Metaphysik heute und ehedem, Teil II, 1. Kapitel: Antinomistische Metaphysik: Nikolaus von Kues, Freiburg 1933, S.242-54.

34 J. NEUNER, Das Gottesproblem bei Nikolaus von Cues, in: Philosophisches Jahrbuch 46 (1933), S.331-43.

35 Vgl. z.B. schon "De docta ignorantia" I, c.4 h I, S.10.

Das Unverständnis seiner Kritiker spiegelt sich in den Sätzen Wencks: "Wenn besagter Magister der Docta ignorantia aller Gegensätzlichkeit zuvorkommen will, dann wird dort kein Widerspruch mehr sein ... Mit einer derartigen Behauptung aber reißt er die Wurzel aller Wissenschaft aus"[36]. Aus scholastischer Sicht bedeutet die Aufhebung des "sichersten" Prinzips vom zu vermeidenden Widerspruch, das geradezu als "Nicht-Koinzidenzprinzip" bezeichnet werden kann, den Ruin der Philosophie.[37]

b) *Docta ignorantia* als Anleitung zur "mystischen Theologie"

Im Gegensatz zu solch unversöhnlicher Kritik gab es auch Versuche, die cusanischen Gedanken mit der thomistischen Philosophie in Einklang zu bringen. Die Interpretationen von E. Vansteenberghe[38], J. Lenz[39] und J. Ranft[40] bemühen sich, nicht nur die für scholastische Ohren anstößigen Formulierungen mit der Schulphilosophie zu harmonisieren, sondern eröffnen insofern einen Zugang zu einem von NvK ausdrücklich genannten Anliegen, als sie aufzeigen, daß seine "Philosophie" die Grundlagen schaffen will für eine "mystische Theologie"[41]. Am deutlichsten erläutert Lenz den cusanischen Begriff von "Mystik"[42]. Die *docta ignorantia* schafft - so Lenz - die Vorbedingungen "zu demütigem Glauben und damit für das Herablassen Gottes zu uns, um uns emporzuheben zum mystischen Schauen"[43]. Mystik ist für NvK demnach keineswegs im Sinne einer "naturalistischen" Gotteserfahrung als eine Art Selbsterlösung aus den eigenen Kräften des Menschen zu verstehen. Andererseits - so zeigt Lenz gegen eine Richtung seiner Zeit[44] - ist der "mystische Aufstieg" der aus der *docta ignorantia* erwächst, keine esoterische, nur wenigen Bevorzugten vorbehaltene Gnade, sondern die höchste Stufe des Glaubens, auf der Glaube, Hoffnung und Liebe in inniger Wechselbeziehung stehen und die "jedem einfachen Gläubigen" offensteht.

Mystik in dem Sinne, wie ihn Lenz darstellt, meint schließlich auch nicht eine blinde, rein affektive, liebende Erhebung zu Gott. Unter Berufung auf einen Briefwechsel mit den Mönchen vom Tegernsee weist Lenz nach, daß es nach Nvk Liebe ohne Erkenntnis nicht geben kann.[45] Die *docta ignorantia* ist eine "Vereinigung von Wissen und Nichtwissen, von affirmativer und negativer Theologie ... Darnach treten nicht jene in das Dunkel der mystischen Theologie ein, die sich nur auf die negative Theo-

36 J. WENCK VON HERRENBERG, De ignota litteratura, a.a.O., S.21.

37 Vgl. J. STALLMACH, Der "Zusammenfall der Gegensätze" und der unendliche Gott, in: K. Jacobi (Hrsg.), Nikolaus von Kues, Freiburg/München 1957, S.57f.

38 E. VANSTEENBERGHE, Le Cardinal de Cues, 1401-1464. L'action - la pensée, Paris 1920.

39 J. LENZ, Die docta ignorantia oder die mystische Gotteserkenntnis des Nikolaus Cusanus in ihren philosophischen Grundlagen, Würzburg 1923.

40 Vgl. J. RANFT, Schöpfer und Geschöpf nach Kardinal Nikolaus von Cusa. Ein Beitrag zur Würdigung des Kardinals als Mystiker, Würzburg 1924.

41 Der Begriff der "mystica theologia" findet sich bei NvK selbst. Vgl. De docta ignorantia I, 16, h I, S.30f; Apologia doctae ignorantiae, h II, S.6.

42 Vgl. J. LENZ, a.a.O., S.81-101.

43 A.a.O., S.81.

44 Vgl. die Auseinandersetzung von LENZ mit POULAIN, Die Fülle der Gnaden, 2 Bde., Freiburg 1901, a.a.O., S.92.

45 Vgl. a.a.O., 82f; vgl. auch R. HAUBST, Christliche Mystik im Leben und Werk des Nikolaus von Kues, in: Katholische Akademie Trier (Hrsg.), Die Bedeutung der Mystik für die Kirche (trierer scripte 18), Trier 1983, S.126-147, sowie H.G. SENGER, Mystik als Theorie bei Nikolaus von Kues, in: P. Kolowski (Hrsg.), Gnosis und Mystik in der Geschichte der Philosophie, Zürich und München 1988, S.111-134.

logie verlegen, noch jene, die sich auf die affirmative beschränken. Jene finden Gott nicht, weil sie nur sagen, was Gott nicht ist, diese aber finden ihn nicht, weil sie nicht über die Nachbilder Gottes und damit nicht über Analogien hinauskommen"[46]. Demnach besteht "das ganze Geheimnis der mystischen Theologie darin, einzutreten in die absolute Unendlichkeit selbst"[47]. Da diese identisch ist mit dem "Zusammenfall der Gegensätze", wird das "Grundprinzip der *docta ignorantia*" für NvK "der Anfang für den Aufstieg zur mystischen Theologie"[48].

Nach dieser Interpretation stehen die philosophischen Bemühungen des NvK letztlich im Dienst der Einführung in den praktischen Vollzug des christlichen Glaubens.

c) Unvereinbarkeit der cusanischen Philosophie mit der *Analogia entis*?

Vertreter der Scholastik lehnen - wie wir sahen - die Philosophie des NvK ab. Andererseits werden von nicht-scholastischer Seite aus Einwände erhoben gegen alle Versuche, seine Gedankenführung "aus thomistischem Geist zu interpretieren oder Cusanus in den Thomismus zurückzuinterpretieren"[49]. J. Ritter kritisiert vor allem die Bemühungen, das Sein als "koinzidentielle Einheit" mit dem "Seienden", das logisch dem Satz vom Widerspruch untersteht und der Andersheit gehorcht, durch die Analogielehre zu vermitteln.[50]

K. Jacobi hält das "analogische Denken" als ein diskursives "Fortschreiten" vom Kontingenten zu einem ersten Unverursacht-Verursachenden für unvereinbar mit der cusanischen *docta ignorantia*, die einen *transcensus* von einer "diskursiv-rationalen" in eine "spekulativ-intellektuale" Dimension verlange.[51]

Seine Argumentation richtet sich gegen eine "rationalistische Analogielehre", von der die Schulphilosophie bis in unsere Tage geprägt ist.

Neuere Thomasinterpretationen und transzendental-philosophische Ansätze innerhalb des modernen Thomismus[52] unterscheiden zwischen einer "kategorialen" und "transzendentalen" Erkenntnisart. Dementsprechend sind analoge Aussagen nicht als ein "Zwitter" von univoker und äquivoker Prädikation zu verstehen, sondern analoges Erkennen ist die allem rational-diskursiven Verstandesdenken zugrundeliegende "transzendentale Erfahrung" des menschlichen Geistes in seiner Verwiesenheit auf das Absolute.[53] Analoges Erkennen ist demnach ursprünglicher als die rationale ("kategoriale") Erkenntnis einzelner Gegenstände. Es ist geradezu die Bedingung und der

---

46 J. LENZ, a.a.O., S.83.

47 A.a.O., S.83.

48 A.a.O., S.94.

49 K. JACOBI, Die Methode, S.61. Jacobi wendet sich im Anschluß an J. Ritter nicht nur gegen die schon erwähnten Autoren Vansteenberghe, Ranft und Lenz, sondern auch gegen die Arbeiten von J. Peters, Sr. H. Wolf, P. Wilpert, E. Zellinger und R. Haubst. Vgl. a.a.O., S.59-62.

50 Wörtlich führt er dazu aus, "daß der cusanische Unendlichkeitsbegriff in keiner Weise als mystischgesteigerter Ausdruck eines in der scholastischen Metaphysik und Theologie sonst schon gegebenen Begriffs gelten kann. Er ist insbesondere der thomistischen Bestimmung des göttlichen und weltlichen Seins völlig fremd. Es gibt hier keine analogia entis; es gibt keine Möglichkeit mehr, das Verhältnis Gottes zur Welt durch die Vorstellung der Ursache, der Urbilder der Dinge in Gott ... sachgerecht zu verdeutlichen". J. RITTER, a.a.O., S.120f.

51 Vgl. K. JACOBI, a.a.O., S.217-221, das Zitat schon S.220.

52 Vgl. die Arbeiten von C. Fabro, L. Geiger, G. Siewerth, J.B. Lotz, M. Müller, B. Welte, K. Rahner.

53 Vgl. K. RAHNER, Grundkurs des Glaubens, Freiburg/Basel/Wien [8]1976, S.79-81.

tragende Grund dafür, daß diskursives Denken und univoke Aussagen möglich werden.[54] Eine so verstandene *Analogia entis* steht in großer sachlicher Nähe zur *docta ignorantia* des NvK als einer "intellektualen Schau" der "koinzidentiellen Wahrheit". Man wird der Ansicht von R. Haubst grundsätzlich beistimmen müssen, der unterschieden hat zwischen der "logischen Begriffs-Analogie", von der NvK in seinen Werken keinerlei Gebrauch macht, und einer "Analogie realer Existenz und Wesensbezogenheit", die ein "zentrales Thema" seines Werks ist, so daß die Grundzüge seines Denkens im Rahmen der Seinsanalogie gedeutet werden und diese vertiefen und umformen können.[55]

Als Fazit bleibt festzuhalten, daß die Gedanken des NvK durchweg auch im Rahmen eines recht verstandenen Thomismus gerechtfertigt werden könnten. Andererseits hebt er sich von der scholastischen Schulphilosophie seiner Zeit (und darüber hinaus) in Sprache und denkerischem Vorgehen deutlich ab. Durch das Koinzidenzprinzip betont er Gottes Transzendenz mit aller Schärfe und entgeht so der Gefahr, den unendlichen Abstand zwischen Gott und Geschöpf auf jene Art "analoger" Differenz zu reduzieren, wie sie zwischen verschiedenen Stufen endlichen Seins bestehen. Die Vermeidung des damals weithin mißverständlichen Analogiebegriffs und seine Ersetzung durch die Regel der *docta ignorantia* wird erst verständlich von seiner Absicht einer gläubigen Erschließung der Gottesfrage und ihrer rechten Verkündigung her.

2.1.2 Nikolaus von Kues im Verhältnis zu Platonismus und Neuplatonismus

Es gibt Versuche, bei NvK einen "genuinen Platonismus" nachzuweisen[56]. In den letzten Jahrzehnten nimmt die Zahl philosophie-historischer, quellenanalytischer Untersuchungen ständig zu, in denen die vielfältigen Abhängigkeiten der Schriften des NvK von antiken und mittelalterlichen Spielarten des christlichen und nichtchristlichen Platonismus und Neuplatonismus dargestellt werden.[57]

Die Erforschung der "Vorgeschichte" hat sehr viel zum Verständnis der Schriften des NvK beigetragen. Die verschiedenen Untersuchungen kritisieren und ergänzen einander teilweise. Jeder Versuch einer Fixierung des NvK auf eine bestimmte Schule erweist sich auch hier als einseitig. Trotz platonisierender Gedankengänge kann von einem "genuinen Platonismus" bei NvK keineswegs gesprochen werden[58]. Obwohl die

54 Vgl. E. PRZYWARA, Analogia entis, in: LTHK I, 468: "Analoge Erkenntnis ist also nicht eine nachträgliche und abgeleitete Form des begrifflichen Denkens; vielmehr liegt sie der univoken Begrifflichkeit (im kategorialen Bereich) als vorläufige Möglichkeitsbedingung zugrunde."

55 Vgl. R. HAUBST, Nikolaus von Kues und die Analogia entis, in: Die Metaphysik im Mittelalter, Vorträge des II. Internationalen Kongresses für mittelalterliche Philosophie, Miscellanea Mediaevalia 2, hrsg. v. P. Wilpert, Berlin 1963, S.686-95.

56 Vgl. J. HOMMES, Die philosophische Gotteslehre des Nikolaus Kusanus in ihren Grundlehren, München 1926; vor allem: E. HOFFMANN, Platonismus und christliche Philosophie, Stuttgart 1960. Weitere frühere Veröffentlichungen Hoffmanns s. H. KLEINEN u. R. DANZER, Cusanus-Bibliographie 1920-1961, in: MFCG 1 (1961), S.112f.

57 Vgl. Cusanus-Bibliographie in Fortsetzung, in: MFCG 1, 3, 6, 10, 15 jeweils unter II. Untersuchungen zu Handschriften und Editionen und III. Philosophische, Theologische, Fachwissenschaftliche Interpretationen, insbesondere die diesbezüglichen Arbeiten von W. Beierwaltes, M. de Gandillac, R. Haubst, R. Klibansky, J. Koch u.a.

58 "Von genuinem Platonismus fanden wir im Bereich unserer Untersuchung kaum irgendeine Spur." R. HAUBST, Das Bild des Einen und Dreieinen Gottes in der Welt nach Nikolaus von Kues, Freiburg 1956, S.314; vgl. J. RITTER, Die Stellung, S.127ff und K. JACOBI, Die Methode, S.72.

cusanischen Spekulationen mit neuplatonischen Denkvorstellungen verflochten sind, lassen sich in ihnen erhebliche Abwandlungen und grundsätzliche Neuansätze entdecken[59].

Zumindest in einem sehr weiten, mehr formalen Sinn gehört NvK in den platonischen Traditionsstrang, wenn man Platonismus mit K. Jacobi ganz allgemein beschreibt "als Überlieferung einer fundamentalen Problemstellung ..., als eine Geschichte von Neudeutungen, die tiefgreifende Transformationen, dialektische Umschwünge und entgegengesetzte Akzentuierungen nicht ausschließt"[60]. Eine Ähnlichkeit zwischen Platon und NvK läßt sich auch in der Art und Weise ihres Philosophierens sehen. Bei beiden bleibt das Denken "in Bewegung". Es ist dialogisch angelegt, zieht den Partner ins Gespräch und regt ihn an, sich selbst diese Art des Denkens "anzueignen" und angebotene Bilder und Gleichnisse selbständig zu deuten[61].

Wenn diese Beobachtungen stimmen und cusanisches wie platonisches "Philosophieren" auf andere ausgerichtet ist, im "Gespräch" geschieht, eine "Wendung" (Proreptik) anzielt und den Gesetzen einer "Maieutik" folgt[62], so hat es nicht den Charakter eines rein theoretischen Erkenntnisfortschritts, sondern weist wesentliche Elemente einer Anleitung zu einem Verhalten, zu einer Praxis auf. Die Bemühungen um die Cusanusinterpretationen aus platonischem Blickwinkel lassen uns also wiederum eine Vermittlungsintention im Werk des NvK erkennen. Doch diese ist von der Botschaft des christlichen Glaubens bestimmt, weil der "cusanische Platonismus" nicht so sehr durch Platon wie "vielmehr durch Augustinus, Dionysius, Eriugena u.a. geprägt ist"[63].

2.2 Probleme einer Einordnung des Nikolaus von Kues in das neuzeitliche Denken

Neben den Versuchen, NvK auf eine bestimmte Schule der Scholastik oder des Platonismus bzw. Neuplatonismus zu fixieren, hat sich eine andere Richtung der Cusanus-Interpretation damit beschäftigt, ihn in seiner Beziehung zur neuzeitlichen Philosophie zu beschreiben und zu beurteilen.

2.2.1 Nikolaus von Kues an der Epochenschwelle von Mittelalter und Neuzeit (Blumenberg)

H. Blumenberg hält es für falsch, um einer "Legitimation der Neuzeit" willen NvK zum Begründer dieser Epoche zu machen und so im nachhinein eine "Kontinuität und substantielle Konstanz" zwischen Mittelalter und Neuzeit zu konstruieren. Andererseits sieht er im cusanischen Denken schon die Sprengkraft angelegt, die in der neuzeitlichen Wende zum autonomen Subjekt zum Ausbruch gekommen sei.[64]

59 Vor allem K. JACOBI bemüht sich, die Unterschiede zwischen NvK und Platonismus sowie Neuplatonismus und ihren christlichen Formen aufzuhellen. Vgl. a.a.O., S.63-76.

60 A.a.O., S.78.

61 Vgl. a.a.O., S.76.

62 Vgl. a.a.O., S.175f.

63 R. HAUBST, a.a.O.

64 Vgl. H. BLUMENBERG, Die Legitimität der Neuzeit, 4. Teil, Aspekte der Epochenschwelle: Cusaner und Nolaner, erw. u. überarb. Auflage, Frankfurt 1982 (Suhrkamp Taschenbuch Wissenschaft 174), 29ff. Für Blumenberg ist weder der "Cusaner" noch der "Nolaner" Giordano Bruno "Epochenstifter". Er sieht aber beide ausgezeichnet durch ihr Verhältnis zur Epochenschwelle, die durch "Interpolation zwischen ihnen" zu erfassen sei; vgl. a.a.O., S.31.

In kühnen Gedankengängen begründet er seine These, daß das Grundanliegen des "Cusaners" allein "in der Sorge um den Bestand der mittelalterlichen Welt" liege.[65]

Nach seiner Auffassung ist NvK bemüht, das mittelalterliche Denken, das durch den scholastischen Rationalismus und den Nominalismus in eine Zerreißprobe zwischen Immanenz und Transzendenz geraten war, "aus der geistigen Substanz und mit den geistigen Mitteln der Epoche selbst zu retten".[66]

Nach Blumenberg mißlingt NvK jedoch dieser Versuch. Die *docta ignorantia*, die *coincidentia oppositorum*, der "Abbildgedanke" und selbst die Christologie sind seiner Ansicht nach "Kunstgriffe", die scheinbar das alte Denksystem bewahren, faktisch aber schon Elemente und Voraussetzungen enthalten, die in der Neuzeit zum autonomen Selbstbewußtsein der Vernunft führen konnten.[67]

Positiv festzuhalten bleibt, daß NvK vor dem Hintergrund der geistigen Krisensituation an der "Epochenschwelle" zwischen Mittelalter und Neuzeit verstanden werden muß.

Ohne auf Blumenbergs Interpretationen im einzelnen einzugehen, kann aufgrund der bisher erkennbar gewordenen Ergebnisse der Cusanus-Forschung an seine Grundthese jedoch die Frage gestellt werden: Erscheint die Ambivalenz der cusanischen Leitgedanken nicht in einem anderen Licht, wenn es das fundamentale Anliegen des NvK war, nicht antikes oder mittelalterliches Gedankengut, sondern den christlichen Offenbarungsglauben weiterzugeben, und zwar in Denk- und Ausdrucksformen, die der Krise seiner Zeit angemessen waren? Das Problem läßt sich auch anders wenden: Liegt es in der Konsequenz des cusanischen Denkens, sich von der historischen Voraussetzung des christlichen Glaubens zu lösen und sich allein vom menschlichen Subjekt her zu verstehen, oder ist der Glaube als Denkprinzip und -inhalt die unabdingbare Grundlage?

---

65 Vgl. a.a.O., S.34-108.

66 A.a.O., S.35.

67 BLUMENBERG veranschaulicht seine These an der Verwendung des "Abbildgedankens" in der Anthropologie. Nach NvK wäre die Vernunft unbefriedigt, "wenn sie das Abbild eines so geringen und unvollkommenen Schöpfers wäre, daß er größer und vollendeter sein könnte". Blumenberg bezeichnet es als "Kunstgriff", auf diese Weise "die Steigerung der Transzendenz ständig mit der Immanenz - und das heißt der Anthropologie mit der Kosmologie - zu koppeln" (a.a.O., S.39). Auch der gnoseologische Lösungsversuch der "docta ignorantia" ist nach Blumenbergs Verständnis "nicht mehr ein Akt mittelalterlicher Demut, nicht mehr das sacrificium intellectus angesichts der Mysterien des Glaubens, sondern ein quasi-experimentelles Verfahren ständig neuer Erkundung der Grenze zur Transzendenz", in dem schon Voraussetzungen für die moderne wissenschaftliche Erkenntnismethode angelegt sind (vgl. a.a.O., S.42).
Als weiteres Beispiel führt BLUMENBERG das Schema "complicatio-explicatio" für die Kosmologie an, das die Möglichkeit "ständiger Rückübersetzung der Theologie in Anthropologie und Kosmologie" eröffnet (vgl. a.a.O., S.39).
Auch der Christologie, dem "Kernstück" des ganzen cusanischen Systems, durch das er die Antinomie habe lösen wollen, daß die Schöpfung "einerseits die höchste mögliche Vollkommenheit besitzen" muß und "doch andererseits nicht die Grenze des in ihrem Ursprung Möglichen" erreichen darf (a.a.O., S.105), gelingt es nach BLUMENBERG nicht, "den theologischen Furor des späten Mittelalters mit dem betroffenen Willen des Menschen zu versöhnen, sich seines eigenen Rechtes gegen die Transzendenz zu versichern und vor dem überhöhten Gott nicht selbst zunichte zu werden" (a.a.O., S.108). Die Abwendung des "Nolaners" Giordano Bruno von dem ihm vorgehaltenen Kruzifix vor seiner Verbrennung auf dem Scheiterhaufen im Jahre 1600 sei das "Fanal des Mißlingens dieser Versöhnung" (a.a.O.) gewesen.

Damit stehen wir vor einer Fragestellung, mit der sich die neuere philosophische Cusanus-Forschung beschäftigt hat und die der folgende Abschnitt deshalb wenigstens streifen muß.

2.2.2 Glaubensvoraussetzung bei Nikolaus von Kues und neuzeitliches Denken

K. Jacobi geht in seinem Bericht über die Cusanus-Forschung ausführlich auf "das Verhältnis des cusanischen Denkens zur neuzeitlichen Philosophie und Wissenschaft" ein. Unter besonderer Berücksichtigung der Frage, welche Bedeutung der Glaubensvoraussetzung zukommt, diskutiert er die Arbeiten von E. Cassirer, K.H. Volkmann-Schluck, W. Schulz, E. Metzke und K. Jaspers.[68]

Seit den Versuchen E. Cassirers[69], die cusanische Philosophie als Anfang der neuzeitlichen Wissenschaft zu sehen, tritt die Frage nach den Glaubensvoraussetzungen in den Vordergrund des Interesses.[70] Im Anschluß an Cassirer hat vor allem sein Schüler J. Ritter[71] betont, daß die "neue cusanische Geistphilosophie" nicht "voraussetzungslos" ist, sondern in der christlichen Gotteslehre wurzelt.[72]

Bei den weiteren genannten Autoren stellt sich das Problem verschärft. In gründlichen, teilweise verschlungenen Auseinandersetzungen mit ihnen stellt Jacobi heraus, daß der Glaube das Fundament ist, auf dem NvK seine Spekulationen aufbaut. Aber die Glaubensgewißheit etwa, daß der Mensch als "Gottes Ebenbild" (*imago Dei*) geschaffen ist, auf der die "mens-Lehre" des NvK gründet, ist nicht ein fraglos angenommener Glaubenssatz, sondern wird - so zeigt Jacobi überzeugend gegenüber Volkmann-Schluck[73] - "durch die cusanische Reflexion auf das Fragen des Menschen und den absoluten Grund dieses Fragens" vermittelt.[74]

Eine andere Position vertritt W. Schulz, für den Gott im Denken des NvK einen "wesenhaft unauflösbaren Bezug" zum Menschen hat. Dementsprechend ist die endliche Subjektivität so an die Transzendenz gebunden, daß Transzendenz als "das der endli-

---

68 Vgl. a.a.O., S.83-129.

69 E. CASSIRER, Das Erkenntnisproblem in der Philosophie und Wissenschaft der neueren Zeit, Bd. I, Berlin 1906; ders., Individuum und Kosmos in der Philosophie der Renaissance, Leipzig 1929.

70 Für Cassirer liegt die Größe des NvK gerade darin, daß dieser die Wende zur objektiven Betrachtung der Welt und zur Subjektivität "nicht im Gegensatz zu den religiösen Grundgedanken des Mittelalters, sondern aus dem Blickpunkt eben dieser Grundgedanken selbst vollzieht". E. CASSIRER, Individuum und Kosmos, S.37.

71 Vgl. J. RITTER, Nicolaus von Cues, in: Das Deutsche in der deutschen Philosophie, hrsg. v. Th. Haering, Stuttgart und Berlin 1941; ders., Docta ignorantia. Die Theorie des Nichtwissens bei Nicolaus Cusanus, Leipzig 1927.

72 Vgl. J. RITTER, Docta ignorantia, S.87.

73 Für Volkmann-Schluck besteht bei NvK die Wahrheit nicht mehr in der "Angleichung des Verstandes an die zu erkennende Sache", sondern der menschliche Geist wird "zu dem Urbild, dem die Sachen im Erkennen angemessen werden", K.H. VOLKMANN-SCHLUCK, Die Philosophie im Übergang vom Mittelalter zur Neuzeit, Frankfurt 1957, S.160. Diese "mens-Lehre" gründe in der Glaubensgewißheit vom Menschen als der "imago Dei" (a.a.O., S.172). Wenn diese Grundlage entfällt, wird das "Allessein-können" des Menschen zu einer "Summe von Widersprüchen", so daß sich das auf sich selbst gestellte Subjekt deshalb eine neue "Selbstgewißheit" verschaffen mußte. Dieser Aufgabe hat sich nach Volkmann-Schluck erst Descartes gestellt. Nach Kants "transzendentaler Wende" zum Subjekt als Subjektivität habe sie im Idealismus ihre Lösung in der "absoluten Vernunft" gefunden (a.a.O., S.187ff).

74 K. JACOBI, Die Methode, S.104.

chen Subjektivität mit innerer Notwendigkeit zugehörende Andere ihrer selbst"[75] zu verstehen wäre. Auch dieser Deutung widerspricht K. Jacobi mit Recht, weil sie den erwähnten "transzendentalen Ansatz" nicht beachtet, wonach NvK "das Endliche als 'Anderes', das Unendliche aber als 'Non-aliud'" bezeichnet, das "dem 'Anderen' nicht gegenübersteht, sondern vor jedem Gegensatz gedacht werden" muß.[76]

Jacobi schließt sich Metzke an, für den NvK - wie später M. Luther - Gott zum "Ausgangspunkt der Besinnung"[77] gemacht hat. Metzke - darauf verweist Jacobi - wehrt sich dagegen, NvK "in bereits fertige Kategoriensysteme" einzuordnen, weder als "letzten Scholastiker" noch als "ersten modernen Denker", noch als "Gestalt des Übergangs". Er habe einerseits "die Trennung zwischen finitum und infinitum" vollzogen, andererseits durch die Lehre von der "complicatio und explicatio die unlösbare Zusammengehörigkeit von Gott und Welt gelehrt".[78] Diese Spannung, die in der Forschung als Widerspruch beklagt worden ist, dürfe nicht aufgelöst werden. Die Lösung dieser Spannung sieht er in der Offenbarungslehre von der Menschwerdung Gottes in Jesus Christus, aus der sich für Metzke eine "unlösliche Einheit von Christologie (Theologie) und Ontologie (Philosophie)" im cusanischen Denken ergibt.[79]

An diesem Punkt seines Rückblicks auf die philosophische Cusanusforschung schaltet Jacobi eine Auseinandersetzung mit dem Cusanusbuch von Karl Jaspers ein. Man wird sich seiner Kritik insofern anschließen können, als die Interpretation von Jaspers trotz ihres Verständnisses für die cusanische Methode des Transzendierens daran scheitert, daß er das theologische und kerygmatische Anliegen des NvK nicht bejahen kann, dessen Denken "für sein Bewußtsein christlich und kirchlich"[80] ist. Jacobi konstatiert insbesondere das Unverständnis Jaspers' für das Glaubensgeheimnis der Inkarnation.[81]

Gerade die Christologie ist aber - und hier beruft sich Jacobi wieder auf Metzke - das "Fundament der cusanischen Philosophie"[82]. In diesem Zusammenhang wird ein wesentlicher Unterschied zwischen Cusanus und Luther erkennbar. Für Luthers *theologia crucis* steht es von vorneherein fest, "daß der Menschengeist 'umkehren' müsse, daß Gott als die absolute 'Voraussetzung' an den Anfang des Denkens treten müsse. Cusanus aber zeigt diese Notwendigkeit; er führt durch subtile Analysen des endlichen Erkennens und des Endlich-Seienden hin zu der Einsicht, daß dieses Erkennen sich als bedingt und ermächtigt verstehen muß und daß das Endlich-Seiende das absolute Sein voraussetzt, dessen 'Andersheit' es ist".[83]

---

75 W. SCHULZ, Der Gott der neuzeitlichen Metaphysik, Pfullingen 1957, S.27f.

76 Vgl. K. JACOBI, a.a.O., S.110.

77 Vgl. a.a.O., S.113; vgl. E. METZKE, Nikolaus von Cues und Martin Luther (Aus dem Nachlaß), in: Coincidentia oppositorum, Gesammelte Studien zur Philosophiegeschichte, hrsg. v. K. Gründer, Witten 1961, S.220.

78 Vgl. K. JACOBI, a.a.O., S.112.

79 Vgl. a.a.O., S.115.

80 K. JASPERS, Nikolaus Cusanus, München ²1987, S.59.

81 Vgl. K. JACOBI, a.a.O., S.124.

82 A.a.O., S.135.

83 A.a.O., S.129.

2.3 "Die Methode der cusanischen Philosophie" (K. Jacobi)

K. Jacobi macht nicht nur - wie die meisten philosophischen Cusanus-Interpretationen - die *docta ignorantia* und die *coincidentia oppositorum*, sondern vorrangig den *transcensus* zum zentralen Gegenstand seiner Untersuchung. Erst durch diese Dreierformel, die er dem Epilog zu *De docta ignorantia* entnimmt, sieht er den methodischen Grundgedanken formuliert, der seiner Ansicht nach dem cusanischen Werk seine Einheit gibt und einen originären Denkansatz darstellt.[84]

Dabei geht Jacobi vom Denkmodell einer "zweifachen ontologischen Dimension" aus. Im Anschluß an seinen Lehrer H. Rombach vertritt er die These, in der cusanischen Philosophie werde "durchgängig sowohl die ontologische Identität von Gott und Geschöpf als auch deren ontologische Differenz behauptet."[85]

Dieser zweifachen Dimension entspricht eine "Duplizität der Methode".[86] Der "scientia" (Faktenerkenntnis) der Naturwissenschaften, die sich auf die Dimension der Differenz, des "Anderen", des "explikativen Seins" der endlichen Seienden ausrichtet, ist die Methode des "rationalen Diskurses" eigen. Die "sapientia" (Apriorischau) der Philosophie hingegen, die den Bereich der Identität, des "Nicht-Anderen", des komplikativen Seins der "koinzidentiellen Einheit" erforscht, ist methodisch durch den *transcensus* hin zu einer überrationalen, apriorischen Erkenntnisweise, zur *visio intellectualis*, charakterisiert.[87]

2.3.1 "Symbolische Erforschung"

Anhand des 12. Kapitels im ersten Buch von *De docta ignorantia* beschreibt Jacobi die Methode, die zur "intellektualen Schau" führt, als "symbolische Erforschung (investigatio symbolica)". NvK geht dort von der grundlegenden Einsicht des "belehrten Nichtwissens" aus, daß das "schlechthin Größte (maximum simpliciter)", dessen "Daßsein (quia est)" evident ist, auf rational-diskursivem Weg in seinem "Wesen (quid est)" nicht erschlossen werden kann, da zwischen dem Unendlichen und Endlichen keine Vergleichsmöglichkeit besteht.

Nur durch die "symbolische Erforschung" können wir uns der Wahrheit dieses Größten dadurch annähern, daß die "einfache Ähnlichkeit", wie sie zwischen endlich Seienden herrscht, in einem zweifachen "Überstieg (transcensus)" übersprungen wird.

Diese "symbolische Erforschung" wird in *De docta ignorantia* anhand von mathematischen Symbolen als ein zweifacher "transcensus" über die Erfahrung empirischer Faktizität und schließlich über alle gedankliche Operation hinaus in das Absolute veranschaulicht.[88] Jacobi ist aber der Auffassung, daß sie grundsätzlich für alle "Symbole" gilt, wobei er unter "Symbol" nicht bloß eine Versinnbildlichung (wie bei der Metapher oder beim Bild) versteht. Die Erkenntnis eines jeden konkreten Seienden kann

84 Zur Darstellung des cusanischen "transcensus" vgl. a.a.O., 136-142; zur Eigenart der cusanischen Methode im Vergleich zu traditionellen und neuzeitlichen Formen der Philosophie vgl. a.a.O., S.226ff.

85 K. JACOBI, a.a.O., S.148, Anm. 31.

86 A.a.O., S.198.

87 Zum Verhältnis von "scientia" und "sapientia", vgl. a.a.O., 237-240. Allerdings gibt JACOBI keine Stellenbelege an, die diese terminologische Unterscheidung als typisch cusanisch ausweisen würden.

88 A.a.O., S.212f.

zur "symbolischen Erkenntnis" werden, wenn "das Konkrete in sein Absolut-Sein 'übertragen' wird"[89]. Er findet diese Konzeption in *De quaerendo Deum* und *De dato patris* ontologisch und gnoseologisch begründet[90]: Alles endliche Sein ist "Erscheinungssein" (bzw. "explikatives Sein") des unendlichen, göttlichen, "komplikativen" Seins.

Der menschliche Geist nimmt innerhalb des endlichen Seins eine Sonderstellung ein als *imago complicationis aeternae*. So vermag er die Dinge erkennend produktiv zu entfalten, weil er ihr "Einfaltungssein" in sich trägt. Diese seine "symbolische Struktur" befähigt ihn zur symbolischen Erkenntnis, wenn er in einem ersten Schritt das konkrete und explikative, endliche Seiende in das "Einfaltungssein" im menschlichen Geist hebt. Da er aber die Dinge nicht selbst geschaffen hat, auch wenn er sie entfaltend sieht, bedarf es eines zweiten Schrittes über den eigenen Geist auf die Wahrheit der Dinge zu Gott als ihrem Absolutsein in der unendlichen komplikativen Einheit.

Der *transcensus* erweist sich also als eine Bewegung des "Abstiegs" (descensus) zu den Dingen und eines gleichzeitigen "Aufstiegs" (ascensus) zu Gott, als "Doppelbewegung von Selbstentfaltung und transzendentaler Rückinterpretation der Entfaltungen in das komplikative 'Licht der Wahrheit in uns'."[91] Jacobi verweist auf eine Stelle in *De theologicis complementis*[92], wo NvK diesen Denkvorgang "Spekulation (Spiegelschau)" nennt und als eine "Bewegung des Geistes vom Daß zum Was" charakterisiert. Sie ist also eine "Entfaltung der ursprünglichen Evidenz in ihre Sinnfülle ... die unendliche Vertiefung in Gott".[93] Solange der Mensch die Dinge nur in ihrem "Entfaltetsein" erfaßt, erkennt er sie nur in "Andersheit". Die "genaue Wahrheit" aller Dinge ist allein das absolut Größte. Die "symbolische Erforschung" ist demnach die Methode zur Annäherung an diese genaue Wahrheit, "welche die absolute Wahrheit alles Wahren in komplikativer Identität"[94] ist.

Gegen den Interpretationsversuch Jacobis sind Einwände erhoben worden. Vor allem ist ihm ein Grundfehler vorzuwerfen, den er selbst an den Cusanus-Interpretationen der verschiedenen Provenienz kritisiert hat: Auch er preßt NvK in ein bestimmtes, philosophisches Konzept, diesmal in Rombachs Denkmodell der "zweifachen ontologischen Dimension". Diese scheinbar so glatte und stringente Deutung erweist sich als ein zu enges Korsett.[95] So lassen sich etwa die Leugnung jeder Substantialität in der Schöpfungswirklichkeit außer der Gottes und damit zusammenhängend der Gedanke der Welt als eines Systems reiner Relationen[96] im cusanischen Werk nicht durchgängig nachweisen.[97] Jacobi gesteht das selbst ein, wenn er eine kritische Reinigung all

89 A.a.O., S.210.

90 Vgl. a.a.O., S.143-167.

91 A.a.O., S.211.

92 p II, 2, fol. 93^{r-v} (dort "Complementum theologicum" genannt).

93 K. JACOBI, a.a.O., S.211.

94 A.a.O., S.212.

95 Vgl. die Rezension des Buches von K. Jacobi, Die Methode, durch M. ALVAREZ, in: MFCG 8 (1970), S.255-267. Alvarez' Kritik trifft nicht die Auffassung Rombachs als solche, sondern wendet sich dagegen, "bei Cusanus einfach eine Bestätigung derselben finden zu wollen". Vgl. a.a.O., 226.

96 Vgl. K. JACOBIs Ausführungen zu "Identitätsontologie und Funktionalontologie", Die Methode, 241-308.

97 Vgl. R. HAUBST, Theologie in der Philosophie - Philosophie in der Theologie des Nikolaus von Kues, in: MFCG 11 (Mainz 1975), 236.

der Äußerungen fordert, in denen NvK "Substanzgesichtspunkte unterlaufen".[98] Ähnliches gilt für die "Spuren" einer *analogia attributionis* im Werk des NvK, die Jacobi "beseitigen" möchte[99], sowie für das Kausalitätsargument und "rationale" Argumentationsweisen allgemein, die für die Gotteserkenntnis bei Voraussetzung einer "Identitätsontologie" keinen Sinn mehr hätten, aber - wie R. Haubst nachgewiesen hat[100] - in den Schriften nach *De docta ignorantia* bis zu den Spätschriften eine Rolle spielen. Neuere Untersuchungen von J. Stallmach zeigen deutlich, daß das cusanische Denken und Vorgehen umfassender und differenzierter verläuft, als es bei Jacobi zum Ausdruck kommt.[101]

Dennoch enthält die Interpretation von Jacobi Erkenntnisse, die zum Fortgang unserer Untersuchung weiterhelfen. Sie hat deutlich gemacht, daß das Denken des NvK nicht nur im christlichen Glauben seine Grundlage hat, sondern von dem Anliegen geleitet ist, zu einer Einsicht in diesen Glauben zu führen. Jacobi hat gezeigt, daß ein wesentliches Element der cusanischen Methode in einer Art "transzendentaler Reflexion"[102] auf die "absolute Voraussetzung", die in allem Fragen und Denken als evident erfahren wird, zu sehen ist. Wenn der menschliche Geist seine eigene Begrenztheit einsieht und sich im Nicht-Wissen belehren läßt, gewährt diese Evidenz das Licht, in dem sich erst unsere aposteriorische Erkenntnis der Dinge vollziehen kann. Freilich bleiben offene Fragen. Jacobi hat nachgewiesen, daß die in *De docta ignorantia* dargelegte "Methode" der "mathematischen Symbolik" und des zweifachen *transcensus* ontologisch in der "symbolischen Struktur" des menschlichen Geistes begründet ist. Aber ist sie deshalb schon völlig identisch mit der von ihm so genannten "transzendentalen Reflexion" der *speculatio*, deren Umschreibung er dem späteren Werk *Complementum theologicum* (*De theologicis complementis*) entnommen hat? Könnte nicht im vermittlerischen Verfahren des NvK zwischen *De docta ignorantia* (1440) und *De theologicis complementis* (1453) eine Entwicklung stattgefunden haben?

---

98 Vgl. JACOBI, a.a.O., S.306.

99 Vgl. a.a.O.

100 Vgl. R. HAUBST, a.a.O., S.249-252.

101 Vgl. J. STALLMACH, Ineinsfall der Gegensätze und Weisheit des Nicht-Wissens. Grundzüge der Philosophie des Nikolaus von Kues, Münster 1989.

102 Bei der Verwendung dieses Begriffs ist darauf zu achten, daß er nur in einem eingeschränkten Sinn auf NvK anzuwenden ist, dessen Ansatz sich wesentlich von der "transzendentalen Reflexion" Kants unterscheidet. Vgl. die diesbezügliche kritische Bemerkung von M. ALVAREZ, a.a.O., S.256f. Wie die vorliegende Untersuchung zeigen wird, meint die Erleuchtung des menschlichen Geistes (durch Christus) als Möglichkeitsbedingung der Glaubenseinsicht etwas anderes als die kantischen transzendentalen Anschauungs- und Denkformen. Die Einsicht in diese Erleuchtung ist auch nicht einfach identisch mit der "transzendentalen Erfahrung", von der die neuere Transzendentaltheologie spricht, der R. Schaeffler zu Recht Ungeschichtlichkeit, Systemimmanenz der Vernunft und Realitätsentfremdung vorwirft. (Vgl. R. Schaeffler, Fähigkeit zur Erfahrung. Zur transzendentalen Hermeneutik des Sprechens von Gott, Freiburg 1982, S.39-45; S.81-88). Andererseits würde NvK auch nicht richtig verstanden im Sinne der entgegengesetzten theologischen Position, die sich auf die Paradoxie des Glaubens, vor allem des Kreuzes, beruft, so daß der Mensch angesichts dieses nicht mehr hinterfragbaren Faktums nur noch zu schweigen und zu hören hätte, womit jede Vermittlung ausgeschlossen wäre. Demgegenüber werden im cusanischen Vermittlungskonzept der "Aussagbarkeit des Unaussagbaren" die Selbstgewißheit und Selbstverfangenheit einer sich autonom setzenden menschlichen Vernunft aufgebrochen, so daß eine neue Weise der Einsicht und Kommunikation in gläubigem Handeln möglich wird.

In eine grundsätzlichere Richtung zielt eine andere Frage: Ist die "symbolische Erforschung" noch eine rein philosophische Methode? Diese letzte Frage verschärft sich, wenn die Christologie nach Jacobi eine Schlüsselstellung in der "cusanischen Philosophie" einnehmen, ja geradezu ihr Fundament sein soll.

2.3.2 Christologie - das Fundament der cusanischen Philosophie?

Für Jacobi ist es eine grundlegende These der cusanischen Philosophie, daß die Möglichkeit, den absoluten Gott symbolisch in den konkreten Seienden zu erfassen, dem menschlichen Geist erst durch die Menschwerdung der zweiten göttlichen Person, des *verbum veritatis* oder der *ratio seu ars absoluta* geschenkt worden ist. Da in Jesus Christus die "'ewige complicatio' alles Geschaffenen" sichtbar erschienen ist, offenbart sich in ihm die "Konkretheit des Absoluten" und "die Absolutheit des Konkreten".

Erst im Glauben an den Gott-Menschen als den Mittler erfaßt der Mensch sich, eine endliche Entfaltungsgestalt unter anderen, zugleich als *imago complicationis* und damit als befugt und berufen zur Vermittlung des Endlichen ins Unendliche, der Erscheinungen in die absolute Wahrheit.[103]

Erstaunlicherweise spielt dieser Gedanke, der doch Auswirkungen auf die Methode haben müßte, bei Jacobis Darstellung der "symbolischen Erforschung" keine Rolle.

Chr. Schönborn[104], der sich in der Denkrichtung H. Rombachs und K. Jacobis bewegt, befaßt sich mit der "folgenschweren Frage, ob die Methode der DI (= docta ignorantia) als solche an die Christologie gebunden ist".[105] Er kommt zu dem Ergebnis, daß der Überstieg "über alles mögliche Wissen hin zur Einfachheit der Koinzidenz" den Gedankengang aller drei Bücher des Werks *De docta ignorantia* bestimmt und erst im Dritten Buch im Glauben an die Person Jesu an sein Ziel gelangt. Die Begründung liegt in der Kosmologie des zweiten Buches. Ohne den Glauben an Jesus Christus wäre eine Erkenntnis des Universums und damit auch jedes Einzelwirklichen nicht möglich, denn erst "an der maximalen Endlichkeit Jesu wird positiv bestimmbar, was Endlichkeit ist".[106]

In diesem Sinn ist die Christologie das "Fundament" der cusanischen Philosophie und der Erkenntnismethode der *docta ignorantia*.

Freilich kann an diese Interpretation die Frage gestellt werden, ob dadurch nicht eine unstatthafte Verwechslung von Philosophie und Theologie in das Werk des NvK hineingetragen wird.[107]

Ehe dieser theologischen Fragestellung nachgegangen werden wird, sollen noch einige neuere philosophische Interpretationsversuche einbezogen werden, die NvK unter sprachlich-praktischen Gesichtspunkten zu verstehen suchen.

---

103 Vgl. K. JACOBI, a.a.O., S.158-160.

104 CHR. SCHÖNBORN OP, "De docta ignorantia" als christozentrischer Entwurf, in: K. Jacobi (Hrsg.), Nikolaus von Kues, Freiburg 1979, S.138-156.

105 A.a.O., S.142.

106 A.a.O., S.148.

107 Vgl. R. HAUBST, a.a.O. (s. oben, S.35, Anm. 97), S.235ff

2.4 Sprachliche Übermittlung als Hauptanliegen des Nikolaus von Kues?

Auf die Bedeutung, die NvK der menschlichen Sprache zuweist, machen mehrere Autoren aufmerksam[108]. Unter ihnen meint H.G. Senger, NvK sei es in erster Linie um die Frage gegangen, wie sich Metaphysik angemessen sprachlich formulieren lasse.[109] S. Otto vertritt die These, bei NvK habe die Sprache "keine bloße Bezeichnungsfunktion, sondern die Aufgabe symbolisierender Darstellung"[110].

Das Problem "der sprachlichen Darstellung in der Reflexion des Cusanus" macht auch M. Stadtler zum Gegenstand seiner Untersuchung[111]. An die Stelle der Begrifflichkeit der Scholastik setze NvK Gleichnisse. Diese spezifisch cusanische Darstellungsmethode ist nach Stadtler mittels einer "Strukturanalyse" zu interpretieren, die den einzelnen Begriff "nicht starr und unwandelbar an einen klar definierten Bedeutungsinhalt" bindet, sondern "innerhalb eines Beziehungsgeflechts jeweils in seiner Bedeutung" erschließt. Auf diese Weise möchte er zu einer streng philosophischen Deutung der cusanischen Texte gelangen, bei der er a priori jegliche theologische Interpretation ausschließt.[112]

Bemerkenswert ist an diesen Forschungsbeiträgen, daß sie die Bedeutung der Vermittlungsdimension im cusanischen Denken hervorheben. Soweit sie eine theologische Sicht a priori ausschließen und die pragmatische Ausrichtung der Texte nicht beachten, gelangt der glaubenspraktische Sinn der Schriften des NvK nicht in den Blick dieser Deutungen, die im übrigen die Sermones kaum berücksichtigen.

2.5 Ein Ansatz "pragmatischer" Cusanus-Interpretation (N. Herold)

Der tiefgreifende philosophische Wandel unseres Jahrhunderts, der dadurch gekennzeichnet ist, daß sich im Zusammenhang mit der Kybernetik-Bewegung zunehmend operationale Wissenschaften entwickeln, die zur Frage nach den philosophischen Grundlagen pragmatisch-operationalen Denkens herausfordern und Anlaß geben, den unterschiedlichen philosophischen Praxisbegriff zu reflektieren, hat auch Einfluß auf die Cusanus-Interpretation genommen. Ein Beispiel dafür ist der Versuch Norbert Herolds, die cusanische Philosophie als eine Entwicklungsstufe "pragmatischen Denkens" in die Philosophiegeschichte einzuordnen.[113] Dabei kommt er zu dem Ergebnis, daß "Wahrheit" für NvK "nicht nur ein Prädikat theoretischer Aussagen, sondern das umfassende Ziel des menschlichen Lebens" ist. Dementsprechend ist Wahrheitsfindung eine "praktische und ethische Aufgabe", für die NvK "subjektive Bereit-

---

108 Außer den Nachgenannten vgl. schon K.O. APEL, Die Idee der Sprache bei Nikolaus von Cues, in: Archiv für Begriffsgeschichte I, Bonn 1955, S.200-221; J. PINBORG, Die Entwicklung der Sprachtheorie im Mittelalter, in: BGPhThMA XLII/2 (1967), S.212; D.F. DUCLOW, The Analogy of the Word, in: Bijdragen 38 (1977), S.282-299.

109 Vgl. H.G. SENGER, Die Sprache der Metaphysik, in: K. Jacobi, Nikolaus von Kues, S.74-100.

110 S. OTTO, Nikolaus von Kues, in: O. Höffe, Klassiker der Philosophie, Bd. I, München 1981, S.245-261.

111 M. STADTLER, Rekonstruktion einer Philosophie der Ungegenständlichkeit. Zur Struktur des cusanischen Denkens, München 1983, bes. S.14-18.

112 Vgl. a.a.O., S.19f.

113 N. HEROLD, Bild, Symbol und Analogie: die "Modelle" des Nikolaus von Kues, in: H. Stachowiak (Hrsg.), Pragmatik. Handbuch pragmatischen Denkens, Bd. I. Pragmatisches Denken von den Ursprüngen bis zum 18. Jahrhundert, Hamburg 1986, S.300-318.

schaft und Eignung" und vor allem "freie Entscheidung" und "tüchtige Übung" verlangt.[114] Die cusanische Philosophie ist also "nicht Selbstzweck, sondern soll der Verwirklichung des Menschen dienen".[115]

Sie ist pragmatisch nicht im defizienten Sinn einer "Pragmatik", die nur das Machbare zum Ziel nimmt, sondern aufgrund der Eröffnung einer unendlichen Orientierung der Vernunft, die "die Rückbesinnung auf die eigene Perspektivität, die Kommunikation mit den anderen im Bewußtsein des konjekturalen Charakters aller Erkenntnis und die daraus resultierende praktische Bereitschaft zu Frieden und Eintracht bei aller Verschiedenheit"[116] ermöglicht.

In Herolds Beitrag klingt an, daß die cusanische Bemühung um Wahrheit letztlich auf den christlichen Glauben zielt. Auch und gerade auf diesem Gebiet treten "pragmatische" an die Stelle "rationaler Kriterien", ohne daß die Wahrheit aufhört, "Gegenstand der Vernunft" und "als solche mitteilbar" zu sein.[117]

Dieser Interpretationsansatz unterstützt und vertieft die gewonnene Einsicht, daß eine Cusanusinterpretation nicht nur die Glaubensvoraussetzungen dieses Denkers, sondern auch die glaubenspraktische Zielsetzung seines Bemühens berücksichtigen muß.

3 Zur theologischen Rezeption des Nikolaus von Kues (R. Haubst)

Nachdem lange Zeit die philosophischen Interpretationen dominierten, kann es als ein Verdienst von R. Haubst bezeichnet werden, NvK als Theologen erschlossen zu haben.[118] Auch der Kritiker muß anerkennen, daß es Haubst gelungen ist, die Cusanusforschung einen erheblichen Schritt voranzubringen und aus dem Pantheismusstreit, aus begrifflichen Verengungen und Einseitigkeiten philosophischer Deutungen herauszuholen.[119] Auf eine Formulierung des NvK anspielend, spricht Haubst davon, daß es eine "harte Arbeit" gewesen sei, "die über das gedruckte und ungedruckte cusanische Schrifttum hin verteilten, oft essayistisch hingeworfenen Fragmente des cusanischen Denkens gleichsam wie Steinchen ... zu einem Mosaik zu fügen, wie es der Eigenart und der Ganzheit seiner Gedankenwelt möglichst entsprach, ..."[120] Er ist von der Absicht geleitet, NvK "von den Quellen her, aber doch durch Cusanus selbst zu erklären und möglichst den Autor selbst als die zur Erklärung seiner Konzeptionen zuständigste Autorität zu Wort kommen zu lassen".[121]

---

114 Vgl. a.a.O., S.316.

115 A.a.O., S.317.

116 Vgl. a.a.O.

117 Vgl. a.a.O., S.316.

118 R. HAUBST, Das Bild des Einen und Dreieinen Gottes in der Welt nach Nikolaus von Kues, Trier 1952; ders., Die Christologie des Nikolaus von Kues, Freiburg 1956; weitere Beiträge sind im Verzeichnis der von Haubst verfaßten Literatur angegeben, in: MFCG 13, Mainz 1978, S.XIV-XIX.

119 Vgl. K. JACOBI, Die Methode, S.70

120 R. HAUBST, Das Bild, S.313.

121 A.a.O., S.8.

Es geht hier nicht um eine Wiedergabe der von Haubst zusammengestellten vielfältigen Aspekte, um den Facettenreichtum des theologischen "Mosaiks" und seiner Bausteine im einzelnen, sondern um die Frage: Welcher Art ist die Einheit des Ganzen? Inwiefern gibt die theologische Interpretation eine Antwort auf die Frage nach dem einheitsstiftenden Grundanliegen des NvK?

3.1 Kerygmatische Trinitätstheologie

In seiner Dissertation *Das Bild des Einen und Dreieinen Gottes in der Welt nach Nikolaus von Kues* versucht Haubst, "das trinitarische Gottesgeheimnis als den theologischen Hintergrund und letzten urbildlichen Inhalt der cusanischen Metaphysik, Kosmologie und Anthropologie sichtbar zu machen".[122] Eine Frucht seiner Quellenforschungen ist die Erkenntnis, daß NvK in seinem Denken und Darstellen in der christlichen Glaubenstradition verankert ist und sich letztlich nicht eine philosophische Gotteslehre zum Ziel setzt, sondern die Bemühung um ein Verständnis und eine Vermittlung des Geheimnisses der Trinität als der "Grund- und Stammwahrheit der Offenbarung und des Glaubens".[123] Das umfangreiche Quellenmaterial, das Haubsts Untersuchungen zutage fördern[124], zeigt, wie sehr NvK bemüht war, alle erreichbaren Erkenntnisse, Vorstellungen und Begriffe "aus allen Wissensbereichen, Zeiten und Geistesrichtungen zu Hilfe" zu nehmen.[125] Aber er kompiliert nicht einfach, sondern formt das Traditionsgut eigenschöpferisch um. Dabei ändert er nicht das Dogma, sondern sucht neue Zugänge.

So hat NvK etwa "die Überzeugung von irgendeiner Ähnlichkeit der Kreatur mit der Trinität von Augustinus, Dionysius und dem Mittelalter übernommen"[126] und entwickelt daraus eine reich entfaltete *analogia Trinitatis*.[127]

Dabei geht er nach Ansicht von Haubst über die traditionellen Vorstellungen hinaus, wenn er "auch in der sichtbaren Schöpfung das Heiligste Geheimnis nicht nur in Spuren, sondern bildhaft, repräsentativ aufleuchten" sieht.[128]

Haubst vermutet dahinter ein praktisches Motiv, wenn er die Frage stellt: "Ob er (NvK) hier nicht der hereinbrechenden Säkularisierung der Naturbetrachtung entgegenwirken wollte, indem er die mittelalterliche Gottinnigkeit der Weltbedeutung von neuem und tiefer zu begründen suchte in einer universalen trinitarischen Deutung von Natur und Geist, um sie so hinüberzuretten in die Naturfreudigkeit und den Geistesstolz der Renaissance und sie zu verankern in der Erkenntnis: Es ist die Trinität, die als das letzte Prinzip und das gestaltende Urbild das All trägt und das Weltgesetz

---

122 R. HAUBST, Die Christologie, Vorwort S.VII.

123 Ders., Das Bild, S.312

124 Als wichtigste Quellen nennt er für den Koinzidenzgedanken Heymeric van den Velde (Heymerich de Campo), der seinerseits von Albert d.Gr. und dessen Dionysius- und Aristotelesinterpretation abhängig ist; für die Zahlenspekulation Boethius und den mittelalterlichen Boethianismus. Außerdem stellt Haubst Abhängigkeiten von Thierry von Chartres, Ps. Beda und in Einzelzügen von Thomas und Bonaventura fest.

125 Vgl. a.a.O., S.313.

126 A.a.O., S.315.

127 Vgl. a.a.O., S.625ff.

128 A.a.O., S.315.

durchwaltet?"[129] Diese Bemerkung ist ein Hinweis darauf, daß NvK nicht nur ein tieferes spekulatives Verständnis des Glaubensgeheimnisses intendiert, sondern dieses in die geschichtliche Situation seiner Zeit hinein vermitteln will.

Als weiteres Indiz für eine Verkündigungsabsicht kann die von Haubst herausgestellte cusanische Eigenart angesehen werden, die affirmativen trinitarischen Wesensbezeichnungen, also sogar die Namen der göttlichen Personen, nur "im Verhältnis zu den Geschöpfen (in habitudine creaturarum)" auszusagen. Darin liegt dann keine "grundstürzende Umdeutung der Trinitätslehre", keine "Relativierung des Göttlichen", wenn hinter dieser Aussageweise das Anliegen steht, ein dem menschlichen Erfahrungs- und Denkvermögen angemessenes Gotteserkennen zu vermitteln.[130]

Die Absicht der "Symbolischen Theologie", zu einer vertieften Glaubenserkenntnis hinzuführen, hat Auswirkungen auf die cusanische Methode.

3.2 Koinzidenzdenken und "änigmatische Methode" im Dienst der Glaubenserkenntnis

Nach Haubst steht der Koinzidenzgedanke im Dienst einer Verdeutlichung der Glaubensüberlieferung von der "Erhabenheit" des Trinitätsgeheimnisses.[131] Wie er nachweist, hat NvK in frühen Predigten noch versucht, das Trinitätsgeheimnis auf "analytisch-distinktivem Weg" zu erforschen, "um so das 'Ärgernis' für den Verstand zu lösen". Dann aber vermied er zunehmend, "durch Unterscheidungen der ratio und durch Unterscheidungen oder auch Objektivationen von Unterscheidungen die Dreiheit von der Einheit her zu begründen".[132] Er bemühte sich um eine "intellektuale" Erfassung von absoluter Dreiheit als Einheit und umgekehrt von Dreiheit als Einheit im Sinne des Koinzidenzdenkens.

Aber wie ist das Koinzidenzdenken mit der erwähnten *analogia Trinitatis* zu vereinbaren? Ist NvK denn nicht gerade am Gedanken des "Ineinsfalls der Gegensätze" die Unvergleichlichkeit Gottes aufgegangen, so daß zwischen dem Unendlichen und Endlichen keine Beziehung feststellbar ist und Vergleiche im Sinne einer Attributions- oder Proportionsanalogie auszuschließen sind? Nach Haubst gilt dies für alle rationalen Versuche, den dreieinen Gott zu begreifen. Es ist gerade die Funktion des Prinzips der *coincidentia oppositorum*, "die im Begriff der Analogie selbst notwendige Zäsur" freizulegen, die rationales Denken an der Mauer der Koinzidenz an sein Ende kommen läßt. "Die Beziehung auf das innergöttliche trinitarische quia est ... ist erst dem Gläubigen nach der Offenbarung möglich. Die Beziehung der kreatürlichen Dreieinigkeiten auf die Trinität geschieht also nur mittelbar, und zwar durch den Glauben, und das in dem doppelten Sprung der translatio und der transsumptio, die Cusanus selbst in seiner mathematischen Symbolik wohl voneinander unterscheidet".[133]

---

129 A.a.O.
130 Vgl. a.a.O., S.320f.
131 Vgl. a.a.O., S.318.
132 A.a.O.
133 A.a.O., S.329.

Mit dem Hinweis auf die "mathematische Symbolik" bezieht sich Haubst auf die *investigatio symbolica*, die NvK anhand geometrischer Symbole in *De docta ignorantia* entwickelt.[134] Die *translatio ad infinitas figuras* meint den ersten "Sprung", in dem der Sinngehalt der begrenzten mathematischen Figuren auf die entsprechenden unbegrenzten Figuren übertragen (transferre) wird. Die *transsumptio ad infinitum simplex* bedeutet den zweiten Sprung, bei dem der Sinngehalt der unbegrenzten Figuren auf das unbegrenzt Einfache hinübergenommen (transsumere) wird.

Dieser "zweite Sprung", der zugleich die *transsumptio* des Unendlichen Dreiecks zur absoluten Trinität jenseits der "Mauer der Koinzidenz" bedeutet, die die Kluft überwinden muß, "die nur noch 'Einheit' besagte und Dreieinheit leugnete", löst sich nur dann nicht "im Dunkel einer rein negativen Theologie" auf, wenn aus dem Glauben eine "jenseitige göttliche Dreieinigkeit" bekannt ist.[135]

Nur unter der Voraussetzung der Offenbarung des Dogmas der Trinität kann es durch die "änigmatische Methode" gelingen, "nicht nur die Widerspruchslosigkeit von Einheit und Dreiheit in dem koinzidenten absoluten Sein, sondern darüber hinaus auch das darzutun, wie die vollkommenste Einheit Dreieinheit und die vollkommenste Dreieinheit Einheit ist".[136]

Wie der Glaube die notwendige Voraussetzung der cusanischen Methode ist, so ist für Haubst eine tiefere Glaubenserkenntnis, ja eine "mystische Schau", ihr Ziel.

3.3 Christologie als Fundament und Ziel der Glaubensvermittlung

In seinem zweiten Hauptwerk über die Christologie des NvK[137] gelingt Haubst ein eindrucksvoller Gesamtentwurf des lebendigen und persönlich geprägten Christusbildes des NvK, das sich in dieser ausdrücklichen Form in seinen Schriften nirgendwo zusammengefaßt findet, sondern "aus vielerlei zerstreuten Fragmenten" zu rekonstruieren war. Dabei kann Haubst auch hier zeigen, "wie tief das cusanische Denken in der Glaubenstradition und im Geistesgut der Vorzeit wurzelt".[138] Sehr gründlich geht er den Quellen nach und kann wiederum eine vielfältige Abhängigkeit sowohl von der antiken Philosophie (Platon- und Aristoteleskenntnis, Befruchtung durch Proklos) wie auch von der frühchristlichen und mittelalterlichen Theologie (Origenes, Augustinus, Ps. Dionysius, Albert, Thomas von Aquin, Raimund Lull, Heymeric van den Velde u.a.) nachweisen. Vor allem aber stellt Haubst fest, daß NvK der Hl. Schrift, besonders dem Johannesevangelium und den Paulusbriefen, starke Impulse und eine grundlegende Orientierung entnimmt. Trotz der NvK eigenen, kreativen, denkerischen Kraft - so hebt Haubst hervor - setzt er keine "spekulative Fiktion an die Stelle der göttlichen Offenbarung", sondern bietet eine Auslegung dessen, "was die Geheimnis-Tiefe und Weite der Schriften schon irgendwie enthält"[139].

---

134 Vgl. die ausführliche Darstellung a.a.O., bes. 255-299. Vgl. auch die Ausführungen zu K. Jacobis Erläuterung der "symbolischen Erforschung", oben, S.33f.

135 Vgl. HAUBST, S.272.

136 A.a.O., S.290f.

137 S. oben, S.38, Anm. 118

138 A.a.O., S.305.

139 A.a.O., S.306.

Inhaltlich besagt das durch Haubst herausgearbeitete cusanische Christusbild eine universale Weite und Fülle der individuellen Menschheit Jesu, "die allen Reichtum der Natur und Gnade und seligen Gottesschau in sich schließt"[140] und "die Vollendung und das Ziel des Universums und vor allem des Menschengeschlechtes" darstellt.[141] Die Maximität der Menschennatur Christi ist für NvK "aber erst der Vordergrund, hinter dem sich ungemessen die göttliche Wahrheit und Wirklichkeit dehnt"[142].

Die größtmögliche Einung von göttlicher und menschlicher Natur, die hypostatische Union, leitet sich in dieser christologischen Konzeption aus der absoluten Größe Gottes und relativen Größtheit des Menschen Jesu ab. "Die Menschheit Jesu gründet aufs unmittelbarste in der Ader des göttlichen Seins und Lebens", so daß "sie die Vollendung eines jeden Menschen durch die Erlösung aus der Sünde ermöglicht".[143]

Haubst beachtet auch den methodischen Aspekt der christologischen Hinführung und stellt einen Unterschied zum thomistischen Vorgehen heraus. Während dieses von der zweiten Person in der Gottheit ausgeht, um von der hypostatischen Union her die Aussagen über die Menschheit Christi zu entwickeln, zieht NvK den umgekehrten Weg von der Menschheit zur Gottheit vor. Dabei bedient er sich des von Haubst so genannten "Maximitätsprinzips", das - auf die Christologie bezogen - besagt, "daß die Maximität der menschlichen Eigenschaften Jesu nur dadurch erklärbar ist, daß er zugleich auch mehr als Mensch und Geschöpf ist und nur in personaler Identität mit dem Absoluten den adäquaten Grund seiner geschichtlich in Erscheinung getretenen höchsten Vollendung haben kann".[144]

Eine solche Handleitung (*manuductio*) zum Christusgeheimnis hin - wie etwa die apriorisch vorgehende "hypothetische Deduktion" im III. Buch von *De docta ignorantia* - darf nicht im Sinne eines "Beweises" mißverstanden werden. Sie ist eine rationale Hinführung zum "sich belehren lassenden Nicht-Wissen". Ihr liegen ähnliche Symbolvorstellungen zugrunde wie den Gedankengängen des Ersten Buches, die zur koinzidentiellen Schau des einen und dreieinen Gottes anleiten sollen.[145] Das gilt sowohl für die Leitsätze, die Gottes Transzendenz und Immanenz im Hinblick auf das Universum beschreiben, wie auch für die intellektuale Erfassung der "Einfaltung" oder "Koinzidenz" aller geschaffenen Naturen in der Wesensfülle der Menschennatur Christi.[146]

Seine Entwicklung der Christologie des NvK beginnt Haubst mit dem Abschnitt "Die Zielbestimmung und das Heilsverlangen des Menschen".[147] Er zeigt, daß die anthropologische und gnoseologische Grundvoraussetzung der gesamten cusanischen Theologie und ihrer Methode in der unendlichen Sehnsucht des menschlichen Gei-

140 A.a.O., S.307.
141 Vgl. a.a.O., S.308.
142 A.a.O., S.307.
143 A.a.O., S.308.
144 A.a.O., S.310.
145 Vgl. oben S.41.
146 Vgl. HAUBST, a.a.O., S.143-157.
147 Vgl. a.a.O., S.41.

stes nach Wahrheit und Glück besteht, die dieser letztlich nur in der durch Christus vermittelten Gottesschau erlangen kann.[148]

Wenn die Interpretation von Haubst weitergedacht wird, ergibt sich, daß die Christologie des NvK nicht so sehr eine philosophisch-theoretische Funktion zum Verständnis der Welt als vielmehr die praktisch-theologische Bedeutung hat, den Menschen zur sich belehren lassenden (Glaubens-)Einsicht zu führen, in der Christus als das Ziel und die Erfüllung des intellektualen Strebens aufscheint. Der Weg der *docta ignorantia* ist somit nicht nur im Christusglauben fundiert, sondern auch auf gläubige Christuserkenntnis als Glücks- und Heilserfahrung ausgerichtet.

4. Zusammenfassung

Die biographische Cusanusforschung gibt auf die Frage nach einer grundlegenden und ganzheitlichen Bestimmung der Persönlichkeit des NvK eine Antwort, die dieser Untersuchung den Weg weist: Leben und Wirken des gelehrten und vielseitig begabten Kardinals sind entscheidend durch seine kirchliche Berufung und sein Anliegen der praktischen Weitergabe des christlichen Glaubens geprägt.

Die philosophischen Interpretationen seines Werks berücksichtigen diese Grundausrichtung nicht genügend, wenn sie NvK durch Einordnung in traditionelle oder moderne Formen der Philosophie zu bestimmen suchen und nicht beachten, daß es seine Grundintention ist, den christlichen Glauben aus erstarrten Lebens- und Verkündigungsformen zu lösen und entsprechend den Herausforderungen einer neuen Zeit, die durch die Wende zum Subjekt gekennzeichnet sein wird, zu erschließen. Interpretationsansätze, wie die von Lenz, Ranft und Vansteenberghe, wonach die cusanische Philosophie als Anleitung zu "mystischer" Glaubenserfahrung zu verstehen ist, erfassen dieses Anliegen besser.

K. Jacobis These, das Charakteristische des NvK liege in seiner Methode des Überstiegs von der rational-diskursiven zur "transzendentalen" Erkenntnis der *coincidentia oppositorum* in *docta ignorantia*, sowie N. Herolds "pragmatische" Interpretation, wonach NvK von dem praktischen Anliegen beseelt ist, "die Wahrheit" mitteilbar zu machen, führen weiter, müssen sich aber fragen lassen: Sind das "sich belehren lassende Nicht-Wissen" und die sich gewährende "intellektuale Schau" der Wahrheit noch philosophische Erkenntnis oder schon Glaubenseinsicht?

Die theologischen Untersuchungen von R. Haubst zeigen schließlich, daß die "symbolische" oder "änigmatische" Methode den christlichen Glauben voraussetzt und zu einer tieferen Erfassung offenbarter Glaubenswahrheiten (der Trinität und der Hypostatischen Union) hinführt.

Die Ergebnisse der Cusanusforschung regen dazu an, die Aufmerksamkeit dem konkreten Vorgehen und dem Anliegen dieser cusanischen Glaubensvermittlung selbst zuzuwenden.

148 Vgl. a.a.O., S.51-58.

B Aufgabenstellung, Quellen und Aufbau der vorliegenden Untersuchung

1 Neue Aufgabenstellung

Aus den Überlegungen zum Stand der Cusanusforschung ergibt sich für die vorliegende Arbeit eine neue Aufgabenstellung. Im Unterschied zur bisherigen Betrachtungsweise wird NvK nicht in erster Linie als Philosoph oder als "systematischer" Theologe, sondern als Glaubensvermittler, als "Praktischer Theologe" in den Blick genommen. Anders gesagt: Das Formalobjekt der Untersuchung ist das Freilegen des glaubensmittlerischen Interesses seiner philosophisch-theologischen Gedankengänge.

Hauptgegenstand ist somit der Vermittlungsvorgang selbst als ein Handlungsprozeß, in dem NvK seine Leser/Hörer durch die Mitteilung gewisser Inhalte und mittels bestimmter Methoden zu einer neuen geistigen Grundeinstellung führen will, in der diese sich der Wahrheit schlechthin über Sinneserfahrung und Verstandeserkenntnis hinaus in einer den ganzen Menschen und sein Leben bestimmenden "existentiellen" Einsicht bewußt werden sollen. Damit tritt das Beziehungsgeflecht zwischen Autor, Adressaten, Inhalt, Methode und Ziel dieses Vermittlungsprozesses in den Vordergrund des Interesses. Doch eine bloß kommunikationstheoretische Betrachtungsweise würde dem aufgezeigten Ziel der cusanischen Vermittlungsbemühung nicht gerecht. Die aus der Cusanusforschung gewonnenen Erkenntnisse verweisen letztlich auf die Frage nach dem Verhältnis von Erfahrung und Offenbarung, von Vernunfterkenntnis und Glaubenseinsicht. Neben den erkenntnistheoretischen sind die anthropologischen und theologischen Voraussetzungen zu berücksichtigen. Auch hierbei kann von schon geleisteten Forschungsarbeiten ausgegangen werden. Insbesondere haben einige der bisherigen Cusanusinterpretationen schon auf die Schlüsselrolle der Christologie im cusanischen Denken aufmerksam gemacht. Dem Glaubensgeheimnis der Inkarnation in seiner prägenden Kraft für die materiale und formale Gestalt der cusanischen Glaubensvermittlung wird deshalb besondere Beachtung zu schenken sein.

2 Quellen

Außer dem Formalobjekt der Untersuchung ist auch die Frage des Materialobjekts zu klären. Anders gesagt: Welches sind die Quellen, aus denen NvK als Glaubensvermittler zu erheben ist?

2.1 Die philosophisch-theologischen Schriften

Die bisherige Cusanusforschung hat vor allem die philosophisch-theologischen Schriften des NvK zum Gegenstand der Untersuchung gemacht. Dabei verblieb die Auslegung der cusanischen Texte auf einer rein inhaltlichen Ebene, ohne daß sie als Ausdruck eines Kommunikationsgeschehens erkannt wurden. Aber schon bei der biographischen Betrachtung hat es sich gezeigt, daß das Schrifttum des NvK nicht aus dogmatisch angelegten Werken im Sinne der Summen und Disputationen der Hochscholastik, sondern aus Schriften besteht, die aus bestimmten Anlässen geschrieben wurden und Antworten auf Anfragen oder Probleme geben wollen und somit auf Mitteilung ausgerichtet sind.[149] Dies schlägt sich in der äußeren Form dieser Werke nieder. Ein Teil ist in der literarischen Gattung des Briefes verfaßt.[150] Andere geben Gespräche wieder, die NvK vielleicht ähnlich mit den genannten Partnern geführt hat.[151] In wiederum anderen Traktaten wählt NvK die Form des Dialogs mit fingierten Personen.[152]

Solche formalen Eigenschaften bestätigen noch einmal die gewonnene Einsicht in die Vermittlungsintention der cusanischen Schriften. Ein Blick in den Plan der von der Heidelberger Akademie der Wissenschaften besorgten kritischen Gesamtausgabe der Werke des Nvk läßt erkennen, daß schon unter quantitativem Gesichtspunkt eine ganz bestimmte Art solcher vermittlungsorientierter Schriften eine besondere Schwerpunktstellung einnimmt: die Sermones.[153] In der bisherigen Cusanusforschung wurden die Sermones nur vereinzelt und nur zur Bestätigung oder Ergänzung der inhaltlichen Analysen der Hauptwerke hinzugezogen.[154]

---

149 Vgl. oben, S.20f.

150 Das gilt schon für den grundlegenden und scheinbar "systematischen" Traktat "De docta ignorantia" (1440), der bei äußerem Aufbau nach Art einer Summa (1. Teil: Gotteslehre, 2. Teil: Kosmologie, 3. Teil: Christologie und Ekklesiologie) durch eine persönliche Anrede an Kardinal Julian Cesarini (1398-1444) eingeleitet und durch einen Epilog (Epistola auctoris) abgeschlossen wird. Ähnliches trifft für das Werk "De coniecturis" (um 1442) zu, das ebenfalls Kardinal Cesarini gewidmet ist und in dem die Anrede "Juliane Pater" im Text häufig wiederkehrt.
Die Briefform wählt NvK auch in den Schriften "De filiatione Dei" (1445), die an den Priester und Kanonikus Konrad von Wartburg gerichtet ist, in "De dato patris luminum" (1445), die Antwort auf eine Anfrage des Bischofs Gerhard von Salona gibt, in dem Opusculum "De quaerendo deum" (1445) und in "De visione dei" (1453), einer Schrift an die Mönche vom Tegernsee, an die er auf ihr Drängen hin auch sein Werk "De beryllo" (1458) als eine Einführung in das Prinzip der "coincidentia oppositorum" sandte (vgl. W. Dupré, Marginalien zu den Schriften des III. Bandes der Wiener Cusanus Edition, in: MFCG 7 [Mainz 1969], S.150f). Auch "De aequalitate" (1459), das sich an Petrus von Erkelenz wendet, die "Cribratio alcorani" (1460/61), die an Papst Pius II. gerichtet ist, und schließlich das "Compendium" (1464), adressiert an Herzog Wolfgang von Bayern, können als Briefschriften im weiteren Sinn des Wortes bezeichnet werden.

151 Der "Dialogus de genesi" (1447) ist ein Dialog zwischen NvK und Konrad von Wartburg; der "Trialogus de possest" (1460) die Wiedergabe eines Gesprächs zwischen NvK, Abt Johannes Andreas Bussi de Vigevano, seinem Sekretär, und Bernhard von Kragburg. Vgl. E. VANSTEENBERGHE, Le Cardinal Nicolas de Cues, Paris 1920, S.773; "De non-aliud" (1461/62) ein Gespräch zwischen NvK, Abt Johannes Andreas Bussi de Vigevano, Petrus Balbus von Pisa und Ferdinand Matim; das erste Buch "De ludo globi" (1462) ist ein Gespräch mit Herzog Johann von Bayern und das zweite Buch ein Gespräch mit dem jungen Herzog Albert von Bayern; "De apice theoriae" (1464) schließlich gibt ein Gespräch des NvK mit Petrus von Erkelenz wieder.

152 "De deo abscondito" (1445) ist ein Dialog zwischen einem Heiden und einem Christen; die Trilogie "Idiota de sapientia", "Idiota de mente" und "Idiota de staticis experimentis" (alle 1450) bestehen aus Gesprächen zwischen einem Laien und einem gelehrten Rhetor, denen sich in "De mente" noch ein Philosoph hinzugesellt; "De pace fidei" (1453) ist als ein Gespräch Gottes mit den Repräsentanten der Religionen verfaßt. Eine Ausnahme bildet das Alterswerk "De venatione sapientiae" (1462), in dem NvK sein geistiges Lebenswerk gleichsam als sein Vermächtnis der Nachwelt überliefern will (vgl. den Prolog).

153 In der Heidelberger Ausgabe "NICOLAI DE CUSA OPERA OMNIA. Iussu et auctoritate Academiae litterarum Heidelbergensis ad codicum fidem edita", Hamburg 1970ff, umfassen die 293 Sermones vier geplante umfangreiche Bände (XVI-XIX).

154 Eine Ausnahme bildet das Werk von R. HAUBST, Die Christologie, in dem die Predigten eine Hauptquelle darstellen, wenn auch allerdings nicht im Sinne einer praktisch-didaktischen Auslegung.

2.2 Die besondere kirchliche Verkündigungsqualität der Sermones

Aufgrund der Untersuchung von J. Koch[155] sowie der neuerlichen Forschungen von R. Haubst und seinen Mitarbeitern anläßlich der genannten Edition[156], die Kochs Untersuchungen überarbeitet und in manchen Punkten korrigiert und ergänzt haben, steht fest, daß es sich bei den Sermones zwar nicht um wörtliche Nachschriften, sondern um Entwürfe, Notizen und Materialsammlungen für gottesdienstliche Ansprachen zu kirchlichen Festen und Anlässen handelt, die nach Form, Ziel und Inhalt zur Gattung der "Predigt", der originären und erstrangigen Weise christlicher Glaubensverkündigung, gehören[157].

Mit seinen Sermones steht NvK in genuiner christlicher Predigttradition, die in biblischen und patristischen Ursprüngen wurzelt. Schon die Texte des NT selbst können mehr oder weniger als schriftlich niedergelegte "Predigt" gelten, zumindest sind sie aus Verkündigung erwachsen und auf Verkündigung hin zusammengestellt worden und ausgerichtet. Es ist für das biblische Kerygma kennzeichnend, daß es immer schon theologische Reflexion enthält, durch die es Glauben begründen und zum Wachsen anregen will. Während der Phase der Inkulturation der biblischen Botschaft in die vom hellenistischen Denken geprägte, geistige Welt der Antike reagierten die frühchristlichen Apologeten auf die herrschende Philosophie ihrer Zeit, indem sie die Weisheit des Glaubens gegenüber der Weisheit der Welt ins rechte Licht zu rücken suchten. Diese Einheit von Verkündigung und theologischer Spekulation hält sich auch in der Predigt der Kirchenväter durch. Ihre Homilien, die in der westlichen Kirche mit Augustinus ihren Höhepunkt erreichten, bestimmen weithin noch das frühe und hohe Mittelalter, das die Väterpredigten eifrig tradiert. Aus diesem geistigen Strom schöpft die *theologia sapida* der großen nicht-scholastischen Meister des geistlichen Lebens bis zum Ende des Mittelalters.[158] In der Zeit der Hochscholastik hatte sich freilich das theologische Gewicht von der Predigt auf die systematischen Summen und Traktate verlagert. So sind etwa von Thomas von Aquin nur wenige echte Predigten erhalten[159], während seinen systematischen Schriften bekanntlich größte Bedeutung zugemessen wurde.

Die sich seit Ende des 12. Jahrhunderts aus der scholastischen Lehr- und Unterrichtsmethode entwickelnden *artes praedicandi*, die bemerkenswerterweise in den Universitäten entstanden sind[160], deren gefeierte Lehrer damals zugleich die führen-

155 CT I. Predigten 7. J. KOCH, Untersuchungen über Datierung, Form, Sprache und Quellen. Kritisches Verzeichnis sämtlicher Predigten, Heidelberg 1942.

156 Vgl. die noch im Druck befindliche Praefatio generalis zu Band XVI, deren Manuskript mir von R. Haubst freundlicherweise zur Verfügung gestellt wurde und die leider noch nicht exakt zitiert werden kann. Alle Sermones werden im folgenden mit römischen Ziffern nach der auf R. Haubst zurückgehenden Zählung bezeichnet. In Klammern wird bei den in h noch nicht veröffentlichten Sermones auch die Zählung von J. KOCH (s. Anm. 155) mit arabischen Ziffern angegeben.

157 Vgl. J. KOCH, a.a.O., S.14-22.

158 Vgl. J. LECLERQ, L'amour des lettres et le désir de Dieu, Paris 1957.

159 Vgl. JEAN PIERRE TORRELL, Frère Thomas d'Aquin prédicateur, in: Freiburger Zeitschrift für Philosophie und Theologie 29 (1982), S.178.

160 Vgl. TH.M. CHARLAND O.P., Artes Praedicandi, Contribution à l'histoire de la rhétorique au Moyen Age, Paris/Ottawa 1936, S.110: "Nous croyons, même avoir constaté que la diffusion des Artes praedicandi correspond en général à l'intensité de la vie universitaire: en France au XIIIe siècle, en Angleterre au XIVe, en Allemagne au XVe".

den Prediger waren, machen die Unterordnung der Predigten unter die systematische Theologie offenkundig. Damit war eine Entwicklung eingeleitet worden, die in der Reformationszeit zu dem Vorwurf führen konnte, das Wort Gottes werde in eine babylonische Gefangenschaft von Begriffsgefängnissen eingezwängt. Andererseits gibt es noch vor der Reformation eine Reihe bedeutender spätmittelalterlicher Kanzelredner, die der Verkündigung des Wortes Gottes besondere Hochschätzung entgegenbringen.[161] Zu diesen Predigern ist in ganz ausgezeichneter Weise NvK zu zählen. Er kennt zwar die *artes praedicandi* der mittelalterlichen Universitätspredigt und hält sich in seinen frühen Predigten auch an ihre Regeln[162]; doch die formale Gestaltung seiner Sermones ist schon innerhalb dieses Rahmens relativ eigenständig. Dies läßt sich beispielsweise daran verdeutlichen, daß er von Anfang an die literarische Form des Dialogs, die für ihn so kennzeichnend ist, auch in seinen Predigten anwendet, und zwar mit zunehmender Freiheit.[163] Inhaltlich orientiert er sich nicht so sehr an den "aristotelischen" Schultheologen, sondern an den Kirchenvätern und an der Predigt- und Glossenliteratur der augustinisch-pseudodionysisch-neuplatonischen Tradition.[164] Als Bischof löst er sich in seiner Brixener Zeit vollständig vom scholastischen Predigtschema. In einer Predigt auf der Diözesansynode des Jahres 1455, in der er über die Glossolalie nach 1 Kor 14,19 spricht, lobt er den Prediger, der "aus eigener Erfahrung (sensu proprio)" das Wort des Lebens vorträgt im Unterschied zu demjenigen, der "in fremder Zunge spricht". Er ist davon überzeugt, daß das lebendige Wort der Predigt nicht "nur von menschlicher Intelligenz, sondern vom Geist göttlicher Weisheit beseelt ist"[165].

Vor allem wendet er sich im Laufe seines Lebens zunehmend den neutestamentlichen Schriften selbst zu, mit denen er sich in intensiven Exzerpten und Meditationen befaßt.[166] Die Sermones während seiner Zeit als Bischof von Brixen sind durchweg

161 Vgl. J.B. SCHNEYER, Die Hochschätzung der Predigt bei den Predigern des Spätmittelalters, in: Leo Scheffczyk, Werner Dettloff, Richard Heinzmann (Hrsg.), Wahrheit und Verkündigung, Bd. I, S.580-592.

162 Zur Form der Sermones des NvK und zu seinem Verhältnis zu den artes praedicandi vgl. J. KOCH, a.a.O., S.15-19 und R. HAUBST, Praefatio generalis, h XVI.

163 Schon in Sermo I (19) "In principio erat Verbum", (1430), Nr. 17-21, h XVI, S.14-17, läßt NvK die innergöttlichen Tugenden Veritas, Misericordia, Iustitia und Pietas miteinander ein Gespräch über die Notwendigkeit der Menschwerdung Gottes führen. In Sermo LXVII (62), "Mariam optimam partem elegit" (1446), Nr. 51, treten Jesus und Maria Magdalena in einen Dialog miteinander. Sermo CCLXXVIII (275), "Crucifixus est pro nobis" (1457) enthält ein Gespräch zwischen Maria und Johannes mit der Kirche von Brixen über den Sinn der Passion des Herrn. Hinzu kommen jene dialogischen Einschübe in etwa zwanzig Sermones, in denen er seine Zuhörer mit Fragen, Einwänden und Zweifeln konfrontiert. In seinen späten Predigten geschieht dies öfter mittels der Formel "Diceres ... dico". (Belege siehe bei R. HAUBST, a.a.O.; vgl. auch J. KOCH, a.a.O., S.19). Solche persönliche Anrede bedeutet mehr als einen rhetorischen Kunstgriff; sie nimmt den Sermones den Charakter einer autoritativen Verkündigung "von oben" und mißt dem hörenden Subjekt einen partnerschaftlichen Anteil an dem Vermittlungsgeschehen bei.

164 Vgl. den Quellenapparat zu den bisher erschienenen Sermones (h XVI und XVII), sowie J. KOCH, a.a.O., S.29-37 und R. HAUBST, Die Christologie, S.10-21 und Praefatio generalis.

165 Sermo CCVI (203), V_2 121vb.

166 Vgl. H. PFEIFER, Der Rückgriff auf das Neue Testament im Denken des Nikolaus von Kues, in: TThZ 94 (1985) S.197-211, der zwei Sammlungen neutestamentlicher Schriftstellen dargestellt und in ihrer Bedeutung für das Werk des NvK untersucht hat, die dieser in den Jahren 1443-1445 eigenhändig exzerpiert und mit Bemerkungen versehen hat. Sie sind in C enthalten, zusammen mit dem Hauptteil der Sermones.

Homilien, die sich eng an die Perikope aus der Heiligen Schrift anlehnen.

Im übrigen hat schon J. Koch darauf hingewiesen, daß wir uns aufgrund der lateinischen Entwürfe kein Bild davon machen können, wie NvK tatsächlich und vor allem wie er in deutscher (moselfränkischer) Sprache, deren er sich wahrscheinlich meist bediente, zum Volk gepredigt hat[167]. Das Beispiel der Predigten seines Zeitgenossen Bernhardin von Siena (1380-1444), den NvK als Student in Padua wohl selbst gehört hat[168], von dem uns nicht nur die trockenen lateinischen Aufzeichnungen erhalten sind, sondern auch lebendige, alle rhetorischen Einzelheiten vermerkende, protokollartige Mitschriften des Tuchscherers Benedetto Bartolomei aus Siena[169], zeigt, daß solche in der Muttersprache vor dem Volk gehaltene Predigten voll mitreißender Glut und Leben sein konnten.[170]

Jedenfalls bleibt festzuhalten, daß die Sermones des NvK jener Richtung der Predigttradition einzuordnen sind, in der sich Nähe zur Heiligen Schrift, Verkündigung und Spekulation miteinander aufs innigste verbinden. Er sucht das lebendige Wort Gottes zuweilen seinen Hörern in so sublimen Reflexionen nahezubringen, daß beispielsweise die Südtiroler Bauern klagen, "er predige zu hoch".[171]

Auf diese innere Einheit von Verkündigung und Theologie weisen auch die bestehenden Verflechtungen zwischen den Sermones und den übrigen Schriften hin. So scheint etwa der Dialog zwischen einem Christen und einem Heiden, aus dem das Opusculum *De deo abscondito* (1445) besteht, aus der Weihnachtspredigt *Alleluja. Dies sanctificatus*, Sermo XLIII (1444), erwachsen zu sein.[172] Während diese Predigt mit einem Aufruf an die Heiden schließt, den neugeborenen Christus anzubeten, knüpft der erste Satz von *De deo abscondito* genau an dieses Motiv an.[173] Die Predigt geht also nahezu bruchlos in eine theologische Abhandlung über.

In der Einleitung zum Opusculum *De quaerendo deum* (1445) bemerkt NvK, daß er mit dieser Schrift seine Predigt vom Epiphaniefest des gleichen Jahres, also des Sermo XLVIII (38) *Dies sanctificatus*, erläutern möchte. Die Briefschrift wendet sich an einen namentlich nicht genannten Adressaten, der wahrscheinlich ein Hörer dieser Predigt war[174], so daß *De quaerendo deum* als eine Art Kommentar zu Sermo XLVIII bezeichnet werden kann. Thematisch geht es in dieser Schrift wie auch in

167 Vgl. J. KOCH, a.a.O., S.22-29; sowie R. HAUBST, Praefatio generalis.

168 Vgl. seine diesbezügliche Bemerkung in Sermo CCLXIV (261) v. 23.1.1457 V_2 211vb.

169 S. PIERO BARGELINI, San Barnardino da Siena, Le prediche volgari, Milano/Roma 1936.

170 Vgl. E. MEUTHEN (s. oben, Anm. 2), Nikolaus von Kues, S.19.

171 J. KOCH, a.a.O., S.22, der sich auf eine Stelle in Sermo CCLXXIV (271) bezieht.

172 Vgl. R. HAUBST, Nikolaus von Kues vor dem verborgenen Gott: Wissenschaft und Weisheit, in: Zeitschrift für Augustinisch-Franziskanische Theologie und Philosophie in der Gegenwart, 23 (1960), S.182. Den Text der Predigt siehe im Dokumentationsteil dieser Arbeit, unten, S.196-205.

173 Die Anfangsworte von "De deo abscondito" lauten: "Da sprach (Et ait) ein Heide zu einem Christen: Ich sehe dich aufs ehrfürchtigste niedergeworfen (devotissime prostratum) und Tränen der Liebe vergießen, und zwar nicht zum Schein, sondern von Herzen kommende." Zitat nach R. HAUBST, Nikolaus von Kues vor dem verborgenen Gott (s. oben, Anm. 172), S.182. Haubst weist darauf hin, daß die affektive Sprache dieses Anfangssatzes "seltsam mit der erkenntniskritischen Dialektik des folgenden" kontrastiert. Außer dem textlichen und inhaltlichen Vergleich kann er sich auf Indizien der Umgebung, der Schrift sowie der Tinte des Autographs in C berufen. Vgl. ders., Über die jüngsten Fortschritte der Cusanus-Edition, in: Theol.Rev. 56 (1960) S.98f.

174 Vgl. "De quaerendo deum" h IV, Nr. 16, S.13.

dem Sermo um die Möglichkeit von Wesensaussagen über Gott. Vor allem die Analogie von Gesichtssinn und Farben, mit deren Hilfe NvK die Frage nach einem möglichen Namen Gottes zu beantworten sucht, wird in Sermo XLVIII unter wechselnden Aspekten entfaltet[175].

Ein weiterer Hinweis auf die Verwandtschaft der Sermones mit den übrigen Schriften ist die Tatsache, daß NvK selbst verschiedentlich beide miteinander als gleichwertig aufzählt. In *De possest* (1460) heißt es: "in opusculis et sermonibus"[176], und in *De venatione sapientiae* (1462) wird bei der Erläuterung des "amor" als des *principium conexionis* darauf verwiesen: "Alibi multa de hoc, in variis etiam sermonibus dixi et scripsi, quae sic recapitulasse sufficit"[177]. Der letzte Satz der Schrift *De aequalitate* (1459), auf deren engen Zusammenhang mit den Sermones im nächsten Abschnitt näher eingegangen wird, stellt "sermones aut scripturae" alternativ nebeneinander.[178]

Die vorliegende Untersuchung wird deshalb sowohl auf die Sermones wie auch auf die übrigen Schriften zurückgreifen, um zu einem vollständigeren und ganzheitlicheren Bild des NvK zu gelangen. Wegen ihres ausdrücklichen kirchlichen Verkündigungscharakters werden die Sermones insbesondere bei der Beschreibung der Durchführung der cusanischen Glaubensvermittlung die vorrangige Quelle der Untersuchung sein, während bei der Darstellung der philosophischen und theologischen Grundlagen besonders auf die übrigen Schriften zurückgegriffen wird.

Die Schrift *De aequalitate* enthält in ihrem Schlußabschnitt, aus dem soeben zitiert wurde, eine bedeutsame Bemerkung über eine Entwicklung der Sermones, auf die im folgenden noch aufmerksam gemacht werden soll.

2.3 Eine Entwicklung der Sermones

De aequalitate (1459) steht in einer besonderen Beziehung zu den Sermones, da es als Einführung in eine kostbare Abschrift des Predigtwerkes angesehen werden kann. NvK hat diesen Traktat im Jahre 1459 gegen Ende seiner Predigttätigkeit[179] verfaßt und darin eine letzte, reife Reflexion über die Art und Weise seiner Verkündigung angestellt. Der erste Satz bringt dies zum Ausdruck, wenn er auf ein Versprechen Bezug nimmt, das er mit dieser Schrift erfüllen will. Er möchte dem Adressaten Petrus einiges "über die Gleichheit" schreiben, um seinen Geist für das Verständnis der Predigten zu üben.[180]

---

175 Vgl. Sermo XLVIII Nr. 3-12, C fol. 139^r-140^v.

176 Trialogus "De possest", h XI, Nr. 58, S.69.

177 "De venatione sapientiae", c. XXV, h XII, Nr. 73, S.71.

178 Vgl. unten, S.50.

179 Aus der Zeit nach "De aequalitate" ist uns nur noch Sermo CCXCIII (Predigt im Kloster Montoliveto i.J. 1463, veröffentlicht in: CT IV, 3, S.13-24) überliefert.

180 "Promiseram tibi, Petre, aliqua de aequalitate conscribere ad exercitationem intellectus tui veritatis avidi et ad capacitatem apti, ut sermones theologicos subintrares. Sed me legationis apostolicae occupatio citius et limatius adimplere non permisit", p II, 1, fol. 15^r. Peter von Erkelenz, Sekretär und Vertrauter des Kardinals, hat ihn im Jahre 1459, als die Handschriften V_1 und V_2 zum Abschluß gelangt war, um eine solche Einführung gebeten. Dieser Bitte ist NvK mit der Schrift "De aequalitate" nachgekommen. Vgl. E. MEUTHEN, Peter von Erkelenz, in: Zeitschrift des Aachener Geschichtsvereins, Bd. 84/85, Aachen 1977/78, S.735.

Die genannte Absicht geht auch aus dem Schlußabschnitt hervor, in dem er das Ergebnis von *De aequalitate* folgendermaßen zusammenfaßt:

"Haec est summa evangelii in variis sermonibus meis infra positis varie explanati secundum datam gratiam, magis obscure, dum inciperem in adolescentia et essem diaconus, clarius dum ad sacerdotium ascendissem, adhuc ut videtur perfectius quando pontificis officio in mea Brixinensi ecclesia praefui et legatione apostolica in Germania et alibi usus fui. ... Et si quid in omnibus superius aut infra positis sermonibus aut scripturis a veritate catholica reperiatur devium corrigo et revoco per presentes."[181]

"Das ist die Summe des Evangeliums, die ich in verschiedenen, im folgenden niedergelegten Predigten auf verschiedene Weise ausgelegt habe, entsprechend der mir verliehenen Gnade, zunächst eher dunkel, als ich in jungen Jahren anfing und Diakon war, dann klarer, als ich zum Priesteramt aufstieg, und schließlich, wie es scheint, noch vollkommener, als ich der Kirche von Brixen vorstand und während meiner apostolischen Legationsreise in Deutschland und anderswo tätig war. ... Und wenn etwas in allen vorangegangenen oder folgenden Predigten oder Schriften gefunden würde, das von der katholischen Wahrheit abweicht, so berichtige oder widerrufe ich es hiermit."

Auf die inhaltliche Seite der in diesem Text genannten "Summe des Evangeliums" wird ein eigener Abschnitt dieser Untersuchung eingehen.[182] Hier interessiert vor allem der Hinweis des NvK, daß sein Predigtwerk eine Entwicklung durchlaufen habe bis hin zu der *summa* (im zweifachen Sinn von Zusammenfassung und Höhepunkt) seiner Glaubensvermittlung, wie er sie im Rückblick auf seine Sermones in *De aequalitate* formulieren will. Die Einteilung von drei Phasen entsprechend den von ihm durchschrittenen Weihestufen als Diakon, Priester und Bischof hat wohl zugleich einen symbolischen Sinngrund. Sie macht deutlich, wie sehr er sich von der sakramentalen Sendung durch die Kirche beauftragt und getragen weiß.

Wandlungen des cusanischen Denkens haben schon Vertreter der bisherigen Cusanusforschung festgestellt. Gewöhnlich wird ein Übergang von einer Philosophie der "Transzendenz" in der frühen Zeit zu einer späteren Philosophie der "Immanenz" konstatiert.[183] Dem stehen andere Cusanusdeutungen entgegen, die zumindest nach *De docta ignorantia* keine Entwicklung bei NvK mehr sehen wollen.[184]

Es wird eine der Aufgaben dieser Untersuchung sein, die von NvK selbst aufgestellte Behauptung einer Entwicklung der "Summe des Evangeliums" zu fortschreitender Klarheit bei der Analyse entsprechender Sermones unter dem Aspekt seiner Verkündigungsabsicht zu prüfen. Dabei wird die Auswertung der an der zitierten Stelle von *De aequalitate* gemachten autobiographischen Angaben zu beachten sein, die ergibt,

181 "De aequalitate", p II, 1, fol. 21r.

182 Vgl. unten, S.144-150.

183 Während dieser Übergang für J. UEBINGER, Die Gotteslehre des Nikolaus Cusanus, Münster u. Paderborn 1888, in einer Wende von der "negativen" zur "positiven" Theologie besteht, stellt er für E. CASSIRER, Das Erkenntnisproblem in der Philosophie und Wissenschaft der neueren Zeit, Bd. I, Berlin 1906, die Kehre von der mittelalterlichen Seinsphilosophie zur neuzeitlichen Geist- bzw. Bewußtseinsphilosophie dar. Auch nach K.H. VOLKMANN-SCHLUCK, Nikolaus Cusanus. Die Philosophie im Übergang vom Mittelalter zur Neuzeit, Frankfurt 1957, geht das cusanische Denken von der metaphysischen Frage des Mittelalters aus, um sich dem Subjekt des Menschen selbst zuzuwenden. Vgl. oben, S. 32, Anm. 73.

184 K. JACOBI vertritt beispielsweise die These, die im Werk des NvK vorfindlichen konträren Differenzierungen seien nicht das Ergebnis einer "Entwicklung", sondern nichts anderes als die Entfaltung des einen Grundgedankens, der schon in "De docta ignorantia" dargelegt werde. Vgl. Die Methode, S.21-34.

daß die erste Phase etwa den Zeitraum von 1430 bis 1440 und damit die Sermones I-XXI umfaßt, die zweite Phase den Zeitraum von 1440-1449 und die Sermones XXII-LXXV (70) umgreift, während die Sermones nach 1450, also etwa ab Sermo LXXVI (71) bis CCXCIII, der dritten Periode zugeordnet werden können.[185]

Die Bemerkungen über Aufgabenstellung und Quellen führen zum Plan des weiteren Aufbaus der Untersuchung.

3 Aufbau der Untersuchung

Nachdem im ersten Kapitel eine grundsätzliche Verkündigungsabsicht des NvK aufgewiesen wurde, soll im zweiten Kapitel zunächst nach den philosophisch-theologischen Grundlagen seiner Glaubensvermittlung gefragt werden. Dabei ist von Werken und Sermones der zweiten Phase auszugehen, in der sich die eigene Weise der cusanischen Verkündigung herauszukristallisieren beginnt. Im dritten Kapitel soll ihre Durchführung anhand einer Reihe von ausgewählten Sermones dargestellt werden. Im vierten Kapitel werden von NvK selbst unternommene Reflexionen über sein Predigtkonzept ausgewertet. Ein zusammenfassender abschließender Ausblick versucht, daraus Erkenntnisse und Impulse für die heutige Glaubensvermittlung zusammenzustellen.

185 Vgl. R. HAUBST, Praefatio generalis. Wenn man dementsprechend diese Entwicklungsphasen durch cusanische Traktate markieren wollte, könnte man sagen: Das Grundwerk "De docta ignorantia" (1440) fällt ziemlich genau auf den Scheidepunkt zwischen dem ersten und zweiten Abschnitt seiner Sermones. In der Mitte der zweiten Periode liegen die Opuscula "De Deo abscondito", "De quaerendo Deum", "De filiatione dei" und "De dato Patris luminum" (alle 1445). Die Höhe cusanischer Verkündigung und Spekulation beginnt mit dem dreifachen Werk "Idiota de sapientia", "Idiota de mente" und "Idiota de staticis experimentis" (1450) und erstreckt sich über "De pace fidei" (1453), "De visione Dei" (1453), "De beryllo" (1458) u.a. bis zu "De aequalitate" (1459) und den übrigen Alterswerken.

Zweites Kapitel

Grundlagen der cusanischen Verkündigung

0 Einführung in das Kapitel

Ehe sich die vorliegende Untersuchung der konkreten Durchführung der cusanischen Glaubensvermittlung in einer Reihe ausgewählter Sermones zuwendet, soll zunächst nach den philosophisch-theologischen Voraussetzungen gefragt werden.

Daß die programmatische Frühschrift *De docta ignorantia* (1440) eine Wende im geistigen Leben des NvK markiert, die Auswirkungen auf seine Predigten hat, wurde schon angedeutet.[1] Von dieser Zeit an verlieren die vorher häufig benutzten kanonistischen Quellen stark an Bedeutung. Dafür treten Zitate aus Pseudo-Dionysius und ihm verwandten Denkern in den Vordergrund. NvK hat jetzt "seinen eigenen Standpunkt gefunden. Nunmehr steht er den Quellen nicht mehr rezipierend gegenüber, vielmehr mißt er sie an seiner Lehre von der *docta ignorantia* ..."[2]

In seinem weiteren bedeutenden Frühwerk *De coniecturis* (1442/43) führt er diesen eigenständigen Denkansatz fort. Unter Berücksichtigung der von ihm selbst behaupteten Entwicklung in seiner Verkündigungstätigkeit[3] sollen hier im Rahmen einer Grundlagenklärung zunächst nur diese beiden Schriften und die im gleichen und angrenzenden Zeitraum entstandenen Sermones befragt werden.

In einem ersten Abschnitt werden Grundlinien der cusanischen Erkenntnistheorie und -metaphysik skizziert. Der zweite Abschnitt befaßt sich mit den anthropologischen Grundlagen. In einem dritten sollen Kernaussagen seiner Christologie in ihrer Bedeutung für die Glaubensvermittlung festgehalten werden.

Die Ergebnisse werden abschließend anhand der "Vaterunser-Erklärung" (1441) in den Zusammenhang des in dieser Schrift unternommenen theologischen Gesamtentwurfs eingeordnet.

1 Die "docta ignorantia" als erkenntnistheoretisches Leitprinzip der Vermittlung

Die Schrift *De docta ignorantia* (1440), die sich in ihrem Ersten Buch, mit dem "absolut Größten (maximum absolutum)" befaßt, unterscheidet sich von den antiken und mittelalterlichen Traktaten dadurch, daß sie weder durch Gottesbeweise Aussagen über Gottes Natur entwickelt noch aus den Daten der Offenbarung eine systematische Gotteslehre ableitet. Das Neue und Spezifische dieses Werks und der darauf folgenden Schrift *De coniecturis* (1442) wird gern in dem erkenntnistheoretischen Ansatz und in der zugrundeliegenden "Einheitsmetaphysik" gesehen[4].

1 S. oben, S.51, Anm. 185.

2 J. KOCH, CT I. 7, S.34.

3 S. oben, S.50f.

4 Vgl. etwa J. KOCH, Die Ars coniecturalis des Nikolaus von Kues, Köln/Opladen 1956, S.12. Daß die "Einheitsmetaphysik" des NvK allerdings nicht im Gegensatz zu einer "Seinsmetaphysik" steht, wie Koch vertritt, wird in den folgenden Ausführungen deutlich. Eine überzeugende Darstellung der

Diese Betrachtungsweise ist aber zu ergänzen. Hinter den epistemologischen Überlegungen steht die Frage: Wie ist der unbegreifliche Gott trotz seiner Unbegreiflichkeit zu "denken", damit der Unaussagbare ausgesagt werden kann? Das Gott-Weiter-sagen-Wollen, das vermittlerische Bemühen, ist demnach von vorneherein mitgefragt. Die Lösung dieser Frage, die NvK "auf verschiedenen philosophischen Wegen"[5] suchte, hat er in seinem Leitprinzip der *docta ignorantia* gefunden, das in seiner grundsätzlichen Bedeutung für unsere Aussagemöglichkeiten über Gott im folgenden skizziert werden soll.

1.1 Die kritisch-konstruktive Funktion der *docta ignorantia* und ihre metaphysische Begründung

Unser Erkennen vollzieht sich nach NvK, indem wir etwas Unbekanntes mit einem vorgegebenen Gewußten vergleichen. Auf die Weise disjunktiven und diskursiven Erkennens gilt das für den endlichen Bereich, in dem Phänomene und Sachverhalte durch ein "Mehr" oder "Weniger" im Vergleich zu schon Bekanntem voneinander unterschieden werden können.

Anders sieht das aus im Hinblick auf das absolut Größte, das mit dem absolut Kleinsten ineins fällt und auf das deshalb die Kategorie des Mehr oder Weniger nicht mehr zutrifft. Nach einem grundlegenden Leitsatz der *docta ignorantia* kann das Unendliche nicht durch eine *proportio comparativa*[6], d.h. einen Größenvergleich mit einem zuvor gegebenen Endlichen, bestimmt werden, sondern es entzieht sich jedem rationalen Verhältnisbezug: "Infiniti ad finitum proportio non est"[7].

Das bedeutet, daß über Gott keine Aussagen gemacht werden können, die sein Wesen adäquat treffen: "Nichts ist nennbar, von dem es nicht ein Mehr oder Weniger geben kann; denn Namen werden durch die Verstandestätigkeit dem zugeteilt, das aufgrund einer Beziehung ein Darüberhinausgehen oder Darunterbleiben zuläßt"[8].

Das Regulativ der *docta ignorantia* hat also zunächst die Funktion, die Kluft zwischen dem Unendlichen und Endlichen, zwischen Gott und der Schöpfung auseinanderzuhalten und univoke sowie auch solche analogen Redeweisen, die nur im Bereich des Endlichen gelten, als Aussagen über Gott abzuweisen.

Aber das cusanische Prinzip der *docta ignorantia* geht über diese negativ-kritische Funktion hinaus. Es ist nämlich nicht die Regel eines agnostizistischen, sondern eines "belehrten" Nichtwissens. Nicht von ungefähr spielt die *docta ignorantia* auch und gerade in den Sermones nach 1440 eine tragende Rolle, so daß sie eine "glaubensdidak-

Position des NvK findet sich bei J. STALLMACH, Ineinsfall der Gegensätze und Weisheit des Nichtwissens. Grundzüge der Philosophie des Nikolaus von Kues, Münster 1989.

5 "variis doctrinarum viis", De docta ignorantia, Epistola auctoris, h I, S.163, Z.6f.

6 A.a.O., S.5, Z.23

7 A.a.O., S.8, Z.20. NvK zitiert diesen Satz auch häufig in den Sermones, zuweilen in der Umkehrung: "Finiti ad infinitum nulla est proportio". Vgl. den App. III zu Sermo III, Nr. 11, Z.9f, h XVI, S.48. Zu den Quellen und zur erkenntnistheoretischen Bedeutung dieses "Axioms" vgl. J. HIRSCHBERGER, Das Prinzip der Inkommensurabilität bei Nikolaus von Kues, in: MFCG 11 (1975), S.39-54.

8 "Nihil est nominabile, quo non possit maius aut minus dari, cum nomina hiis attributa sint rationis motu, quae quadam proportione excedens admittunt aut excessum". De docta ignorantia I, 5, h I, S.12, Z.1-3.

tische Grundregel" genannt werden kann[9]. Die in ihr enthaltene Weisung lautet: Das "absolut Größte" ist zwar nicht begreifbar und nicht nennbar, aber "auf unbegreifliche Weise einsichtig und auf unnennbare Weise nennbar"[10].

In dieser Formel, die in Abwandlungen sein ganzes Werk durchzieht, tritt die paradoxe Redeweise als ein für NvK typisches Sprachmittel prägnant in Erscheinung. Diese Sprechweise darf nicht als geistreiche Wortspielerei einer dialektisch-denkerischen Begabung abgetan werden. Sie erwächst auch nicht nur einem eigenwilligen Denkansatz, sondern muß in erster Linie als ein Bemühen begriffen werden, die biblische Lehre vom "verborgenen Gott" als die Grundannahme des jüdisch-christlichen Offenbarungsglaubens wiederzugeben. Schon vor *De docta ignorantia* entnimmt er diese Lehre dem philosophisch-theologischen Gedankengut der Vorzeit und macht sie zu einem zentralen Thema seiner Verkündigung[11]. Mit *De docta ignorantia* erhält die Lehre vom verborgenen Gott eine reflektierte, spezifisch cusanische Ausprägung. Das läßt sich beispielhaft an einem Ausschnitt aus Sermo XXIII, *Domine, in vultus tui* vom Neujahrstag 1441 erkennen, der sich mit dem "unaussagbaren Namen Gottes"[12] befaßt.

Der Text gipfelt in der Feststellung, daß die Nennung des Namens Gottes einem Geschöpf nicht möglich ist; denn "wie das Unendliche nur einen ihm gleichen, unendlichen Namen haben kann, so kann es nur auf unendliche Weise benannt werden"[13].

"Name" wird zu Beginn des Abschnittes definiert als "der vollkommene Sinngrund zum Verständnis des Benannten, der zu dessen Erkenntnis führt"[14]. Der metaphysische Grund dafür, daß der unendliche göttliche Name durch endliche Bezeichnungen, die Unterscheidung und Vielheit implizieren, nicht mitteilbar ist, liegt darin, daß Gott die "Einheit in der Vielheit ist, die in der Einheit selbst besteht"[15]. Als die absolute Einheit ist er der "Ursprung der Vielheit"[16], die auf das Eine rückführbar und nur vom Einen her allein erklärbar ist. Aus dieser Grundeinsicht, daß Gott der eine "Urgrund" von allem ist, ergibt sich der positive Sinn des "belehrten Nichtwissens"; denn der "Name des Vaters" oder der "Sohn des Vaters", das "unendliche Wort", die "unendliche Gleichheit des Vaters"[17] ist "der Sinngrund aller Sinngründe und so der Name aller vom (Sinn-)Verstand zugeteilten Namen"[18]. Diese Begründung vertieft NvK durch die aus der neuplatonisch orientierten Schule von Chartres stammende und von ihm spezifisch weiterentwickelte Formel der "Einfaltung (complicatio)" des Endlich-Vielen im Einen-Unendlichen und seiner "Ausfaltung (explicatio)" in den Geschöpfen[19]. So kann er vom Namen Gottes sagen, daß dieser alle Namen "einfaltet

9 Vgl. W. LENTZEN-DEIS, Cusanische Prinzipien der Glaubensvermittlung, in: TThZ 96 (1987), S.99f.

10 "De docta ignorantia" I, 5, h I, S.11, Z.25f.

11 Vgl. Sermo I (19), Nr. 1, Z.26-30, h XVI, S.2; Sermo IV (1), Nr. 34, Z.32-44, h XVI, S.71.

12 Sermo XXIII, Nr. 28-34, h XVI, S.374-377.

13 A.a.O., Nr. 34, Z.1-5.

14 "nominati perfecta innotescendi ratio, quae ad eius notitiam deducat", a.a.O., Nr. 28, Z.4f.

15 A.a.O., Nr. 29, Z.4f.

16 "principium multitudinis", a.a.O., Nr. 28, Z.7.

17 A.a.O., Nr. 30, Z.1-5.

18 "ratio infinita omnium rationum, ita et nomen omnium nominum per rationem impositorum", a.a.O., Nr. 30, Z.7-9.

19 Zur reichen philosophischen Vorgeschichte des "complicatio-explicatio"-Prinzips, die platonisches und aristotelisches Gedankengut einschließt und wohl im Neuplatonismus des Proklos am reifsten

(complicat)"[20]; denn er ist "die unendliche Form", die jede endliche "Form", die der "Materie" ihre jeweilige Form - wie ein Siegel dem Wachs - aufprägt, zu ihrem "Bild (imago)" macht. Daher kommt es, daß jeder endliche Name nur insofern "Name" ist, als er ein "Bild" des göttlichen Namens ist[21]. Daraus folgt auch, daß endliche Namen nicht einmal die "genaue Wahrheit (quidditas praecisa)" eines geschaffenen Seienden wiedergeben können, denn als solche bezeichnen sie nur "Kräfte (virtutes)"; nicht aber das Eingefaltetsein des Geschöpfes in Gott, das das Wesen der Kreatur ausmacht[22]. Erst "in einer Vielheit der die Kräfte des Benannten ausfaltenden Namen leuchtet der genaue Name fragmentarisch (particulariter) auf". Jedes menschliche Wort, jede Aussageweise ist daher eine "Ausfaltung" des unendlichen göttlichen Namens[23].

Das eröffnet die Möglichkeit, alle endlichen Namen als "Bilder" und "Ausfaltungen" des unendlichen Namens auf ihr Sein im Urbild und ihre "Einfaltung" in diesem zurückzuführen.

In *De docta ignorantia* nennt NvK diese Verfahrensweise: *symbolice investigare*[24]. Dabei müssen empirische Erfahrungen und diskursives Verstandesdenken transzendiert werden, und zwar in einem "Überstieg noch über die auf menschliche Weise wißbaren unvergänglichen Wahrheiten hinaus"[25]. Dieses oft wiedergegebene Zitat aus dem Epilog zu *De docta ignorantia* fährt fort: "In diese Tiefen muß alle Bemühung unseres menschlichen Geistes dahin gehen, sich zu jener Einfaltigkeit zu erheben, in der die Widersprüche ineinsfallen."[26]

Trotzdem bleibt es dabei, daß der "unendliche Name", das "Wort Gottes", der *Logos* als solcher nur vom unendlichen Gott selbst ausgesprochen werden kann. Zum Abschluß des genannten Abschnitts von Sermo XXIII verweist NvK deshalb auf den "Heiligen Geist" als das "unendliche Nennen oder Aussprechen (infinita nominatio seu elocutio)"[27] des unendlichen Namens. Dieser Geist Gottes ist es, der "im eigentlichen Sinne in den Propheten und Weisen und in allen 'spricht', die die Wahrheit verkünden"[28].

In der Sicht der menschlich-rationalen Logik löst solches Sprechen "im Heiligen Geist" das für den Bereich des Begrenzten gültige Prinzip des zu vermeidenden Widerspruchs durch das Prinzip vom "Ineinsfall der Gegensätze" ab. Vor dem Koinzidenzprinzip versagen ja notwendig alle Aussagen, die Unterscheidungen und be-

---

zusammengefaßt ist, vgl. R. HAUBST, Die Christologie, S.152 sowie G. VON BREDOW, Art. Complicatio/explicatio, in: Historisches Wörterbuch der Philosophie, hrsg. von J. Ritter, Basel/Stuttgart 1971, I, Sp. 1026.

20 Sermo XXIII, Nr. 30, Z.10.

21 A.a.O., Nr. 31, Z.1-11.

22 S. a.a.O., Nr. 32 u. 33.

23 S. a.a.O., Nr. 33, Z.5-9.

24 "De docta ignorantia" II, 11, h I, S.22, Z.7f.; 12, S.24, Z.15. Vgl. die Wiedergabe der Ausführungen von K. JACOBI, oben, S.33f. und R. HAUBST, oben, S.40f.

25 "... per transcensum veritatum incorruptibilium humaniter scibilium." A.a.O., Epistola auctoris, h I, S.163, Z.10f.

26 "Debet autem in his profundis omnis nostri humani ingenii conatus esse, ut ad illam se elevet simplicitatem ubi contradictoria coincidunt", a.a.O., Z.15f.

27 Sermo XXIII, Nr. 34, Z.8.

28 A.a.O., Z.16-18.

griffliche Festlegungen treffen. Für das Sprechen über Gott haben mithin nur solche Aussagen ein Recht, welche die wesenhafte Unaussagbarkeit Gottes nicht aufheben.

Aber wird solches Reden nicht präterrational? Das stellt vor die Frage nach der Unterscheidung und zugleich nach dem Zusammenhang der verschiedenen Erkenntniskräfte des Menschen.

1.2 Die Unterscheidung von *sensus*, *ratio* und *intellectus* sowie der "Abstieg (descensus)" und "Aufstieg (ascensus)" als Bedingungen der *visio intellectualis*

Die Unterscheidung verschiedener seelischer Erkenntniskräfte[29] liegt manchen gnoseologischen Überlegungen zugrunde, die NvK sich im Zusammenhang mit der Frage nach der Möglichkeit der Gotteserkenntnis gemacht hat. Von der "Sinneswahrnehmung (sensus)" hebt er nämlich nicht nur den "Verstand" oder die "Vernunft (ratio)", sondern noch eine höhere Fähigkeit des menschlichen Geistes ab, die er "Einsicht" ("intellectus, intellegentia" bzw. "visio intellectualis") nennt[30]. Mit diesen Erkenntnisstufen steht er in einer platonisch-neuplatonisch-christlichen Traditionslinie, die insbesondere im Anschluß an Pseudo-Origenes, Pseudo-Augustinus und Pseudo-Dionysius in verschiedenen Aufstiegs-Schemata häufig, oft auch noch mit mehreren Zwischenabstufungen versehen, in Erscheinung tritt[31]. Angesichts der Bedeutung, die diese erkenntnistheoretische Grundlage für die Frage nach der cusanischen Glaubensvermittlung hat, soll sie im folgenden zusammenfassend dargestellt werden[32].

In *De coniecturis*, der Schrift, in der die Beschreibung der Seelenkräfte am deutlichsten entfaltet wird, reflektiert NvK auf die Einheit der menschlichen Erkenntnis und erhebt dabei aus dem menschlichen Bewußtsein eine vierfache "Region": die absolute

29 Vgl. z.B. "De docta ignorantia" I, 10, h I, S.20, Z.4-8; "De coniecturis" II, 10, h III, Nr. 123, Z.9-12; "De possest" h XI/2, Nr. 17, Z.3-9; Sermo XXII (16) Nr. 7, Z.1-4, h XVI, S.336; Sermo XXIII (17), Nr. 2, h XVI, S.359.

30 Zu dieser Unterscheidung und zum Begriff der "visio intellectualis" vgl. B.H. HELANDER, Die visio intellectualis als Erkenntnisweg und -ziel des Nicolaus Cusanus, Uppsala 1988, S.59-68. Das Werk bietet unter philosophischem Aspekt eine Darstellung der cusanischen "visio intellectualis" in ihren vielfältigen quellengeschichtlichen und das gesamte Denken des NvK berücksichtigenden Bezügen, ohne freilich ihre glaubenspraktische Bedeutung näher zu beachten.
Was die Übersetzung von "ratio" durch "Verstand" und "intellectus" durch "Vernunft" angeht, so folge ich ihr nicht, obwohl sie sich in der Cusanus-Literatur leider weithin durchgesetzt hat. Gegen diese Übertragung spricht, daß NvK selbst in seiner moselfränkischen Vaterunser-Erklärung Sermo XXIV (18) die Begriffe "Verstand" bzw. "Verständnis" ("verstentenisse", Nr. 2, Z.1; "verstenteniss" Nr. 2, Z.3; "verstäntnuss", Nr. 3, Z.1 und "verstentenis", Nr.3, Z.12) im Sinne der lateinischen Termini "intellectus", "intellegentia" verwendet. Vgl. die lateinische Übersetzung der angegebenen Stellen in h XVI, S.388f. Hinzu kommt, daß die Bedeutung der Begriffe "Vernunft" und "Verstand" durch die kantische Unterscheidung vorgeprägt ist, die nicht mit der cusanischen identisch ist. Um Mißverständnisse zu vermeiden, werden deshalb in dieser Untersuchung "intellegere", "intellegentia" und "intellectus" entweder wörtlich übernommen oder mit "einsehen", "Einsicht" oder "Einsichtsvermögen" übersetzt, während "ratio" und "rationalis" ohne weitere Differenzierung sowohl mit "Verstand" als auch mit "Vernunft" bzw. "vernunfthaft" wiedergegeben werden.

31 Vgl. die Zusammenstellung solcher Aufstiegs-Schemata bei M. SCHMIDT, Rudolf von Biberach, Die siben strassen zu got. Florenz 1969, S.203-211.

32 Ausführliche Darstellungen bieten K. BORMANN, Die Koordinierung der Erkenntnisstufen (descensus und ascensus) bei Nikolaus von Kues, in: MFCG 11 (1975), S.62-78 und K. KREMER, Erkennen bei Nikolaus von Kues. Apriorismus - Assimilation - Abstraktion, in: MFCG (1978) 13, S.23-57.

Einheit Gott, die Einheit der intellektualen Einsicht, die Einheit der Seele und die Einheit der Körper.[33]

Diese Regionen, die jeweils ihre eigenen Gesetze und ihre Strukturen haben, sind so miteinander verbunden, daß der höchste Grad einer niedrigeren Region jeweils bereits an der Vollkommenheit der jeweils höheren Anteil hat.[34]

Bei der Beschreibung dieses stufenförmigen Aufbaus verbindet sich das neuplatonische Schema vom "Abstieg" und "Aufstieg" mit den Prinzipien der "Maximität", der *complicatio-explicatio* und der *unitas-alteritas*. Die absolute Einheit steigt in die "Andersheit" der Einsicht, diese in die "Andersheit" der Seele und diese schließlich in die "Andersheit" der Körper ab. Je niedriger die Stufe, desto mehr wird die Einheit aufgelöst, die schließlich in der körperlichen Region so "ausgefaltet" ist, daß kein Körper der andere ist.

NvK veranschaulicht diese Abstufung durch die im christlichen Neuplatonismus oft verwandte Metapher von Gott als dem "Licht", das in ständig mehr verblassender "Abschattung" in die Dunkelheit der körperlichen Region absteigt, wobei diese zugleich umgekehrt in das "Licht" aufsteigt, um immer mehr davon absorbiert zu werden[35].

Die dritte der beschriebenen Einheiten zeichnet sich durch die Mittelstellung des Menschen aus[36]. Die menschliche Seele hat einerseits durch den *intellectus* an der Einheit der intellektualen Einsicht teil, die nichts anderes ist als Teilhabe am göttlichen Licht. Dies ist nicht so zu verstehen, als ob der menschliche Geist vorgängig existierte und den Strahl des göttlichen Lichtes in sich aufnähme. Es ist vielmehr so, daß die Teilhabe an diesem Licht sein Wesen ausmacht[37]. Die Metexis selbst ist gleichsam der Seinsgrund. Aber die menschliche Seele ist aufgrund ihrer Verbindung mit dem Leibe auch abhängig von der Sinneserfahrung. So vermittelt die *ratio* als der zentrale, "mittlere" Teil der menschlichen Seele zwischen *intellectus* und *sensus*[38]. Die

33 Zur näheren Darstellung dieser "vier Einheiten" vgl. J. KOCH, a.a.O., S.16ff. Als mögliche Quellen für das Vierer-Schema lassen sich neben Platons "Timaios", dem "Liber de causis", Ps. Dionysius, den Dionysius-Kommentaren Alberts d.Gr. und der arabischen und jüdischen Scholastik am konkretesten Exzerpte aus der Theologia Platonis des Proklos benennen, die NvK nach den Forschungen von R. Haubst aufgrund einer mutmaßlichen Übersetzung des Ambrosius Traversari wahrscheinlich zur Zeit der Entstehung von "De coniecturis" anfertigte. Vgl. R. HAUBST, Die Thomas- und Proklos-Exzerpte des "Nicolaus Trevirensis" im Codicillus Straßburg 84, in: MFCG 1961, Nr. 1, S.40ff und 48ff.

34 "infimum superioris (regionis) cum supremo inferioris in omnibus coincidere conspicis". "De coniecturis" I, 13, h III, Nr. 67, Z.15f. Vgl. dazu R. HAUBST, Die Christologie, S.146-154, bes. S.150.

35 Vgl. die "Figura P" (= paradigmatica) a.a.O., I, 9, Nr. 41-43. Auf die Bedeutung der Lichtmetapher in der Verkündigung des NvK wird an späteren Stellen noch eingegangen werden. Vgl. unten, S.65f; S.99ff; S.104f; S.133f; S.143; S.145f; S.147-150; S.151; S.153f; S.157; S.159f.

36 Zur Erläuterung der Zusammensetzung des Menschen "aus der Einheit des Lichtes der menschlichen Natur und der Andersheit der körperlichen Dunkelheit" greift NvK in De coniecturis I, 13 auf die andere Figur des "circulus universorum" zurück. Er unterscheidet die Regionen der "corporales partes", der "anima nobilis" und eine mittlere Region, die wiederum jeweils in drei "Ordnungen" unterteilt werden. Vgl. dazu die Ausführungen von K. BORMANN in seinem Beitrag "Übereinstimmung und Verschiedenheit der Menschen" (De con. II, 15), in: MFCG 13 (1978), S.88ff. Im folgenden wird nur die Region der "anima nobilis" in den Blick genommen.

37 S. "De coniecturis" I, 13, Nr. 56.

38 NvK unterscheidet mitunter noch zwischen "ratio apprehensiva" als dem höheren, dem "intellectus" näher stehenden, und "ratio phantastica seu imaginativa" als dem niederen, den Sinnen zugeordneten

verschiedenen Erkenntnisfähigkeiten der Seele (*intellectus, ratio* und *sensus*) dürfen dabei nicht mißverstanden werden im Sinne von getrennten Erkenntnisorganen, sondern die ganze Seele ist "eine einfache, geeinte Kraft"[39]. Menschliche Erkenntnis vollzieht sich als ein einheitlicher, aber komplexer Vorgang, bei dem die verschiedenen Kräfte im Spiel sind. NvK beschreibt ihren Erkenntnisvollzug als die Koinzidenz eines "Abstiegs (descensus)" des *intellectus* über die *ratio* in den *sensus* und umgekehrt eines "Aufstiegs (ascensus)" der Sinneserfahrung über den Verstand in die Einsicht, wobei sich die verschiedenen Kräfte wechselseitig bedingen und durchdringen[40]. Die Struktur der Erkenntnis im Ganzen entspricht der Struktur der vier Einheiten, von denen die erste, göttliche Einheit in die anderen "absteigt". Menschliches Erkennen erweist sich somit als "Teilhabe" am göttlichen Erkennen[41]. Da Teilhabe nur in "Andersheit" geschehen kann, erfaßt der menschliche Geist die Wahrheit nicht so, "wie sie ist", sondern nur in der Weise der "Mutmaßung (coniectura)"[42]. Die "Konjekturen" sind auf den drei seelischen Erkenntnisstufen verschieden, je entsprechend der unterschiedlichen Teilhabe am göttlichen Erkennen. Der *sensus* nimmt nur konfuse mannigfaltige Eindrücke wahr. Die *ratio*, die aufgrund der "Verwunderung (admiratio)" des *intellectus* über die Sinneswahrnehmung geweckt wird, ist eine produktive Kraft, die in dem von den Sinnen Dargebotenen nach dem Verstandesgrund (*ratio*) sucht und in rationalen Konjekturen mittels Begriffen, Schlüssen und Urteilen Unterscheidungen trifft, indem sie die erkannten Gegensätze nach dem logischen Prinzip des zu vermeidenden Widerspruchs auseinanderhält.

Im Unterschied zur *ratio* vermag der *intellectus* die Dinge in der Wahrheit ihres Eigenseins zu berühren und sie überdies auf die göttliche Urwahrheit hin zu transzendieren, in der sie bei aller Unterschiedenheit ineinsfallen. Er eint die sinnlichen Andersheiten im rationalen Verstehen, und "in seiner einfaltigen, intellektualen Natur schaut"[43] er die begrifflichen Andersheiten. Seine Erkenntnisweise liegt oberhalb von *phantasma* und *ratio*; sie gleicht einem geistigen "Schauen", das man "übergegenständlich" nennen könnte, weil es nicht nur die direkte Gebundenheit an konkrete Sinnesobjekte, sondern auch Begriffe übersteigt. Die intellektuale Schau ist die Vollendung des Kreislaufs (*reditio completa*), den der *intellectus* durch Sinne und Verstand zu seiner Vervollkommnung "über sich hinaus" vollzieht. Sie ist also nicht das Ergebnis einer Abstraktion im aristotelischen Sinn[44]. Der *intellectus*, der aufgrund der menschlichen Leibgebundenheit des Durchgangs durch Sinne und Verstand bedarf,

---

Teil. S. a.a.O., II, 16, Nr. 157, Z.7-10. Zu den Quellen vgl. a.a.O., Adnotatio 40, S.219f.

39 "simplex unita virtus", a.a.O., Nr. 158, Z.1f.

40 Vgl. a.a.O., Nr. 159.

41 "Potius igitur omnis nostra intellegentia ex participatione actualitatis divinae in potentiali veritate consistit". A.a.O., I, 11 h III, Nr. 56, Z.10f.

42 Vgl. die viel zitierte Definition von Mutmaßung: "Coniectura igitur est positiva assertio in alteritate veritatem, uti est, participans." A.a.O., I, 11, Nr. 57, Z.10f.

43 "in ... sua simplici intellectuali natura intuetur", a.a.O., II, 16, Nr. 167, Z.5. Meine Übersetzung von "simplex" und "simplicitas" als "einfaltig" und "Einfaltigkeit" stützt sich auf den moselfränkischen Text der "Vaterunser-Erklärung" Sermo XXIV, Nr. 1, Z.4 ("eynfaldicheit der wort"), Z.8. ("eynfeldigen worten"), Z.21 ("eynfalt"). Vgl. dazu unten, S.86f. Zu den Quellen der Terminologie (Boethius, De Trinitate 2,16-18, Theodoricus Carnotensis), zu ihrer "ungenauen" Durchführung und zur Weiterentwicklung in De mente, c. 8 vgl. K. BORMANN, a.a.O. (s. oben, Anm. 36), S.91.

44 Vgl. K. KREMER, a.a.O. (s. oben, Anm. 32), S.23-57.

trägt vielmehr die Kraft seines Schauens in sich selbst und "ist die Fruchtbarkeit seiner selbst"[45].

NvK veranschaulicht diese Kraft mit einem Bild: "Der intellectus ist in uns wie der Same eines intellektualen Feuers, der in das Rationale wie in einen entflammbaren Stoff hineingelegt ist"[46]. Bei diesem platonisch-aprioristischen Konzept ist in der cusanischen Prägung freilich zu beachten, daß der "intellectus" entsprechend dem Komplikationsprinzip in Verbindung mit dem Partizipationsgedanken die Vollkommenheit und Kraft der Sinneserfahrung und der Verstandeserkenntnis auf höhere Weise in sich "einfaltet". Die von NvK oft wiederholte Formulierung von der "intellectualitas simplex" meint eine reine, von der Andersheit der Sinne und des Verstandes gelöste, höhere Einheit. Mit dem Begriff "simplex" übernimmt NvK einen gängigen philosophischen Begriff, bei dessen Verständnis er aber dessen ursprüngliche Bedeutung "einfaltig" bzw. "eingefaltet" mitschwingen läßt.[47] Der *intellectus* steigt mithin dazu in die Sinne und in den Verstand hinab, um diese aus ihren "eingeschränkten Bedingungen zu befreiteren Einfaltigkeiten" emporzuheben, die alle Positivität der unteren Einheiten einfalten[48].

Von Bedeutung ist schließlich auch dieser Aspekt: Der Abstieg und Aufstieg des *intellectus* ist von der sich tatsächlich erweisenden Dominanz der verschiedenen Seelenkräfte im einzelnen Menschen abhängig. Es kann sein, daß bei einem Menschen der *intellectus* von der Kraft der *ratio*, in die er sein Licht wie einen Samen hineinsenkt, "absorbiert" wird, so daß der Betreffende die "Meinung" seines Verstandes für "wahr" hält, obwohl es sich bloß um eine "rationale Konjektur" handelt. Bei einem anderen kann die sinnenhafte Kraft so stark sein, daß er der empirischen Erfahrung den Rang rationaler Erkenntnis einräumt[49].

Entsprechend der Mehrschichtigkeit der menschlichen Seele teilt NvK in *De coniecturis* II, 15[50] die Menschheit in drei Grundtypen ein, je nachdem, ob die sinnenhafte, die rationale oder die intellektuale Kraft den seelischen Schwerpunkt bildet. Die zur letzten Gruppe Gehörenden beschreibt er als "freiere (abstractiores)", "beschauliche" Menschen, die sich hauptsächlich mit "Intellektualem" und "Ewigem" und mit der Betrachtung des Wahren beschäftigen[51]. Er nennt sie auch "Weise (sapientes)" und "gleichsam klarste und reinste Lichter, die ein Bild der geistigen und unvergänglichen Welt an sich tragen"[52]. Die mittlere Gruppe nennt er synekdochisch "ratio des Menschengeschlechtes"[53]. Ihre Repräsentanten stehen über der dritten Gruppe, die er "die Sinnlichen (sensibiles)" nennt, "die wie Tiere der Begierde (concupiscentia) und dem Genuß (voluptas) folgen"[54].

---

45 "De coniecturis" II, 16, Nr. 161, Z.8.

46 A.a.O., Nr. 161, Z.17f.

47 Vgl. oben, Anm. 43.

48 S. De coniecturis, a.a.O., Nr. 161, Z.8-10.

49 A.a.O., Nr. 165, Z.2ff.

50 Vgl. die ausführliche Analyse des Textes bei K. BORMANN, a.a.O. (s. oben, Anm. 36), S.88-104.

51 "De coniecturis" II, 15, Nr. 146, Z.6-10.

52 A.a.O., Z.11f.

53 "Sunt et alii ut speciei ipsius ratio". A.a.O., Z.10.

54 A.a.O., Z.13f.

Diese dreifache Aufgliederung gilt für die Menschheit als Gesamtheit. Für jeden einzelnen Menschen nimmt NvK indes eine der Spezies Mensch angemessene "naturhafte" religiöse Ausrichtung an, die dadurch charakterisiert ist, daß sie "ein höheres, unsterbliches Ziel verspricht"[55]. Diese religiöse Befähigung wird auf unterschiedliche Weise partizipiert. Die erste Gruppe von Menschen, die über alle Sinneserfahrung und allen Verstand hinaus an der menschlichen Religiosität teilhaben, erwartet ein zukünftiges Leben, das "in seiner Erhabenheit alle Fassungskraft des Verstandes und der Sinne überschreitet"[56]. Die zweite Gruppe schränkt die Glückseligkeit auf ein rational erstrebenswertes Ziel, auf den für die Klugen möglichen natürlichen Genuß der Dinge, ein. Die dritte Gruppe schließlich sucht die Erfüllung ihres Menschseins "sinnloserweise in sinnenhaften Ergötzungen"[57]. Wie die im Anschluß an diese Einteilung der menschlichen Seeleneigenschaften durch NvK unternommene "Völkerpsychologie nach geographischen Gegebenheiten" bestätigt, geht es ihm um eine Beschreibung des Phänomens akzidenteller, veränderlicher Merkmale, die eine moralisch-willentliche Steuerbarkeit nicht ausschließen.[58]

Wie noch zu zeigen sein wird, kommt diese anthropologisch-gnoseologische Unterscheidung im Predigtwerk des NvK zuweilen zu ausdrücklicher didaktischer Relevanz, wenn er in einer Reihe von Sermones im Hinblick auf die Adressaten eine Dreiteilung vornimmt, die der genannten Untergliederung ähnlich ist[59].

Aus der Regel der *docta ignorantia*, nach der das Unsagbare auf unsagbare Weise auszusagen ist, und aus ihren erkenntnistheoretischen Implikationen, wonach die Vermittlung des Unsagbaren nur in der Hinführung zu einer "visio intellectualis" bestehen kann, ergibt sich für NvK das Verfahren, das er wiederholt *manuductio* genannt hat.

1.3 Das Vermittlungsverfahren der *manuductio* zum zweifachen *transcensus*

Im zweiten Kapitel des Ersten Buches von *De docta ignorantia*, im Anschluß an eine einführende Übersicht über das Werk[60], erläutert NvK zum ersten Mal die Methode der *manuductio*. Er beginnt mit der Bemerkung, zu einer Erfassung der *mysteria intellectualia* sei es notwendig, über die "Bedeutung der Worte (vis verborum)" hinauszugehen[61].

Bei dieser Bemühung bedarf es nach seiner Ansicht solcher, "mit Beispielen verbundenen Handleitungen, die in transzendierender Weise zu verwenden sind"[62]. Es wird augenscheinlich, daß sich erkenntnistheoretische und didaktische Operationen gegenseitig bedingen; denn zur *manuductio* gehört es, daß sie von einem anschaulichen

55 S. a.a.O., Nr. 147, Z.5ff.

56 A.a.O., Nr. 147, Z.3f.

57 A.a.O., Z.13.

58 Vgl. K. Bormann, a.a.O., S.94ff.

59 Eine Einteilung der Predigt entsprechend drei Gruppen von Hörern findet sich in Sermo II, Nr. 2, Z.10-39; Sermo XII, Nr. 4; Sermo XVI, Nr. 5, Z.18-21; Sermo XXII, Nr. 6, Z.1-9 (vgl. unten, S.105); Sermo XL (31), Nr. 2, Z.1-28; Sermo XLI (32), Nr. 1-3 (vgl. unten, S.135f); zum letzten Mal in Sermo LXXIV (69), V_2 fol. 29va.

60 Vgl. die Überschrift "Elucidatio praeambularis subsequentium" h I, S.7.

61 S. a.a.O., S.8, Z.9ff.

62 "Exemplaribus etiam manuductionibus necesse est transcendenter uti", a.a.O., Z.12.

Beispiel (exemplum) ausgeht, durch das die Sinnenhaftigkeit als Bestandteil des menschlichen Erkenntnisvollzugs angesprochen wird. Der Begriff "exemplum" sowie andere Bezeichnungen, die NvK in der gleichen Bedeutung gebraucht, so etwa "Bild (imago)", "Symbol (symbolum)", "Spiegel- und Rätselbild (speculum et aenigma)" [vgl. 1 Kor 13,12] und "Gleichnis (similitudo)"[63], besagen über die Anschaulichkeit hinaus zugleich einen Verweis auf eine jenseits des Veranschaulichbaren liegende, tiefere Wahrheit. Hier liegt der Sinn dessen, daß die *manuductio* auf übersteigende Weise ("transcendenter") durchzuführen ist. Sie soll dem menschlichen Geist helfen, die sinnenhafte Anschauungsgrundlage zu transzendieren, und zwar nicht nur auf einen rationalen Begriff, sondern darüber hinaus auf die *intellectualitas simplex*[64] hin, in der auf komplikative Weise die eigentliche Wahrheit des Symbols enthalten ist. Obwohl jedes Bild dem Urbild ähnlich ist[65], verwendet NvK mit Vorliebe "Symbole" aus dem mathematisch-geometrischen Bereich. Als Grund gibt er die Unabhängigkeit der mathematischen Figuren von der "ständigen Unstabilität" sinnenhafter Phänomene an[66]. Im 10. Kapitel spricht er deshalb im Hinblick auf die mathematische Symbolik von einer "unbezweifelbaren Handleitung (manuductione indubitata)"[67], die den Leser auf eine höhere Erkenntnisebene "hinübertragen (transferre)" soll, damit sein *intellectus* so geschärft wird ("ut acuatur intellectus"), daß er sich "vom Zeichen zur Wahrheit" erhebt. Die *manuductio* ist also eine Anleitung zur Unterstützung des freien Bemühens, "nach den Kräften menschlicher Veranlagung auf dem Weg des belehrten Nichtwissens" voranzuschreiten. Die *docta ignorantia* bleibt das Fundament dafür, daß der Mensch zu einer Art beglückender Evidenzerfahrung erhoben wird[68] und das "Eine und Unbegreifliche sieht: den immer gepriesenen einen und dreieinen Gott"[69].

In der konkreten Durchführung umfaßt die *manuductio* drei Schritte[70]. Da alles Mathematische zum Bereich des Endlichen und Begrenzten gehört, besteht der erste Schritt darin, die endlichen mathematischen Figuren als solche zu betrachten. Im zweiten Schritt ist ihr Sinngehalt auf die unendlichen Figuren zu "übertragen (transferre)". Drittens ist der Symbolgehalt der unendlichen Figuren "hinüberzunehmen (transsumere) auf das absoluteste (absolutissimum) einfaltige Unendliche, das auch von aller Figur losgelöst ist"[71]. Diese Methode wird von NvK durchgeführt anhand von vier "änigmatischen Figuren": Gerade, Dreieck, Kreis für die Fläche und Kugel für die Körperlichkeit, die er nicht nur aus Ehrfurcht vor den "heiligen und hochbegnadeten Männern" auswählt, die mittels dieser Figuren zu einer Gotteserkenntnis gelangten[72], sondern auch deshalb, weil er der Auffassung ist, daß "nur diese Elemen-

---

63 S. vor allem "De docta ignorantia" I, 10-12.

64 A.a.O., I, 2, h I, S.8, Z.13; vgl. oben, S.87.

65 S. a.a.O., 11, S.22, Z.11f.

66 Er beruft sich dabei auf philosophisch-theologische Richtungen der Antike, die sich alle seit Pythagoras (er nennt neben den Pythagoräern die Platoniker, die Aristoteliker, Augustinus und Boethius) bei ihrer Bemühung um Gotteserkenntnis der Mathematik bedient hätten. Vgl. a.a.O., S.22ff.

67 A.a.O., 10, S.21, Z.18.

68 "ut videas ista necessaria atque verissima, quae te ... in stupendam suavitatem adducent". A.a.O., Z.19-21.

69 A.a.O., Z.23-25.

70 S. zum folgenden a.a.O., I, 12, S.24f.

71 A.a.O., Z.22f.

72 S. a.a.O., S.25, Z.1-14.

tarfiguren ... in der Begrenzung ohne Proportion sind, während sie alle anderen Figuren in sich zusammenfassen"[73]. In einer Zusammenschau dieser vier Figuren im Unendlichen will er zur schauenden Erfassung des göttlichen Wesens anleiten. Wenn im zweiten "Sprung" von den endlichen zu den unendlichen Figuren angenommen wird, es gebe ein Unendliches Dreieck, einen Unendlichen Kreis und eine Unendliche Kugel, so fallen diese unendlichen Figuren ineins. Denn je größer der Kreis vorgestellt wird, desto mehr gleicht er sich der Geraden an. Bei einem Dreieck, dessen eine Seite unendlich ist, müssen auch die anderen unendlich sein und ineinsfallen mit der Unendlichen Geraden und dem Unendlichen Kreis bzw. auch mit der Unendlichen Kugel. Es wird auch deutlich, warum die Übergänge von der sinnlichen Anschauung zum rationalen Denken und schließlich zur intellektualen Schau von NvK als ein "Überspringen (transilire)"[74] beschrieben werden. Schon die mathematische Formel der unendlichen Geraden hebt die sinnliche Anschauungsmöglichkeit auf. Bei der Verunendlichung der Figuren in die Koinzidenz schwindet auch das mathematische Begreifen. Die Funktion der *ratio* gelangt an ihr Ende. Die intellektuale Schau des "absoluten" Ineinsfalls ist nicht das Ergebnis rationaler Bemühung; denn das mathematische Verständnis kann die Intuition des *intellectus* nicht hervorbringen. Aber sinnliche Anschauung und mathematisches Denken fungieren als eine Art Geländer für den Weg zur intellektualen Schau, die nach aller diskursiven Schlußfolgerung nur als Geschenk empfangen werden kann.

Die von NvK auf mathematische Symbole eingeschränkte *manuductio* könnte im Sinne der cusanischen Gnoseologie auch als Modell für jegliche Hinführung zur *visio intellectualis* dienen.[75] Sie darf nicht verwechselt werden mit einer "Symboldidaktik", die versuchen würde, den verborgenen Sinn eines "Bildes" in begriffliche Sprache zu übersetzen. Die *manuductio* soll im Gegenteil gerade das "Unsagbare auf unsagbare Weise" vermitteln. Sie führt nicht vom Symbol zu einem "Anderen" weg, sondern zur eigentlichen, innersten Wahrheit des Bildes in seinem "Urbild (exemplar)" hin. Die beiden "Überstiege" transzendieren die sinnenhafte und rationale "Andersheit" des Symbols, um zu seiner unendlichen Identität zu gelangen. In der jeweiligen Rückführung der Figuren in den einen Gott folgt NvK dem Weg des augustinisch-mittelalterlichen Exemplarismus[76]. Das eigentlich Neue der cusanischen *manuductio*, wie sie in *De docta ignorantia* anhand der mathematischen "aenigmata" praktiziert wird, liegt in

73 A.a.O., I, 20, S.41, Z.5f. Eine Untersuchung der "Ursprungsgeschichte des Bewußtseins" (vgl. das gleichnamige Werk von E. NEUMANN, München 1974) könnte zeigen, daß solche mathematischen Ursymbole von Anfang der Menschheit an in Kunst, Religion, Traum und Phantasie eine Rolle spielen und zeitlose Gültigkeit haben. Vgl. dazu auch die Hinweise im Apparat der Heidelberger Ausgabe zu I, 12, S.25, Z.6.

74 A.a.O., I, 12, S.24, Z.16.

75 In diesem Sinn nennt z.B. R. Haubst den Weg und die Gedankenführung der ersten Kapitel des Dritten Buches von "De docta ignorantia" eine "Handleitung (manuductio) zu Christus hin". R. HAUBST, Die Christologie, S.150. Vgl. auch ders., Theologie in der Philosophie, S.248. Auch K. KREMER bezeichnet die Argumentation in "De pace fidei" als "manuductio" zum einen und dreieinen Gott. Vgl. seinen Beitrag: Die Hinführung (manuductio) von Polytheisten zum einen, von Juden und Muslimen zum dreieinen Gott, in: MFCG 16 (1984), S.126-159.

76 Den augustinischen Gedanken, daß alles Sein außer Gott abbildhafte Teilhabe an den göttlichen Urbildern ist, der sich sowohl bei Bonaventura wie bei Thomas von Aquin findet, dokumentiert R. Haubst im Hinblick auf den Aufstieg zum "Unendlichen Dreieck" beispielhaft an Duns Scotus. Vgl. R. HAUBST, Das Bild, S.271f.

dem Versuch, zu einer intellektualen Schau der Koinzidenz aller Symbole zu führen. Hinter dem Rückgang auf die vier mathematischen Urfiguren läßt sich der Gedanke aufdecken, daß erst eine elementarisierte Gesamtheit aller endlichen Symbole den Zugang zur komplikativen Fülle des unendlichen Drei-Einen eröffnen kann.

Wenn die Hinführung zu einem zweifachen *transcensus* - wie gezeigt wurde - ein wesentliches Element der cusanischen *manuductio* ist, stellt sich aus didaktischer Rücksicht die Frage, ob es für den Überstieg über empirische Erfahrung und begriffliche Rationalität eine anthropologische Entsprechung gibt. Diese Frage führt uns zu dem von NvK oft herangezogenen Phänomen der "unendlichen Sehnsucht des menschlichen Geistes".

2 *Die unendliche Sehnsucht des menschlichen Geistes als anthropologische Grundlage der cusanischen Verkündigung*

2.1 Die anthropologische Verwurzelung des *intellegere* im *desiderium naturale* des menschlichen Geistes

Im Vorwort zu *De docta ignorantia* verwendet NvK einen Vergleich: Wie dem Appetit das Hungergefühl vorausgeht, das den Menschen zur Selbsterhaltung antreibt, so regt das geistige Staunen, das der Anfang des Philosophierens ist, im menschlichen *intellectus* eine Sehnsucht nach Wissen an, die grundlegend ist für das "intellegere"[77].

Diese Sehnsucht des menschlichen Geistes wird im ersten Kapitel des gleichen Werks einem *desiderium naturale* zugeordnet, das alle Dinge danach streben läßt, entsprechend den Bedingungen ihrer jeweiligen Natur "auf die bestmögliche Weise zu sein"[78]. Es handelt sich also bei der Sehnsucht des menschlichen Geistes um eine durch die Schöpfertätigkeit Gottes eingestiftete Seinsdynamik. Die Sehnsucht des *intellectus* betrifft nicht nur das, was abstrahierende Erkenntniskräfte erfassen; dieser Drang zur Erforschung alles Seienden ersehnt vielmehr zugleich eine liebende Umarmung des Erfaßten[79].

---

77 S. "De docta ignorantia" I, h I, S.1f. R. Haubst vermerkt eine Anspielung auf Aristoteles (Metaphysik I, 1) und stellt Beziehungen zu Origenes und Augustinus fest. Vgl. R. HAUBST, Die Christologie, S.51f.

78 "Divino munere omnibus in rebus naturale quoddam desiderium inesse conspicimus, ut sint meliori quidem modo, quo hoc cuiusque naturale patitur conditio, ..." De docta ignorantia a.a.O., S.5, Z.1-5. Zu der Formel "meliori modo quo" vgl. den gleichnamigen Beitrag von G.V. BREDOW, in: MFCG 6 (1967), S.21-26, die feststellt, daß mit dieser Formulierung nicht das Idealmaß der Vollkommenheit eines einzelnen Wesens so fixiert werde, daß es dieses nicht mehr übertreffen könne; in besonderer Weise bleibe für den Geist eine Dynamik zum Bestmöglichen offen.

79 "... sanum liberum intellectum verum, quod insatiabiliter indito discursu cuncta perlustrando attingere cupit, apprehensum amoroso amplexu cognoscere dicimus ..." "De docta ignorantia", a.a.O., S.5, Z.10-13.
Zur ursprünglichen Verbindung von Intellekt und Streben in der Sehnsucht des menschlichen Geistes nach NvK und zur Verwandtschaft mit dem Begriff der "cognitio experimentalis" bei Bonaventura, der das erkenntnismäßige und affektive Element zusammenfaßt und eine existentielle Erfassung meint, vgl. F. HOFMANN, Die unendliche Sehnsucht des menschlichen Geistes, in: MFCG 18 (1989), S.69-86, bes. 80ff.

Das Streben "einzusehen", das den Menschen im Unterschied zu den übrigen Geschöpfen entsprechend dem neuplatonischen Ternar *esse-vivere-intellegere*[80] auszeichnet, ist für NvK gleichbedeutend mit einer Hinordnung auf unvergängliches Leben: "Deshalb kann der Mensch nicht zur Vollendung gelangen ohne Erfassung der unsterblichen Wahrheit"[81]. Von daher kommt es, daß dieses geistige Verlangen durch kein endliches Gut zu sättigen ist[82]. In *De coniecturis* ist im Zusammenhang mit der Beschreibung des "descensus" und "ascensus" des menschlichen Geistes, die seinen Erkenntnisprozeß ausmachen[83], von einer strebenden Bewegung des *intellectus* die Rede. Sein "Abstieg" in die Sinne und der Aufstieg der Sinne in den "intellectus" wird als ein zweifaches Streben beschrieben[84], wobei die beiden Bewegungen als sich im wechselseitigen Kreislauf vollendend miteinander koinzidierend geschildert werden. Der *intellectus* geht einerseits zu seiner Vervollkommnung in die Sinneserfahrung ein, um zu sich selbst zurückzukehren. Andererseits strebt die Sinneserfahrung zu ihrer Vollendung "nach oben zum intellectus". Die Doppelheit in den Phänomenen der Strebungen löst sich insofern auf, als die "Fruchtbarkeit" dieser Bewegungen dem *intellectus* zuzuschreiben ist, der die *species sensibiles* aus ihrer sinnenhaften Begrenzung zu ihrer höheren Einheit in der intellektualen Sphäre als *simplicitates abstractiores* befreit. Die sinnenhaften Formen werden in seinem Licht absorbiert und in "die Einheit des intellectus" aufgenommen. Das Streben der Sinne nach Vervollkommnung und das Streben des Intellekts nach Vollendung verbinden sich zu einer "unendlichen" Sehnsucht des Menschen, die nur in Gott ihre Ruhe finden kann. Die cusanische Erkenntnistheorie und die auf ihr beruhende Vermittlungsmethode verweisen mithin auf diese unendliche Sehnsucht des menschlichen Geistes als ihre anthropologische Grundlage, die in einem "makrokosmischen" Zusammenhang zu sehen ist.

2.2 Die makrokosmische Bedeutung der unendlichen Sehnsucht in der theologischen Anthropologie des Nikolaus von Kues

Die Grundzüge seiner Anthropologie hat NvK ebenfalls in *De coniecturis* unter der Überschrift *De homine*[85] entworfen. Er beschreibt dort den Menschen als ein "Wunderwerk Gottes", das in einem fein gegliederten, organischen Stufenaufbau alle Kräfte von der Körperlichkeit bis zur Intellektualität in sich enthält und durch Sinneserfahrung, Verstand und Einsicht alles zu erreichen vermag. In diesem Zusammenhang steht das kühne Wort: "Homo enim deus est"[86]. Der Mensch ist aber nicht in absoluter Weise Gott, sondern als Mensch; er ist sozusagen "ein menschlicher

---

80 "natura humana ... non appetit esse tantum nec vivere ut bruta, sed et intellegere", Sermo XXVII (20), Nr. 2, Z.11ff, h XVII, S.2f. Zur Entstehungsgeschichte des Ternars vgl. R. HAUBST, Das Bild, 57ff.

81 "Appetit ... vitam immortalem. Non igitur requiescere potest homo sine apprehensione immortalis veritatis". A.a.O., Nr. 2, Z.14-17, h XVII, S.3; vgl. Nr. 3, Z.8f, S.5.

82 Vgl. den in Anm. 78 zitierten Text sowie etwa Sermo XXII (17), Nr. 33, Z.5-9 (unten, S.176). Zu Letzterem vgl. unten S.111.

83 Vgl., auch zum folgenden, oben S.56ff.

84 In "De coniecturis" II, 16, Nr. 161, Z.4, ist von einem "appetitus naturalis" und "accidentalis" die Rede.

85 A.a.O., II, 14, Nr. 140-145.

86 A.a.O., Nr. 143, Z.7.

Gott"[87], der alles Sein in sich auf menschliche Weise "einfalten" und "ausfalten" kann. Da er die ganze Welt auf menschliche Weise umfaßt, kann er ein "Mikrokosmos"[88] genannt werden, und dem entspricht auch das Endziel aller seiner Einfaltungen. Im "Prozeß der Anthropogenese", in dem der Mensch diese Fähigkeit entfaltet, wiederholt sich in ihm "das Ganze von Sein und Wirklichkeit", so daß man mit Recht von einem "Parallelismus von Makro- und Mikrokosmos" sprechen kann[89]. Aber es handelt sich nicht um eine Wiederholung, sondern um eine schöpferische Mitwirkung des Menschen an der Vollendung des Makrokosmos. Die Bedeutung der unendlichen geistigen Sehnsucht des Menschen wird erst verständlich im Blick auf seine Stellung im Ganzen der Schöpfung und auf seine Teilhabe am Schöpferwirken Gottes.

Dieser Aspekt wird in Sermo XXX (23) beleuchtet. NvK stellt sich und seinen Hörern darin die Frage: "Was ist der Mensch?". Die Antwort lautet: "Er ist der 'sechste Tag' (des Schöpfungswerkes) bzw. ein Mikrokosmos"[90], eine Welt im Kleinen. Das "Wort Gottes", in dem Gott alles geschaffen hat, ist die "unendliche Kunst", an der alle Geschöpfe je nach ihrer Seinsstufe "teilhaben"[91]. NvK beschreibt das Schöpfungswirken Gottes auch durch das Bild des sich mitteilenden "unendlichen Lichtes"[92]. Das "Sechs-Tage-Werk" des Schöpferwortes bedeutet demnach die verschiedenartige Teilhabe der Geschöpfe "an diesem ewigen Licht" und ihr stufenweises Hervorgehen ins Sein[93].

"... in sexto scilicet gradu, quasi in complemento creaturarum creavit hominem ad imaginem et similitudinem suam. Hominem autem sursum creavit ad se. Omnia enim animalia et omnia creata in homine quasi in fine quiescunt.	"... auf der letzten, nämlich der sechsten Stufe, schuf er (Gott) gleichsam als Vollendung seiner Schöpfung den Menschen 'nach seinem Bild und seiner Ähnlichkeit (Gen 1,27)'. Dazu schuf er den Menschen auch zu sich empor. Alle Tiere und alle Geschöpfe gelangen im Menschen als in ihrem Ziel zur Vollendung.
Homo autem non nisi in die septimo seu sabbato quiescit. Sabbatum autem est lux, quae non legitur creata, sed: Deus benedixit diei septimo.	Der Mensch aber ruht erst am siebten Tag, dem Sabbat. Der Sabbat aber ist das Licht, von dem man nicht liest, daß es 'geschaffen' sei, sondern: 'Gott segnete den siebten Tag' (Gen 1,27f).
Unde solum in luce illa increata, quae sabbatum dicitur, est quies hominis"[94].	Daher erlangt der Mensch die Vollendung erst in jenem ungeschaffenen Licht, das Sabbat genannt wird".

Im Gesamt der geschaffenen Welt nimmt der Mensch eine Schlüsselstellung ein. Seine unendliche Sehnsucht erklärt sich durch die in ihm kulminierende Teilhabe an der Schöpfungsbewegung, die von Gott ausgeht und über die verschiedenen Seins- und Lebensstufen der Schöpfung zurückkehrt zu Gott. Im *descensus* und *ascensus* des

87 "humanus est igitur deus". A.a.O., Z.8.

88 A.a.O., Z.10; vgl. W. DUPRÉ, Der Mensch als Mikrokosmos im Denken des Nikolaus von Kues, in: MFCG 13 (1978), S.68-87.

89 Vgl. W. DUPRÉ, a.a.O., S.81f.

90 Sermo XXX (23), Nr. 8, Z.2, h XVII, S.45.

91 "Deus in Verbo omnia creavit, Verbum autem est ut ars infinita. Creaturae autem sunt participationes artis infinitae". A.a.O., Z.2-5, S.45f.

92 A.a.O., Z.6f, S.46.

93 A.a.O., Nr. 8, Z.8-10.

94 A.a.O., Nr. 8, Z.11-21.

menschlichen *intellectus* in den *sensus* und über die *ratio* zurück zu sich selbst und über sich hinaus in einem unendlichen Streben, das seine Erfüllung erst in Gott findet, vollzieht sich somit diese Schöpfungsbewegung im "Mikrokosmos" Mensch und führt in ihm die ganze Schöpfung zu ihrer Vollendung.

2.3 Die "Verkrümmung" der unendlichen Sehnsucht aufgrund der Ursünde

Sermo XXX befaßt sich anschließend mit der Erfahrung, daß der Mensch von dieser seiner ursprünglich im Schöpfungswirken Gottes angelegten Bestimmung abweichen kann, und stellt deshalb die zweite Frage: "Welches ist der Grund für den Fall des Menschen in die Verkrümmung (curvitas)?"[95] Nach dem Genesisbericht ist es seine "Anmaßung (praesumptio = wörtlich 'Vorwegnahme')".

Die Ursünde wird in der Perspektive der vorher dargestellten schöpfungstheologischen Anthropologie so beschrieben:

"Nam homo omnes intra se naturas creatas complicans ad omnes naturas in circulo humanae regionis complicatas se convertere potuit, et sic homo humanalis bestia deorsum convertendo effici potest. Unde aliqui sunt ut ursi, alii ut leones, aliqui ut agnelli, aliqui ut columbae, aliqui ut serpentes etc.	"Denn da der Mensch in sich alle geschaffenen Naturen einfaltet, konnte er sich zu allen Naturen, die im Umkreis des menschlichen Bereichs eingefaltet sind, hinwenden; und so konnte der Mensch, wenn er sich nach unten wandte, zu einem Menschen-Tier werden. Demgemäß sind einige wie Bären, andere wie Löwen, wieder andere wie Schafe, Tauben und Schlangen usw.
Sed non quiescit homo nisi in sabbato, scilicet luce increata. Illam autem non complicat intra se neque ipsam ambit, quoniam sexta dies septimae per infinitum inferior est. Non igitur ipsam sua ratione attingit.	Doch der Mensch erreicht seine Ruhe nur im Sabbat, dem ungeschaffenen Licht. Dieses kann er aber nicht in sich einfalten und umgreifen, denn der sechste Tag ist unendlich niedriger als der siebte. Er erreicht ihn also nicht mit seiner Vernunft.
Posuit igitur Deus hominem in paradiso, hoc est animam, quae ad imaginem Dei creata est, posuit in hoc terreno paradiso, ubi habet multas voluptates. Et sunt quattuor flumina et arbor vitae etc.et arbor scientiae boni et mali etc.	'Gott setzte also den Menschen ins Paradies' (Gen 2,8 und 15); das heißt, er setzte die Seele, die als 'Gottes Bild' geschaffen ist, in das irdische Paradies, wo sie viele Freuden genießt. Dort gibt es auch die vier Flüsse und den Baum des Lebens usw. und den Baum des Wissens um Gut und Böse usw. (vgl. Gen 2,9-14).
Homo autem potuit vivere et quiescere in luce sabbati in simplicitate sua; sed quaesivit per scientiam suam apprehendere Deum, ut sic non in Deo, sed in se ipso quiesceret et esset sciens sicut Deus; et hoc est, quod haberet in se complicative sabbatum. Et tunc cecidit etc.	Der Mensch konnte aber (nur) in seiner Einfaltigkeit[96] im Licht des Sabbats leben und zur Ruhe kommen. Er suchte vielmehr mit seinem Wissen Gott zu begreifen, damit er nicht in Gott, sondern in sich selbst sein Ruheziel fände und wissend werde wie Gott. Das heißt, er suchte den Sabbat in sich einzufalten. Und daraufhin fiel er usw.
Unde eiectus est de paradiso et repositus in terra propria, ubi non generantur nisi tribuli etc.	Deshalb wurde er aus dem Paradies vertrieben und auf seine eigene Erde zurückversetzt, wo ihm nur Disteln wachsen usw.

95 A.a.O., Nr. 9, Z.1f.

96 Zur Übersetzung von "simplicitas" mit "Einfaltigkeit" vgl. oben, Anm. 43.

Homo igitur in se non potest attingere illud, quod ut appetat, intellectualiter videt. Et haec est imperfectio et curvitas.

Der Mensch kann also in sich selbst das nicht erreichen, was er intellektual als zu erstrebend schaut. Darin liegt die Unvollkommenheit und Verkrümmung.

Et hanc curvitatem studet multis rationibus rectificare, ut in se quietem reperiat. Et sic intravit silvam deorum, et idola etc."[97]

Und er bemüht sich mit vielen rationalen Anstrengungen, diese Verkrümmung zurechtzubiegen, um in sich selbst zur Vollendung zu gelangen. Und so betrat er den Wald der Götzen und Idole usw."

Der Text hebt zunächt die Sonderstellung des Menschen zwischen den geschaffenen Naturen und Gott hervor, wonach der menschliche Geist alle Geschöpfe zu umfassen vermag. Er kann sich "nach unten" wenden und zum menschlichen "Tier" werden. Dem steht indes seine geistige Neigung entgegen, die Vollendung in Gott zu suchen, die ihn "nach oben" streben läßt.

Die Anfangssituation des Menschen wird mit Hilfe des biblischen Bildes vom "irdischen Paradies" geschildert, in das Gott den Menschen hineinversetzt hat. Schon in Sermo I interpretiert er dieses als den aus Erde gebildeten, aufs beste zu der menschlichen Seele passenden und ihr gehorsamen Leib, in dem "sie sich aller leiblichen und geistigen Sinne bedienen kann"[98].

Im "Baum des Wissens um das Gute und das Böse" sieht NvK die Versuchung symbolisiert, daß der Mensch "durch freie Entscheidung den Verstand mißbrauche und seine Kräfte (principia) aus Stolz der Erde zu, nach unten, aus der Ordnung bringe, die ihm zu Gehorsam nach oben eingepflanzt waren".[99] Er hat das Verlangen, Gott ähnlich zu sein. Aber dieses Ziel darf er nicht aus eigener Kraft mit dem Verstand "vorwegnehmen", sondern er muß es in zu belehrendem Nichtwissen, in Demut und Gehorsam erwarten[100].

Die Sünde der Stammeltern, die als "Prototyp" der Sünde des Menschen überhaupt charakterisiert wird[101], bewirkt in dieser Deutung eine "Verkrümmung" der ihm innewohnenden unendlichen Dynamik. Indem der Mensch diese auf die *ratio* umlenkt, unterbricht er gleichsam den *descensus* und *ascensus* des *intellectus*, der seinen Kreislauf nicht vollendet, sondern auf der Stufe des Verstandes, auf welcher der Mensch den Sinn und das letzte Glück seines Lebens zu finden meint, enden läßt. In solcher Sünde nimmt der Mensch seine unendliche Sehnsucht nicht als Geschenk an, um aus der von Gott gewährten Kraft den immer neuen Aufbruch zu wagen, sondern er versucht, darüber selbst zu verfügen, indem er sich die Vollendung durch das rationale Wissen, das er aus sich hervorzubringen vermag, selbst verschaffen will. Die Folge ist ein Zwiespalt in seinen geistigen Kräften, der deren ursprüngliche Einheit zerstört: Die *ratio* mißbraucht das Licht des *intellectus* zur Verabsolutierung ihres Wissens. Der menschliche Geist wird blind für seine eigentliche, unendliche Bestimmung. Der aus der gefallenen Natur Adams stammende Mensch richtet seine Sehn-

---

97 Sermo XXX "Constituite diem solemnem", Nr. 9, Z.4-36, h XVII, S.46f.

98 Vgl. Sermo I (19), Nr. 15, Z.15-20, h XVI, S.13.

99 A.a.O., Z.21-25.

100 Eine ähnliche Deutung des Sündenfalls findet sich auch andernorts in den Sermones. Vgl. z.B. Sermo III (3) Nr. 5 u. 6, h XVI, S.43ff; Sermo VIII (10), Nr. 23, Z.17-20, h XVI, S.159; Sermo XXXV (26) Nr. 4, h XVII, S.26; Sermo CXLVIII (143) V_2 fol. 45rb.

101 Vgl. R. HAUBST, Die Christologie, S.65.

sucht nur noch auf das Leben "dieser Welt" und weiß nicht mehr das zu erstreben, was über dieser Welt ist. Sein *intellectus* hat sein Formalobjekt aus dem Blick verloren, und sein Wille vermag sein unendliches Ziel nicht mehr anzustreben, wie unser Auge einen Laut, der für das Ohr bestimmt ist, nicht sehen kann[102].

Die Sehnsucht des menschlichen Geistes ist auf die irdische Welt hin zurückgebogen worden und zieht den Menschen dahin, hienieden seine "Ruhe" zu suchen. Da er "von Geburt an" nicht mehr um seine Fähigkeit zu einem anderen Leben weiß, kann er auch kein Verlangen mehr danach haben[103].

Durch den Fall des Menschen wird aber auch die Gesamtschöpfung in Mitleidenschaft gezogen, da sie durch seine Sünde ihr Ziel verfehlt. Dadurch, daß der Mensch die unendliche Sehnsucht seines Geistes niederhält oder verkrümmt, stört er Gottes Schöpferwirken und reißt die ganze Schöpfung mit sich in seinen Sturz.

Die Auslegung der biblischen Erzählung über die Erschaffung des Menschen und seinen Sündenfall, die das ganze cusanische Predigtwerk und die übrigen Schriften durchzieht[104], zeigt, wie eng Erkenntnistheorie, Kosmologie und Anthropologie als Grundlagen der katechetisch-homiletischen Vermittlung des NvK ineinander verzahnt sind.

Doch die bisher aufgezeigte Analyse der erkenntnistheoretischen, kosmologischen und anthropologischen Bedingungen müßte in eine Sackgasse führen, wenn die cusanische Glaubensvermittlung nicht letztlich in einem Fundament gründete, auf das sich die eben zitierten Sermones XXX und XXXV ausdrücklich stützen: Die Position des Menschen ist durch seine Selbstverschließung nicht letztgültig festgelegt; sie hat eine völlig neue Ausgangslage dadurch erhalten, daß "die Menschheit in Jesus mit dem Wort des Lebens geeint wurde"[105]. Cusanische Erkenntnistheorie und Anthropologie verweisen auf ihre christologische Grundlage.

3 *Die christologische Basis der Glaubensvermittlung: der "Glaube Christi"*

3.1 Die Hinführung zur Christuserkenntnis im Glauben als Ziel des cusanischen Bemühens

Wie gezeigt wurde, ist das am *desiderium naturale* des menschlichen Geistes ansetzende, vermittlerische Interesse von *De docta ignorantia* darauf ausgerichtet, die erkenntnistheoretische Kluft zwischen dem Unendlichen, Absoluten, Einen und dem Endlichen, Kontrakten, Vielen zu überwinden. Das Erste Buch entwickelt den Weg des sich belehren lassenden und "belehrten Nichtwissens", aufgrund dessen das *maximum absolutum* nur gemäß dem Prinzip des Ineinsfalls der Gegensätze durch einen "zweifachen Überstieg" zu einer "einsichtigen Schau" berührt werden kann. Das Zweite Buch umschreibt das *maximum contractum*, zu dem ebensowenig ein Erkenntnisaufstieg möglich ist wie ein Abstieg zum Kleinsten. Die Überlegung, daß die Fülle alles endlich Möglichen in keinem vorfindlich konkreten Einzelseienden "geb-

102 S. Sermo XXXV (26), Nr. 4, Z.3-7, h XVII, S.65.

103 S. a.a.O., Z.8-12.

104 Vgl. weitere Belege bei R. HAUBST, Die Christologie, S.58-73.

105 Sermo XXX Nr. 10, Z.3f, h XVII, S.48; s. auch Sermo XXXV, Nr. 4, h XVII, S.65.

bar (dabile)" ist, führt in den ersten Kapiteln des Dritten Buches zu der Frage nach der inneren Möglichkeit und Konsequenz des *maximum contractum et simul absolutum*.

NvK formuliert zunächst hypothetisch, daß dieses nur ein Mensch sein könne, der in "hypostatischer Vereinigung" zugleich Gott sei, denn nur der Mensch sei das geschaffene Seiende, das die ganze Vielheit der geistigen und sinnlichen Welt wie in einem "Mikrokosmos" zusammenfasse, so daß in der Vereinigung des Menschen mit Gott zugleich auch alle anderen Naturen zu ihrer höchsten Vollendung gelangten.[106] Vom vierten Kapitel ab werden diese Aussagen konkretisiert im Blick auf die Offenbarungstatsache der geschichtlich bezeugten Verwirklichung des *Deus et homo* in Jesus Christus, dem "größten kontrakten Individuum", dem Kulminations- und Zielpunkt der menschlichen Natur und der "Vollendung der ganzen Welt (perfectio universi)". Mit dem Hymnus des Kolosserbriefs wird Christus der "Erstgeborene aller Schöpfung" (Kol 1,15) genannt, "den alle Kreatur von Anfang an erwartete als den, der in der Zeit kommen sollte und der seine Ankunft durch die Propheten vorhergesagt hatte"[107]. Es wäre zwar eine "christologische Engführung"[108] der "Gotteslehre" des Ersten Buches und der "Kosmologie" des Zweiten Buches, wenn man darin nichts anderes als Prämissen für die Christologie des Dritten Buches sähe; aber die Gedankengänge von *De docta ignorantia* erreichen in der Christologie des Dritten Buches zweifellos ihren Gipfel. Im Epilog kann NvK rückblickend auf alle drei Bücher feststellen, daß Christus der *finis intellectualium desideriorum* ist[109]. Als Erfüllung der unendlichen Sehnsucht des menschlichen Geistes ist er das letzte Ziel der cusanischen Vermittlungsbemühungen. Doch die Hinführung zu Jesus Christus ist nicht das Ergebnis einer rationalen Deduktion. NvK betont ausdrücklich, daß sie über die Möglichkeiten diskursiven Vorgehens hinausgeht:

"Qui cum in hoc mundo non sit cognoscibilis, ubi ratione et opinione aut doctrina ducimur in symbolis per notiora ad incognitum, ibi tantum apprehenditur, ubi cessant persuasiones et accedit fides".

"Da er (Christus) in dieser Welt, in der wir durch Verstand, Meinung oder Belehrung in Symbolen von Bekannterem zu Unbekanntem geführt werden, nicht erkennbar ist, wird er nur dort wahrgenommen, wo Beweisführungen aufhören und der Glaube hinzukommt"[110].

Die Vernunftargumente kommen an einen Punkt, an dem sie zu übersteigen sind zur *visio intellectualis*.

In diesem Sinn sind auch die Argumentationen der christologischen Sermones nach *De docta ignorantia* zu verstehen.

Die Karfreitagspredigt von 1443 beginnt beispielsweise mit dem Pauluszitat, nichts sei nützlicher, als "Christus, den Gekreuzigten zu erkennen" (1 Kor 2,2). Das wird soteriologisch begründet: "Christus kennen heißt die Wahrheit kennen; denn er ist die Wahrheit. Ihn als Gekreuzigten kennen heißt die Mittel zur Erlösung von allem Bösen kennen"[111]. Im Sinne des Gedankengangs von *De docta ignorantia* wird Chri-

106 S. "De docta ignorantia" III, 1-3.
107 A.a.O., III, 4, S.129, Z.21-S.130, Z.2.
108 Vgl. R. HAUBST, Theologie in der Philosophie, S.238.
109 "De docta ignorantia", S.164, Z.6.
110 A.a.O., III, 11, S.152, Z.25-28.
111 Sermo XXVII (20), Nr. 1, Z.4-6, h XVII, S.1.

stus als der "Heilsbringer (salvator)" vorgestellt, als der "Erstgeborene" und Vollender der ganzen Schöpfung[112].

Ausgehend von der dem Menschen innewohnenden, nicht ruhenden Sehnsucht begründet NvK hier - die Gedankengänge von *De docta ignorantia* überschreitend - die Notwendigkeit der Erlösung nicht nur mit der Unvollkommenheit der endlichen Kreatur und ihrem unendlichen Abstand von Gott, sondern auch mit der Ursünde der Stammeltern:

"Non igitur quiescere potest homo sine apprehensione immortalis veritatis. Sed cum natura humana propter recessum primorum parentum a via veritatis immortalis et conversionem ad viam scientiae propriae praesumptionis non habet per se in diminutis personis potestatem revertendi, cum sit ignorans, necesse habet, ut sua propria natura humana sit in Salvatore Deo unita, ut in natura sua viam habeat, in qua veritatem vitae apprehendat."

"Ohne Erfassung der unsterblichen Wahrheit vermag der Mensch nicht zur Ruhe zu kommen. Aber wegen des Abweichens der Stammeltern vom Weg der Wahrheit zum Weg eigenmächtiger Wissensanmaßung hat die Menschennatur in den geschwächten Personen nicht mehr die Fähigkeit, umzukehren. In ihrer Unwissenheit muß sie in ihrer Natur selbst dem Erlöser-Gott geeint werden, damit sie in ihrer Natur wieder einen Zugang hat, die Wahrheit des Lebens zu erfassen."[113]

Ähnlich wie in den Sermones XXX und XXXV[114] wird das Erkennen-Können christologisch begründet und gerettet, wobei Schöpfungstheologie, Soteriologie und Anthropologie sich ineinander verschränken. Danach ist Jesus der Mittler des Heiles im umfassenden Sinn, der uns durch die Offenbarung Gottes des Vaters und seiner eigenen Werke, die ihn als den Höchsten ausweisen, gezeigt worden ist. Er überwindet die Gefallenheit der menschlichen Natur und die Verbogenheit ihres Strebens nach Vollendung, weil er die "Fülle der Vollkommenheit der menschlichen Natur" in sich trägt und alle, die durch ihn, den "Erstgeborenen der ganzen Schöpfung", dazu geschaffen worden sind, am Leben Gottes teilnehmen läßt[115]. Das Ziel dieser Predigt ist der Glaube an Christus, weil die Menschen "Rechtfertigung" und "Heil" erlangen können, wenn sie ihn als Mittler des Heiles glaubend und liebend umfassen[116].

Das Verhältnis von Glaube und Christusschau ist der Hauptgegenstand der letzten Kapitel von *De docta ignorantia*. Darin kommt dem Begriff des "Glaubens Christi" eine Schlüsselstellung zu.

3.2 Der Begriff des "Glaubens Christi"

Das 11. Kapitel, das unter der Überschrift *Mysteria fidei* steht, beginnt mit dem Satz: "Alle unsere Vorfahren äußern einmütig, daß der Glaube der Anfang der Einsicht sei". Der Glaube wird hier zunächst in einem sehr weiten Sinn gefaßt, wonach es in jedem Gebiet des Erkennens "erste Prinzipien" gibt, die im Glauben anzunehmen sind[117].

112 S. a.a.O., Nr. 2, Z.1-9, h XVII, S.2.
113 A.a.O., Nr. 2, Z.18-25,28-30, h XVII, S.3.
114 Vgl. oben, S.68.
115 S. Sermo XXVII, a.a.O., Z.26-30.
116 A.a.O., Z.37-39.
117 "Maiores nostri omnes concordanter asserunt fidem initium esse intellectus. In omni enim facultate quaedam praesupponuntur ut principia prima, quae sola fide apprehenduntur, ex quibus intellegentia tractandorum elicitur". "De docta ignorantia" III, 11 h I, S.151, Z.26ff.

Die Beziehung zwischen Glauben und Einsehen wird als ein Verhältnis von "Einfaltung" und "Ausfaltung" gekennzeichnet:

"Fides igitur est in se complicans omne intellegibile. Intellectus autem est fidei explicatio. Dirigitur igitur intellectus per fidem, et fides per intellectum extenditur. Ubi igitur non est sana fides, nullus est verus intellectus."[118]	"Der Glaube faltet alles Einsehbare in sich ein. Die Einsicht aber ist die Ausfaltung des Glaubens. Die Einsicht wird durch den Glauben geleitet und der Glaube durch die Einsicht ausgebreitet. Wo also kein gesunder Glaube ist, da ist auch keine wahre Einsicht".

In besonderer Weise sieht NvK diese Korrelation für den "Glauben Christi"; denn "kein Glaube ist vollkommener als die Wahrheit selbst, Jesus Christus"[119]. Mit dieser Formulierung kann Christus ebenso als der höchste Gegenstand des Glaubens wie auch als der vollkommenste Glaubensvollzug, der nur Christus zu eigen ist, gemeint sein. Auf diese zweifache Interpretationsmöglichkeit verweist auch der Kontext. Denn NvK fährt fort:

"Potest autem Christi sanissima fides, in simplicitate constanter firmata, gradibus ascensionum extendi et explicari secundum datam ignorantiae doctrinam".[120]	"Der gesündeste Glaube Christi aber, der in der Einfaltigkeit beständig gesichert ist, kann in stufenförmigem Aufstieg entsprechend dem dargelegten Grundsatz des Nichtwissens ausgebreitet und entfaltet werden".

Als Höchstform des Glaubens wird "der gesündeste Glaube Christi" betrachtet, in der er von der Fülle seiner Verwirklichung nicht mehr abweichen kann. Diese *fides Christi* kann grammatikalisch sowohl im Sinne eines Genetivus objectivus als auch subjectivus interpretiert werden. Im ersten Fall bedeutet sie die Christuswahrheit, die alle inhaltlichen Glaubensaussagen umfaßt. Das ist nach NvK im Prolog des Johannesevangeliums der Fall, der den Glauben an die Menschwerdung des Wortes Gottes "in einfaltiger Weise" enthält und in den Berichten über die Werke Jesu im weiteren Evangelium entfaltet wird, so daß der Evangelist am Schluß zusammenfassen könne: "Das ist geschrieben worden, damit ihr glaubt, daß Jesus der Sohn Gottes ist" (Joh 20,31)[121]. Diese Glaubenswahrheit ist nur *in docta ignorantia* einzusehen und zu entwickeln; denn die in ihr enthaltenen "größten und tiefsten Geheimnisse" bleiben "den Klugen verborgen" und werden *in fide Jesu* nur "den Kleinen und Demütigen geoffenbart". Aber der "Glaube Jesu" läßt sich auch im Sinne eines Genetivus subjectivus deuten, so daß Jesus selbst, in dem "alle Schätze der Weisheit und des Wissens verborgen sind und ohne den niemand etwas tun kann"[122], zugleich Subjekt und Objekt des Glaubens ist. So wird verständlich, wenn vom "vollkommensten, reinsten, größten Glauben Christi" die Rede ist, der "nur einem auf Erden pilgernden Menschen innewohnen kann, der zugleich auch ein mit vollkommener Einsicht Begreifender ist, und das war Jesus"[123]. In seinem Glauben fallen mithin der Glaubende und der Glaubensgegenstand sowie Glaubensvollzug und komprehensive Schau ineins. Von sei-

---

118 A.a.O., Z.3-6

119 "Nulla autem perfectior fides, quam ipsamet veritas, quae Jesus est." A.a.O., S.152, Z.8f.

120 A.a.O., Z.17-19.

121 S. a.a.O., Z.10-16.

122 S. a.a.O., Z.19-23.

123 "... non potest in viatore esse, qui non sit et comprehensor simul, qualis Jesus". A.a.O., S.154, Z.22f.

nem Glauben gilt, daß er in der "Einfaltigkeit" der intellektualen und darüber hinaus der göttlichen Region "beständig gesichert" ist.[124]

Diese maximalen Aussagen, die eigentlich nur von Jesus Christus gelten, werden im Kontext auch auf den Glauben der übrigen Menschen bezogen. So heißt es etwa, daß jeder Mensch auf seinem irdischen Pilgerweg den "tatsächlich (actu) größten Glauben Christi" anstreben soll, der auf einen so hohen Grad von Gewißheit erhoben sein muß, daß er zugleich auf die geringste Weise Glauben ist"[125]. Es wird für jeden Christen als notwendig erachtet, daß er "auf seine Weise den größten Glauben habe". Wenn er in diesem Glauben, der nur Senfkorngröße haben mag, mit Christus, dem Wort Gottes, geeint ist, wird er Bergen befehlen können.[126] Erst durch diese Einung wird sein Leben so in Christus gegründet, daß er "aus der Kraft Christi" zu glauben vermag[127].

Mit dem im menschlichen Subjekt größten Glauben ist - wie aus dem Zusammenhang hervorgeht[128] - der "in der Liebe vollendete Glaube" gemeint, der die Menschen so mit Christus eint, daß sie am größten Glauben Christi teilhaben.

Der Begriff des "Glaubens Christi" findet sich nicht nur in *De docta ignorantia*, sondern durchzieht das ganze Predigtwerk und kann als typisch für die cusanische Verkündigung bezeichnet werden[129]. Da er nicht ohne weiteres in die gängigen traditionellen Kategorien einzuordnen ist[130], soll im folgenden näherhin nach seiner Bedeutung gefragt werden. Es wird darum gehen, die offengebliebene Formulierung zu klären, daß der Glaube Christi "in stufenförmigem Aufstieg entsprechend dem Grundsatz des Nichtwissens ausgebreitet und entfaltet werden" kann.[131] Dabei wird auf die von NvK zur Erläuterung immer wieder herangezogenen Prinzipien der *complicatio - explicatio* sowie der *maximitas* zurückzugreifen sein.

3.3 Die Bedeutung der größten Menschennatur Christi für die Möglichkeit einer Teilhabe der übrigen Menschen am "Glauben Christi"

Entsprechend dem Verhältnis von "Einfaltung" und "Ausfaltung", das NvK in der kosmischen Stufenordnung der vier Einheiten (Gott - reiner Geist - Seele - Körper) walten sieht[132], enthält die höhere Ordnung jeweils die Vielheit und Mannigfaltigkeit der niederen Ordnungen in ihrer je höheren Einheit, während umgekehrt diese letzteren Ausfaltungen der ersteren sind. Innerhalb der Ordnung einer Stufe verwirklicht

124 Vgl. R. HAUBST, Das Bild, S.25, der im Begriff der "simplicitas" einen Hinweis auf die "komprehensive Schau Christi" sieht.

125 "Viatorem autem tantum etiam, quoad se, actu maximam Christi fidem habere volentem necesse est, ut fides apud ipsum ad tantum certitudinis indubitabilis gradum elevata sit, ut etiam minime sit fides ..." Vgl. "De docta ignorantia", a.a.O., Z.23-27.

126 S. a.a.O., S.155, Z.4-9.

127 S. a.a.O., Z.11-13.

128 S. a.a.O., Z.10-16.

129 S. Sermo XX (14), Nr. 12, Z.11, h XVI, S.312; Sermo LIV (51), V_1 fol. 82ra; Sermo CCI (197), V_2 fol. 115rb. Zu der gleichen Einschätzung kommt auch R. HAUBST, Die Christologie, S.274ff.

130 Nach scholastischer Lehre ist Jesus kein Glaube, sondern schon in seinem Erdenleben die Anschauung Gottes zuzuschreiben. Vgl. Thomas von Aquin, Summa theologiae III q. 7, a.3.co (Opera omnia curante R. Busa S.J., Stuttgart-Bad Cannstadt 1980, 2, S.781.).

131 Vgl. oben, S.71.

132 Vgl. oben, S.56f.

kein konkretes Individuum die äußerste, unterste oder oberste Grenze seiner Art. "Die präzise Grenzmöglichkeit ist als solche nicht individuell aktuierbar".[133] Den Übergang von einer Stufe zur höheren verdeutlicht NvK an einem Beispiel, das aus seinen Bemühungen um die Quadratur des Kreises stammt. Das einem Kreis eingeschriebene Quadrat geht zu dem den Kreis umschreibenden Quadrat über, ohne daß die Kreislinie selbst jemals erreicht wird.[134]

Nach dem Prinzip der *maximitas* sprengt das größte Individuum irgendeiner Art die Möglichkeitsgrenze dieser Art und gehört schon zur höheren Ordnung, so daß es alle Vollkommenheiten der niedrigeren Stufe einfaltet. So wird beispielsweise die Spezies Mensch, die den höchsten Grad innerhalb der Gattung sinnenbegabter Lebewesen erreicht, schon zur "Vermischung" mit der geistigen Natur emporgerissen.[135]

In seiner erwähnten "hypothetischen Deduktion" der Christologie[136] wendet NvK diese Prinzipien auf das Verhältnis von Gott und Geschöpf an und gelangt zu dem Ergebnis: Es kann kein größtes Geschöpf geben, das die ganze Fülle der Schöpfung einfalten müßte, es sei denn, es wäre "Gott und Geschöpf, absolut und kontrakt, aufgrund einer Kontraktheit, die nicht in sich, sondern nur in der absoluten Größtheit subsistieren könnte"[137].

NvK versucht, das uneingeschränkt größte Geschöpf, die Menschennatur Jesu Christi, die alles Geschöpfliche umfaßt und in der alle geschaffene Fülle wohnt, diesmal manuduktorisch anhand des größtmöglichen, einem Kreis eingeschriebenen Vielecks zu veranschaulichen.[138] Dabei soll dieses Vieleck die menschliche und der Kreis die göttliche Natur Christi darstellen. Das größte Vieleck, "über das hinaus es kein größeres geben könnte", bestände nicht mehr eigenständig aus endlichen Ecken, sondern gliche sich der Kreisfigur an, so daß es nur noch in ihr subsistierte.

Aus der so beschriebenen Größtheit der Menschennatur Christi leitet NvK im sechsten Kapitel des Dritten Buchs von *De docta ignorantia* ihre universale Heilswirkung ab:

"Humanitas igitur in Christo Jesu omnes omnium hominum defectus adimplevit. Nam ipsa cum sit maxima, totam speciei potentiam amplectitur, ut sit cuiuslibet hominis talis essendi aequalitas, quod multo amplius quam frater et amicus specialissimus cuilibet coniunctus sit. Nam hoc agit maximitas humanae naturae, ut in quolibet homine sibi per formatam fidem adhaerenti Christus sit ipse idem homo unione perfectissima, cuiuslibet numero salvo."[139]

"Die Menschheit in Christus Jesus hat die Mängel aller Menschen ausgefüllt. Denn da sie die größte ist, umfaßt sie den ganzen Möglichkeitsbereich der Spezies (Mensch). Daher besteht eine solche Gleichheit des Seins mit jedem Menschen, daß sie einem jeden viel inniger als sein Bruder und bester Freund verbunden ist. Denn die Maximität der menschlichen Natur bewirkt, daß Christus in einem jeden Menschen, der ihm durch einen in Liebe vollendeten Glauben anhängt, in vollkommenster Einung dieser Mensch selbst ist, wobei jedoch die Individualität eines jeden gewahrt bleibt."

---

133 R. Haubst, Die Christologie, S.151.

134 S. "De docta ignorantia" III, 1, h I, S.122, Z.9-12.

135 A.a.O., S.121, Z.14-16.

136 Vgl. oben, S.104.

137 "De docta ignorantia", a.a.O., S.124, Z.15-17.

138 S. a.a.O., III, 4, S.132, Z.8-13.

139 A.a.O., 6, S.138, Z.3-16.

Der Glaube, noch nicht als "Glaube Christi" spezifiziert, erscheint in diesem Text als Bedingung für die vollkommenste Einung mit Christus. Die Möglichkeit einer solchen engen Gemeinschaft mit Christus liegt in der Maximität der Menschennatur Christi begründet. Diese umfaßt alle Fähigkeiten aller möglichen Menschen in Vergangenheit, Gegenwart und Zukunft und verwirklicht das Menschsein eines jeden auf vollkommenste Weise. Darin liegt einerseits eine Überbietung des Menschenmöglichen, das in allen anderen Menschen nur eingeschränkt realisiert sein kann. Andererseits steht Christus - jenseits aller Vergleichsmöglichkeit - zu allen Menschen in einem Verhältnis der Gleichheit; denn er kann von anderen Menschen nicht durch ein Größer- oder Kleinersein unterschieden werden. Im Hinblick auf das eigentliche Menschsein eines jeden ist Christus mit dem Einzelnen enger verbunden, als Blutsverwandtschaft oder personale Freundschaft dies zu bewirken vermögen. (Vgl. Mt 12,49f; 19,19.)[140] Diese Gleichheit Christi mit allen Menschen drückt NvK in Sermo XXII durch den Begriff der "substantialen Innerlichkeit (substantialis intimitas)" aus, aufgrund derer Christus einem jeden "viel näher ist als der Vater oder der leibliche Bruder"[141]. Ähnlich sieht er auch in der Karfreitagspredigt Sermo XXXV den Grund dafür, daß Christus einer jeden Menschennatur "viel innerlicher (intimius) sei als der leibliche Bruder, Sohn oder Vater", darin, daß Jesus "nicht nur innerhalb der Spannweite (latitudo) der species humana steht, allerdings auch nicht außerhalb ihrer, sondern vielmehr als der vollkommenste Höhepunkt dieser species"[142] anzusehen ist.

Die Einheit aller Menschen in Christus wird schließlich in Sermo LIV (51), einer Homilie aus dem Jahre 1445 über die Evangelienperikope des Magdalenentages (LK 7,36-50), zur Begründung des Gebotes der Bruderliebe herangezogen.[143] Da dieser Gedankengang für die Eigenart des Verhältnisses der Menschennatur Christi zu den anderen Menschen aufschlußreich ist, sei hier darauf eingegangen. An der biblischen Begebenheit von der Teilnahme Jesu am Gastmahl des Pharisäers hebt NvK die Umkehrung der Gegensätze hervor: Jesus, die wahre "Lebensspeise", bittet den sündigen Pharisäer, der in Wahrheit der Bedürftige ist, um Nahrung. Darin drückt sich die "wunderbare Lehre" aus, daß Christus sich demjenigen als das geistige Lebensbrot schenkt, der seinem hungrigen Bruder zu essen gibt. Die Goldene Regel: "Quod tibi vis fieri, alteri facito" erweist ihre Gültigkeit auch und gerade im Hinblick auf den tiefsten Lebenshunger des Menschen. Der hilfsbedürftige Bruder vermag die barmherzige Tat "in Christus" mit "göttlichem Leben" zu erstatten, weil Christus eins mit ihm ist - gemäß dem Schriftwort, daß "alles, was dem Geringsten getan wird, Christus selbst geschieht" (vgl. Mt 15,40). Diese Aussage wird so begründet:

"Retribuit igitur unusquisque in Christo non quasi in alio, sed ut in sua humanitate unita principio vitae. Et ita retribuit humanitas	"Ein jeder gibt also in Christus nicht als in einem anderen zurück, sondern als in seiner (eigenen) Menschheit, die mit dem Ursprung des Lebens ge-

140 Zum Einfluß von Meister Eckhart auf diese cusanische Spekulation s. R. HAUBST, Nikolaus von Kues als Interpret und Verteidiger Meister Eckharts, in: U. Kern (Hrsg.), Freiheit und Gelassenheit. Meister Eckhart heute, München/Mainz 1980, S.90ff.

141 S. Sermo XXII (16), Nr. 37, Z.21-23, h XVI, S.354. Quellenkritische Bemerkungen zu möglichen Abhängigkeiten von Heinrich von Langenstein und Meister Eckhart hinsichtlich des christologischen Begriffs der "substantialis intimitas" vgl. a.a.O., App. II.

142 Sermo XXXV, Nr. 5, Z.2-4, h XVII, S.66.

143 S. zum folgenden Sermo LIV (51), C fol. 122^{r}.

unita vitae vitam divinam, quando ego mihi ipsam in homine feci debitricem.

eint ist. So erstattet die dem Leben geeinte Menschennatur göttliches Leben, wenn ich sie mir in einem Menschen zum Schuldner gemacht habe.

Et est retributio, vitae scilicet, quando ipsa humanitas vitae unita in Christo me hominem ad participationem assumit, ut sic ego homo in mea humanitate, quae est in Christo Jesu, assequar participationem vitae divinae, quae est unita humanitati in Christo, sicut ego in eo, quod sum hic homo, ex participatione humanitatis assecutus sum vitam humanam."[144]

Und es geschieht die Rückerstattung, nämlich des Lebens, wenn die mit Christus geeinte Menschennatur mich Menschen zur Teilhabe annimmt, so daß ich in meiner Menschennatur, die in Jesus Christus ist, Teilhabe an dem göttlichen Leben erlange, das in Christus mit der Menschennatur geeint ist, so wie ich als dieser bestimmte Mensch mein menschliches Leben aus der Teilhabe an der Menschennatur erlangt habe."

Wer sich einem Mitmenschen in einer barmherzigen Tat zuwendet, begegnet deshalb Christus selbst und erfährt göttliche Belohnung, weil die Menschennatur des Bruders mit der Christi wesensidentisch ist. Andererseits kann er selbst nur deshalb Christus begegnen, weil er die gleiche Menschennatur wie Christus hat.

Gegen die Identifizierung der Menschennatur mit Christus hat schon der Zeitgenosse des NvK, Johannes Wenck von Herrenberg, eingewandt, hier werde die Menschheit Christi mit dem Universalbegriff Mensch verwechselt. Christus verliere dadurch seine Individualität, so daß er nicht mehr als ein Einzelmensch, sondern als ein Universalmensch aufgefaßt werde.[145]

Doch dieser Vorwurf trifft nicht das cusanische Verständnis der menschlichen Natur Christi. Bei allen Anleihen aus platonisch-neuplatonischem Gedankengut ist diese für ihn weder ein subsistierendes Universale noch eine platonische Idee[146], sondern die höchstmögliche geschöpfliche Verwirklichung der göttlichen Idee Mensch. Die singulare Individualität Christi besteht in der maximalen Realisierung und Konkretisierung der Menschennatur in Jesus, während die Individualität der übrigen Menschen in ihrer verschiedenartigen, defizienten Verwirklichung des Menschseins begründet liegt:

"... in nullo homine participatur ipsa humanitas sicut in alio: in uno clarius, in alio obscurius, in solo Christo uti est in veritate, in omnibus aliter cum casu a veritate puritatis et perfectionis."[147]

"... die (gemeinsame) Menschennatur wird in keinem Menschen auf die gleiche Weise wie in einem anderen partizipiert, sondern in dem einen heller, in einem anderen dunkler, allein in Christus so, wie sie in Wahrheit ist, in allen anderen mit einem Abfall von der Wahrheit der Reinheit und Vollkommenheit."

Hinter diesen Formulierungen steht die schon erwähnte Auffassung des mittelalterlichen, christlichen Platonismus, der den geschaffenen Dingen "vor" der konkreten, abbildhaften Verwirklichung in der Schöpfung ein urbildliches, exemplarisches Sein im

144 A.a.O.

145 Vgl. JOHANNES WENCK, De ignota litteratura, in: BGPhMa VIII, 6 (1910) 39, Z.1-7, der sich gegen die oben zitierte Stelle "De docta ignorantia" III, c. 6 wendet. Vgl. dazu R. HAUBST, Christus ist uns "näher als Bruder und Freund", in: Corona amicorum. Alois Thomas zur Vollendung des 90. Lebensjahres von Kollegen, Freunden und Schülern dargeboten, Trier 1986, S.130.

146 Mit Aristoteles leugnet NvK real in sich existierende Universalien, die seiner Auffassung nach in Gott subsistieren und nichts anderes als Gott selbst sind: "Universale enim penitus absolutum Deus est". "De docta ignorantia" II, 6, S.80, Z.23.

147 Sermo LIV (51), a.a.O. (s. oben, Anm. 143).

Logos Gottes zuschreibt, das ihr eigentliches, allgemeines und unveränderliches Wesen, die *veritas essentiae rerum* ausmacht.[148]

In diesem Sinn kann NvK sagen, daß "die Menschheit in Christus nicht so eingeschränkt existiert (wie in den übrigen Menschen), sondern auf ihrer höchsten Höhe verbleibt ... nicht von der Wahrheit abfallend, sondern ihr anhängend".[149]

Die Menschheit Jesu verwirklicht deshalb die "Wahrheit der Menschennatur" auf allerhöchste Weise, weil sie "der Wahrheit ihres Wesens, dem Wort Gottes, durch das alles geschaffen wurde", aufs innigste geeint ist. Darum kann sie sich den übrigen Menschen, von denen sie nur "dunkel und mit vielen Mängeln partizipiert wird, auf der höheren Stufe der Wahrheit ihres Wesens und des Wortes des Lebens, in dem sie subsistiert, teilhabbar machen oder mitteilen, so daß wir mit Mängeln behaftete Menschen das ewige Leben dadurch erlangen, daß Christus uns an sich teilhaben läßt"[150].

In der *Magdalenen-Predigt*, Sermo LIV (51), wendet NvK diese Spekulationen über die allen Menschen gemeinsame Menschennatur Christi auf den Glauben an.[151] Dabei deutet er den ersten Satz der Worte, die Jesus an die Sünderin richtet (vgl. Lk 7,50): "Remittuntur tibi peccata tua" als Ausdruck für die Heilstat, die Christus vollbringe, während der zweite: "Fides tua te salvam fecit" den Glauben als Ursache des Heils bezeichne. Die Tat Christi und der Glaube an den Erlöser sind aber für NvK nicht zwei disparate Ursachen, sondern koinzidieren zu einer einzigen: Die Wurzel und der reale Inhalt des Glaubens des Menschen ist ja Christus selbst, der das Heil wirkt. Der Grund für diesen Ineinsfall sieht NvK darin, daß der Mensch, "der den Glauben Christi hat", so mit Christus geeint ist, daß sein Glaube mit dem Christi identisch wird.

Der Glaube an Christus und der Glaube Christi fallen somit ineins; der größtmögliche, d.h. in Liebe vollendete Glaube an Christus, der die vollkommenste Einung mit

---

148 Vgl. oben Anm. 76. Vgl. dazu auch die Ausführungen über den Begriff der "Veritas essentiae rerum" im Werk des Anselm von Canterbury bei R. HEINZMANN, Veritas humanae naturae, in: L. Scheffczyk/W. Dettloff/R. Heinzmann (Hrsg.), Wahrheit und Verkündigung. München/ Paderborn/Wien 1967, I, S.783ff, auf die schon R. HAUBST, a.a.O. (s. oben, Anm. 145), S.131ff hingewiesen hat.

149 S. Sermo LIV (51), a.a.O. (s. oben, Anm. 143): "humanitas in Christo non est sic contracta suppositata, sed in summa altitudine sua permanens, ut ipse ait: 'Quod dedit mihi Pater meus, maius omnibus est' (Joh 10,29 Vulgata!), ut ipse sit solus Altissimus secundum naturam humanitatis, non cadens a veritate, sed ei inhaerens."

150 S. a.a.O.: "Sed ipsa humanitas Christi, cum sit in veritate essentiae suae unita Verbo vitae, illa potest se illi, ubi fuit obscure participata cum defectibus multis, in altiore gradu veritatis essentiae et vitae Verbi, in quo subsistit, participabilem facere aut communicare, ut sic nos defectuosi homines in eo, quod Christus se nobis participabilem facit, vitam divinam assequamur".
In Sermo CLXXXIX (183) drückt NvK den gleichen theologischen Grund für die Möglichkeit unserer Teilhabe am göttlichen Leben Christi später prägnant so aus: "Tanta est vis unionis Verbi Dei ad humanitatem Jesu, quod ad participationem et consortium omnes christianos admittere et secum unire potest" V_2 fol. 93rb.

151 "Fides igitur, quae accedit ad Christum tamquam ad Salvatorem, hoc agit, ut Christus salvet, ut sic salvatio sit Christi et fidei non tamquam duorum, ut alia sit fides et alius Christus, sed per coincidentiam, ut Christus sit fides, quae salvat.
Transit enim in unitatem cum Christo spiritus fidem habens Christi, ut operatio salvationis non sit Christi quasi alicuius separati a spiritu, qui salvatur, nec sit fidei quasi potentiae, quae non est Christus, sed sit unius, qui est Christus Salvator et fides salvati." Sermo LIV (51), C fol. 123^{r}.

Christus bedeutet, ist zugleich Teilhabe am Glauben Jesu Christi. In *De docta ignorantia* formuliert NvK dies so:

"Hinc in fide Christi Jesu omnis vera fides et in caritate Christi omnis caritas vera includitur, gradibus tamen distinctis semper remanentibus."[152]	"Darum ist im Glauben Jesu jeder wahre Glaube und in der Liebe Christi jede wahre Liebe eingeschlossen, wobei die unterschiedliche Stufung erhalten bleibt."

Der "Glaube Christi" umfaßt in komplikativer Fülle alle Weisen menschlichen Glaubens, weil der Glaube der Christen nichts anderes ist als Teilhabe am Glauben Christi.

Der "größte Glaube Christi" hebt dabei die jeweilige Eigenart des Glaubens der Christen nicht auf. Die individuelle Verwirklichung des Glaubens Christi geschieht in dieser nämlich nur auf einer eingeschränkten Stufe. Ein jeder glaubt auf verschiedene Weise, in größerem oder geringerem Grad bis hin zu einer subjektiven Höchstform der Annäherung an den uneingeschränkt größten Glauben Christi. Aber die Stufen verbleiben "unterhalb des Größten und oberhalb des Kleinsten", ohne - entsprechend der Regel der *docta ignorantia* - den größten Glauben Christi zu erreichen[153].

Die Differenz zwischen dem größten Glauben Christi und dem teilhabenden Glauben der Christen macht einen vermittelnden Zwischenbegriff erforderlich. Deshalb schaltet NvK im 12. Kapitel des Dritten Buches von *De docta ignorantia* eine prägnante ekklesiologische Überlegung ein. Er greift das paulinische Bild vom "Leib Christi" auf und zeigt, daß die verschiedenen Glaubensweisen der Christen erst der "Einung und Sammlung" in der "Kirche" bedürfen, um in dem einen Christus eine Einheit und Ganzheit zu bilden.[154] Die unterschiedlichen Glieder bestehen nicht ohne diesen "Leib"; denn das einzelne Glied gehört zum Ganzen nur durch die Vermittlung des Leibs. Kein einzelner Gläubiger besitzt für sich die "Wahrheit unseres Glaubens", sondern diese subsistiert während unserer irdischen Pilgerschaft nur im "Geist Christi", wobei die Unterschiede zwischen den Glaubenden bestehen bleiben, "so daß in dem einen Jesus Verschiedenheit in Eintracht ist"[155].

Mit solchen "Konjekturen" über die "Wahrheit der Menschennatur" und "den Glauben Christi", die NvK mit Hilfe der Prinzipien der *complicatio-explicatio* und der *maximitas* entwirft, will er nicht dogmatische Ist-Feststellungen treffen, sondern "praktische" Wahrheiten und Impulse vermitteln, jenen Glauben mitzuvollziehen, an dem Christus uns als Mitmenschen teilnehmen läßt, und Wege zeigen, an diesem Glauben Jesu Christi und in Jesus Christus teilzuhaben. Die Teilhabe am "Glauben

152 "De docta ignorantia" III, 12, S.158, Z.4-6.

153 S. a.a.O., Z.6-9.

154 S. a.a.O., Z.19: "Quare haec unio est ecclesia sive congregatio multorum in uno". Eine eingehendere Darstellung der christozentrischen Kirchenauffassung des NvK findet sich bei G. HEINZ-MOHR, Unitas christiana. Studien zur Gesellschaftslehre des Nikolaus von Kues. Mit Geleitwort hrsg. v. J. Lenz, Trier 1958. Nach Mohr fordert ihr Verständnis, den Gott-Menschen Jesus Christus als "den Punkt zu erfassen, an dem Gott und Menschheit, Himmel und Erde sich treffen und verbinden und der darum der Mittelpunkt der Kirche in jeglicher ihrer Begriffsformen, die ecclesia in nuce selbst bildet" (S.12).

155 S. "De docta ignorantia" III, 12, Z.24-26: "Quapropter veritas fidei nostrae, dum hic peregrinamur, non potest nisi in spiritu Christi subsistere, remanente ordine credentium, ut sit diversitas in concordantia in uno Jesu." Zum Begriff der "veritas fidei nostrae" vgl. das über die Vorstellung einer "veritas essentiae rerum" Gesagte, oben, S.75f.

Christi" setzt eine Bewegung auf Christus hin und eine schrittweise zunehmende Einung mit ihm voraus, die zu einer "intellektualen" Christuserfahrung führt. NvK beschreibt deshalb diese Entfaltung des Glaubens Christi nicht nur als "Ausbreitung" des größten Glaubens Christi im Glauben der Kirche, sondern auch als Aufstieg zur Christusschau. Darauf soll im nächsten Abschnitt eingegangen werden. Dabei wird besonderes Augenmerk auf das Verhältnis des "Glaubens Christi" zu den erkenntnistheoretischen und anthropologischen Implikationen, die sich bisher als Grundlagen der Glaubensvermittlung erwiesen, zu legen sein.

3.4 Die christologische Wendung der erkenntnistheoretischen und anthropologischen Implikationen des Glaubensaufstiegs zur Christusschau

Unter Anspielung auf die Christusvision des Apostels Paulus (2 Kor 12,1-5) schildert NvK diese Entfaltung des Glaubens zur Christusschau folgendermaßen:

"... per quam in simplicitate rapimur, ut supra omnem rationem et intelligentiam in tertio coelo simplicissimae intellectualitatis ipsum in corpore incorporaliter, quia in spiritu, et in mundo non mundialiter, sed caelestialiter contemplemur incomprehensibiliter, ut et hoc videatur, ipsum scilicet comprehendi non posse propter excellentiae suae immensitatem. Et haec est illa docta ignorantia, per quam ipse beatissimus Paulus ascendens vidit se Christum, quem aliquando solum scivit, tunc ignorare, quando ad ipsum altius elevabatur."[156]

"... durch ihn (den Glauben) werden wir in Einfaltigkeit entrückt, damit wir ihn (Christus) über allem Verstand und aller Einsicht im dritten Himmel der einfaltigsten Einsicht im Leib, aber nicht leibhaft, weil im Geist, und in der Welt, aber nicht welthaft, sondern auf himmlische Weise unbegreiflich schauen, so daß auch sichtbar wird, daß wir ihn wegen der Unermeßlichkeit seiner Hoheit nicht begreifen können. Das ist jenes belehrte Nichtwissen, durch das der heilige Paulus aufsteigend sah, daß er von Christus, den er vorher allein kannte, nichts mehr wußte, als er höher zu ihm erhoben wurde."

Die Interpretation dieses Textes kann eine Hilfestellung erfahren durch die Predigtentwürfe zum Palmsonntag 1444, in denen die paulinische Christusvision ebenfalls eine tragende Rolle spielt. Der Christushymnus des Philipperbriefs (2,5-11), dem das Thema *In nomine Jesu flectatur omne genu* von Sermo XXXI (24/1), Sermo XXXII (24/2) und Sermo XXXIII (24/3) entnommen ist, drückt nach Ansicht von NvK die Erfahrung der gleichen Offenbarung aus, die Paulus bei seiner Entrückung "in den dritten Himmel" zuteil geworden war[157]. Sowohl in dem oben zitierten Text wie auch in den genannten Sermones sieht NvK in der paulinischen Vision eine exemplarische Christusbegegnung, die in jeweiliger Konkretisierung an sich allen Gläubigen möglich ist. Wie Paulus den Philippern einen Weg zu dieser Vision "eröffnet (aperit)"[158], will auch NvK seine Hörer "in gewisser Weise zur Schau Christi im dritten Himmel" führen[159]. Da "aber Paulus uns Christus nicht so zeigt, wie er ihn 'im dritten Himmel' sah", sondern seine Glaubenserfahrung, die alle menschlichen Mitteilungsmöglichkeiten übersteigt, nur weitergeben kann, indem er "erzählt, was er sah"[160], hält sich NvK an diesen Bericht des Apostels. Im Anschluß an die paulinische Formulierung

156 A.a.O., S.152, Z.28-S.153, Z.7.

157 S. Sermo XXXI (24/1), Nr. 1, Z.21, h XVII, S.50; Sermo XXXII (24/2) Nr. 1, Z.3ff, h XVII, S.52 und Sermo XXXIII (24/3) Nr. 3, Z.3f, h XVII, S.57.

158 S. Sermo XXXII, a.a.O., Z.17ff.

159 S. a.a.O., Nr.2, Z.7f, h XVII, S.53.

160 A.a.O., Nr. 3, Z.1-3; vgl. auch a.a.O., Nr. 1,Z,8-11, h XVII, S.52.

("Nescio, si in carne vel extra etc.")[161] deutet er die Glaubensschau als eine *visio intellectualis*, die nicht mehr von den Gesetzen rationaler Logik sondern vom Koinzidenzprinzip der *docta ignorantia* geleitet wird und darum nur mit paradoxen Ausdrücken wiederzugeben ist als ein Schauen "im Leib, aber nicht leibhaft, weil im Geist, in der Welt, aber nicht welthaft, sondern auf himmlische Weise unbegreiflich".

Solche "nichtwissende" Erfahrung ist nur in einem *raptus* über die Bereiche der Sinnes- und Verstandeserkenntnis in die Sphäre des *intellectus* möglich; der "dritte Himmel" ist in der cusanischen Interpretation der Bereich der *visio intellectualis*[162]. Die Entrückung "über allen Verstand und alle Einsicht hinaus" erhebt den Menschen in einen "Bereich (coelum)", der ihm aus eigenem Bemühen nicht mehr zugänglich ist.[163] Hatte Paulus einst geglaubt, Christus zu kennen, und zwar ihn allein, so wird ihm die Unermeßlichkeit Christi um so bewußter, je mehr er zu ihm erhoben wird. Ähnlich geht es den Christen, die *in docta ignorantia* zu Christus, dem "Berg", hinaufgeführt werden[164]. Ihr "intellektuales Auge", gleichsam das Organ der *visio intellectualis*, gerät ins Dunkel. Erst ein "großer und beständiger Glaube" vermag über den Bereich der Sinneserfahrung hinaus zu der Christusschau zu führen, die nur "auf unsagbare Weise ausgesagt", "auf unhörbare Weise gehört" und "auf unsehbare Weise gesehen" werden kann.

Die "Entrückung" gehört mithin zum Wesen des Glaubens, ja sie wird mit dem Glauben identifiziert. "Raptus est fides, quae rapit hominem extra carnem."[165] Als "Ergriffenwerden" ist der Glaube kein eigenmächtiger Versuch des Menschen, die Wahrheit "vorwegzunehmen", sondern ein demütig empfangendes Erfassen[166], gleichsam eine Gegenfigur zum Sündenfall des Menschen.

Als *raptus* hat der Glaube zugleich eine notwendige erkenntnistheoretische Funktion: "non potest ad secretum visionis perveniri nisi per fidem quis raptus sit"[167]. Die Glaubensentrückung bestimmt den Grad der *intellectualitas* und damit der Empfänglichkeit für die Schau. In dem Maß, in dem der *intellectus* in "belehrtem Nichtwissen" von der Sinneserfahrung und dem Verstandesdiskurs gelöst wird, vermag er koinzidentiell zu "schauen". So kann einerseits gesagt werden, daß der Glaube der Einsicht vorausgehen muß[168], andererseits schließt er schon ein Schauen ein; denn er findet sich nur im Einsichtsvermögen: "Fides enim non reperitur nisi in intellectu"[169]. Für NvK gilt nicht nur: "Die Wahrheit kann also nicht anders als durch Glauben erreicht werden", sondern sogar: "Der Glaube ist die geoffenbarte Wahrheit ..."[170]

---

161 S. a.a.O., Nr. 1, Z.5.

162 S. a.a.O., Z.3f: "in tertio coelo, scilicet intellectuali".

163 S. a.a.O., Z.11-16, wo es heißt, daß auch Paulus in seiner Vision Christus nicht so zu schauen vermochte, wie er "über dem dritten Himmel und allen Himmeln zur Rechten Gottes des Vaters in der Glorie ist". Diese höchste Schau ist nur Christus selbst eigen. Dem Menschen wird "in caelo intellectuali" nur die Einsicht zuteil, daß der gekreuzigte Christus von "jeder Zunge zu preisen ist".

164 Vgl., auch zum folgenden, "De docta ignorantia" III, 11, h I, S.153.

165 Sermo XXXII, Nr. 3, Z.6f.

166 "... in humilitate apprehensionis recipitur." Sermo XXXI, Nr. 1, Z.16f.

167 Sermo XXXII, Nr. 3, Z.7-9.

168 "Ad omnem intellectionem necesse est fidem praecedere, et ad altissimam visionem necesse est maximam fidem praecedere." A.a.O., Nr. 3, Z.12-14.

169 A.a.O., Nr. 3, Z.9f.

170 Sermo XXXII, Nr. 1, Z.15f, h XVII, S.50.

An diesen Formulierungen läßt sich eine christologische Bedeutungsvertiefung der vorher dargestellten erkenntnistheoretischen und anthropologischen Voraussetzungen ablesen. Im Glauben als "Ergriffenwerden" wird die *docta ignorantia* zur Bedingung für die Christusschau nach dem Koinzidenzprinzip. In dem passivischen *raptus*, der im Hinblick auf die darin zunehmende Empfänglichkeit des Glaubenden zugleich als aktiver "Aufstieg" des menschlichen Geistes über die Sinnes- und Verstandeswelt zur "einfaltigen Intellektualität" der Christusvision dargestellt wird, läßt sich die Doppelbewegung des von Gott kommenden *descensus* und des damit ineinsfallenden, umgekehrten *ascensus* des *intellectus* durch *sensus* und *ratio* wiederentdecken. Dieser Abstiegs-Aufstiegsbewegung korrespondiert anthropologisch die "glühende Sehnsucht", in der die Gläubigen zugleich "aufsteigen" und "emporgerissen werden"[171]. An dieses "Streben" des Menschen nach der "Wahrheit", die "von oben", "vom Himmel", "aus einem anderen Reich" ist, knüpft NvK in Sermo XXXII an, indem er seinem Zuhörer rät: "Nach ihr strebst du. Du suchst den Weg, aber kein Mensch dieser Welt kann sie dir zeigen, weil die Wahrheit 'nicht von dieser Welt' ist. Man muß also zu 'einem himmlischen Menschen' gehen"[172]. Die Suche führt über viele "Irdische", über Johannes den Täufer, den "Größten der von Frauen Geborenen", zu Jesus Christus, "der das bezeugt, was er gesehen hat" und von sich selbst sagt: "Ich bin der Weg" (Joh 14,6) und "Ich bin die Tür" (Joh 10,7). Ähnlich wie ein Fremder einem Ortskundigen oder ein Kranker dem erfahrenen Arzt glauben muß, so bedarf es des "Glaubens an Jesus (credere in Jesum)", den "wahren Gott und Menschen".

Der Aufstieg zum Glauben Christi bzw. "die Aufnahme (receptio)" Christi ist der Weg zur "Erlangung der Gotteskindschaft (adeptio filiationis)", in der sich die "Ruhe (quies)", d.h. die Erfüllung und Vollendung des *intellectus* und seines Strebens verwirklicht[173]. In Sermo XXXII klingen Gedanken an, die NvK in seinem Opusculum *De filiatione dei* (1445) entfaltet[174]. Nach dieser Schrift ist die Gotteskindschaft identisch mit einer *visio intuitiva*, die einer "Vergöttlichung" ("deificatio, quae et theosis graece dicitur") des Menschen nahekommt. Der *intellectus* ist dem Menschen wie "ein göttlicher Same" eingesenkt, der über alle Sinneserfahrung und Rationalität hinaus zu seiner höchsten Vollendung und Seligkeit emporsteigt, die in der Erfassung der Wahrheit selbst besteht und ihn am göttlichen Leben teilhaben läßt.[175] Diese "Gotteskindschaft" wird durch das Licht des göttlichen Logos in allen gewirkt, die ihn aufnehmen[176]. Sie ist die verschiedenartige "Teilhabe" der "vielen Kinder" an der einen, unendlich über allen stehenden "superabsoluta filiatio" Christi. Bei dem Versuch der "Mutmaßung", auf welche Weise die "Gotteskindschaft" erlangt werde, nimmt NvK das "Lehrer-Schüler"-Beispiel zu Hilfe[177]. Schüler und Lehrer stehen auf zwei verschiedenen Erkenntnisebenen. Der Schüler lernt "Einzelwissen (scientia particularium)", während dem Lehrer die "Kunst" zu eigen ist, das Gesamt in seinem

171 Vgl. "De docta ignorantia", a.a.O., S.153, Z.21f.

172 Sermo XXXII Nr. 5, Z.3-7, h XVII, S.55.

173 A.a.O., Nr. 4, Z.1-3, h XVII, S.54.

174 Vgl. App. II zu Sermo XXXII, Nr. 4, Z.1-15, h XVII, S.54.

175 "De filiatione dei" 1, h IV, I, S.39ff. Vgl. "De coniecturis" II, 16, s. dazu oben, S.87.

176 Vgl. die Bezugnahme auf Joh 1,12 sowohl in Sermo XXXII, Nr. 4, Z.4 wie auch im Prolog von "De filiatione dei", a.a.O., S.39.

177 Vgl. Sermo XXXII, Nr. 4, Z.10ff,19 sowie zum folgenden vor allem "De filiatione dei" 2, a.a.O., S.42ff.

Sinnzusammenhang zu sehen ("ars universalium"). Für den Übergang von der Schülerschaft zur Meisterschaft bedarf es einer *transsumptio* zu einer höheren Stufe geistigen Erkennens und Wirkens. Ähnlich sieht NvK das "Erlernen" der "Gotteskindschaft", die teilhat an der Schau Christi, des "Sohnes Gottes", des "Meisters" der ganzen Schöpfung. Um zu seiner Meisterschaft zu gelangen, bedarf es ebenfalls einer *transsumptio* des menschlichen Geistes. Dabei steigt der Mensch vom fließend vergänglichen Zeitlichen zum Ewigen empor.

Von der *transsumptio* oder dem *raptus* spricht NvK auch nochmals im "Spiegelgleichnis" von *De filiatione dei*[178], das unsere "Gotteskindschaft" als Teilhabe an der Sohnschaft Christi erläutert. Der *Logos* und "Sohn Gottes" ist gleichsam der fleckenlose, vollkommene, unbegrenzte "Spiegel" Gottes, der alle unvollkommenen und begrenzten geschöpflichen "Spiegel" in ihrer eigentlichen Wahrheit spiegelt. Wenn der menschliche Geist als "ein lebendiger, mit Einsicht begabter Spiegel" zum "ersten Spiegel" Christus "hinübergetragen" wird, so empfängt er "in einem wahren Augenblick der Ewigkeit" den Widerschein der Wahrheit aller Spiegel und vermag sich selbst und alles zu schauen, wie es ist.

Diese *manuductio* ist von allen sinnenhaften Vorstellungen und von aller rationalen Begrifflichkeit zu reinigen. Dann vermag sie eine Ahnung davon zu vermitteln, daß die "Gotteskindschaft" eine "Einung mit der unendlichen Vernunft selbst" bedeutet. Obwohl Gott, wie er in sich ist, unbegreiflich bleibt, vermag das Einsichtsvermögen des Menschen in Christus am göttlichen Leben teilzuhaben und so die Wahrheit zu schauen, die freilich nur "die Weise Gottes ist, in der er sich dem Einsichtsvermögen mitteilt"[179].

Diese *clara et facialis visio*, die dem Menschen erst in der Vollendung in Christus möglich ist, bedeutet die höchste, lebenspendende Seligkeit des menschlichen *intellectus*, der hierbei zu der "Ruhe" gelangt, die zugleich den Höhepunkt seiner unendlichen geistigen Bewegung ausmacht.

3.5 Der Aufstieg zum "Glauben Christi" als Lebenspraxis

Dieser Glaubensaufstieg, wie er von NvK anhand der Vision des Paulus illustriert wird, überschreitet leiblich-seelische und rationale Erfahrung, geht aber mitten durch sie hindurch. Obwohl die Formulierungen im elften Kapitel des Dritten Buches von *De docta ignorantia* und in den zitierten Sermones teilweise "mystische" Anklänge haben, wird doch öfter deutlich, daß sie die rationalen Überlegungen nicht ausklammern, indem sie eine zwar überrationale, aber "intellektuale" Erfahrung wiedergeben wollen.[180] Unter dem Vorbehalt der *docta ignorantia* spricht NvK von einer *cognitio de Jesu*, die grundsätzlich "jedem vernunftbegabten Geist" offensteht[181].

178 S. "De filiatione dei" 3, a.a.O., S.48ff.

179 "veritas ipsa non est Deus, ut in se triumphat, sed est modus quidem Dei, quo intellectui in aeterna vita communicabilis exsistit", a.a.O., S.47.

180 Vgl. die Ausführungen zur Eigenart der "visio intellectualis" oben, S.56-60. Zum Verhältnis des NvK zur Mystik vgl. die Interpretationen von J. Lenz, R. Haubst und H.G. Senger. S. oben, S.26f.

181 NvK interpretiert das Thema von Sermo XXXI "In nomine Jesu flectetur omne genu" (Phil 2,10) folgendermaßen: "Causa, cur 'omne genu flectetur', est, quia cognitio de Jesu manifestabitur omni spiritui rationali". Sermo XXXI, Nr. 1, Z.3-6, h XVII, S.50. Dabei ist die Definition von "nomen" zu beachten: "nomen est notitia seu visio intellectualis", Sermo XXXII, Nr. 2, Z.15f, a.a.O., S.53.

Aber der Aufstieg der "Gläubigen"[182] zu dieser *visio intellectualis* Christi - der einhergeht mit der immer stärker "glühenden Sehnsucht" und der als Entrückung in die *simplex intellectualitas* sowie als "Übergang vom Schlafen zum Wachen", "vom Hören zum Schauen" beschrieben wird, so daß Jesus als "die Wahrheit", "das Leben", "das Sein", als die "Vollendung der ganzen Schöpfung" und als das alles umfassende Ziel erfahren wird[183] - betrifft den Menschen in seinem innersten Kern und die Gesamtheit seiner kognitiven und affektiven Kräfte nach Art einer (modern gesprochen) "existentiellen" Erfahrung. In scholastischer Terminologie spricht NvK von einer "Hochform des Glaubens, der durch die einende Liebe geprägt (fides maxima formata per unientem caritatem)" ist[184]. Darin ist eine Vereinigung mit Christus mitgegeben, aufgrund derer der Glaubende aus der Kraft der Menschennatur Christi lebt.[185] Zur Begründung bringt NvK die in solcher Vollendung liegende "Ruhe" in Zusammenhang mit dem allem Seienden innewohnenden Streben: Jedes Lebewesen "liebt es" zu leben; jeder *intellectus* liebt es einzusehen (intellegere). "Wie könnte Jesus, das unsterbliche Leben und die unendliche Wahrheit, geglaubt werden, ohne zutiefst geliebt zu werden?" Er geht sogar so weit zu sagen: "Ohne Liebe gibt es keinen Glauben: Die Liebe ist die forma des Glaubens, die ihm das wahre Sein verleiht, ja sie ist das Zeichen eines beständigen Glaubens"[186]. Das *desiderium naturale* kommt im "Glauben als Liebe" zur Vollendung.

Mit solchem "größten Glauben" ist auch die Hoffnung gegeben: "Ein starker Glaube kann nicht ohne die heilige Hoffnung sein, Jesus selbst zu erfahren. Wie könnte einer einen sicheren Glauben haben, wenn er nicht auf das ihm von Christus Verheißene hoffen würde? Wenn er nicht glaubt, das ewige Leben zu erlangen, das Christus den Gläubigen versprochen hat, wie glaubt er Christus? Oder wie glaubt er, daß dieser die Wahrheit ist? Wenn einer keine unzweifelhafte Hoffnung auf die Verheißungen hätte und die Unsterblichkeit nicht erhoffte, wie würde er für Christus den Tod wählen? Weil er glaubt, daß Christus jene nicht verläßt, die auf ihn hoffen, sondern ihnen die immerwährende Glückseligkeit verleiht, hält er es für gering, um eines solchen Lohnes willen alles zu erleiden"[187].

Diese Vereinigung mit Christus in Glaube, Liebe und Hoffnung verlangt "eine Bekehrung des intellectus"[188]. Das stufenförmige, kontinuierliche Wachsen des Glaubens bis zur *fides maxima* wird von NvK als ein ständig fortschreitendes "Verlassen" der Sinnenverhaftung beschrieben bzw. als eine "Abtötung des Fleisches", bei der der Glaubende "mit Freude den Fußstapfen Christi folgt und das Kreuz freiwillig und mit Jauchzen annimmt". In glaubensmittlerischer Absicht wachsen so erkenntnistheoretische, christologische und aszetisch-lebenspraktische Aspekte zusammen.

---

182 NvK spricht ganz allgemein von "christifideles" und nicht von einer Gruppe besonders Begnadeter. S. "De docta ignorantia" III, 11, S.153, Z.8.

183 S. a.a.O., Z.26.30.

184 S. a.a.O., S.154, Z.16f; S.155, Z.15.

185 Vgl. oben, S.76f.

186 "Caritas autem forma est fidei, ei dans esse verum, immo est signum constantissimae fidei". "De docta ignorantia", a.a.O., S.155.

187 A.a.O., S.155f.

188 "cum non fiat nisi per conversionem intellectus". A.a.O., S.155, Z.13f.

Die Anweisungen werden sehr konkret, wo sie sich gegen magische Praktiken seiner Zeit wenden und christliche Glaubenspraxis allein in dem "über alles mächtigen einen Herrn Jesus" gründen lassen, "der alle unsere Mängel in Überfluß wandelt"[189].

Dem entspricht es, wenn Sermo XXVII (20) zum Thema: *Jesus autem emissa voce magna exspiravit* den "Schrei Christi" am Kreuz deutet als Vollendung des "Wortes des Herrn", durch das alles aus dem Sein hervorgegangen ist, darin erhalten wird und wieder zu Gott zurückkehren soll. Durch ihn, das "Haupt der Menschheit", ist die Hinkehr zu Gott wieder möglich, wenn der Mensch die Welt verläßt, d.h. "Götzendienst und Laster" aufgibt[190].

Der Schrei Christi bedeutet zugleich die Vollendung seines Leidens, in dem alle Leiden aller Menschen aller Zeiten "eingefaltet" sind. Durch sein Leiden will Christus beispielhaft lehren, "auf welchem Weg der Übergang (transitus)" von dieser Welt zum Vater zu geschehen hat: "durch Verachtung all dessen, was dieser Welt angenehm ist"[191]. Dieser Gedanke tritt in Sermo XL (31) zum Fest des hl. Martin im Jahre 1444[192], in dem von den Hörern nach dem Vorbild des Heiligen der Weg der Armut und Anspruchslosigkeit gefordert wird, besonders stark hervor. Zunächst wendet sich NvK an die Gruppe derer, die auf rationalem Weg "die Erkenntnis der Einheit und Dreieinheit Gottes und die Kenntnis unseres Christus" suchen. In der kühnen Metaphorik seiner allegorischen Schriftauslegung zeigt er ihnen den Aufstieg über das Sinnenfällige und Rationale zur Einsicht des *intellectus*, der allein Gott als "die Wahrheit" zu erreichen vermag durch Christus, den "Acker" der menschlichen Natur, in dem der "Schatz" aber nur zu finden ist, wenn der Mensch "alles verkauft, was er hat"[193].

Im zweiten Teil der Predigt, der sich an diejenigen richtet, "die eine Information über das tätige Leben des hochseligen Martin erwarten"[194], wird wiederum deutlich, daß die Bekehrung des *intellectus* eine neue Lebenspraxis im Gefolge hat. NvK zeichnet das "christusförmige Leben" des hl. Martin unter Akzentuierung folgenden Gedankens. Der Mensch "hat" nicht sein Leben, sondern "verdankt" es: "Er (Martin) hatte also nicht das Leben, sondern er sagte: Nicht ich lebe, der ich mein Leben, das ich hatte, Christus verkauft habe, sondern jener Christus lebt in mir (Gal 2,20), dem mein Leben gehört"[195]. Daraus ergibt sich eine *coincidentia oppositorum* im Leben des hl. Martin: "Für ihn war also das Leben dasselbe wie Sterben; denn er wandelte in gleicher Weise über allen Gegensätzen."[196] Eine solche gelebte "Armut des Geistes" fällt ineins mit dem "Reichtum" des Lebens: "Je ärmer, verachteter und demütiger er in dieser Welt war, um so reicher war er an himmlischen Tugenden."[197]

---

189 A.a.O., S.156.

190 S. Sermo XXVII, Nr. 3, Z.10-15, h XXVII, S.5.

191 A.a.O., Z.26-28.

192 Sermo XL (31) erscheint in Kürze in h XVII, fasciculus 2, dessen Druckfahnen mir von den Herausgebern dankenswerterweise zur Verfügung gestellt wurden. Die Zitierung folgt der Numerierung dieser kritischen Ausgabe.

193 A.a.O., Nr. 8, Z.4f.

194 A.a.O., Nr. 9, Z.1-3.

195 A.a.O., Z.13-16.

196 A.a.O., Nr. 10, Z.5ff.

197 A.a.O., Nr. 13, Z.3-5.

Im dritten Teil, der sich an die "devoti" richtet, die einen Gewinn für ihr beschauliches Leben erwarten, wird eine enge Verbindung zwischen dem "aktiven Leben in dieser Welt"[198] und dem "unaufhörlichen Wandel im Himmel"[199] aufgezeigt. Dabei betont NvK, daß sich Martin mit allen leib-seelischen Kräften, "nämlich mit 'Augen' und 'Händen', an den intellektualen Himmel band, um unverrückbar darin zu verharren"[200]. Wie schon in den anderen Teilen der Predigt wird auch hier herausgestellt, daß Gott, die Wahrheit, nur von den "Armen im Geiste" und nur durch den *intellectus* "geschaut" werden kann, der für das Wahre aufnahmefähig ist, weil er von der Wahrheit selbst bewegt wird, sie als sein Ziel zu suchen, in dem er zu "ruhen" vermag. An dieser Stelle wird die *intellectualitas* der Mystik sehr deutlich, um die es der cusanischen Verkündigung geht.

Im gleichen Abschnitt[201] versteigt sich NvK freilich auch zu Formulierungen, die an den orphischen Dualismus und an platonische Formulierungen erinnern, wenn die Rede ist von dem "im fleischlichen Leib eingekerkerten Geist"[202]. Sie haben einen "stoischen" bzw. "begardischen" Unterton, wenn gefordert wird, der Gläubige müsse "für die Sinnlichkeit völlig unanfällig (insensibilis)"[203] werden. Aber im Einklang mit dem Gesamtwerk betont Sermo XL, daß die *visio intellectualis* eigentlich und ursprünglich nur Christus möglich ist. Erst aufgrund der Menschwerdung des Gottessohnes ermöglicht die Menschennatur Christi allen Menschen eine Glaubensschau. Der Weg dorthin wird freilich als Leidens- und Kreuzweg gekennzeichnet. Der Christ muß arm werden, um sich mit dem "armen" Christus zu vereinigen und an seinem Glauben teilzuhaben. Damit ist die das ganze leib-seelische Leben des Menschen umfassende Einstellung gemeint, "nichts zu haben, sondern nur gehabt zu werden. Denn wer Gott hat, der wird gehabt, ähnlich wie der Leib das Leben von der Seele hat. Dieses Haben ist Gehabtwerden. So hat die Seele das Vernunftleben von Gott, dem Wort; dieses Haben ist Gehabtwerden vom Wort"[204]. Das von Christus "Gehabtwerden" ermöglicht erst den Aufstieg zu jener intellektualen Stufe, auf der alle sinnenhaften und rationalen Dimensionen der "Andersheit" in einer *visio intellectualis* Christi eingefaltet werden.

Dieser christologische Streifzug durch *De docta ignorantia* und einige Sermones hat gezeigt, daß die erkenntnistheoretische und die anthropologische Grundlage der cusanischen Glaubensvermittlung in der Hinführung zum "Glauben Christi" eine neue Bedeutung erhalten.

Die *visio intellectualis* der *docta ignorantia* erweist sich in der Teilhabe an diesem Glauben als *visio Christi*. Der vom *desiderium naturale* des Menschen getragene *transcensus* ist nicht ein rein geistiger Akt, sondern geschieht im glaubend-hoffend-liebenden, praktischen Lebensvollzug der Nachfolge Christi. Er ist geprägt durch eine *coin-*

198 A.a.O., Nr. 15, Z.8.
199 A.a.O., Z.9f.
200 A.a.O., Z.11-13.
201 A.a.O., Nr. 16-18.
202 A.a.O., Nr. 16, Z.2: "in carne corporea incarceratus spiritus". App. II der im Druck befindlichen kritischen Ausgabe verweist auf Platon, Phaidon, c. 33, 82e und Meister Eckhart, Predigt 17, "Qui odit animam suam".
203 A.a.O., Z.24.
204 A.a.O., Nr. 19, Z.3-7.

cidentia oppositorum von "Reichtum" und "Armut", "Leben" und "Sterben" und einer existentiellen Einsicht in Nichtwissen, deren Erkenntnislicht der göttliche Logos selbst ist, an dem jeder Mensch teilhaben kann, der mit der Menschennatur Christi in Glaube und Liebe geeint ist.

Schließlich ist solche Teilhabe zugleich durch einen kirchlichen Bezug gekennzeichnet, durch den sie auf die Vielfalt der Glaubenden in der Einheit und Ganzheit des größten Glaubens Christi hingeordnet wird.

In der im nächsten Abschnitt folgenden Interpretation einer cusanischen Schrift aus der Zeit bald nach *De docta ignorantia* werden diese Ergebnisse in einem theologischen Gesamtzusammenhang betrachtet.

4 *Die Vaterunser-Erklärung (Sermo XXIV) - eine glaubenspraktische theologische Gesamtdarstellung*

4.1 Aufgabe und Ziel des Abschnitts

Es ist eine grundsätzliche Erkenntnis der vorliegenden Untersuchung, daß es falsch wäre, NvK als einen "systematischen" Theologen verstehen zu wollen. Er geht nicht systematisch vor, weder nach Art der mittelalterlichen, scholastischen Summen, noch im neuzeitlichen Sinn einer Rückführung aller theologischen Daten auf ein inhaltliches Einheitsprinzip, von dem aus alles begriffen werden könnte. Die aufgezeigten "Prinzipien" seiner Glaubensvermittlung sind eher geeignet, ein "System" zu verhindern, als es aufzubauen. Allen voran sorgt das Leitmotiv der *docta ignorantia* dafür, das Unaussagbare unaussagbar sein zu lassen. Wenn also von einer systematischen Darstellung der Theologie bei NvK im allgemeinen nicht gesprochen werden kann, so nimmt freilich die "Vaterunser-Erklärung" eine Sonderstellung ein.

Das Vaterunser ist Gegenstand von vier uns erhaltenen "Sermones" des NvK: Sermo XXIII (17), *Domine in lumine vultus tui* (Augsburg, 1.1.1441), Nr. 18-27[205], Sermo XXIV (18), *Jhesus in eyner allerdemutichster Menscheit* (Augsburg, zwischen dem 1. und 5.1.1441)[206], Sermo LXXVI (71), *Am erssten zw reden* (Wien, zwischen dem 1. und 4. März 1451)[207], und Sermo CXCVIII (194), *Domus mea domus orationis vocabitur* (Brixen 31.7.1455)[208].

Literarhistorische Untersuchungen zeigen, daß es sich in diesen vier Sermones inhaltlich im Grund um *eine* Auslegung handelt, die am deutlichsten in Sermo XXIV zutage tritt[209]. Dieser Sermo ist keine Predigt im strengen Sinn, weil er in dieser Form nicht mündlich vorgetragen, sondern auf Wunsch des Bischofs von Augsburg, Kardinal Peter von Schaumberg, von NvK nach seiner Neujahrspredigt *Domine, in lumine vultus tui* zwischen dem 1. und 4. Januar 1441 schriftlich in moselfränkischer

205 h XVI, S.368-374.

206 h XVI, S.384-445.

207 J. KOCH und H. TESKE, Die Auslegung des Vaterunsers in vier Predigten, CT I. 6, S.96-121.

208 A.a.O., S.122-137.

209 Vgl. a.a.O., S.203. Bei Bezugnahmen auf diesen Text wird im folgenden die textkritische Ausgabe h XVI, S.384-445 zitiert. Bei der Übersetzung stütze ich mich weithin auf die Übertragung von W. JUNGANDREAS, in: Nikolaus von Kues, Textauswahl in deutscher Übersetzung 2, Die Vaterunser-Erklärung in der Volkssprache, hrsg. v. Institut für Cusanus-Forschung, Trier 1982.

Sprache niedergelegt wurde[210]. Es handelt sich einerseits um eine theologische Schrift, die nicht an eine Hörergemeinde im Gottesdienst, sondern an Leser gerichtet ist und sich literarisch durch einen kunstvollen und sorgfältigen Aufbau auszeichnet. Andererseits wird sie zurecht unter die Sermones eingeordnet; denn sie ist nicht nur aus den Gedanken des Sermo XXIII erwachsen, sondern liegt inhaltlich auch den späteren Vaterunser-Predigten zugrunde, die - wegen der teilweise unvollkommenen Mitschriften der Wiener Hörer von Sermo LXXVI (71) und wegen der Kargheit der im Katechismusstil formulierten Fragen und Antworten im Entwurf der Brixener Predigt Sermo CXCVIII (194) - nur ganz verständlich werden, wenn Sermo XXIV zu ihrer Interpretation hinzugezogen wird[211]. Formal ragt also diese Schrift wegen ihrer literarischen Eigenart zwischen theologischem Traktat und Predigt aus den übrigen Sermones und aus dem Gesamtwerk des NvK heraus.

Hinzu kommt, daß sie inhaltlich das einzige cusanische Werk darstellt, das den Versuch macht, das Gesamt des christlichen Glaubens im Zusammenhang zu behandeln[212].

In der Einleitung spricht NvK von der "eynfaldicheit" der Worte des Vaterunsers, das die ganze Lehrweisheit Christi in sich enthalte[213], und an anderer Stelle davon, daß "die Natur, die Gnade und die Glorie und alles, was der Mensch zu wissen begehrt", d.h. die verschiedenen Stufen des schöpferischen, gnadenhaften und eschatologischen Wirkens Gottes, in diesem Gebet zu finden seien.[214]

Aufgrund dieser formalen und inhaltlichen Ausnahmestellung scheint es reizvoll, die Vaterunser-Erklärung - gleichsam als Probe auf die bisher erzielten Ergebnisse - nach den in ihr zutage tretenden erkenntnistheoretischen, anthropologischen und theologischen Grundlagen sowie nach dem in ihr aufscheinenden Verhältnis von Theologie und Praxis zu befragen.

4.2 Die Einleitung (Nr. 1-6)

Die Einleitung befaßt sich mit der Zugänglichkeit und Vermittelbarkeit der "Lehrweisheit Jesu Christi in diesem Gebet"[215]. Die moselfränkischen Begriffe, das Vaterunser sei in seiner "eynfaldicheit" der Worte die höchste Lehre und Weisheit

210 Vgl. W. JUNGANDREAS, Zur Überlieferung und Sprache der deutschen Vaterunser-Auslegung des Nikolaus von Kues, in: MFCG 7 (1969), S.85, der in Anm. 107 eine Notiz von J. KOCH wiedergibt, die dessen frühere Untersuchungsergebnisse betreffend die Datierung (vgl. CT I. 7, S.196) berichtigt. Vgl. Sermo XXIV, Praenotanda, h XVI, S.384.

211 Vgl. J. KOCH u. H. TESKE, a.a.O., S.201ff.

212 J. KOCH weist darauf hin, es gelte zwar auch von anderen antiken und mittelalterlichen Vaterunser-Auslegungen, daß sie im Herrengebet die grundlegenden Wahrheiten der christlichen Lehre vereint gesehen haben. Aber NvK scheine der erste, "der die ganze christliche Lehre in den Worten dieses Gebets wiederfinden will". A.a.O., S.212. An anderer Stelle meint er: "Man kann es bedauern, daß Cusanus diese geistvolle Skizze der Theologie nie ausgeführt hat. Inmitten des mit Spitzfindigkeit überladenen, aber an echter Theologie armen Schrifttums des mittelalterlichen Herbstes wäre eine cusanische Theologie wie der Bote eines neuen Frühlings gewesen." A.a.O., S.244f.

213 S. Sermo XXIV Nr. 1, Z.4.

214 S. a.a.O., Nr. 6, Z.1f.

215 Wortlaut der Überschrift in der Übertragung von W. JUNGANDREAS, a.a.O., S.4.

"begrifende"[216], haben einen spezifisch cusanischen Aussagewert. "Eynfaldicheit" ist die deutsche Form von "simplicitas", und "begrifen" entspricht den in den lateinischen Texten von NvK gebrauchten Termini "complecti" und "complicare". Das cusanische Prinzip der "Einfaltung und Ausfaltung", das seiner Christologie zugrunde liegt[217], wird hier auf den Text des Vaterunsers angewandt:

> "Want glich als die gotheit in der menscheit Christi verborgen lach, also ist alle begrifliche wijsheit verborgen in den eynfeldigen worten der lere Christi, die nymans gancz gegrunden mach off dijssem ertrich"[218].

Damit werden zugleich die Aussagemöglichkeit wie die Unerforschlichkeit der Glaubenswahrheit mit dem Geheimnis der Inkarnation begründet. Der Verborgenheit Gottes in der Niedrigkeit der Menschheit Christi entspricht die Verborgenheit seiner Weisheit in den menschlichen Worten des Vaterunsers. Aber die Unergründlichkeit der Lehre Christi hat einen positiven Sinn. Nur auf dem Weg eines über die Begriffe hinausgehenden Vermittelns, im Überstieg über "alle Zeichen oder Mittel des geschwächten Sinnesvermögens"[219] vermag der Mensch jene höchste Nahrung seines Geistes zu erlangen, die sich in den Worten Jesu verbirgt. Sie bleibt rein menschlicher Bemühung verschlossen; denn dieses "höhere Verständnis" ist ein Geschenk der "Gnade Gottes", deren Wirkung NvK auch die verschiedenen Grade solcher Einsicht zuschreibt.

Die je eigene "eynfalt", aus der heraus der Einzelne seinen Aspekt aus dem Reichtum des Gebets herausgreift, bietet die Chance, daß jeder "Christenmensch" durch seine spezifische Auslegung dem andern eine diesem sonst nicht zugängliche Sicht vermitteln kann. Die unendliche Fülle, die im Herrengebet "eingefaltet" liegt, kann sich nur im gegenseitigen Austausch der Vielen "ausfalten". In einer lebendigen Glaubens- und Verstehensgemeinschaft "lehrt einer den anderen, und sie begehren voneinander zu lernen"[220]. Die Weitergabe der Lehre Jesu ist also nicht nur Sache einzelner Lehrer, sondern ein kommunikativer, interaktionaler Prozeß. Der persönliche Glaube des einzelnen als der individuelle Mitvollzug des Glaubens Jesu Christi ist für den Glauben der ganzen Kirche wichtig. Umgekehrt bleibt er immer auf den Austausch mit dem Glauben der anderen angewiesen. Erst die Vielfalt der Auslegungen vermag sich der Fülle der im Vaterunser enthaltenen Wahrheit anzunähern. Hier gelangt der "kirchliche" Aspekt der Glaubensvermittlung zur Geltung, wie er sich aus dem cusanischen Verständnis des "Glaubens Christi" ergibt.[221]

Wenn es heißt, daß der eine vom anderen zu lernen "begehrt", und wenn vom "Warten" des Christen die Rede ist, in dem dieser sich ausstreckt nach der "ewigen Speise des höchsten einsichtigen Lebens"[222], klingt etwas an von der unendlichen Sehnsucht, dem im menschlichen Geist angelegten Motiv gläubigen Suchens.

---

216 Sermo XXIV Nr. 1, Z.4.
217 Vgl. oben, S.72-78.
218 Sermo XXIV Nr. 1, Z.3-9.
219 A.a.O., Nr. 1, Z.15f.
220 A.a.O., Nr.1, Z.25ff.
221 Vgl. oben, S.77f.
222 Sermo XXIV, Nr. 1, Z.13ff.

Es läßt sich dementsprechend in diesem ersten Abschnitt (Nr. 1) so etwas wie eine erkenntnistheoretische, auf Vermittlung bezogene Vorbemerkung erblicken, in der NvK seine Leitprinzipien der *docta ignorantia*, des "transcensus" und der *coincidentia oppositorum* im Hinblick auf die anschließende Auslegung des Vaterunsers darlegt.

Dabei ist er sich der Relativität seiner eigenen Erklärung bewußt, wenn er von seinem "Verständnis des Vaterunsers zu dieser Zeit" spricht und hinzufügt: "ich vertraue, daß solches Verständnis solle in mir gemehrt und geklärt werden von Tag zu Tag"[223]. Hier handelt es sich nicht um eine Bescheidenheitsfloskel, sondern um die Konsequenz aus den vorangeschickten Überlegungen. Den Fortschritt seiner Einsicht erwartet er nicht aus eigener Erkenntniskraft, sondern "von Gott", auf den er "vertraut". Aus diesem Vertrauen erwächst sein Wunsch zu erfahren, ob die allen Menschen innewohnende Sehnsucht sich bei seinen Lesern/Hörern durch das Gebet des Vaterunsers ebenso auf Gott ausrichtet, damit sie zu einer Hoffnung wird, aus der die Liebe erwächst[224].

Der Ausgangspunkt ist der Glaube und die "Einsicht (verstentenisse)", denen die Hoffnung folgt; denn "niemand erhofft, was er nicht glaubt oder weiß"[225]. Daraus ergibt sich die Intention, die NvK mit seiner Auslegung anzielt: Das Vaterunser als das "oberste Gebet" soll den Beter zu einer Höchstform von Liebe, Hoffen und Glauben gelangen lassen[226].

4.3 Die Gliederung (Nr. 3-6): Glaube, Hoffnung und Liebe als "formales Dispositionsprinzip"

Im dritten Absatz (Nr. 3) wendet NvK seine erkenntnistheoretischen, anthropologischen und theologischen Grundsätze auf das didaktische Vorgehen in der Vaterunser-Erklärung an. Das Ziel ist, daß unser Einsichtsvermögen ("verstentenis"), der Wahrheit zugeneigt, durch das Gebet des Vaterunsers erleuchtet werde[227].

Mit der Wahrheit, die der Mensch "in Gott und den Kreaturen" finden kann, ist das alles menschliche Sein und Streben vollendende Ziel gemeint. Wem im Glauben aufgeht, zu welcher Vollendung er berufen ist, dessen Sehnsucht wandelt sich in Hoffnung und in das "Begeheren", daß sich die Hoffnung erfülle.

Glaube, Hoffnung und Liebe können als das "formale Dispositionsprinzip" der Vaterunser-Erklärung des Nvk bezeichnet werden: "Bei jedem Artikel fragt er sich gewissermaßen innerlich: Welche Glaubenswahrheit enthält die Bitte? welcher Gegenstand unserer Hoffnung und unseres Verlangens?"[228] Das aber bringt es mit sich, daß

223 A.a.O., Nr. 2, Z.2-4.

224 Vgl. a.a.O., Z.6f: "der begerlich wille geit nach dem hoffen". Die Unterschiede zwischen Text, Numerierung und Übersetzung in den Ausgaben von J.Koch/H. Teske (vgl. CT I. 6, S.26, Z.4f) und R. Haubst/M. Bodewig (vgl. Sermo XXIV Nr. 2, Z.5ff, h XVI, S.388) verändern nicht die Interpretation des Zusammenhangs von Sehnsucht, Glaube, Einsicht, Hoffnung und Liebe, um die es im folgenden geht, so daß hier nicht darauf eingegangen werden muß.

225 S. a.a.O., Z.8ff.

226 "Vnd dar Vmb so muss das oberste gebet haben die oberste begir, hoffen und glauben. Vnd das ist, das du vor dich setzen salt, in dem «Pater Noster» zu suchen". A.a.O., Z.10-14.

227 A.a.O., Nr. 3, Z.1-13.

228 J. KOCH, CT I. 6, S.209f.

sie keine in sich stehende, theoretische Auslegung darstellt, sondern den Charakter einer praktischen Anleitung zum Vollzug der genannten religiösen Grundakte hat.

Diese Feststellung, die in der inhaltlichen Durchführung immer wieder bestätigt wird, bekräftigt am Beispiel dieser zentralen Schrift des NvK noch einmal eindrücklich seine praktische Intention.

Hinsichtlich der inhaltlichen Gliederung unterscheidet NvK selbst ausdrücklich vier Teile[229]:

1. "Von dem Anbeginn und dem Ursprung aller Dinge", d.i. von der "göttlichen Natur". Dieser Teil umfaßt die drei ersten Artikel: *Vater unser, der Du bist in den Himmeln, geheiligt werde Dein Name! Zukomme uns Dein Reich!* (Mt 6,9; vgl. Lk 11,2).
2. "Von dem Ausfluß aller Dinge von Gott", d.h. von der Schöpfung. Dem entspricht die dritte Bitte: *Dein Wille werde wie im Himmel, so auf Erden* (Mt 6,10).
3. "Von dem Mittel des Weiterfließens aller Dinge", das er in den Worten findet: *Unser tägliches Brot gib uns heute und vergib uns unsere Schuld wie wir (das) tun unsern Schuldigern! Nicht verleite uns in Versuchung!* (Mt 6,11-13a; Lk 11,3f).
4. "Von dem Endziel", das er der letzten Bitte entnimmt: *Sondern erlöse uns von dem Übel* (Mt 6,13b).

Mit dieser Disposition, in der sich die Trias "Ursprung, Mitte und Ende" mit der Dyas "Ausfluß" und "Rückfluß" verbindet[230], will NvK nicht nur die gesamte Theologie umfassen, sondern auch die Einheit und Ordnung der theologischen Lehren zum Ausdruck bringen, die "in diesem heiligsten Gebete, in dem nichts überflüssig, nichts fehlend (gebresten) ist, nichts zu schwer, nichts zu leicht, nichts zu lang, nichts zu kurz, nichts ohne Ursache und rechte Ordnung"[231]. Der folgenden Darstellung der inhaltlichen Durchführung wird diese Disposition zugrunde gelegt[232].

4.4 Die inhaltliche Durchführung

4.4.1 "Von dem Anbeginn und Ursprung aller Dinge" (Nr. 7-18)

"Vater unser"

In den Worten "Vater unser" sieht NvK die Offenbarung Gottes als des Einen, des Ursprungs des Vielen, das in ihm eins ist, wiedergegeben. Das Verhältnis der Zahl 1 zu den übrigen Zahlen, die durch eine vielmalige Setzung von 1 konstituiert werden, dient ihm als eine gleichsam mathematische *manuductio*.[233] Wenn das mathematische Vorstellen und Begreifen zurückgelassen wird, ergibt sich die Einsicht: "Darum sind wir alle, wie viel unser auch sei, von einem. Und wir sind nichts von uns aus. Und

229 S. Sermo XXIV, Nr. 3 und Nr. 4.

230 Vgl. J. KOCH, a.a.O., S.228ff.

231 Sermo XXIV, Nr. 6, Z.5-9.

232 Obwohl J. KOCH, a.a.O., S.155-322 eine dreiteilige "innere Struktur" der Auslegung aufdecken zu können glaubt, scheint es für die Zwecke der vorliegenden Untersuchung angebracht, sich an die von NvK selbst genannte Einteilung zu halten.

233 S. Sermo XXIV, Nr. 7, Z.4-14.

was wir sind, das sind wir in dem einen Vater, ohne welchen wir nichts zu sein vermögen"[234].

"Du bist"

Daraus folgt für die Auslegung der Worte "Du bist", daß Gott "das Wesen aller Dinge" ist. Pointiert schreibt NvK: "Und also ist Gott alles, das da ist, in einem jeglichen, was da ist"[235]. In dieser "Gotteslehre" ist Gott nicht "in sich" Gegenstand der Auslegung, sondern insofern er der Urgrund der Menschen und der Vielheit der Dinge ist. Mit Formulierungen, die aus der neuplatonischen Tradition stammen, versucht NvK, Gott im Verhältnis zu den sichtbaren Dingen auf eine Weise auszusagen, daß weder die Vielheit der Dinge durch das absolute Sein des einen Gottes absorbiert erscheint noch Gott in nichts aufgelöst wird[236].

"in den Himmeln"

Die Worte "in den Himmeln" nimmt NvK zum Anlaß, das Verhältnis der Welt zu Gott als eine stufenweise Verknüpfung des gesamten Seins zu beschreiben. Dahinter läßt sich wieder die Vorstellung des inneren Zueinanders der vier "Einheiten": Gott, reiner Geist, Seele und Körper erkennen[237].

Die "Lehre" des Herrengebets, daß Gott, der Ursprung aller Dinge, "in den Himmeln" der geistigen Naturen "begreifbar und merklich" ist, schließt für NvK ein, daß Gott auch in allen anderen Dingen der niedrigeren Ordnungen anwesend ist; denn diese sind in den höheren einbegriffen, "wie die bewegliche, lebendige Natur der Bäume in sich hat die untersten Elemente und das Sinnes-Leben der Tiere das bewegliche Leben in sich begreift":

"Die vernünftige nature begrijfft die synlich als in dem menschen. Und die verstendige hymmelsche natur begrifft in ir die redeli che als in den engelen. Vnd darvmb ist eyn Got der vater, in dem alle ding sint, in den hymelen".[238]

"Die vernünftige Natur begreift in sich die sinnliche wie in dem Menschen. Und die verständige himmlische Natur begreift in sich die vernunftvolle wie in den Engeln. Und darum ist einer Gott der Vater, in dem alle Dinge sind in den Himmeln".

Das hier zugrundeliegende Prinzip der "Einfaltung (complicatio)" der niederen Seinsstufen in den höheren, die sich ihrerseits in den niederen als in ihrer "explicatio" ausfalten[239], ist zugleich das Gedankenmodell, durch das einleuchtend wird, daß niedere Erkenntniskräfte, wie die Sinne und der an die Sinneserfahrung gebundene Verstand, die höheren Einfaltungen nicht erkennen können:

234 A.a.O., Nr. 8, Z.14-17.

235 A.a.O., Nr. 8, Z.4f.

236 Zur Herkunft und zur philosophisch-theologischen Bedeutung dieser Lehre vgl. K. KREMER, Gott in allem alles, in nichts nichts, in: MFCG 17 (1986), S.188-219.

237 Vgl. oben, S.56f.

238 Sermo XXIV, Nr.9, Z.7-17.

239 Vgl. oben, S.72f.

"Dae wss du merckes, wie dijss ertrich der synlicheit ist ver von dem erkennteniss Gottes. Want er in den der obersten verstentenis ist."[240]	"Darum merkst du, wie diese sinnenfällige Erde von der Erkenntnis Gottes fern ist, weil er in den Himmeln der höchsten Einsicht ist".

Vom "Sehen unserer sinnenhaften und körperlichen Augen" unterscheidet NvK die "Augen der einsichtigen Naturen, die wir in unserer Seele haben"[241]. Sie sind der "höchsten Einfalt" fähig, in der Gott "begreifbar und merklich" ist.

"Geheiligt werde Dein Name"

Auf die Frage nach der Möglichkeit einer Erkenntnis Gottes gehen die Ausführungen zur ersten Bitte "Geheiligt werde Dein Name" näher ein. Name wird hier definiert als ein "Kennzeichen" ("kentinis") und "Gleichnis" ("gelichnijs") des Benannten. Da ein Name ein "Wort" ist, das "aus der Kraft des Einsichtsvermögens[242] fließt", ist er auch ein "Gleichnis" bzw. ein "Bild" der Einsicht. Ein Name ist um so wahrer, je ähnlicher er dem Benannten ist. Der unendlich wahre Name Gottes ist als das "oberste Wort" gleich der Verstandes-Natur Gottes des Vaters. Er ist sein "oberstes Gleichnis", der Sohn des Vaters und "derselbige einzige Gott". Dieser "wahrste Name" läßt sich im Bereich des Endlichen, wo nichts dem anderen völlig gleich ist, nicht antreffen:

"Dar vmb ist alle gelichnis off dissem ertrich gemenget mit vngelich. Vnd ist Gottes des Vaters Name off disem ertrich nijt zu finden in enigen glichen aen groser vngelich."[243]	"Darum ist jedes Gleichnis auf diesem Erdreich mit Ungleichem vermengt. Und Gottes des Vaters Name ist auf diesem Erdreich nicht zu finden unter einigen Gleichen ohne große Ungleichheit."

Die Einsicht in den Sinn des "Namens Gottes" verlangt mithin den Überstieg über das vernunfthafte Begreifen und die Anerkenntnis seiner Unbegreifbarkeit und Unnennbarkeit[244]. Das führt zu der Hoffnung, "daß wir ihn über unsere Einsicht hinaus erkennen, da Gott der Vater uns in seinem Namen so erleuchtet, daß wir ihn heiligen"[245].

Das "Heiligen" und das "Sehen des Namens Gottes" stehen in engstem Zusammenhang; "denn wenn wir seinen Namen heiligen, das kommt aus dem Licht, uns gegeben von dem Vater, darin wir sehen seinen 'Namen über allen Namen' (Phil 2,3)." Den Namen Gottes "sehen" und "heiligen" bedeutet, ihn als das "höchste Ebenbild und den Spiegel der Weisheit" erfassen, in dem Gott und alle Kreaturen gesehen werden können.[246]

Das gnadenhafte Sehen, das der Beter in dieser Vaterunser-Bitte erbitten soll, meint ein ihn ganz und in seinem Innersten betreffendes "Verständnis", durch das er Gott

240 Sermo XXIV, Nr. 10, Z.1-4.

241 A.a.O., Nr. 10, Z.4-6.

242 "verstentenis" hat den Sinn von "intellectus". Vgl. die von R. Haubst unter Mitarbeit von W. Jungandreas und H. Thierfelder erstellte lateinische Übersetzung unter Nr. 11, Z.7, h XVI, S.395.

243 A.a.O., Nr. 11, Z.34-37.

244 Vgl. die Interpretation von Sermo XXIII, Nr. 28-34, oben S.54f.

245 Sermo XXIV, Nr. 12, Z.3-6.

246 S. a.a.O., Z.6-20. NvK wird diesen Gedanken in seinem Spiegelgleichnis in "De filiatione dei" (1445) entfalten.

als das höchste Glück erfährt, so daß er "allein Gottes Namen heiligt und in keinem anderen Ding Lust noch Ruhe findet oder suchet"[247].

"Zukomme uns Dein Reich"

Die ungewöhnliche Deutung des göttlichen "Reichs" im Sinne von "Vereinigung" im Hinblick auf den Heiligen Geist ist eigentümlich für NvK[248].

Die *manuductio* führt von der irdischen Gemeinschaft des "Königsreiches" zum "göttlichen Reich" als der "höchsten" Gemeinschaft. Die Einheit, die zu jeder irdischen Gemeinschaft gehört, ist gänzlich unterschieden von der "höchsten" Gemeinschaft in Gott, "die nicht größer kann sein"[249]. Der Heilige Geist, diese höchste Vereinigung, die aus Gott, dem Vater, dem unbegreiflich Einen, und dem ihm "allergleichsten" Sohn "kommt", ist also nicht zu begreifen von einer irdischen Gemeinschaft her, bei der "alle Liebe vergänglich ist, vermengt mit Leid, und aller Friede unstet, vermengt mit Unfrieden, und alle Freundschaft und Vereinigung gebrechlich". Das göttliche Reich ist erst zugänglich aufgrund der gnadenhaften Erhebung des Menschen "zu der Erkenntnis Gottes in seinem Namen", die ein Erfassen Gottes als "des allerbegehrenswertesten und des höchsten Guts" ist. So findet der Mensch, "daß Gott das Reich ist aller Wonne, die Liebe aller Lieblichkeit und daß allein in dem Reich der heilige, ewige Friede und Vereinigung ist"[250].

Solche Erleuchtung geschieht im Beten des Vaterunsers, durch das wir von Christus "gelehrt" werden, "daß wir empfänglich sind, 'Kinder Gottes' zu sein"[251]. Von uns aus sind wir "'Kinder des Zornes' (Eph 2,3) und der Zwietracht und der Sünden, das ist Teilung. Denn 'Sünde' kommt von 'sondern', das ist teilen. Darum sind wir nicht wie von uns selbst geboren zu dem Reich des Friedens und der Vereinigung, sondern allein aus Gnade"[252]. Aus solcher Gebets- und Glaubenserfahrung heraus wächst der Impuls zum geduldigen, sehnsuchtsvollen Warten auf das Reich Gottes und zur Bemühung um liebende Gemeinschaft mit Gott[253].

Am Schluß des Abschnitts wird die reine Gnadenhaftigkeit des Kommens des Heiligen Geistes durch den Vergleich verdeutlicht: Wie der Leib durch die Seele belebt wird und nicht umgekehrt, so kommt der Mensch zu Gottes Reich nur, weil das Reich Gottes zum Menschen kommt[254].

Die "Gotteslehre" des Vaterunsers erhält schließlich in Nr. 18 eine prägnante Zusammenfassung in praktischen Folgerungen. Dabei wird das Ziel der Auslegung

---

247 A.a.O., Nr. 13, Z.7-10. Vgl. oben, S.80f.

248 Vgl. J. KOCH, CT I. 6, S.245, der bei Gregor von Nyssa (De Oratione Dominica oratio 3) eine ähnliche Interpretation findet, in der allerdings der Begriff "basilieia" vorwiegend im Sinne von Herrschaft verstanden wird, während NvK "rich" als "vereynigung" deutet.

249 S. Sermo XXIV, Nr. 14, Z.12f. Die Formulierung: "Die oberste einigung, die nijt merer mach syn, muß Got syn" erinnert an "De docta ignorantia" I, 2, h I, S.7, Z.4: "Maximum autem hoc dico, quo nihil maius esse potest". Vgl. auch Anselm von Canterbury, Proslogion c. 15: "Quod maior sit (deus) quam cogitari possit", in: Opera omnia, ad fidem codicum recensuit F.S. Schmidt OSB, I, Stuttgart-Bad Cannstatt 1968, S.112.

250 Vgl. Sermo XXIV, Nr. 15.

251 A.a.O., Nr. 16, Z.6f.

252 A.a.O., Z.17-23.

253 S. a.a.O., Z.27-37.

254 S. a.a.O., Nr. 17, Z.1-6.

deutlich. Sie soll dem Menschen helfen, sich von der Vielheit der Dinge in der Welt zur Einheit des Ursprungs, d.h. zu Gott dem Vater, und von der Ungleichheit zur absoluten Gleichheit, dem ewigen Gottessohn, sowie von der Zerrissenheit durch die Sünde zur ewigen Einheit der Liebe, dem Heiligen Geist, hinzuwenden.

4.4.2 "Von dem Ausfluß aller Dinge aus Gott" (Nr. 19-23)

Ging es in den ersten drei Artikeln um die Gotteslehre, so versteht NvK die Bitte "dein Wille werde wie im Himmel so auf Erden" als Offenbarung der Schöpfungslehre. Da "alle Dinge von Gott ausgehen" und keine andere Ursache haben als Gottes Schöpferwillen, sind "alle Dinge alles, was sie sind, von einem dreieinen Gott, von dem Vater in seinem Worte, das ist der Sohn, mit seinem Willen, das ist der Heilige Geist." Dementsprechend sieht NvK in den drei Worten "Dein Wille werde" den dreifaltigen Gott als den einen Schöpfer bezeichnet, so daß die Geschöpfe ausgehen "von Gott dem Vater in dem Wort *Dein*, von Gott dem Sohn in dem Wort *werde*, von Gott dem Heiligen Geist in dem Wort *Wille*"[255]. Das Wesen der Geschöpfe besteht folglich darin, "Bild" Gottes und zwar des dreieinen Gottes, zu sein: " ... so hat ein jegliches Ding, das da ist, ein Bild Gottes und der Heiligen Dreifalt in sich; durch dieses Bild ist das Ding; denn kein Ding ist irgendwie anders, als insofern und soweit es Gottes Bild ist".[256]

Die Worte "wie im Himmel, so auf Erden", legt NvK im Sinne einer Ordnung des Gesamtkosmos und insbesondere der Stellung des Menschen in dieser "Ordnung aller Dinge" aus[257]. Er unterscheidet drei Welten oder Naturen oder Einheiten: "eine oberste himmlische Natur, die geistig ist, eine unterste irdische Natur, die körperlich ist, und eine mittlere Natur, aus beiden vereinigt, die himmlisch und irdisch ist, als die menschliche Natur"[258]. Der Dualismus von himmlischer und irdischer Natur, von "Geist" und "Sinnlichkeit" trägt platonische Züge, ist aber mindestens ebenso paulinisch-biblisch geprägt. NvK führt ihn nicht einfach auf Gottes Schöpfungswillen zurück, sondern sieht zumindest jedes dualistische Mißverhältnis zwischen Leib und Seele, das die innere Einheit beider in der *humanitas* stört, durch die Sünde des Menschen verursacht. Der Schnitt, den die Sünde verursacht hat, geht durch die Mitte der Schöpfung, den Menschen, dessen "obere Hälfte" zur himmlischen und dessen "untere Hälfte" zur irdischen Welt gehört, und zwar so, daß beide Bereiche, die an sich durch den Schöpferwillen in der menschlichen Natur geeint sind, auseinandergerissen werden und durch ihre gegensätzlichen Strebungen den Menschen schwächen oder "krank" machen. So gibt es in der menschlichen Natur auf der einen Seite, insofern sie ein "Abglanz Gottes" ist, eine Neigung "zu der Unsterblichkeit, zur Wahrheit und zu dem Guten über sich" und auf der anderen Seite "eine Neigung nach unten, zu dem Vergänglichen, unwahren Schein-Guten, so daß die Anlagen ungleich sind und einander widerstreiten"[259].

---

255 A.a.O., Nr. 19, Z.17-19.

256 Nr. 19, Z.22-26. Im Unterschied zu JUNGANDREAS, a.a.O., S.14, übersetze ich auch das vorletzte Wort "bilde" nicht mit "Abbild", sondern wörtlich mit "Bild".

257 Vgl. oben, S.64f.

258 S. Sermo XXIV, Nr. 20, Z.6-10.

259 S. a.a.O., Nr. 22.

NvK bietet also hier eine theologisch-phänomenologische Beschreibung der *conditio humana*, mit dem Ziel, den Beter zu veranlassen, die Gebrochenheit seiner Situation zu "bekennen" und sich nach der "Gnade Gottes" auszustrecken, damit die Integrität der menschlichen Natur wieder hergestellt wird[260].

Mit dieser knappen theologisch-anthropologischen Abhandlung hat NvK die Überleitung geschaffen zum dritten und zentralen Teil, der sich mit der Erlösung durch Christus befaßt.

4.4.3 "Von dem Mittel des Rückflusses aller Dinge" (Nr. 24-42)

Die Auslegung der Worte "Unser tägliches Brot gib uns heute", knüpft an die beschriebene Gespaltenheit des Menschen an. Angesichts der "zwei Naturen", die infolge dieser Spannung oder Verkrümmung divergieren, könnte man erwarten, daß wir einer zweifachen Nahrung bedürften, eines Brotes für die "himmlische" Natur und eines Brotes für die Bedürfnisse des "sinnlichen Lebens", das wir täglich brauchen. Doch eine solche Deutung liegt nicht in der Intention des NvK.[261] Das tägliche Brot, um das wir im Vaterunser bitten sollen, ist ein und dieselbe Nahrung für jede der beiden ursprünglich im Menschen zusammengehörenden Naturen. Sie soll bewirken, "daß unsere irdische Natur der geistigen, himmlischen gehorsam werde"[262]. Damit ist nicht die Unterordnung der Sinnenhaftigkeit unter eine autonome Rationalität gemeint, sondern ihre Integrierung in das "verstentenis" des Menschen, das sein Licht von Gott empfängt und alle seelischen Kräfte einfaltet. Aber gerade diese Fähigkeit hat der Mensch verloren. Deshalb sollen wir bitten "um das notwendige Brot für beide Naturen"[263]. Dieses Brot ist Christus, weil er alle Schwächen und Mängel des Menschen durch sein unbegrenzt vollkommenes Menschsein erstattet:

"Vnd also, was vns gebrist, es sij in dem wesen, in der gerechtichkeit, wisheit ader wairheit vnd in dem friden, der liebden ader gutheit, das finden wir alles in dem brode."[264]	"Was uns also gebricht, es sei im Sein, in der Gerechtigkeit, Weisheit oder Wahrheit und in dem Frieden, der Liebe oder Güte, das finden wir alles in dem Brote."

Christus ist die Erfüllung jener "Neigung" des menschlichen Geistes nach Unsterblichkeit, Wahrheit und Güte[265] und deshalb die Vollendung der ganzen Schöpfung. Die christologischen Spekulationen von *De docta ignorantia* erhalten eine prägnante Präzisierung, wenn NvK formuliert:

---

260 "Dar vmb leret vns Christus bitten, das der wille Gotes 'gewerd in der erden als in dem hemele', das die synliche, fleischlich nature sich kere zu der verstentlicher vnd blibe der in gehorsamheit vereiniget". A.a.O., Nr. 23, Z.1-5. Diese Formulierung darf nicht in dem Sinn mißverstanden werden, als sehe NvK in der Leiblichkeit des Menschen den Sitz der Sünde. Die Sünde besteht für ihn in der "Sonderung" der "synliche, fleischlich nature", zu der auch die "ratio" gehört, also in ihrer Trennung von der mit Gott verbindenden "intellectualitas". Die Wiederherstellung der Integrität des Menschen bestände darin, daß Sinnenhaftigkeit und Rationalität in die gnadenhaft erleuchtete Intellektualität erhoben und so in die unendliche Dynamik des Vollkommenwerdens in Gott geführt würden.

261 Vgl. J. KOCH und H. TESKE, CT I. 6, S.222.

262 Sermo XXIV, Nr. 24, Z.3ff.

263 A.a.O., Z.12f.

264 A.a.O., Nr. 26, Z.20-24.

265 Vgl. a.a.O., Nr. 22, s. oben, S.147.

"Vnd ist das anbegin des ußfloßis aller creaturen vnd das mittel des widerfloßis vnd das ende aller volkomenheit. Want die menschlich nature in ir vereiniget alle naturen, die hymelsche vnd irdische, vnd die ist in Christo Gottes soen vereiniget, so is Cristus das ende aller volkomenheit. Want er ist allein der hogste yber alle hymelsche vnd irdische naturen."[266]

"Und er (Christus) ist der Anbeginn des Ausflusses aller Kreaturen und das Mittel des Weiterfließens und das Endziel aller Vollkommenheit. Da die menschliche Natur alle Naturen in sich vereinigt, die himmlischen und irdischen, und diese in Christo dem Sohne Gottes vereinigt ist, so ist Christus das Endziel aller Vollkommenheit. Denn er ist allein der Höchste über allen himmlischen und irdischen Naturen."

Diese Sätze enthalten die Kernaussage der ganzen Vaterunser-Erklärung. Jesus Christus ist das "Mittel" der Schöpfungsbewegung, weil er zugleich der Anfang des Ausgangs aller Dinge von Gott und das Endziel ihrer erlösenden Rückführung zu Gott ist, wobei Christozentrik sich als Anthropozentrik erweist, die den Menschen allerdings nicht von der Gesamtschöpfung isoliert, sondern in diese integriert.

Wegen der Maximität seiner menschlichen Natur ist Christus nicht eine Speise, die in das jeweilige Menschsein umgewandelt würde, wie das bei einer "leiblichen Speise" der Fall ist, sondern er ist eine Speise des Lebens, die uns mit sich vereinigt und uns in seinem Leben lebendig macht, ähnlich wie die Seele das Formprinzip des Leibs ist.[267] Das Bild von Seele und Leib bietet NvK Anlaß, den ekklesiologischen Aspekt in die Vaterunser-Erklärung einzuführen. Christus ist das Lebensprinzip des "Leibes Christi", dessen Glieder die Kreaturen sind, so daß in den einzelnen Gliedern nichts lebt als Christus. Dies wird erläutert durch das Gleichnis vom Leib und Finger[268]. Wie die Seele des Menschen den Finger nur beseelen kann, wenn dieser mit dem Leib verbunden ist, so kann Christus nur im einzelnen Menschen leben, wenn dieser zum Leib der Kirche gehört. Diese notwendige Verbindung zwischen Christus und allen Gliedern der kirchlichen Gemeinschaft sieht NvK in den Worten "unser Brot" der Vaterunser-Bitte zum Ausdruck gebracht. Nicht der einzelne bittet um sein Brot, sondern um Teilhabe am gemeinsamen Brot, das die vielen eint.

An die Worte "täglich" und "heute" knüpft er sodann auch Bemerkungen über die Bedeutung dieses Brotes für das irdische Leben des Menschen, in dem dieser an seine sinnenhafte Natur gebunden ist[269]. Daß es sich auch im Hinblick auf diese Seite seines Menschseins um das gleiche Brot handelt, wird dadurch betont, daß es wiederum heißt, Christus werde uns für die irdische Wanderschaft zu ihm hin "gegeben in seinem Sein (wesen), in seiner Weisheit und in seiner Güte", was wiederum der dreifachen "Neigung" des menschlichen Geistes entspricht. Aber die Möglichkeit einer Erfüllung dieser Sehnsucht wird nun eingeschränkt durch die Aufnahmefähigkeit des von der Sinnenhaftigkeit abhängigen Menschen. Den Bedingungen seiner irdischen Pilgerschaft entspricht die Form, nach der Christus sich uns als dreifaches Brot schenkt[270].

---

266 Sermo XXIV Nr. 27, Z.13-20.

267 S. a.a.O., Nr. 28.

268 S. zum folgenden a.a.O., Nr. 29.

269 S. a.a.O., Nr. 30.

270 "Nur merck, das Christus ist unser broet, als wir zu yme wandelen syn, vnd wirt vns gegeben in syme wesen, in syner wijsheit vnd in syner gutheit, nae dem vns den moglich is in diser wandelber zijt zu entphaen." A.a.O., Nr. 31, Z.1-5.

Da unsere leiblichen Augen in dieser sinnenfälligen Welt den auferstandenen Christus nicht sehen können, gibt er sich uns erstens "unter der Gestalt des Brotes in dem Sakrament"[271]. Außerdem wird uns zweitens seine Weisheit "in seiner Lehre" gegeben[272]; schließlich ist er drittens in seiner Güte durch das Vorbild seines Wandels auf Erden für uns "der Weg, die Wahrheit und das Licht" (Joh 14,6)[273].

Wie schon die Disposition der Vaterunser-Erklärung ankündigte, bildet die Brotbitte mit der folgenden fünften und sechsten Vaterunser-Bitte eine Einheit: Alle drei sind ausgerichtet auf das "Mittel für unsere Wanderung", das "eine kräftige Speise und die Behebung des Hindernisses, einen Wegweiser und eine Beschirmung" umfaßt[274].

Dementsprechend hebt NvK hervor, daß die Bitte "Und vergib uns unsere Schuld" durch das *"und"* mit der vorangehenden Brotbitte verknüpft ist[275]. Nachdem er zunächst den Begriff der Schuld mit der Verantwortlichkeit des Menschen begründet hat, die nicht auf Gott abzuwälzen sei, betont er die soteriologische Notwendigkeit der Mittlerschaft Christi sowie der Vermittlung durch die Gemeinschaft der Kirche für eine "Behebung des Hindernisses der Schuld"[276]. Der "Wegweiser" dazu ist die Goldene Regel des Lebensgesetzes Christi, konkretisiert in der gegenseitigen Vergebung der Schuld: *"Wie wir tun unsern Schuldigern"*. Wie die ganze Lehre Christi in dem einen Vaterunser-Gebet zusammengefaßt ist, so enthält dieser eine Artikel der gegenseitigen Vergebung nach NvK das eine Gesetz, das alle Gebote ineinsfaßt: "Vergeben!"[277]. Die Notwendigkeit einer ständigen, beschützenden Begleitung durch Gottes "Beschirmung" angesichts der immer neuen Bedrohung findet NvK schließlich ausgedrückt in der Bitte *"Nicht führe uns in Versuchung"*[278].

4.4.4 "Von dem Endziel" (Nr. 43-46)

Die Auslegung der letzten Bitte "Sondern erlöse uns vom Übel" faßt gleichsam die Eschatologie zusammen. Die "Erlösung vom Übel" meint das Geschenk des "anderen Reichs ..., wo das Übel nicht ist, sondern allein das oberste, wahrhaftige und unvermischte (ungemenckt) Gut". Sie ist die "Erlösung von dieser sinnlichen, schalkhaften, betrügerischen (bedrogener) Welt"[279]. Die "Erlösung von dem Übel" ist gleichbedeutend mit der "höchsten himmlischen Freude, ... in dem Guten, das Gott ist, ewig zu sein". Dieses "Reich, in dem nichts als gut oder Gott ist", steht im Kontrast zu der anderen eschatologischen Möglichkeit, der "Hölle". Besteht die "Hölle in einer Trennung, Zwietracht, Unfrieden und Unwissenheit, Finsternis", so ist das "Reich der Himmel ... Eintracht, Friede, Liebe, Weisheit, alles Gute und Klarheit"[280]. Auch die "Erklärung" dieses Reiches steht im Zeichen des "belehrten Nichtwissens". Es wird

271 A.a.O., Z.16f.

272 A.a.O., Nr. 32, Z.23f.

273 S. a.a.O., Nr. 34, Z.3f.

274 S. a.a.O., Nr. 5, Z.8-11.

275 S. a.a.O., Nr. 37, Z.1-5: "Du salt auch merken, wie dijß gebet anhebet mit eyn unde. Want is spricht: Vnd vergib uns. Das vnd stricket dijß gebet zu dem nesten: Vnser deglich broet gib vns hude 'vnd' vergiff vs vnser scholt."

276 S. a.a.O., Nr. 37 und 38.

277 S. a.a.O., Nr. 39 und 40.

278 S. a.a.O., Nr. 41 und 42.

279 S. a.a.O., Nr. 43, Z.6-10.

280 S., auch zum folgenden, a.a.O., Nr. 46.

ausdrücklich von der "ewigen Freude" gesagt, daß sie "kein Mensch begreifen kann um ihrer Größe willen", weshalb sich NvK auf die Belehrung durch Christus beruft. Aber auch sonst finden sich hier die wesentlichen Elemente des cusanischen *transcensus* bzw. des *raptus*, wenn es heißt: "Darum ist, daß unsere Sinnlichkeit in diesem Gebet in die Geistigkeit unseres Verstandes entrückt, und der Wille Gottes ist 'wie im Himmel' unseres Verständnisses auf der sinnlichen Erde."[281] Wer sich im Vollzug dieses Gebets dem "Willen Gottes", d.h. dem schöpferischen Wehen des Heiligen Geistes öffnet und dieses mitvollzieht, dessen ganzer Mensch ist - auch in seiner Leiblichkeit und Sinnenhaftigkeit - im "Himmel" dieses "Verständnisses" enthalten, wie umgekehrt gilt, daß der "Wille Gottes" in die "Sinnenhaftigkeit dieser Erde" hinabsteigt. So kann NvK betonen, daß in solchem Beten "der ganze Mensch ... ganz über sich Gott zugewandt (in Got gekeret)" ist.

Ein wesentliches Element seiner Eschatologie ist die Bewältigung des "leiblichen Tods". In der Bitte um Erlösung muß der Beter sein "sinnliches" Sterben bejahen, "begehrend, geschieden und erlöst zu sein von diesem zeitlichen, bösen Leben, auf daß er bei Gott, der 'das Gute' ist ... in Ewigkeit sein könne".

Wer seine Bereitschaft zu sterben nicht in die Bitte um Erlösung einschließt und "diese böse Welt lieber hat als Gott", der "bittet gegen sein Herz", d.h., er verstößt gegen die Sehnsucht seiner geistigen Natur. Er bejaht die Unvollkommenheit und das Übel und verschließt sich der Vollendung. Wer jedoch die Bitte um Erlösung vollzieht, in dem formt sich das ihm innewohnende Streben um zu einer "rechten unbefleckten und unvermengten Liebe zu Gott"[282]. In dieser Liebe "versteht er, daß er nur in der Vereinigung mit Gott lebt, zu der ihn seine Liebe hinführt und in der er allein durch die Liebe ist"[283].

Wie die Auslegung des ganzen Herrengebets nichts anderes ist als eine Anleitung zur Teilnahme am Glauben Christi, so ist der christologische Aspekt auch für die letzte Vaterunser-Bitte grundlegend. Das Endziel, von dem dieser Artikel handelt, ist Jesus Christus selbst[284].

Die Mittlerschaft Christi tritt ausdrücklich in einer Gebetsformulierung hervor, die den Zusammenhang der Erlösungsbitte mit den vorausgehenden Artikeln herstellt. Wie von selbst mündet seine Glaubensvermittlung ins Gebet: "O Herr, da Du mir meine Schuld vergeben hast durch das himmlische Brot, verleite mich nicht in Versuchung! Nicht lange laß mich in dieser trügerischen Welt bleiben, da ich unangefochten (unbekort) nicht sein kann und unverführt (unverleit) bestehen ohne Deinen Schutz(schirm), sondern erlöse mich, Herr, von allem Übel! Denn das ist Dein Vermächtnis (erbschaff), fern von allem Übel. Dazu hast Du mich durch deinen Sohn Jesus gerufen."[285]

---

281 A.a.O., Nr. 43, Z.24-27; zum folgenden s. Z.28-32.
282 A.a.O.. Nr. 44, Z.9f.
283 A.a.O., Z.16-18.
284 S. a.a.O., Nr. 27, Z.15.
285 A.a.O., Nr. 45,9-17.

5 *Zusammenfassung*

Aus *De docta ignorantia* (1440), *De coniecturis* (1442/43) und den zu dieser Zeit verfaßten Sermones lassen sich gnoseologische, anthropologische und theologische Prinzipien erheben, die fundamental sind für die cusanische Glaubensvermittlung:

1. Die Regel der *docta ignorantia* ist nicht nur bestimmend für die Erkenntnis des "Größten, das mit dem Kleinsten ineinsfällt", sondern auch für die Vermittlung solcher Erkenntnis. D.h.: Wenn Gott nicht Gegenstand des Wissens sein kann, so ist er auch nicht als Ergebnis diskursiven Argumentierens vermittelbar. Da Wahrheits- und Wesenserkenntnis nicht dem logischen Prinzip des zu vermeidenden Widerspruchs unterliegt, sondern erst in einer "intellektualen Schau" entsprechend dem Koinzidenzprinzip "berührt" werden kann, muß die "manuductio" zwar Sinneserfahrung und Verstandeserkenntnis aufgreifen, aber über sie hinausführen in die "Einfaltigkeit der Intellektualität".

2. Der anthropologische Ansatz für eine solche "Handleitung" zum "zweifachen Überstieg" ist die unendliche Sehnsucht des menschlichen Geistes. Sie gründet in einer die ganze Schöpfung durchwaltenden, von Gott ausgehenden und zu ihm zurückkehrenden Bewegung, die der menschliche Geist im Selbstvollzug seines *intellegere* zu übernehmen vermag.

3. Die ontologische Differenz zwischen dem geschöpflichen und göttlichen Geist macht es möglich, daß der Mensch durch einen seiner Zielbestimmung widersprechenden Gebrauch seiner Freiheit den schöpferischen Kreislauf des Ausgangs der Geschöpfe von ihrem Schöpfer und ihrer Rückkehr zu ihm durch die Sünde als *praesumptio* abbricht, indem er seine Sehnsucht auf innerweltliche Verabsolutierungen hin "verkrümmt", so daß er unfähig wird zur "intellektualen Schau".

4. Daraus ergibt sich das theologische Postulat der Notwendigkeit des Mittlers und Heilsbringers Jesus Christus, der durch die Einung der Menschennatur mit Gott in seinem "größten Glauben" die Rückkehrbewegung zu Gott wieder möglich macht und so zum Grund, Weg und Ziel menschlichen Glaubens wird.

5. Der Mensch vermag die Erfüllung ("quies") seiner unendlichen Sehnsucht nur im Glauben an Christus, d.h. in liebender Vereinigung mit Christus, in der Gemeinschaft der Kirche - das ist nichts anderes als durch "Teilhabe" am "Glauben Christi" - zu erlangen. Glaube ist die freie Annahme des "Ergriffenwerdens (raptus)" von Christus.

6. Den "Glauben Christi" teilen meint dabei eine alle leibseelischen Kräfte des Menschen umfassende Lebenspraxis, die im Mitvollzug des "Überstiegs (transitus)" Jesu Christi zum Vater besteht und negativ Akte der Umkehr, des Sterbens und Lassens der Welt wie positiv Taten des Glaubens, Schauens, Hoffens und Liebens in der Nachfolge Jesu besagt.

Wie diese Grundlagen in der konkreten Durchführung der Verkündigung in ausgewählten Sermones zum Tragen kommen, soll Gegenstand des nächsten Kapitels sein.

Drittes Kapitel

Eine didaktische Entwicklung in der cusanischen Glaubensvermittlung: Von der "dreifachen Geburt" zur "geistlichen Geburt" Christi

0 Einführung in das Kapitel

Nach dem Blick auf die philosophischen und theologischen Prämissen, von denen die Sermones des NvK bestimmt werden, wendet sich dieses Kapitel der konkreten Durchführung seiner Glaubensvermittlung zu.

Wie im vorangegangenen Kapitel festgestellt wurde, erschöpft sich die Verkündigung des NvK nicht darin, den Hörern eine Information über theologische Inhalte anzubieten, sondern er will sie zur Vereinigung mit Christus, zur Teilhabe am "Glauben Christi" bewegen. Darum will er die geistige Grundeinstellung seiner Hörer in Frage stellen, ändern oder auch bestätigen oder vertiefen, um in ihnen Glaubenseinsicht, Hoffnung und Liebe zu wecken und zu fördern. Die Beeinflussung geschieht zwar über die Mitteilung von Inhalten. Aber von den Inhalten ist ihr "Verwendungszweck" oder ihre "Funktion" im Hinblick auf die praktische Aussageabsicht zu unterscheiden. Die folgende Interpretation deutet deshalb nicht nur die Inhalte, die mitgeteilt werden, sondern sucht vor allem eine Antwort auf die Frage: Mit welchen Inhalten und welchen Methoden will NvK welche Wandlung seiner Hörer anstoßen? Damit wird zugleich nach den wechselseitigen Beziehungen und dem Zusammenspiel von Vermittler und Adressaten, von Inhalten, Methoden und dem Ziel der cusanischen Verkündigung gefragt. In diesem Kapitel wird somit der Versuch gemacht, das vermittlerische Vorgehen der cusanischen Verkündigung zu erheben. Da die Sermones - wie schon erwähnt - keine protokollarischen Niederschriften gehaltener Predigten sind, sondern Dispositionen mit Materialsammlungen[1], muß sich die Untersuchung auf didaktische Grundansätze beschränken, ohne die rhetorischen und methodischen Fertigkeiten des NvK berücksichtigen zu können.

1 Zur Begründung der Auswahl der Sermones XXII (16), XLI (32) und XLII-XLVI (33-37)

Für die Auswahl einiger Sermones hat NvK selbst mit seiner schon genannten Bemerkung über die Entwicklung in seinen Predigten, die er in einer fortschreitenden Klarheit der Auslegung der "Summe des Evangeliums" sieht, einen Hinweis gegeben. Ohne daß hier schon eine Interpretation von *De aequalitate* und der darin dargestellten *summa evangelii* gegeben werden muß und soll, können die Thematik dieser Schrift und die von NvK zeitlich fixierten Phasen der Entwicklung Anhaltspunkte für die zu treffende Auswahl bieten.

Das Thema von *De aequalitate* wird durch die Überschrift angegeben: *vita erat lux hominum* (Joh 1,4). Eine ähnliche Thematik findet sich schon in einigen Sermones der ersten Phase, vor allem in Predigten zum Johannes-Prolog, der Evangelien-Peri-

1 Vgl. oben, S.46 u. 48.

kope der 3. Weihnachtsmesse.[2] Aber dort wird das Thema der Erleuchtung des Menschen durch Christus noch eher referierend der Tradition entnommen, als daß eine eigenständige Behandlung erkennbar würde.[3] Von einer Reflexion auf die Selbsterfahrung des menschlichen Geistes und einem bedachten Vorgehen, das die Hörer zu einer persönlichen Erfahrung ihres Erleuchtetseins durch Christus führen würde, kann noch nicht die Rede sein.[4]

Dies wird anders in der zweiten Predigtphase nach *De docta ignorantia*, deren Anfang auf Sermo XXII (16) von Weihnachten 1440 datiert werden kann.[5] Das Thema *Dies*

2 So ist schon im Prothema von Sermo I von Weihnachten 1430 von dem unerkennbaren göttlichen Licht die Rede, das der menschliche Geist nicht nur deshalb nicht zu begreifen vermag, "weil sein inneres Sehvermögen zu schwach ist, sondern weil er von Natur aus blind dafür ist", Nr. 1, Z.28-30, h XVI, S.2. Sermo XI von Weihnachten des folgenden Jahres bezeichnet unter dem gleichen Thema "Et verbum caro factum est" das "Wort Gottes des Vaters" als "Glanz des ewigen Lichtes", durch das sich "das Licht der Gnade oder Herrlichkeit in die heiligen Seelen ergießt", Nr. 6, Z.5.19, h XVI, S.227. Das Prothema von Sermo XVI "Gloria in excelsis Deo", einer Weihnachtspredigt aus der Zeit zwischen 1432 und 1435, zitiert Joh 1,3 entsprechend der in den alten Handschriften verbreiteten Leseart: "Quod factum est, in ipso vita erat" in dem Sinn, daß alles Geschaffene vor der Schöpfung im Wort in geistiger Weise Leben war. Der Text fährt fort mit Vers 4 ("vita erat lux hominum"), dem späteren Leitmotiv von "De aequalitate", und nennt das Wort Gottes die "lebendige Quelle", von der her alle "Erleuchtung des Seins, des Lebens und der Wahrheit" ausgehe. Neben der ewigen Zeugung und der zeitlichen Geburt Christi wird in dieser Predigt die "dritte Geburt Christi in uns" beschrieben als "der Ausgang des Wortes, d.h. der gezeugten Weisheit von Gott Vater, in den Geist des rationalen Geschöpfes zu seiner gnadenhaften Erleuchtung", Nr. 11, Z.7-10, h XVI, S.266. Eine weitere Predigt über den Prolog hielt NvK am Weihnachtsfest 1438 mit Sermo XIX (13) zum Thema: "Verbum caro factum est et habitavit in nobis" (Joh 1,14). Schon in der Einleitung greift er den Gedanken von der Erleuchtung durch Christus auf, um die er mit Worten aus den Soliloquien des Augustinus bittet. Mit dem Hymnus "De caelesti hierarchia" des Ps. Dionysius nennt er Jesus das "principale lumen", durch das Gott, "der Vater der Lichter", die Menschen erleuchtet, s. Nr. 2, Z.9ff und Nr. 3, Z.1-11, h XVI, S.292. Im dritten Teil dieser Predigt bezieht er Joh 1,13 und Joh 1,9 auf "jenen Bereich der menschlichen Natur, in dem sich die Teilhabe an dem lebendigen Licht findet, die intellectus heißt", s. Nr. 13, Z.1-12.

3 Vgl. die inhaltlichen Analysen dieser Predigten bei R. HAUBST, Die Christologie, S.23-30.

4 Die Aufzählung der die "contemplatio" als mystische Erfahrung vorbereitenden Bedingungen oder psychisch-geistigen Voraussetzungen ("praeparamenta") in Sermo VIII (10), Nr. 15ff, h XVI, S.154ff, sieht zwar als zweite Stufe eine "sui ipsius cognitio" (s. Nr. 16, Z.28, h XVI, S.155) vor, in der sich der Mensch als "imago Dei" erfahren kann; aber damit folgt NvK noch einer gängigen Stufenlehre, wie sie im Anschluß an Bernhard von Clairvaux sowie Hugo und Richard von St. Viktor schon im 12. Jahrhundert vertreten wurde. Im Unterschied zu den Ausführungen der späteren Sermones und zu "De aequalitate" fehlt außer dem "transzendentalen" Ansatz auch der christologische Aspekt.

5 Vgl. oben, S.51. In engem zeitlichem Zusammenhang mit Sermo XXII (16) steht Sermo XXIII (17) vom Neujahrstag 1441 zum Thema "Domine, in lumine vultus tui". Der Entwurf macht das "Wandeln im Licht Christi" zum ausdrücklichen Gegenstand des ersten Hauptteils. Dieser beginnt mit einem Abschnitt, den die Herausgeber der kritischen Ausgabe zurecht mit der Überschrift versehen haben: "Omnia nobis in lumine Christi videnda esse" (h XVI, S.360). Er wird durch das Psalmwort eingeleitet: "Videbimus in lumine ipsius lumen" (Ps 35,10) und vergleicht das "Licht, das Christus ist" mit dem sinnenhaft erfahrbaren Licht, s. Nr. 5, Z.6-12. Wie das Licht nicht eines anderes Lichts bedarf, sondern durch sich selbst gesehen wird, so gilt dies auch für Christus und seine "Heiligkeit". Wie das Licht alle Farben in sich enthält, so "faltet" Christus, das Maß aller Tugenden, in seiner Heiligkeit alle Vollkommenheiten und Heiligkeit "ein". Die Lichtmetapher scheint NvK so mitgerissen zu haben, daß er das ursprüngliche Thema "Nomen eius Jesus" bei einer Überarbeitung ersetzte durch das Psalmwort: "Domine, in lumine vultus tui" (Ps 88,16). Vgl. die Praenotanda der kritischen Ausgabe zu Sermo XXIII, h XVI, S.358, wo die Gründe dargelegt sind für eine Umordnung des Autographs C fol. 9^v-14^v in die Reihenfolge: fol. 9^v-11^v, 12^v-13^v, 11^v-12^r, 14^{r-v}: Die ersten beiden Unterteile des ersten Hauptteils (Nr. 5-13 und 14-17) und die Nr. 28-29 des zweiten Teils waren zunächst im Anschluß an die erste Formulierung des Themas niedergeschrieben worden, denen die Einleitung Nr.

sanctificatus ist zwar dem Graduale der dritten Weihnachtsmesse entnommen, faktisch ist aber die Predigt eine Auslegung wesentlicher Gedanken des Prologs des Johannes-Evangeliums, der Evangelienperikope dieser Messe. Das Gliederungsprinzip ist das Schema der "dreifachen Geburt". Es dient dazu, das Christusgeheimnis in drei Schritten zu entfalten: im ersten Teil die "ewige Zeugung", im zweiten Teil die "zeitliche Geburt" und im dritten Teil die geistliche Wiedergeburt der Gläubigen in Christus als "Söhne Gottes" (Joh 1,12). Die mit dem Leitmotiv *Dies sanctificatus* gegebene Thematik der Erleuchtung durch Christus prägt dabei die Auslegung des Johannes-Prologs.

Sermo XXII ist einerseits verwandt mit den Sermones der ersten Phase. Das trifft insbesondere im Hinblick auf das Dispositionsschema der "dreifachen Geburt" zu, das schon in den Sermones XI (2) und XVI (6/1) zu finden ist und als ein beliebtes mittelalterliches Modell der Weihnachtspredigten bezeichnet werden kann.[6] Diese Verwurzelung in traditionellen Predigtformen wird auch durch die exakte Beachtung der Regeln der *artes praedicandi* bestätigt[7]. Andererseits kommt inhaltlich in Sermo XXII schon deutlich die Wende zur *docta ignorantia* zur Geltung.

In formaler und inhaltlicher Hinsicht sowie unter dem die Entwicklung der cusanischen Predigten berücksichtigenden Gesichtspunkt erweist sich Sermo XXII somit als besonders geeignet für den genannten Zweck der hier beabsichtigten Untersuchung.

Die Entscheidung für diese Predigt hat Konsequenzen für die weitere Auswahl. Das Einteilungsschema der dreifachen Geburt begegnet noch einmal in den Mainzer Weihnachtspredigten XLII (33), XLIII (34), XLIV (35), XLV (36) und XLVI (37) des Jahres 1444.

Von diesen bilden die Sermones XLII, XLIV und XLVI ein Triduum. Sermo XLII beginnt mit den Worten *Ecce evangelizo vobis* ... (Lk 2,10b-12a) und ist eine Auslegung des Evangeliums der ersten Messe des ersten Weihnachtstages. Sermo XLIV ist für den Stephanstag (26.12.) und Sermo XLVI für den Johannestag (27.12.) entworfen worden. Die Sermones XLIII und XLV scheinen am ersten und zweiten Weih-

---

1-4, der Einschub der Vaterunser-Erklärung (Nr. 18-27) und der Abschnitt Nr. 30-34 hinzugefügt wurden. Zum "Wandel im Licht Christi" führt NvK in drei Schritten mittels eines dreifachen Erkenntnislichtes. Der erste erreicht eine "wahrscheinliche", "unsichere" Erkenntnis aufgrund eines an die Erfahrung der menschlichen Entwicklung gebundenen "konjekturalen Lichts", vgl. Nr. 6-13, a.a.O., S.361-366. S. schon Nr. 2, Z.6f,13f. Der zweite steigt über die Betrachtung der Schöpfung zum "rationalen Licht" einer Erkenntnis des dreieinen Gottes auf (Nr. 14-17, vgl. Nr. 2, Z.8f und 14). Der Schwerpunkt liegt freilich auf dem dritten Schritt, der zum "lumen intellectuale" führen soll aufgrund des "Lichtes der Lehre Christi", die im Vaterunser zugänglich ist (s. Nr. 18-27, Nr. 2, Z.10-12 und 15f), das einerseits ein "auf Menschenweise gesprochenes" Wort Christi darstellt, andererseits "im Heiligen Geist gesprochen" Bild der ewigen Weisheit ist. S. Nr. 18, Z.1-10. Die Argumentationen, die heutigem Denken teilweise fremd sind, sollen hier nicht im einzelnen nachvollzogen werden. (Eine Zusammenfassung bietet J. KOCH/H. TESKE, CT I. 6, S.196-199). Es sei hier nur darauf hingewiesen, daß darin der Versuch gemacht wird, die in den verschiedenen Seelenkräften des Menschen gründenden Erkenntniswege zusammenzubinden und in ihrem Zusammenhang mit Christus, dem wahren Erkenntnislicht, aufzuzeigen. Ein Auszug aus Sermo XXIII und die aus Sermo XXIII erwachsene Vaterunser-Erklärung sind im vorangegangenen Kapitel ausführlich behandelt worden (vgl. oben, S.54f und S.85-97).

6 Vgl. R. HAUBST, Die Christologie, S.34.

7 Vgl. J. KOCH, CT I, 7, S.17ff, der bei einem Vergleich der mittelalterlichen Predigttheorie mit dem Aufbau und der Durchführung von Sermo XXII Übereinstimmung feststellt.

nachtstag des gleichen Jahres in einer anderen Kirche von Mainz gehalten worden zu sein.[8]

In einer Neufassung der Einleitung von Sermo XLII greift NvK sodann wieder auf das Thema *Dies sanctificatus* zurück.[9] Ähnlich wie in Sermo XXII werden dadurch die Evangelien der drei Weihnachtsmessen in einen Zusammenhang eingebunden. Von da ab setzt sich dieses Thema in allen Sermones bis zum Epiphanietag 1445 (XLVIII) durch.

Das Schema der "dreifachen Geburt" wird sowohl in der ursprünglichen als auch in der neugefaßten Einleitung von Sermo XLII[10] sowie in der Einleitung von Sermo XLIII[11] als Dispositionsprinzip genannt. Anders als in Sermo XXII wird nun aber der Stoff auf die drei Predigten des Triduums verteilt, und zwar so, daß zunächst in Sermo XLII und XLIII die "geistliche Geburt", in Sermo XLIV die "zeitliche" und in Sermo XLVI die "ewige Geburt" behandelt wird. Der Unterschied liegt mithin in der Reihenfolge und inhaltlichen Schwerpunktsetzung. Während die "geistliche" Geburt im Schlußteil von Sermo XXII im Jahre 1440 nur kurz gestreift wird, tritt sie im Jahre 1444 stark in den Vordergrund. NvK läßt sich von dieser Thematik in den Sermones XLII und XLIII so mitreißen, daß er sie auch in Sermo XLIV fortführt, obwohl diese Predigt sich entsprechend der ursprünglichen Disposition - wie auch die einleitenden Sätze erwarten lassen - mit der "zeitlichen Geburt" befassen soll. Im Vergleich dazu und zu Sermo XXII fallen Sermo XLV und XLVI, welche die zeitliche und die ewige Geburt zum Thema haben, recht knapp aus. In den Sermones und Schriften der Folgezeit verschwindet das Motiv der dreifachen Geburt aus den Sermones des NvK, während die Christusgeburt in der Seele noch häufig zur Sprache kommt.[12]

Diese Beobachtungen lassen eine bloß zufällige Veränderung der Reihenfolge der drei Geburten als höchst unwahrscheinlich erscheinen. Wie gezeigt werden wird, kommt eine auffällige Wende zur Reflexion auf die Selbsterfahrung des menschlichen Geistes in der zweiten Predigtphase zwischen 1440 und 1445 hinzu[13]. Parallel dazu verläuft eine intensive Beschäftigung mit Texten des Neuen Testaments.[14]

---

8 Vgl. die Praenotanda zu Sermo XLII, h XVII, deren Druckfahnen ich einsehen konnte.

9 S. Sermo XLII Nr. 12. Den Text s. unten, S.194f.

10 Vgl. Nr. 1, Z.18-28 (s. unten, S.187) und Nr. 12, Z.29-42 (s. unten, S.195).

11 Nr. 1, s. unten, S.187.

12 Vgl. R. HAUBST, Die Christologie, S.38.

13 Vgl. vor allem Sermo XLI (32) "Confide filia" vom 25.11.1444, Nr. 7-12 und die Ausführungen dazu unten, S.115-117.

14 Die in den Jahren 1443-1445 von NvK angefertigten Exzerpten-Reihen neutestamentlicher Texte, vgl. oben, S.48, scheinen biblische Vorarbeiten zu seinen Predigten und übrigen Werken zu sein. Das Johannes-Evangelium und thematisch insbesondere der Gedanke der durch den menschgewordenen Logos vermittelten "Gotteskindschaft" (Joh 1,4 und 1,12) spielen darin eine herausragende Rolle. Diese letztere Feststellung wird bekräftigt durch einen Brief unter der Überschrift "De intellectu evangelii Johannis. Quomodo ratio divina sit vita", den NvK im Jahre 1444 wahrscheinlich an den Münstermaifelder Kanonikus Konrad von Wartburg schrieb. Vgl. H. PFEIFER, a.a.O. (s. oben, S.48, Anm. 166), S.204ff. Die oben, S.80f, aus Sermo XXXII, Nr. 4, zitierten Ausführungen sind ein Beispiel dafür, wie sich die Beschäftigung des NvK mit den biblischen Texten auswirkte. Er stellt hier wesentliche Aussagen über die "Gotteskindschaft" und die "Schülerschaft" der Glaubenden zusammen, die er ein Jahr später in "De filiatione dei" entfaltet. H. PFEIFER nennt die erwähnten Exzerpte deshalb eine "biblische Vorstudie" zu "De filiatione dei". Vgl. a.a.O., S.203; vgl. auch App. II zu Sermo XXXII, Nr. 4, Z.1-25, h XVII, S.54.

Da diese Wende schon in Sermo XLI (32), *Confide filia*, vom 22.11.1444, zum ersten Mal zutage tritt, soll der erste Teil dieser Predigt, in dem NvK die Suche nach dem "verborgenen Christus" in das Innere der menschlichen Seele verlegt, in die Untersuchung einbezogen werden.

Die so gewonnene Auswahl an Sermones erweist sich schließlich auch unter dem die äußere Form betreffenden Kriterium als glücklich. Während Sermo XXII noch das klassische Beispiel einer Predigt nach den Regeln der *artes praedicandi* abgibt, stellen die Mainzer Weihnachtspredigten ausgesprochene Homilien dar. Davon sind die Sermones XLII und XLIII ausführliche Entwürfe.

Die Sermones XLIV, XLV und XLVI gehören hingegen zu der bei NvK häufig vorkommenden Sorte bloß rudimentärer, bruchstückhafter Predigtskizzen.[15]

Die unter inhaltlichen und die Entwicklung der Sermones betreffenden Gesichtspunkten getroffene Auswahl bietet somit auch in formaler Hinsicht einen repräsentativen Einblick in die Predigtwerkstatt des NvK.

Sie umfaßt mit den Sermones XXII, XLI und XLII-XLVI sieben Predigten aus der zweiten Phase[16], in der sich die entscheidende Entwicklung abspielt. Die reife Höhe cusanischer Glaubensvermittlung wird im nächsten Kapitel bei der Betrachtung von Sermo CCLXXX (277) aus dem Jahre 1457 und der Schrift *De aequalitate* von 1459 zur Sprache kommen.[17]

2 *Die Hinführung zur "dreifachen Geburt" Christi in Sermo XXII (16)*[18]

2.1 Thema, Prothema, Ziel und Disposition der Predigt

Auf die "verborgene Wahrheit" des Themas "Der geheiligte Tag ist uns aufgeleuchtet", als dessen Quelle die Liturgie des Festtages angegeben wird[19], geht NvK in einer Anmerkung ein, die er nachträglich dem Sermo hinzufügt und die in der kritischen Ausgabe als "Adnotatio" unter Nr. 45 veröffentlicht ist[20]. Die Auslegung des Schöpfungsberichts (Gen 1-2) ähnelt der von Sermo XXX[21]. Der "geheiligte Tag" wird mit dem "siebten Tag" des Schöpfungswerkes identifiziert, an dem Gott nicht mehr schuf, sondern den er "gesegnet und geheiligt" hat, weil er an ihm mit seinem Werk aufhörte und "ruhte". Der "geheiligte Tag" steht somit für die "ewige Weisheit", die nicht mehr am Licht Gottes in Erwartung eines höheren Vollkommenheitsgrades teilhat, son-

---

15 Der Grund für solche Kurzfassungen von Homilien ist meist wohl der Zeitmangel. Das gilt besonders für die auf den Legationsreisen flüchtig entworfenen Sermones. Vgl. J. KOCH, CT I. 7, S.19. Auch in der Zeit von Weihnachten 1444 bis Epiphanie 1445 entwirft NvK sieben Predigten. Im Falle der Sermones XLV und XLVI könnte die besonders auffällige Kurzform allerdings auch an dem didaktischen Interessenwandel liegen, wie er im folgenden aufgezeigt wird.

16 Eine Dokumentation der Texte findet sich im Anhang dieser Untersuchung, S.162-235, zusammen mit einer Übersetzung.

17 S. unten, S.137-149.

18 Den im folgenden kommentierten Text s. im Wortlaut unten, S.162-181.

19 Sermo XXII, Nr. 1. Der Vers findet sich im Graduale der 3. Weihnachtsmesse des Missale Romanum und im Responsorium VII der Matutin des Römischen Breviers von Papst Pius V. Vgl. App. II zu Sermo XXII, h XVI, S.333.

20 h XVI, S.357. S. unten, S.181.

21 Vgl. oben, S.65f.

dern die die höchste Stufe der Weisheit selbst ist, auf der alles Gotteswerk seine Vollendung findet.

Der Mensch, der in der cusanischen Auslegung "der sechste Tag oder Mikrokosmos" ist, den Gott am "sechsten Tag" nach seinem "Bild und Gleichnis" geschaffen hat, gelangt an jenem "siebten Tag" zu seiner Vollendung. Dieser "geheiligte Tag" ist mit Gottes Menschwerdung angebrochen. Jesus Christus ist der "geheiligte Tag", die Sabbat-Ruhe Gottes, das Ziel und die Vollendung der ganzen Schöpfung.

Gemäß den Regeln der mittelalterlichen Predigtkunst[22] folgt auf die feierliche Einführung des Themas (Nr. 1) ein Prothema (Nr. 2-4), das auf verschiedene Schriftstellen anspielt, die schon in Beziehung zum Hauptthema stehen.

Ebenfalls auf die heilsgeschichtliche Ausdeutung des Hexaëmerons gestützt, gibt dieses Prothema in drei Schritten - entsprechend den Worten des Themas: "Der geheiligte Tag - ging leuchtend auf - kommt laßt uns anbeten" - der ganzen Predigt von vornherein eine glaubenspraktische Ausrichtung. Die Situation der Hörer, ihr Suchen nach Wahrheit und ihre Erleuchtung durch Christus wird angesprochen, wenn es von der "Tochter Sion" - so die allegorische Bezeichnung der menschlichen Seele[23] - heißt, sie sehne sich aufs höchste nach dem "einsichtigen Leben", das ihr ursprünglich eigen war und dessen sie beraubt ist. Die Aussagen der Propheten im Laufe der Heilsgeschichte waren nur ein blasser Sternenschimmer, der eine Ahnung von dem heraufkommenden Tag vermittelte, den sie ansagten. Sie glichen vielen Tagen, die vorbeigingen und deren Schatten allmählich einem helleren Licht wichen. Erst mit Jesus Christus ist der "substantielle Tag" aufgegangen, der die Heiligkeit selbst ist und alle anderen vergangenen und zukünftigen "Tage" erleuchtete, mit denen er nicht zu vergleichen ist. Er ist das eigentliche, unendliche Licht, das dem sinnlichen Auge unsichtbar ist, aber dem Menschen erst die Erkenntnis der Wahrheit ermöglicht.

Christus, die "Sonne", das "reine Licht", ist zugleich "Weg, Wahrheit und Leben" für die suchende Seele. Er befreit sie aus der Dunkelheit ihrer Ignoranz und führt sie zu ihrer eigentlichen Bestimmung. Das Ziel der Predigt fällt mit der Intention zusammen, die NvK dem Gebet gibt, zu dem das Prothema hinführen will: Christus soll im Wort der Predigt als "Tau des Trostes" auf Prediger und Hörer herabsteigen. Die Hörer sollen bewegt werden, vom Schlafe aufzustehen und der ihnen entgegenkommenden höchsten Liebe ihrerseits entgegenzugehen. Sie werden eingeladen, "zu kommen und anzubeten" und sich der Erleuchtung durch Christus zu öffnen.

Die Gliederung (Nr. 5 und 6) hält sich an das überlieferte Muster der dreifachen Geburt, die den drei Teilen des Themas entsprechen. Die "ewige Geburt" entspricht den Worten "Der geheiligte Tag", die "zeitliche Geburt" den Worten: "ist uns aufgeleuchtet" und die "dritte Geburt" dem letzten Satz: "Kommt, lasset uns anbeten". Die Reihenfolge der Zuordnung zu den drei Weihnachtsmessen, die schon in Sermo XI und in den Sermones XVI und XVII zu finden ist[24], wird in Sermo XXII beibehalten,

22 Vgl. TH.-M. CHARLAND, a.a.O., S.125-135.

23 Vgl. die Hinweise auf die Glossa ordinaria in Isaiam und auf Hieronymus im App. II zu Sermo XXII, Nr. 2, Z.7, h XVI, S.334.

24 Wie schon R. Haubst bemerkt, werden in Sermo XVI (6/1) zunächst Überlegungen angestellt, die eigentlich dazu führen müßten, die Reihenfolge der Geburten zu ändern. Hier knüpft NvK nämlich an die drei Evangelien der Weihnachtsmessen an und ordnet sie verschiedenartigen Erkenntnisfähig-

wenn auch hier die drei Geburten Gegenstand ein und derselben Predigt werden. Bei der Vermittlung der drei Geburten wendet sich NvK jeweils an verschiedene Hörergruppen[25]. Der erste Teil soll von dem "geheiligten Tag" als der "ewigen Zeugung" handeln, die dem an die Sinnenhaftigkeit gebundenen Verstandesdenken nicht sichtbar, sondern "in der Tiefe der Einsicht verborgen ist". Deshalb richtet sich dieser Teil an die theologisch "Gebildeteren (pro peritioribus)". Der zweite Teil soll das "allgemeine Volk (pro communibus)" ansprechen und ihnen, die stärker der Sinneserfahrung zugetan sind, die "zweite Geburt", die sinnenhaft greifbare Menschwerdung Gottes in der Zeit, nahebringen. Sie soll ihren Geist erleuchten und ihnen den Weg zum Lebensziel zeigen. Daraus ergibt sich der Gegenstand des dritten Teils, der "für die Beschaulichen (pro contemplativis)" gedacht ist: Die in demütigem Glauben auf Christus zugehen, können in der "dritten Geburt" zu "Söhnen Gottes" wiedergeboren werden. Diese "dreifache Geburt" wird drei Stellen aus dem Prolog des Johannesevangeliums (Joh 1,1-4; Joh 1,14 und Joh 1,12) zugeordnet.

2.2 Erster Teil: Die ewige Geburt des Gottessohnes

2.2.1 Hinführung zum einen Gott

Der erste Teil der Predigt beginnt mit einer erkenntnistheoretischen Reflexion in vermittlerischer Absicht[26]. Die Unterscheidung der verschiedenen Erkenntniskräfte[27] kann nur den Sinn haben, den Hörern darzutun, daß bei der Hinführung zu Gott sinnlich-empirische Erfahrung und Vernunfterkenntnis zu transzendieren sind.

Der Hinweis, man müsse "wissen" ("est sciendum"), daß Gott "allen Sinn und Verstand" übersteigt, wendet sich dabei an den Verstand der "gebildeteren" Hörer, um ihnen die Unbegreiflichkeit des einen und dreieinen Gottes bewußt zu machen. NvK will sie von vorneherein für die Grundhaltung der *docta ignorantia* disponieren. Diese Einstellung der Hörer ist eine notwendige Voraussetzung, wenn die folgenden Bemühungen um die Vermittlung der Glaubenseinsicht fruchtbaren Boden finden sollen.

Nach der Vorbemerkung greift NvK in einem ersten Schritt auf die für das damalige Bewußtsein selbstverständliche, allgemeine Annahme der Existenz eines höchsten Guts zurück, von dem alles herstamme[28]. Mit Formulierungen, die er der Tradition entnimmt und in denen Aristoteles, Augustinus und Thomas anklingen, spielt er auf die Beweisführung der *prima via* an, wonach die menschliche Vernunft notwendiger-

---

keiten zu. Der "dunklen und nächtlichen" Vernunft des Menschen entspricht die mitternächtliche Messe, während der Intellekt des Engels "klar ist wie die Morgenfrühe", in der die zweite Messe gefeiert wird. Das Evangelium der dritten Messe am Tag schließlich kündet von der göttlichen Einsicht, die hell ist "wie die Sonne selbst" und "jeden Menschen erleuchtet, der in diese Welt kommt". S. Sermo XVI, Nr. 4, Z.15-18, h XVI, S.263. Nach dieser Einführung verwundert es, daß die anschließende Disposition und die Durchführung der Predigt wieder zur gewohnten Reihenfolge zurückkehrt. Haubst sieht mit Recht den Grund dafür in der Absicht, "die dogmatische Gedankenfolge zu wahren". Vgl. R. HAUBST, Die Christologie, S.32.

25 Die Einteilung der Hörer in drei Gruppen entspricht der gnoseologisch-anthropologischen Unterscheidung von "De coniecturis". Vgl. oben, S.59f.

26 S. Sermo XXII, Nr. 7.

27 Vgl. die Ausführungen zu den erkenntnistheoretischen Grundlagen oben, S.56-60.

28 S. Sermo XXII, Nr. 8.

weise zu dem ersten, ewigen Einen gelangt, das die Ursache alles Seienden ist[29]. Aber über dieses Vernunftargument hinaus werden die Hörer an die Grenzen bzw. Wurzeln ihres Denkens geführt[30].

Das erste Denkprinzip, nach dem Widersprüche zu vermeiden sind, setzt voraus, daß Gegensätze als solche erkannt werden. Das ist aber nur möglich, wenn die zugrundeliegende Einheit "eingesehen" wird. Zu solchem "Einsehen (intellegere)", das nur in einer den ganzen Menschen ergreifenden Umkehr der Geisteseinstellung vom diskursiven Denken der *ratio* zur Einsicht des "intellectus" bewußt wird, will NvK seine Hörer anleiten. Er weist sie auf das (Formal-)Objekt dieser Einsicht hin. Ob die *ratio* Gott als seiend oder nichtseiend bejaht, sie vermag dies nur im Licht des *intellectus*, dessen Horizont Gott als die Wahrheit und Einheit schlechthin ist, der jenseits der rationalen Bejahung von Sein und Nichtsein über aller Gegensätzlichkeit und Widersprüchlichkeit steht.[31] Diese Einsicht übersteigt die Logik des Widerspruchsprinzips und richtet sich nach dem überlogischen Prinzip des "Ineinsfalls der Gegensätze".

Die sich wiederholenden Verben "intellegere", "videre", "contemplare", "considerare" weisen ebenfalls darauf hin, daß die Hörer zu einer *visio intellectualis* geführt werden sollen, in der sie "sehen" ("vides"), daß ein Aufstieg des Verstandes zu Gott notwendigerweise fehlschlagen muß und daß es keine Namen und Begriffe gibt, die zu der unendlichen, alles einfaltenden, höchsten Ursache heranhelfen könnten[32]. Wenn Gott mit Namen wie "Wahrheit", "Gerechtigkeit" oder "Güte" bezeichnet wird, so werden ihm dadurch andere, entgegenstehende Begriffe aberkannt. Außerdem tragen solche unterschiedlichen Benennungen Vielfalt und Andersheit in Gott hinein, da Gerechtigkeit etwas anderes besagt als Güte und Wahrheit. Diese Benennungen werden dem "einfachsten, in seiner Unendlichkeit alles einfaltenden Ursprung" nicht gerecht, so daß für ihn, der nicht etwas von allem ist, sondern in dem alles ineinsfällt, und zwar so, daß es in ihm eins und nicht zusammengesetzt ist, eher verneinende Aussagen zutreffen.

Formulierungen wie "manifestum est"[33] und "videmus manifeste"[34] deuten den Charakter der "visio intellectualis" als eine Art Evidenzerfahrung an. Darin werden "Einheit" und "Seinsheit" im Hinblick auf Gott nicht im Sinne eines Gegensatzes zu "Vielheit", sondern jenseits des Gegensatzes von "Sein" und "Nichtsein" eingesehen. Unter diesem "koinzidentiellen" Vorbehalt können aus dem höheren Seinsbereich entnommene Bezeichnungen wie "Geist", "Einsicht", "Vernunft", "Gerechtigkeit", "Wahrheit" in einem "wahreren" Sinn auf Gott bezogen werden als solche, die aus der Sinneserfahrung gewonnen wurden wie "Feuer", "Wasser" oder "Luft".

---

29 Vgl. die Quellenhinweise in App. II zu Nr. 8, Z.3-5, h XVI, S.336.

30 S. zum folgenden Sermo XXII, Nr. 9.

31 S. Sermo XXII Nr. 9, Z.5-7. H. BLUMENBERG sieht in dieser Stelle eine bloße Umformung des ontologischen Arguments, bei dem der Begriff eines ersten Prinzips mit der Wahrheit als dem primären Objekt des Denkens verwechselt würde. Vgl. H. BLUMENBERG, Die Legitimität der Neuzeit. Aspekte der Epochenschwelle, S.41f. Dagegen wäre zu sagen, daß NvK hier nicht mehr "rational", sondern schon im Licht der Einsicht koinzidentieller Glaubenseinsicht argumentiert.

32 S. a.a.O., Nr. 10.

33 A.a.O., Nr. 11, Z.6.

34 A.a.O., Nr. 12, Z.2.

Die Hörer werden zur Betrachtung der von aller sinnenhaft-rationalen Begrenzung "losgelösten Einheit" aufgefordert. In einer "überaus tiefgründigen Einsicht" gelangt die "Seinsheit selbst", die alles, sogar die fundamentalsten Gegensätze, "einfaltet", als der "ewige Ursprung", der vor allem ist, als die "Mitte", in der alles ist, und als das "Ziel", auf das hin alles ist, in den Blick des einsichtigen "Schauens".[35]

Die Art dieser "Einsicht" wird am Beispiel der alles rationale Begreifen übersteigenden Allgegenwart Gottes verdeutlicht: Gott ist weder überall, noch kann man sagen, er sei nirgends; er ist gleichsam "darüber", wo beides ineinsfällt. Es läßt sich auf Gott beziehen, was auch für die menschliche Seele gilt, die als "substantielle Form" zugleich überall und nirgendwo im Leib ist.[36]

2.2.2 Hinführung zum drei-einen Gott

Nach der Hinführung zu dem absolut einen, unendlich seienden Gott beschreitet NvK einen ähnlichen Weg zu dem Offenbarungsgeheimnis der "Drei-Einheit" Gottes.[37] Zunächst stellt er wiederum fest, daß es sich bei Gottes Drei-Einheit nicht um eine zahlenmäßige, "rationale" Dreiheit handeln kann, die im Gegensatz zu Einfaltigkeit und Einheit stände. Wiederum fordert er die Loslösung von aller sinnenhaften Vorstellung und rationalen Begrifflichkeit: Die Drei-Einheit Gottes ist nur auf "höchst losgelöste und erhobene Weise (abstractissime et elevatissime)" einzusehen. Deshalb hilft es auch nicht, von dem auszugehen, was Bezeichnungen, die aus dem Endlichen und Geschöpflichen genommen sind, wesensmäßig aussagen, denn auf das "Einfachste, Unendliche, Unverhältnismäßige und Einste" - man spürt den Versuch, durch Superlative und sprachliche Eigenschöpfung ("unissimo"!) die Begriffe zu übersteigen - trifft kein endlicher Name, kein Bild und keine Aussage zu.

Wenn dennoch ein Aufstieg von der geschaffenen "Drei-Einheit" alles Seienden her zur göttlichen Drei-Einheit unternommen wird[38], so geschieht dies unter der Bedingung des "zweifachen Überstiegs", der zu Aussagen führt, die in einem übertragenen und von aller Anschauung gelösten Sinn ("transsumptive et abstracte") gelten. Die *manuductio* von den Geschöpfen zur Drei-Einheit Gottes setzt an der sinnenhaft erfahrbaren und rational begreifbaren Wirklichkeit irgendeines geschaffenen Seins an und fragt zurück nach seiner Voraussetzung im komplikativen Sein Gottes. An jedem Ding ist die Dreieinheit von Einheit, Verschiedenheit und Verbundenheit feststellbar. Diese Feststellung impliziert die absolute Voraussetzung der unendlichen Drei-Einheit. Diese ist aber nicht mehr sinnenhafter Wahrnehmung und rationaler Erkenntniseinstellung, sondern nur noch der intellektualen Schau zugänglich. Der *intellectus* erfaßt jedes Ding als eines und in sich ungeteilt, weil er sich der unendlichen Einheit bewußt ist. Er kann die Dinge in ihrer Eigenart und Unterschiedlichkeit von anderem erfassen, weil er die unendliche Gleichheit schaut, die alle Unterscheidungen einfaltet. Er erkennt sie schließlich in ihrer Verbundenheit miteinander, weil

35 S. a.a.O., Nr. 13f.
36 S. a.a.O., Nr. 15.
37 S. a.a.O., Nr. 16.
38 S. a.a.O., Nr. 17.

er die unendliche Verknüpfung erahnt, die das Aufbauprinzip der gesamten Welt ist.[39]

Es liegt in der Konsequenz der Grundeinstellung der *docta ignorantia*, daß die durch den vorher beschriebenen "Aufstieg" erlangte "Kenntnis" sogleich wieder in ihre Schranken verwiesen wird.[40] Es handelt sich nicht um eine Erkenntnis des unendlichen Gottes, wie er in sich ist, sondern nur, insofern er die Ursache der Schöpfung ist. Wenn die verschiedenen Ternare, die nach Pseudo-Dionysius, Augustinus und anderen[41] die Schöpfung durchwalten, auf Gott angewandt werden, so ist dies im Sinne dieser Einschränkung zu verstehen.

NvK äußert sich in diesem Zusammenhang über eine wechselseitige Beziehung von Einsicht ("intellegentia elevata") und Verstandeserkenntnis ("ratio") und verweist diesbezüglich auf andere eigene Darlegungen.[42] Der *ratio* wird trotz ihrer Beschränkung auf die Kategorien von "Vielheit" und "Größe" eine gewisse Einsichtskraft (*intellegentia rationis*) und eine Ahnung von der Einheit über aller Gegensätzlichkeit zugetraut. Die eingeschaltete erkenntnistheoretische Reflexion scheint wiederum einem vermittlerischen Interesse zu entspringen. Es hat den Eindruck, als ob NvK alle möglichen vernunfthaften Ansätze nutzen möchte, um die philosophisch gebildeten Hörer, die er in diesem Teil der Predigt ansprechen möchte, zur Glaubenseinsicht zu führen, ohne dabei auf einer (im modernen Sinn) rein philosophischen Ebene zu bleiben.

2.2.3 Hinführung zur "ewigen Zeugung"

Die Hinführung zur Drei-Einheit Gottes eröffnet einen Zugang zur "ewigen Zeugung"[43]. NvK knüpft unter Berufung auf Augustinus an die "mathematischen Namen" (unitas, aequalitas, connexio)[44] an und zeigt auf, daß Andersheit, Ungleichheit und Teilung die ewige Einheit, Gleichheit und Verbundenheit voraussetzen.

Nach der Zwischenbemerkung, daß er an sich die in *De docta ignorantia* ausführlicher dargelegte Trias "id, idem, identitas" zur Beschreibung der drei göttlichen Personen und ihrer Relationen zueinander für geeigneter halte als die überlieferten Bezeichnungen Vater, Sohn und Heiliger Geist[45], wendet er sich der Hinführung zum Begriff der "ewigen Zeugung" zu. Dabei greift er zurück auf einige traditionelle Analogien wie die des Feuers, das den Schein und die Wärme erzeugt, und des Lichts, das sich am Licht entzündet, und des Worts, das aus dem Intellekt als sein Gleichnis hervorgeht. Im Hinblick auf die entsprechende Auslegung von Joh 1,1-2 kann er sich auf "viele" Traditionszeugen stützen, die den Sohn in der Gottheit das Wort des Vaters

39 Ähnliche Argumentationen finden sich in Sermo XXIV Nr. 18 (vgl. oben, S.145) und "De pace fidei", 8, h VII, Nr. 22, S.23,12-14.

40 S. Sermo XXII, Nr. 18.

41 Vgl. die Hinweise im App. II zu Nr. 18, h XVI, S.343f.

42 Mit App. II (s. h XVI, S.344) sind "De coniecturis" I, 1 und II, 17 zu nennen.

43 S. zum folgenden Sermo XXII, Nr. 20-24.

44 Der App. II zu Nr. 20, Z.2.4 verweist u.a. auf die Schule von Chartres. S. h XVI, S.345.

45 Vgl. den eigenwilligen, von Verkündigungsabsicht geleiteten Erklärungsversuch: "Si igitur ab hoc pronomine, quod est id, formatum esset hoc vocabulum, quod est iditas, ut sic dicere possemus unitas, iditas, identitas, relationem quidem faceret iditas ad unitatem, identitas vero iditatis et unitatis designaret connexionem, satis propinque Trinitati convenirent." "De docta ignorantia", I, 9, h I, S.18.

nennen, durch das alles geschaffen wurde. Das "ewige Wort", die "Weisheit", die "Vernunft" oder die "Kunst" in Gott sind identisch mit der unendlichen Gleichheit, in der alle Verschiedenheit der Schöpfung "eingefaltet" ist.[46]

Insbesondere die menschliche "Kunst" im weitesten Sinn des Wortes dient als "Symbol" für *manuductiones*, die in immer neuen Ansätzen zur Schöpferkunst Gottes und zur innertrinitarischen Rolle des göttlichen Logos hinführen sollen[47]. NvK markiert am Rande des Manuskripts sieben Stellen, die für ihn Erinnerungsanstöße und Ansatzpunkte seiner Verkündigung sind.[48]

Als erste merkt er die Möglichkeit eines Aufstiegs vom "geistigen Wort (verbum mentis)" zum göttlichen Wort an. Er nennt das dem menschlichen Verstand entspringende Wort "Kunst (ars)". Als geistiger Entwurf faltet sie alles ein, was in der Realisierung des Werks ausgefaltet wird.

Mit einer zweiten Ziffer bezeichnet NvK die Stelle, die ein anschauliches Beispiel für diese *ars* benennt: das Projekt eines Kirchenbaus im Geist des Architekten. In der Vorstellung des Erbauers ist die Idee der Kirche "ungeteilt und einfaltig" enthalten, während sie sich in der Wirklichkeit in Vielheit, Geteiltheit und Zeitlichkeit ausfaltet.

Von der Ähnlichkeit der menschlichen Kunst ausgehend, die dem ihr vorgegebenen Material die von der Natur abgesehenen Formen aufprägt, ist zur unendlichen "einen und einfaltigsten Kunst" zu gelangen, die alles hervorbringt, was ist, und auf die deshalb alle Formen zurückgehen.

Als dritten Ansatzpunkt hebt NvK den Gedanken hervor, daß sich die Ranghöhe einer menschlichen Kunstart nach den in ihr enthaltenen anderen Kunstfertigkeiten richtet. Bei der göttlichen Schöpferkunst lassen sich diese ins Unendliche steigern.

Eine vierte Weise der *manuductio* führt von der menschlichen Kunst, Verschiedenartiges hervorzubringen, zur unerschöpflichen Macht der göttlichen Schöpferkraft.

Eine fünfte Ähnlichkeit sieht NvK darin, daß der Wille zur Schaffung eines Kunstwerks zugleich aus dem Einsichtsvermögen und dem geistigen Entwurf hervorgeht. Gemäß Gen 1,31 ist das ein "Gleichnis" für die in der Schöpfungstat sichtbar werdende göttliche Trinität: Gott Vater entwirft die Schöpfung in seinem Sohn, dem Göttlichen Wort, so daß der Heilige Geist als der schöpferische Wille aus beiden hervorgeht.

Sechstens nennt NvK das schon bei Augustinus und Eckhart zu findende Beispiel von der "Truhe"[49], anhand derer er die Drei-Einheit von Einheit, Unterschiedenheit und Verbundenheit exemplarisch erläutert. Diese Drei-Einheit ist an allen endlichen Dingen zu beobachten, so daß von jeglichem geschaffenen Sein aus *manuductiones* zum dreieinen Schöpfergott möglich sind. Das Weltganze in reiner Einheit verweist auf den *mundus archetypus* im Wort Gottes selbst, außerhalb dessen nichts sein kann.

---

46 Der App. II verweist auf Augustinus, Scotus Eriugena, Guillelmus de Alvernia und Eckhart als mögliche Quellen. Stellenangaben s. zu Nr. 23, Z.13-15, h XVI, S.347.

47 S., auch zum folgenden, Sermo XXII, Nr. 25-29.

48 Vgl. App. I zu Nr. 25, Z.4; Z.9; Nr. 26, Z.9; Z.16; Nr. 27, Z.1; Z.15; Nr. 29, Z.4. Vgl. auch die Bemerkung in App. II zu Nr. 24-29, h XVI, S.348.

49 Belegstellen s. in App. II zu Nr. 27, Z.16-17, a.a.O., S.349.

Die siebte Betrachtungsweise steigt von den verschiedenartigen Fähigkeiten und Bedingungen, die zur menschlichen Kunst gehören, zur göttlichen Schöpferkunst auf. Ein Schwerpunkt liegt auf dem Gedanken, daß zwischen Kunst, Künstler und künstlerischem Entwurf im menschlichen Bereich eine "Ähnlichkeit" besteht. Sie macht die "Form" des Kunstwerks aus. Diese "Form" gelangt zwar bei der Realisierung nie zur vollkommenen Verwirklichung. Aber als "Form" des Kunstwerks kann sie, wie die "Formen" aller Dinge, auf ihr unendliches Urbild zurückverfolgt werden und somit ein "Bild" der göttlichen Schöpferkunst abgeben.

In einem letzten Abschnitt des ersten Teils[50] findet sich ein erstes Ergebnis. In den Hinführungen zum einen und dreieinen Gott ging es darum, die ewige Zeugung des Wortes Gottes in ihrer Bedeutung für die Schöpfung und den Menschen darzustellen. Der göttliche Logos erwies sich als die Kunst schlechthin, durch die alles geschaffen worden ist. Auf ihn lassen sich alles Sein und alle Naturen zurückführen. Vor allem ist er das "Licht der Menschen", das freilich von der "Unwissenheit der Finsternis" nicht aufgenommen wird. Die vielfältigen "manuductiones" und Konjekturen sollen das Einsichtsvermögen der "eruditiores", an die sich der Prediger wendet, zur Aufnahme dieses Lichts ihres Geistes bewegen.

2.3 Zweiter Teil: Christus als Mensch, in der Zeit geboren

Die "zweite Geburt" Christi ergibt sich aus dem Hauptthema: Christus, der "siebte Tag", ist leuchtend aufgegangen und hat die Erschaffung des Menschen und der ganzen Schöpfung vollendet. Nachträglich hat NvK aber zwei Schriftzitate an den Anfang dieses Teils gesetzt: 2 Kor 5,19 und Joh 6,33[51], die von der Versöhnungstat Gottes im Heilsbringer Jesus Christus handeln, der sich als das "Brot für das Leben der Welt" offenbart. Dadurch wird das Thema der Menschwerdung Christi, das in diesem Teil besonders dem einfachen Volk nahegebracht werden soll, auf die Erlösungsbedürftigkeit und den allen Menschen innewohnenden, wenn auch verschütteten, unendlichen Lebenshunger ausgerichtet und erhält eine anthropologisch-soteriologische Wendung.

Die Hinführung zur Menschwerdung Christi erfolgt über den Aufweis ihrer Heilsnotwendigkeit.[52] Die Argumentation[53] geht von der Finalität der Schöpfungstat aus: Gott schuf alles auf vollkommenste Weise zu sich selbst hin. Eine zentrale Rolle spielt der schon mehrfach erwähnte Gedanke vom Menschen als dem "Mikrokosmos", der unter den endlichen Naturen eine mittlere Stellung einnimmt, so daß er zwischen den körperlichen und geistigen Naturen, die er alle umfaßt, vermittelt.[54] Wie in der Adnotatio in Nr. 45 greift NvK auf den Schöpfungsbericht zurück, nach dem der Mensch "am Ende (in fine)" des ganzen Schöpfungswerkes geschaffen wurde, so daß alle Geschöpfe in ihm ihr "Ziel (finis)" haben. Die trotzdem verbleibende un-

---

50 S. a.a.O., Nr. 30.

51 Vgl. App. I zu Nr. 31, Z.1-3, h XVI, S.351.

52 Eine ähnliche Vorgehensweise in der Hinführung zum Christusgeheimnis findet sich auch in den Karfreitagspredigten Sermo XXVII, Nr. 1-3, Sermo XXX, Nr. 10 und Sermo XXXV, Nr. 3-5. Vgl. oben, S.69f.

53 S. Sermo XXII, Nr. 32f.

54 Vgl. oben, S.65f.

endliche Kluft zwischen Gott und Schöpfung erfordert die Annahme der Menschennatur durch Gott in Christus, damit die Schöpfung ihr Ziel erreichen kann.

Dieses Argument wird durch die Erfahrung der unendlichen Sehnsucht des menschlichen Geistes bestätigt. Entsprechend dem Rekurs auf diese menschliche Selbsterfahrung[55], die in *De docta ignorantia* I, 1 als unstillbares Streben nach dem Wahren geschildert wird[56], ist der Mensch sich einer inneren Dynamik bewußt, die ihn zur grenzenlosen Erforschung des ganzen Spektrums möglicher Welterfahrung antreibt, aber in keinem Geschaffenen Ruhe finden läßt. Er strebt letztlich nach der "Unsterblichkeit, die ewiges Leben und ewige Weisheit" ist, d.h. zum dreieinen Gott.[57] Dieses Ziel ist nur über einen Menschen zu erreichen, der als höchstes Geschöpf zugleich Gott ist. Alle geschaffenen Naturen, die der Mensch in sich einfaltet und in seiner unendlichen Sehnsucht absucht, können ihre Vollendung nur in diesem Menschen erlangen, in dem alles geschöpfliche Streben und menschliche Sehnen seine Erfüllung findet, weil er der Person nach (hypostatisch) zugleich Gott ist.

Aber welchen Zugang haben die Menschen zu Christus? Die Beantwortung dieser Frage wird Gegenstand eines längeren Abschnittes.[58]

Er beginnt mit einer erkenntnistheoretischen Einschränkung. Der Christus, der in der Zeit geboren wurde und auf Erden erfahrbar war, erscheint unserer an die Sinneserfahrung gebundenen Erkenntnis als ein Mensch wie alle anderen.

Seiner Gottheit nach und als "Ursprung und Haupt der ganzen Schöpfung" sowie als "Ursprung der Lebenden und der Toten und der ganzen Kirche" ist er nur im Glauben zugänglich.

Zu dieser Glaubenseinsicht versucht NvK durch Konjekturen hinzuführen, indem er in einem ersten Schritt auf die Vereinigung der menschlichen mit der göttlichen Natur in Christus hinweist, die so innig ist, daß die Menschennatur Christi in Gott ihren Selbststand hat. Daraus ergibt sich zweitens die Größtheit dieser menschlichen Natur, die "ineinsfällt" mit der Höhe der Vollkommenheit der Natur aller Menschen. Sie wird somit als "Maß und Maßstab" für alle Menschen, als Grund ihrer Einheit und als Ursache ihrer Erlösung "einsehbar".

Die einzigartige Stellung der Menschheit Christi wurde im vorangegangenen Kapitel als theologische Prämisse der cusanischen Glaubensvermittlung dargestellt.[59] Im Verkündigungsvorgang von Sermo XXII wird deutlich, daß diese Wahrheit von NvK nicht als ein rationaler Wissensgegenstand vermittelt wird. Er will seine Hörer dazu stimulieren, über *sensus* und *ratio* zu diesem Glaubensinhalt hinauszusteigen. Selbst das Bild vom Bestehen des Leibes in der Seele, das im Symbolum (Pseudo-)Athanasianum "Quicumque" gebraucht wird[60], hält er nicht für genau genug, um das Verhältnis der menschlichen zur göttlichen Natur in Christus korrekt zu beschreiben. Auch der Versuch, über das "Gleichnis" der menschlichen Kunst (ars) zum Verständ-

55 S. Sermo XXII, Nr. 33, Z.5-9.
56 Vgl. oben, S.63.
57 Vgl. auch Sermo XXIV, Nr. 22, dazu oben, S.93.
58 S. zum folgenden Nr. 34-38.
59 Vgl. oben, S.72-78.
60 Vgl. App. II zu Nr. 35, Z.24-25, h XVI, S.353.

nis der größten Menschennatur und zu der Vorstellung anzuleiten, es gebe einen Menschen, der alle Kunst und alle Vollkommenheiten aller Menschen beherrschte, muß Raum und Zeit und alle rationalen Unterscheidungen sprengen.

Die Bemühung um den Überstieg über Sinne und Verstand zu einer überrationalen *visio intellectualis* der Menschennatur Christi hat den Sinn, die Hörer "die wunderbare Verheißung erblicken" zu lassen, die sich in Christus an allen Menschen erfüllen kann: die Erlösung durch das Kreuz, die Auferstehung zur Unsterblichkeit. Die Hinführung zu solcher Einsicht schließt den Aufruf ein, Christus "anzuhängen", und das heißt nichts anderes als am Glauben Christi teilzunehmen.

Der zweite Teil schließt mit der Behandlung der Frage nach der Art und Weise, wie Christus das Licht sei, das uns erleuchtet und die Glaubenseinsicht ermöglicht[61]. Der "unter dem Fleisch verborgene Gott" offenbart sich durch die Worte und Werke Christi. Aber um diese Offenbarung zu vernehmen, bedarf es einer inneren Erleuchtung des menschlichen Geistes.

Das menschliche Wort bietet sich als Bild für eine *manuductio* nicht nur zum Schöpfungs-, sondern auch zum Offenbarungswort Gottes in Christus an. Sein geistiger Gehalt ist verborgen. Dadurch, daß es mit einem akustischen Laut, dem Ton der Stimme, "bekleidet" wird, vermag sich das Wort mitzuteilen. Aber das bloße Hören des Wortlauts garantiert noch nicht die Aufnahme des geistigen Sinns. So muß ein Lehrer beim Schüler etwas bewirken, das über das Wort hinausgeht, damit er Einsicht vermittelt.[62]

In einem "transsumptiven" Sinn gilt dies auch für Christus, das fleischgewordene, verborgene Wort Gottes. Damit es in den sichtbaren Zeichen seiner menschlichen Gestalt erkannt wurde, mußte Christus nicht nur predigen, sondern zugleich erleuchten. Wie das Verstehen eines menschlichen Wortes eine geistige Aufnahmebereitschaft erfordert, so ist für das "Hören" des Offenbarungswortes Christi der Glaube und die Haltung der Hingabe notwendig.

Der Hinweis auf Maria in Nr. 40 bedeutet wohl, daß NvK in der "seligen Jungfrau" eine Verkörperung dieser genannten gläubigen und hingabebereiten Haltung sieht.

Die Zielsetzung des zweiten Teils erweist sich demnach tatsächlich als praktischer Art. Es geht um die Vermittlung einer Einsicht in das Evangelium von der Menschwerdung Christi, nicht im Sinne eines theoretischen Wissens, sondern einer Herzensbekehrung, einer grundsätzlichen Änderung der Existenzweise, einer Neugeburt in Christus, aufgrund derer im Menschen "nichts mehr anderes lebt als Christus", so daß er durch den ihm innewohnenden Christus "zur Gottes-Kindschaft geführt" wird.

---

61 S. Sermo XXII, Nr. 39f.

62 Es wurde oben (S.80f) schon auf die Stelle in "De filiatione dei" (1445) hingewiesen, wo NvK in ähnlicher Weise aufzeigt, daß ein Lehrer den Schülern seine Lehre nur über sinnliche Zeichen beibringen kann. Damit der geistige Begriff in ihnen selbst entsteht, muß in der Aussage des Lehrers ein "inneres Bewegtsein" durch die Art und Weise seines Sprechens aufleuchten, damit der Funke der Einsicht überspringt.

2.4 Dritter Teil: Die geistliche Geburt in Christus

Der dritte und letzte Teil der Predigt[63], der sich an die "Beschaulichen" wendet, liest sich wie eine geistlich-aszetische Kurzanweisung. Als Grundbedingung für die Wiedergeburt des Menschen zum "Sohne Gottes" wird die freie Entscheidung zur Ganzhingabe an Christus genannt, der als die "Sonne" des menschlichen Geistes unsere Einsicht erleuchtet. Dazu ist negativ das Aufgeben "heidnischer" Denkkunst und ungeduldiger Vorwegnahme der geistigen Sehnsuchtserfüllung durch eigenmächtiges Wissenwollen gefordert und positiv die Grundhaltung der Einfaltigkeit und Lauterkeit des Herzens. Es sind dies Umschreibungen für die *docta ignorantia* und die Geisteseinstellung der *intellectualitas*. Eine solche Grundhaltung schließt die liebende Zuneigung zu allen Mitmenschen sowie den "Frieden" mit der Kirche ein. NvK greift dabei Überlegungen aus *De docta ignorantia* auf.[64] Wiederum beschreibt er das Verhältnis Christi zur Kirche als der Gemeinschaft der Glaubenden und Liebenden nach dem Modell "Seele-Leib"[65] und fordert die Hörer auf, sich dem "Leib Christi" einzugliedern, um mit dem "Geist Jesu" geeint zu sein. Die ganz auf gläubige und kirchliche Lebenspraxis ausgerichteten Ausführungen schließen mit dem Appell an die Hörer, immer tiefer in die Kirche und damit in Christus hineinzuwachsen.

2.5. Rekapitulation unter didaktischer Rücksicht

Ähnlich der Schrift *De docta ignorantia*, aber ausgeprägter - wie es bei einer Predigt naheliegt -, zielt Sermo XXII auf eine praxisbezogene, vom Grundakt des Glaubens getragene "Einsicht".

Die Bemühungen um die Hinführung zur "ewigen Geburt" im ersten Teil haben zum Ziel, die *eruditiores* für die Einsicht zu öffnen, daß der göttliche Logos das "Licht der Menschen" ist, von dem sie sich "erleuchten" lassen sollen. Der zweite Teil will über die "zeitliche Geburt" hinaus zu Christus, dem mit Gott geeinten, "größten Menschen" führen, durch den die *communes* zur Gemeinschaft mit Gott und zur Vollendung ihres Menschseins gelangen. Der dritte Teil macht den *contemplativi* die notwendige Umkehr des Geistes einsichtig, um sie zu einem Leben in der Nachfolge Christi in der Kirche zu stimulieren.

Die Tatsache, daß die drei Teile der Predigt verschiedenen Hörergruppen zugeordnet sind, deren Voraussetzungen zu dem jeweiligen Gegenstand in gewisser Weise korrespondieren, läßt auf eine didaktische Absicht schließen. Dabei wendet sich NvK mit besonderer Ausführlichkeit und Intensität der Gruppe der *eruditiores* zu. Im Hinblick auf die Ausführungen des zweiten Teils, die für die *communes* gedacht sind, stellt sich die Frage, ob die teilweise sehr anspruchsvollen philosophisch-theologischen Spekulationen nicht die Voraussetzungen eines damaligen Durchschnittshörers überfordern mußten. Die in der Skizze des dritten Teils enthaltenen Andeutungen weisen auf eine Vertrautheit mit den spirituellen Erfahrungen der *contemplativi* hin.

Trotz solcher Berücksichtigung der Hörergruppen ist die Reihenfolge der "drei Geburten", die den Aufbau des Sermo bestimmt, nicht von den Hörern, sondern von der

63 Sermo XXII, Nr. 42-44.
64 Vgl. oben, S.77.
65 Vgl. zu ähnlichen Ausführungen in Sermo XXIV, Nr. 28, oben S.95.

Überlieferung her und im Blick auf eine inhaltlich-heilsgeschichtliche Entfaltung konzipiert. Die "ewige Zeugung" des göttlichen Logos (erster Teil) offenbart sich in Jesus Christus in der Zeit (zweiter Teil), um in den Glaubenden gnadenhaft wiedergeboren zu werden (dritter Teil). Diesen drei Schritten entspricht nicht eine sequentielle Erschließung gemäß der Aufnahmefähigkeit der Hörer, etwa in dem Sinne, daß sich der erste Teil an die "unterste" Adressatengruppe der im Sinnenleben Verhafteten, der zweite an die "Verstandesmenschen" und der dritte an die "Einsichtigen" richtete.

Immerhin findet sich an einer Stelle ansatzhaft ein Rückgriff auf die Erfahrung der unendlichen Sehnsucht des Menschen, die auf Christus als ihre Erfüllung ausgelegt wird. Dieser hier noch isolierte, punktuelle Versuch wird in Sermo XLI zu dem grundsätzlichen Thema, ob und wie Christus "in uns" erfahrbar ist.

3 *Die Wende zur Christuserfahrung "in uns": Sermo XLI (32)*

3.1 Thema, Disposition und praktisches Ziel von Sermo XLI

Das Thema *Confide filia. Fides tua salvam te fecit* (Mt 9,22) ist dem Tagesevangelium (Mt 9,18-34) vom Fest der hl. Cäcilia (22.11.1444) entnommen. Nach einem Prothema über die Aufgabe des Predigers, dem im nächsten Kapitel dieser Untersuchung eine eigene Interpretation gewidmet wird[66], beginnt der Hauptteil mit einer Erläuterung des Themas und der Disposition.

NvK möchte "vier Lehren" aus dem Evangelium ziehen, die er zum Gegenstand der vier Teile der Predigt macht. Nach der ersten, grundlegenden dieser Lehren ist Jesus "principium, medium atque finis omnis esse, vitae et intellectus".[67] Im zweiten Teil sollen die Hörer zum Glauben als dem einzigen Weg zu Christus angeleitet werden.[68] Im dritten Teil geht es um die Hoffnung als Lebenspraxis, in der der Mensch auf alle Absicherungen durch abergläubische oder andere vergängliche Stützen verzichtet und sich ganz auf Christus, den wahren "Arzt" und "Heiland" der menschlichen Natur, verläßt.[69] Der vierte Teil schließlich befaßt sich mit der Liebe, die durch den vollendeten Glauben und das Vertrauen entzündet wird und in Gebet und Bitte als "Sehnsucht" in Erscheinung tritt.[70]

Wegen der Bedeutung des ersten Teils, der nicht nur das Fundament der drei anderen darstellt, sondern darüber hinaus als Ausgangsbasis für die Mainzer Weihnachtspredigten des gleichen Jahres, die Sermones XLII-XLVI, betrachtet werden kann, wird dieser Ausschnitt im folgenden kommentiert.

---

66 S. unten, S.129-137.

67 Sermo XLI, Nr. 4, Z.8f. Der Ternar "principium, medium, finis" wird schon in der Vaterunser-Erklärung (Sermo XXIV, Nr. 27) auf Christus angewandt. Vgl. oben, S.95.

68 S. Sermo XLI, Nr. 6, Z.1-5.

69 Vgl. a.a.O., Z.13-30.

70 Vgl. a.a.O., Z.13-15.

3.2 Die Hinführung zu Jesus Christus über eine Analyse der Selbsterfahrung des menschlichen Geistes (Sermo XLI, Nr. 7-12)[71]

Während die Hinführung zur *visio intellectualis* Christi in Sermo XXII im "Überstieg" über Sinneserfahrung und Vernunfterkenntnis gleichsam nach "außen" über den menschlichen Geist hinaus in die "Intellektualität" erfolgt, kehrt sich in Sermo XLI die Blickrichtung nach "innen". Die Hörer werden aufgefordert, in sich selbst zu suchen, wer Christus sei, wobei NvK die Suche in der Selbsterfahrung des menschlichen Geistes für den einzigen Weg hält, Jesus zu finden: "... quaeramus in nobis, quid sit Jesus. Nisi enim in nobis invenerimus Jesum, ipsum non reperiemus"[72].

Zur Wahrnehmung der inneren geistigen Erfahrung leitet er an durch eine Betrachtung über den allem Sein innewohnenden *motus*. Jeder Bewegung ist es eigen, im Rahmen ihrer Natur nach Vollkommenheit zu streben. Das vernunftbegabte Wesen vermag darüber reflektierend zu urteilen. Beispiele für diese Eigenart jeglicher Bewegung werden aus den verschiedenen Seinsordnungen genommen: Das Auge vermag nur durch Sehen und das Ohr durch Hören die in ihm angelegten Fähigkeiten zu verwirklichen. Ein Hund strebt nicht danach, ein anderes Tier zu sein. Schließlich kann auch der Mensch seine Vollendung nur innerhalb des Menschseins finden. So wird gleichsam ein erster Leitsatz der Überlegungen formuliert: "Sic nec homo potest appetere, quod sit alterius speciei, etiam angelus".[73]

Die weitere Reflexion auf das geistige Streben des Menschen ergibt, daß es in der menschlichen Natur alle Vollkommenheit überhaupt sucht und nicht zur "Ruhe" kommt, solange es sie nicht gefunden hat. Das wird im Hinblick auf das Verlangen nach Leben, nach Wahrheit und nach dem Guten aufgezeigt.

Der Mensch strebt nach unsterblichem Leben und möchte lieber die Nicht-Existenz in Kauf nehmen, als sich mit einer tierisch-naturhaften Existenz zu begnügen. Sein geistiges Leben besteht im "Einsehen" und im Verlangen nach "Einsicht" in alles "Einsehbare". Auch unter dem Aspekt des Wollens ist das menschliche Streben unbegrenzt. Diese dreifache Tendenz des unendlichen Strebens wird in einen zweiten Leitsatz zusammengefaßt: "Non igitur quietatur homo, nisi attingat in humanitate sua vitam, quae est ratio omnis vitae, veritatem, quae est ratio omnis veri et intellegibilis, bonum, quod est ratio omnis boni et omnis appetibilis."[74]

Diese Suche des Menschen nach dem Sinngrund allen Lebens, aller Wahrheit und alles Guten in seiner Menschennatur macht das Menschsein aus und kann deshalb nach Ansicht von NvK nicht "vergeblich" sein. In *De sapientia* heißt es später, daß wir von dem, was wir erstreben, einen "Vorgeschmack (praegustatio)" haben müssen, woraus folgt, daß es das nicht nicht geben kann, wovon wir eine Vorkenntnis haben.[75]

71 Die Dokumentation des Textes mit Übersetzung s. unten, S.182-186.

72 Sermo XLI, Nr. 7, Z.30f.

73 A.a.O., Nr. 7, Z.30f.

74 A.a.O., Nr. 8, Z.27-31.

75 Vgl. De sapientia I, h V, S.15f. Bei dem Theorem, daß ein naturhaftes Verlangen nicht umsonst ist, für das NvK andernorts verschiedene Begründungen anführt, kann er sich auf eine auf Aristoteles zurückgehende, bei Albertus Magnus, Thomas von Aquin und anderen Scholastikern häufig vertretene Ansicht stützen. Vgl. dazu die Belege bei R. HAUBST, Die Christologie, S.56.

An der einen Menschennatur haben alle Menschen gemeinsam auf je verschiedene Weise teil. Sie besteht in den Menschen und nicht getrennt von ihnen, wie die "albedo" ohne die "alba" nicht sein kann.[76] "Der Mensch ist nämlich das Sein der Menschennatur".[77] Unter dieser Voraussetzung kann das geistige Streben des Menschen seine Vollendung nur "in einem Menschen seiner Menschennatur" finden.

Da andererseits das ewige Leben, die unfehlbare Wahrheit und das unverfälschte Gute, im Vergleich zu denen nichts Größeres oder Besseres gedacht werden kann[78], nichts anderes als Gott selbst sein können, folgt daraus als Ergebnis der Analyse der Selbsterfahrung des menschlichen Geistes: "Hinc motus humanitatis meae est, ut in homine meae humanitatis attingam Deum".[79]

Aus der Sicht der christlichen Offenbarung fällt die Deutung nicht mehr schwer: Den "Menschen meiner Menschennatur, ... in dem allein ich in meiner Menschennatur die Ruhe finden kann", die Gott ist, "ist der, auf den hin alle Menschen sich ... bewegen, und dieser ist Jesus Christus, der Gepriesene."[80]

Unter Hinweisen auf die neutestamentliche Botschaft wird aufgezeigt[81], daß dieser Jesus "als Verborgener der 'von allen Völkern Ersehnte'" (Apg 2,8) war und "nach langem Erwarten in diese Welt kam".

Es werden vor allem die "Zeichen" herausgehoben, die Jesus nicht nur als wahren Menschen, sondern auch als Gott ausweisen, da sie alle Fähigkeiten von Menschen übersteigen: "Er ist auf dem Meer gewandelt, hat Kranke geheilt, 'er hat Blinden das Gesicht wiedergegeben' (Lk 7,21), den Toten das Leben." Darum wurde er von Johannes dem Täufer als der wahre Messias erkannt, der die Menschheit zur Fülle befreit.

Schließlich wird diese Erkenntnis dem auszulegenden Evangelium (Mt 9,18-34) entnommen. Die Auferweckung der Tochter des Synagogenvorstehers und die Heilung der blutflüssigen Frau zeigen Jesus, "den Menschensohn und Bruder", als die Erfüllung alles geschöpflichen Sehnens. Hier wird noch einmal das Erfahrungsmoment in allem Streben aufgegriffen, wonach jedes Geschöpf "auf die bestmögliche Weise" sein will. Die komparativische Formulierung "meliori modo quo", die im Hinblick auf das "desiderium naturale" aller Seienden schon in *De docta ignorantia* verwandt wird, schließt - was in der deutschen Übersetzung kaum wiedergegeben werden kann - eine Dynamik zu weiterer Steigerung ein.[82] Hier wird deutlich, daß jene Formel das Streben alles geschaffenen Seins auf Christus hin meint, das in ihm jene "Ruhe" findet, die nicht Stillstand, sondern ein ständiges, gleichsam asymptotisches Sich-Annähern an das "größte Geschöpf" bedeutet, ohne seine Vollkommenheit je erreichen zu können. In einer besonderen Weise ist Christus das Ziel der geistigen Sehnsucht des

76 Zur philosophie-historischen Herkunft dieses Beispiels und seiner häufigen Verwendung bei NvK vgl. K. KREMER, Die Hinführung (manuductio) von Polytheisten zum Einen, von Juden und Mohammedanern zum Dreieinen Gott, a.a.O., S.134f.

77 Sermo XLI, Nr. 9, Z.8f.

78 Zur anselmianischen Formulierung "quo maius ... concipi nequit" (a.a.O., Z.18 u. 19) vgl. oben, S.92, Anm. 249.

79 Sermo XLI, Nr. 9, Z.21f.

80 S. a.a.O., Nr. 10.

81 S., auch zum folgenden, a.a.O., Nr. 10ff.

82 Vgl. oben, S.63, bes. Anm. 78.

"vernunftbegabten menschlichen Geschöpfes", dessen Vollendung im "Kosten" und "Schauen in unaussprechlicher Freude" besteht, die ihm durch die Gemeinschaft mit Gott in Christus zuteil wird. Solange die "Herrlichkeit des Genießens" noch nicht erreicht ist, ersehnt es diesen Christus "mit unaussprechlichen Seufzern" (Röm 8,22).

Daß wir Christus, den Sohn Gottes, in uns finden, heißt, daß wir durch die Teilhabe an der Menschennatur Christi aufs innigste seiner göttlichen Natur geeint werden. In seiner Menschennatur "erlangen wir in ihm die Annahme an Sohnes Statt". Da er "Erbe" ist, sind wir "Miterben". Da er "die Wahrheit" ist, sind wir "in der Wahrheit". Unsere Existenz ist "in Christus", so daß wir "in ihm" weise sein können sowie einzusehen und die Freude ewigen Lebens in der Gemeinschaft der Heiligen zu erfahren vermögen.

Daran anschließend[83] fügt NvK eine Bemerkung über die "triumphierende Kirche" der Vollendung ein, die ebenfalls das Ziel der unendlichen menschlichen Sehnsucht genannt werden kann. Denn Christus und die Kirche sind nicht voneinander zu trennen, wie die Menschennatur Christi nicht von den Glaubenden zu trennen ist. Wiederum benutzt er das Bild vom "Leib", dessen Glieder die glaubenden Menschen bilden und dessen "Haupt" Christus ist.[84] Er vergleicht dabei die Einheit zwischen Christus und der Kirche sogar mit der Einheit von Gott Vater und Gott Sohn in der Gottheit. Das "tertium comparationis" ist der Begriff der "Natur": Wie Vater und Sohn in Gott der gleichen göttlichen Natur sind, so haben Christus und die Glaubenden die gleiche Menschennatur.

3.3. Zusammenfassung unter didaktischer Rücksicht

Wie festgestellt wurde, leitet NvK seine Hörer schon in Sermo XXII bei der Hinführung zu einzelnen Glaubensinhalten jeweils zu einer Rückbeugung auf die Voraussetzungen ihres Denkens an, um sie zur "Christusschau" zu führen. Nach seiner Erkenntnistheorie besteht die *visio intellectualis* in einer *reditio completa* des *intellectus*, der im Überstieg über *sensus* und *ratio* in sich selbst zurückkehrt.[85]

Das Vorgehen in Sermo XLI zeichnet sich dadurch aus, daß die Reflexion auf die Selbsterfahrung des Geistes, der Christus in der ihm innewohnenden Bewegung suchen und finden kann, nunmehr zum Inhalt der Predigt selbst gemacht wird. Man kann sagen, daß in Sermo XLI das Subjekt des Hörers, der Weg der Hinführung, der Inhalt und das Ziel der Glaubensvermittlung in einem wechselseitigen inneren Zusammenhang stehen, der in Christus, dem "principium, medium atque finis" der Glaubensschau begründet liegt. In diesem Vorgehen liegt ein bedeutsamer didaktischer Fortschritt, der sich in den folgenden Sermones fortsetzt.

83 Sermo XLI, Nr. 12, Z.20-25.

84 Vgl. oben, S.77, S.95, S.113.

85 Vgl. oben, S.58.

4 *Die geistliche Geburt Christi nach den Sermones XLII, XLIII und XLIV*[86]

4.0 Vorbemerkungen

4.0.1 Gegenstand, Zielsetzung und Disposition der Sermones XLII, XLIII und XLIV

In den Sermones XLII und XLIII macht NvK das Evangelium der ersten Weihnachtsmesse (Lk 2,1-14) zum Gegenstand seiner Auslegung im Sinne der "geistlichen Geburt".[87] In Sermo XLIII erläutert er zu Beginn diesen Begriff als "eine Geburt Christi, in der er geistlich oder im Geist täglich in uns geboren wird".[88] Diese Geburt geschieht in einer Erleuchtung des menschlichen Geistes durch das Licht, das Gott selbst ist. Solche Erleuchtung bedeutet eine Verähnlichung des Menschen mit Christus, die uns "zu 'Kindern des Lichts' (Eph 5,8) oder zu 'Kindern Gottes' (Mt 5,9)" macht, "wenn der Glanz des Lichtes den Geist erleuchtet und in das Licht hinüberträgt".[89] NvK formuliert hier eine "Definition" der geistlichen Geburt, die sich ähnlich schon in Sermo XVI (6/1)[90] findet und als ein Beleg dafür gelten kann, daß für ihn die Übersteigerungen nicht zutreffen, wie sie Meister Eckhart - zu Unrecht - vorgeworfen wurden.[91]

Inhaltlich können in Sermo XLII zwei Teile unterschieden werden: die Auslegung der "historia Evangelii" (Nr. 2-7) und die Deutung der im Evangelium genannten "Zeichen" für die "in uns" erfolgte Geburt Christi (Nr. 8-17). Für Sermo XLIII gibt NvK selbst die Disposition an. In einem ersten Teil soll die Erklärung des Evangeliums die Frage beantworten, auf welchem Weg es zur Erleuchtung des menschlichen Geistes kommt. Der zweite Teil soll nach dem Zeichen fragen, an dem "wir selbst erkennen, daß Christus in uns geboren ist". Der dritte soll Antwort geben auf die Frage, woran andere die Geburt Christi in uns erkennen.[92]

Zu Beginn von Sermo XLII nennt NvK für die Hinführung zur geistlichen Geburt eine praktische, "ethische" Aussageabsicht.[93] Auch in Sermo XLIII soll das Evangelium daraufhin durchleuchtet werden, "wie wir dazu gelangen können", Christus in unserer eigenen Seele zu erfahren[94]. Diese Zielsetzung prägt ebenfalls die kurze Skizze von Sermo XLIV, die sich gemäß der Ankündigung von Sermo XLIII mit der "zeitlichen Geburt" befassen soll[95]. In den einleitenden Sätzen nennt NvK als Ziel die

---

86 Den Wortlaut dieser Sermones s. unten, S.187-207.

87 S. Sermo XLII, Nr. 1 und Sermo XLIII, Nr. 1 und 2.

88 Sermo XLIII Nr. 1, Z.1.

89 S. a.a.O., Z.10-15.

90 S. Sermo XVI (6/1) Nr. 11, Z.7-10. Vgl. oben, S.100, Anm. 2.

91 Zum Einfluß des Meister Eckhart auf NvK und zu den wohl durch die Auseinandersetzung mit Eckhart angeregten differenzierteren christologischen Positionen des NvK vgl. H. WACKERZAPP, Der Einfluß Meister Eckharts auf die ersten Philosophischen Schriften des Nikolaus von Kues, in: BGPhThMA 39/3 (1962); J. KOCH, Meister Eckharts Weiterwirken im deutsch-niederländischen Raum, Kleine Schriften I, Roma, Edizioni di Storia e Letteratura 127 (1973); R. HAUBST, Nikolaus von Kues als Interpret und Verteidiger Meister Eckharts, in: U. Kern (Hrsg.), Freiheit und Gelassenheit. Meister Eckhart heute, München/Mainz 1980, S.75-96.

92 S. Nr. 2.

93 S. Sermo XLII, Nr. 1, Z.15ff.

94 S. Sermo XLIII, Nr. 2, Z.7f.

95 S. Sermo XLIII, Nr. 1, Z.18.

Betrachtung, wie den Hirten das Licht in der Sicherheit ihrer sinnenhaften Erfahrung aufgegangen sei. Faktisch deutet die Auslegung die historische Geburt nach Lk 2,15-20 im Sinne einer geistlichen Geburt in den Herzen der Hirten.[96]

Da alle drei Sermones die gleiche glaubenspraktische Zielsetzung mit Hilfe einer allegorischen Bibelauslegung zu erreichen suchen, sei zunächst auf diese exegetische Methode eingegangen.

4.0.2 Zur allegorischen Auslegungsmethode

Von dem "ethischen" Bedeutungsgehalt der geistlichen Geburt, der auf Glaube, Hoffnung und Liebe als das praktische Leben bestimmende Grundakte hinzielt, wird in Sermo XLII ein "dogmatischer" Aussagewert der "ewigen" und "zeitlichen" Geburt Christi unterschieden[97]. Da die allegorische Interpretationsweise weder in dem "dogmatisch" orientierten Sermo XXII noch in den ähnlich ausgerichteten Sermones XLV und XLVI, die von der "ewigen" und "zeitlichen" Geburt Christi handeln[98], eine Rolle spielt, scheint die in den Sermones XLII-XLIV angewandte Auslegungsmethode mit der "ethischen" Aussageabsicht zusammenzuhängen. Darauf weist auch eine Ähnlichkeit mit der mittelalterlichen Exegese des "moralischen" oder "tropologischen" Schriftsinnes hin.[99] "Allegorie" meint im mittelalterlichen Verständnis nicht die willkürliche dichterische Personifikation einer vorher feststehenden Bedeutung, sondern die Enthüllung eines tieferen Sinnes der Heiligen Schrift, dessen Gehalt nicht durch eine buchstäblich-historische Auslegung des Literalsinns allein zu erheben ist. Die allegorische Interpretationsweise, die NvK in den Sermones XLII-XLIV anwendet, scheint den Bemühungen um den *sensus spiritualis* des Mittelalters nahezukommen. Diese Art der Exegese versteht die biblische "Historie" als "Symbol" - ähnlich wie das die cusanische Manuduktionsmethode im Hinblick auf die sinnenhafte, konkrete Wirklichkeit tut, von der sie ausgeht.[100] Sie leitet ebenso an, die Wortbedeutung zu übersteigen, und verweist auf eine tiefere Dimension, die mit der Sinneserfahrung und mittels rational-diskursiver Begrifflichkeit nicht zu fassen ist. Der Rückgriff auf den Schrifttext verleiht der Argumentation dabei höchste Autorität im Sinne mittelalterlicher Mentalität und eine Anschaulichkeit, die der Fassungsgabe auch jener Hörer angemessen scheint, die in Sermo XXII die "communes" genannt werden.[101] Die Voraussetzungen der Hörer werden durch diese Exegese mithin besser berücksichtigt, als dies in den philosophischen Analysen von Sermo XLI gesche-

96 S. Sermo XLIV, Nr. 1.

97 Der Ambrosius zugeschriebene Kommentar zum Epheserbrief, auf den sich NvK in Sermo XLII, Nr. 1, Z.5f beruft, geht in Wirklichkeit auf Theodor von Mopsuestia zurück. Vgl. das Kritische Verzeichnis der Londoner Handschriften aus dem Besitz des Nikolaus von Kues, hrsg. vom Institut der Cusanus-Gesellschaft für Cusanusforschung, in: MFCG 3 (1963), S.70-73.

98 Eine ausführlichere Interpretation s. unten, S.125-127.

99 Zur mittelalterlichen Schriftauslegung und zum folgenden vgl. den Überblick über die Forschungsergebnisse bei F. OHLY, Vom geistigen Sinn des Wortes im Mittelalter, in: Schriften zur mittelalterlichen Bedeutungsforschung, Darmstadt 1977, S.1-29.

100 Vgl. oben, S.61-63.

101 Vielleicht hängt es mit der Verwendung dieser Methode zusammen, daß NvK auf eine gesonderte Beachtung der verschiedenen Hörervoraussetzungen, über die er noch im Prothema von Sermo XLI reflektiert (vgl. unten, S.133-136), nun verzichten kann.

hen konnte. Die allegorische Auslegung vermittelt die Christuserfahrung nicht über spekulative Reflexion, sondern durch die biblische Erzählung.

4.1 Die "Beschreibung der ganzen Welt" durch den Verstand

Die allegorische Auslegung von Sermo XLII und XLIII leitet die Hörer an, in dem "Beherrscher dieses irdischen Reiches", der vor der Geburt Jesu regierte und der den Befehl gab, den ganzen Erdkreis zu "beschreiben", ihre eigene vernunftbegabte Natur und ihr Verlangen (*affectus mundanus*) zu erkennen, die ganze Welt zu erforschen.[102] Der Mensch vermag dies durch den Verstand, den NvK im "Statthalter von Syrien" repräsentiert sieht. Der Verstand - und hier verweist er auf eine alte Etymologie, die "Syrien" mit "sublimis" übersetzt - hat aufgrund seiner "Erhabenheit" den Vorsitz in der menschlichen Seele inne[103]. Die "Provinz" des Verstandes ist in dieser allegorischen Deutung die *memoria*, die nach einer auf Aristoteles zurückgehenden und im augustinischen Ternar "memoria-intellectus-amor" weiterentwickelten und auch von Thomas v. Aquin rezipierten Lehre die *species visibiles* der Wahrnehmung aufbewahrt.[104]

Sermo XLIII führt den Gedanken fort und bringt wieder einmal die Idee von der Menschennatur als "Mikrokosmos"[105] ins Spiel. Sie bietet die gedankliche Grundlage für das Verständnis der Intentionalität des Verstandes. Diese setzt ihn in die Lage, den Bestand der ganzen Schöpfung aufzunehmen und sich ihre Reichtümer zur eigenen Ehre anzurechnen.

Von der "Beschreibung (descriptio)" der Welt spricht NvK auch an einer viel zitierten Stelle seines Spätwerks *Compendium* (1463). Dort vergleicht er die Verstandeserkenntnis des Menschen mit der Tätigkeit eines "Kosmographen", der mit Hilfe der Sinneserfahrungen eine Weltkarte entwirft. Die Welterkenntnis ist ein Produkt des Verstandes; sie kann sich der Wirklichkeit zwar annähern, bleibt aber immer auf ihn selbst bezogen.[106]

Die Zuwendung zur Welt ist eine notwendige Bedingung für das Erwachen der einsichtigen Seele zu ihrer Selbsterfahrung als "Bild Gottes"[107]. So ist der "Abstieg" zur Welt zugleich ein erster Schritt des Aufstiegs zur "Spiegelschau"[108]. Die menschliche Grenzerfahrung zwischen der Position auf der Höhe der "Engel und einsichtigen Geister" einerseits und der Zugehörigkeit zur "Erde" andererseits ist ambivalent. NvK erläutert sie - ähnlich wie vorher in Sermo XXX[109] - anhand der Genesis-Erzählung (2 und 3) über die Schöpfung, die Versetzung des Menschen ins Paradies und den Sündenfall, wobei phylogenetische und ontogenetische Deutungen ineinander über-

---

102 S. Sermo XLII, Nr. 2 und Sermo XLIII, Nr. 3.

103 S. Sermo XLII, Nr. 2, Z.10-14 und die Hinweise in App. II zu Z.13. S. auch Sermo XLIII, Nr. 3, Z.7-10.

104 Vgl. Aristoteles, De anima III, c.4 (Bekker/Gison, Berlin 1960, S.429a, Z.27-29); Augustinus, De Trinitate XIV, c. 10 und 12 (CCSL LA, S.440f, S.442ff); Thomas von Aquin, Summa theologiae I/II q.67, a.2. (Opera Omnia curante R. Busa, Stuttgart 1980, 2, S.439).

105 S. Sermo XLIII, Nr. 3, Z.5f; vgl. auch oben, S.65f, S.104.

106 Compendium 8, h XI/3, Nr. 22, S.17f.

107 S. zum folgenden Sermo XLII, Nr. 2 und Sermo XLIII, Nr. 3 und 4.

108 Sermo XLII, Nr. 3, Z.18. Vgl. zu diesem Begriff schon oben, S.81.

109 Vgl. a.a.O., S.99ff.

gehen.[110] Sowohl bei den Stammeltern als auch beim einzelnen Glied des Menschengeschlechtes bringt ja die Anmaßung, vom "Baum des Wissens" zu essen und sich Gott gleichzusetzen, den Verlust des Zugangs zum "Baum des Lebens" mit sich. Der Mensch strebt zwar noch nach der Vollendung seines geistigen Lebens in der "Einsicht", aber er vermag sie auf dem Weg des Wissens nicht zu erreichen. Das Wissen des Verstandes ist ein ständiges Bemühen, die Welt auszumessen, ohne jemals die Wahrheit selbst zu erreichen. Solange das Verstandeswissen auf seine eigene Möglichkeit begrenzt ist, bedeutet es *ignorantia Dei* und den Ausschluß vom (einsichtigen) Leben. Alle Verstandesbemühungen bringen nur "Dornen und Disteln" hervor. Zur theologischen Deutung dieses fortwährenden, widersprüchlichen Zustands verweist NvK auf Apg 17,27, wonach Gott dem Menschen die Chance beläßt, ihn zu suchen, zu "ertasten".[111] Dem entspricht anthropologisch die den Menschen stimulierende Ahnung vom wahren Leben seines Geistes.

Die Erklärung dieser zwiespältigen Situation wird sodann noch vertieft: Bei seiner Suche nach Gott gerät der Mensch in den "Wald von Ägypten".[112] Das biblische Bild von der Gefangenschaft Israels wird auf die Versklavung des Menschen an die vielfältigen Ideologien der "Philosophen" bezogen, die - auf ihren Verstand und ihr Wissen bauend - sich selbstherrlich und willkürlich "Lebensbäume" schaffen, die nicht die Nahrung für das wahre Leben liefern. Je mehr sich der Mensch in diesem "dunklen Wald der Vielgötterei" verirrt, gerät er in Unruhe und Frustration. Gibt er aber seine autonomen Wissensbemühungen auf und gesteht er seine Ohnmacht, sein eigentliches "Nichtwissen" ein, um sich im Glauben der göttlichen Belehrung zu öffnen, so tut sich eine neue Situation auf. Sie wird vom Menschen zunächst als "Wüste" erfahren, in der ihm noch nicht möglich ist, zu "kosten und zu sehen, wie gütig der Herr ist".

Hier wird die Struktur des Aufstiegs zur Christusschau sichtbar, die schon in *De docta ignorantia* anhand der Paulus-Vision zutage getreten ist. Auch dort wurde eine Phase jenes Aufstiegs dargestellt, die den menschlichen Geist ins Dunkle führt und einen "großen und beständigen Glauben" notwendig macht.[113] Ähnlich fordert NvK auch in Sermo XLIII: Wenn der Mensch nicht aufhört zu "seufzen", d.h., wenn er die Dynamik seines geistigen Strebens nicht niederhält oder "verkrümmt", so kann er darin die Verheißung einer künftigen Erfüllung seiner Sehnsucht vernehmen. Der Rückblick auf die heilsgeschichtlichen Ereignisse um den Exodus Israels aus Ägypten als Offenbarung der anthropologischen Situation eröffnet einen Ausblick auf Jesus, in dem die Menschheit zu ihrer wahren Vollendung gelangt.

Die Hinführung zu Christus geht also einher mit einer Anleitung zur Anerkenntnis der Ohnmacht des Verstandes, zum Eingeständnis des Nicht-Wissens im Wissen und will so eine Wende der Grundeinstellung des Menschen anstoßen.

---

110 S. Sermo XLIII, Nr. 4. Ähnliche Ausführungen finden sich auch in "De quaerendo deum", Nr. 40 und in "De dato patris", Nr. 95.

111 S. Sermo XLIII, Nr. 4, Z.21f.

112 Sermo XLIII, Nr. 5, Z.3f; auch zum folgenden s. Nr. 5.

113 Vgl. oben, 2. Kap., S.121f.

4.2 Die Einkehr der Seele in sich selbst

Die Hinführung zur *docta ignorantia* anhand der Exodus-Erzählung verbindet sich in Sermo XLIII, Nr. 6 mit der Interpretation der sechs Schöpfungstage des Genesisberichtes als Stufen eines Aufstiegs des Menschen durch die verschiedenen Seinsbereiche zur Glaubenseinsicht.[114] Am siebten Tag gelangt er zu Christus, dem Licht selbst, das in der Menschheit zur Vollendung der ganzen Schöpfung geboren wird. Wiederum ist sowohl die Entwicklung der Gesamtmenschheit wie auch die des Einzelmenschen gemeint. Die historische Geburt Jesu in Betlehem wie seine Geburt in der Seele des Einzelnen erscheint dabei nicht als das automatische Ergebnis eines natürlichen Erkenntnisfortschritts, sondern als Frucht eines "über die Natur hinausgehenden" Einwirkens des "Heiligen Geistes"[115]. Dieses gnadenhafte Ereignis setzt die aktive Bemühung des Menschen um die Erkenntnis der Dinge dieser Welt voraus. Bei dieser allein kommt er aber nicht zur Ruhe. Deshalb muß der Mensch in sich selbst einkehren. Nachdem die Seele nämlich alles durchwandert hatte, was sich auf dem ganzen Erdkreis vorfindet, fand sie darin keinen Frieden, weil sie nicht am "Sabbat", sondern an den Tagen vor dem Sabbat auf die Suche gegangen war. Dann "kehrt sie zu sich selbst zurück". Indem sie die Schönheit ihres Antlitzes sieht, stellt sie fest, daß eine so große Schöheit in diesem allem nicht zur Ruhe kommen kann. Und sie weiß nicht, wo sie ausruhen soll. Bei der Beschreibung dieses Wegs, auf dem die Seele aufgrund ihres Abstiegs zur Welt den inneren Aufstieg zu Gott unternimmt, macht NvK Anleihe bei Proklos[116] und befindet sich damit in Übereinstimmung mit der mystischen Tradition seit Augustinus[117].

Der Weg, den er seine Hörer führt, entfaltet sich in zwei Etappen.[118] Zunächst soll die Seele sich selbst betrachten und in sich die Ordnung des ganzen Seins entdecken, die "Schönheit ihres Antlitzes". Dabei stößt sie auf das "Siegel der Ewigkeit", aus dem sie herausgerückt ist. Darunter versteht NvK im Anschluß an Heymeric van den

---

114 Vgl. dazu die Ausführungen zu "De coniecturis" II, 14 und Sermo XXX, Nr. 8 oben, S.64ff.

115 S. Sermo XLIII, Nr. 6, Z.7f.

116 Die Formulierung "ad se revertitur" (Nr. 7, Z.4) ist wörtlich einer Übersetzung der "Theologia Platonis" des Proklos entnommen, die vermutlich von Ambrogio Traversari stammt, aus der NvK nach dem Jahre 1438 ein Exzerpt angefertigt hat. Vgl. die Beschreibung des Straßburger Codicillus 84 sowie die Bemerkungen zum Übersetzer und zur Datierung des Textes bei R. HAUBST, Die Thomas- und Proklos-Exzerpte des 'Nicolaus Trevirensis' in Codicillus Strassburg 84, in: MFCG (1961) 1, S.17-51. Der Kontext der zitierten Stelle bei Proklos (Übersetzung von R. Haubst) lautet: "Wenn nämlich die Seele auf die Dinge, die unter ihr sind, hinblickt, so nimmt sie die Schatten und Abbilder des Seienden wahr. Kehrt sie (aber) zu sich selbst zurück, so faßt sie ihr eigenes Wesen und ihre Denkinhalte in den Blick. Das jedoch in der Reihenfolge, daß sie beim ersten Hinschauen sozusagen nur sich selbst erblickt, daß sich ihre Selbsterkenntnis ausweitet und sie in sich die Einsicht und die Ordnung des Seienden vorfindet und dann nach dem Eintritt in ihr Inneres, gleichsam ins Heiligtum, das Geschlecht der Götter und die Einheiten des Seienden erforscht und betrachtet. ... Alles ist nämlich (auch) in uns nach der Weise der Seele. Dadurch sind wir auch von Natur aus befähigt, alles zu erkennen, indem wir unsere Kräfte und die Bilder von allem wecken. Und das ist die höchste <menschliche> Wirksamkeit, bei der die Kräfte zur Ruhe kommen: sich zur Gottheit selbst hin ausstrecken und sie (in Reigentänzen) umgeben. Um diese Einung zu erkennen (um dieser Einung willen), muß man die ganze Vielheit der Seele aufwecken, um nach dem Verlassen von allem, was später als das Eine ist, bei ihm zu verweilen und dem Unaussprechlichen und über alle Dinge hocherhabenen Guten verbunden zu werden." A.a.O., S.38.

117 Vgl. R. HAUBST, Christliche Mystik, S.136.

118 S. zum folgenden Sermo XLIII, Nr. 7 und 8.

Velde das "Paradigma der urbildlichen Welt", das die "ewige Wahrheit" dem menschlichen Geist aufgeprägt hat[119].

In einem zweiten Schritt übersteigt die Seele ihr eigenes Selbst nach innen. Zu diesem Überstieg regt der Prediger in einem in der Einführung als Ziel der Predigt angekündigten "Gebet höchster Hingabe"[120] an. Darin erhebt sich die Seele zu Gott und bittet darum, er möge ihr sein Angesicht zeigen und ihr einen "Führer" geben bei ihrer Suche nach der Erfüllung ihrer Sehnsucht. Dazu hilft ihr das alttestamentliche Gesetz des Mose nicht mehr, der Israel nicht in das verheißene Land zu führen vermochte. Der neue Mittler, den sich der Mensch von Gott schenken lassen muß, ist Jesus[121], der zugleich das Ziel der menschlichen Sehnsucht, der "Sabbattag", ist.

Der Geist Jesu lehrt die Seele, in Betlehem, im "Haus des Brotes", d.h. im "Haus der Kirche"[122], das "geistliche Brot" aufzunehmen, das Christus selbst ist. Vom Heiligen Geist befruchtet, empfängt die Seele eine neue Existenz. In ihrer "glühenden Sehnsucht" wird ein neues "Leben im Geiste" geboren, durch das der Glaubende ein "Sohn Gottes" oder "Sohn des Lichtes" wird. Indem er sich Christus, der "strahlenden Helle des Lebens", zuwendet, wird er von ihm, dem *dies sanctificatus*, erleuchtet. Die "Wiedergeburt" des Menschen in Christus fällt mit der Geburt Christi in der Seele ineins. Diese "Sohnschaft" besteht im Glauben und in der Hoffnung; sie vollendet sich in der Glorie.[123]

4.3 Die Rolle der verschiedenen Seelenkräfte bei der "geistlichen Geburt"

In Sermo XLII geht NvK bei seiner Hinführung zur "geistlichen Geburt" auf das Zusammenspiel von "Einsicht" und "Liebe" ein, die er in den biblischen Gestalten Joseph (*intellectus*) und Maria (*amor*) veranschaulicht sieht. Die Geburt Christi in der Seele ist nach dieser Deutung das Ergebnis eines Zusammenwirkens der beiden genannten "höchsten Seelenkräfte", die einander "anverlobt" sind, so daß die eine ohne die andere nicht tätig sein kann. Dabei betont er, daß "die Liebe nicht durch den Intellekt schwanger" wird, sondern daß die Erleuchtung von dem kommt, den die Liebe ersehnt.[124]

Da diese "geistliche Geburt" nur stattfinden kann, wenn der Verstand die ganze Welt erforscht hat, spielt sie sich nicht in einem rein geistigen Innenraum ab, sondern bezieht den ganzen Menschen als "Gesellschaftswesen (animal politicum)" mit ein. Das entnimmt NvK der allegorischen Auslegung der "Herberge" als des "öffentlichen,

---

119 Heymeric veranschaulicht das "sigillum aeternitatis" durch die geometrische Figur eines gleichseitigen Dreiecks, das einem Kreis eingeschrieben ist. Von dem damit gemeinten geistigen Prinzip gilt nach Heymeric, daß sich darauf "alle Forschung der Vernunft diskursiv zurückführen läßt". Vgl. Heymericus de Campo, Tractatus de sigillo aeternitatis omnium artium et scientiarum. Codex Cusanus 106, Bibliothek des St.-Nikolaus-Hospitals Bernkastel-Kues, fol. 77r. Das Zitat ist entnommen: R. HAUBST, Das Bild, S.258; vgl. auch ders., Zum Fortleben Alberts des Großen bei Heymerich von Kamp und Nikolaus von Kues, in: Studia Albertina, hrsg. von W. Ostlender, BGPhThMA Suppl. Bd. IV, (1952), S.431-433.

120 Sermo XLIII, Nr. 2, Z.12.

121 Vgl. ähnliche Gedanken schon in Sermo XXXII, Nr. 5; s. oben, S.80.

122 Vgl. Sermo XLII, Nr. 5, Z.2f.

123 Sermo XLIII, Nr. 9, Z.5-8.

124 S. Sermo XLII, Nr. 3., Z.7-16.

allen zugänglichen Orts (diversorium)"[125], in dem Jesus geboren wird. Das "neugeborene Kind", die "erleuchtende und erleuchtete Liebe" bedarf des Schutzes vor der rauhen Luft des animalischen Daseins. Die Krippe ist für NvK eine allegorische Verkörperung der Leiblichkeit des Menschen, die für die "Liebe der erleuchteten Seele" das "Gefäß" oder "Kleid" darstellt[126]. Die Hirten stehen für die "das leibliche Leben sorgfältig bewachenden und lenkenden (Verstandes-)Kräfte"[127]. Sie können die "Spiegelschau" behindern, solange sie im Dunkel bloßer Verstandesbemühungen verharren. Der Engel schließlich versinnbildet in dieser Auslegung eine über irdische Kräfte hinausgehende, von den Einengungen der Leiblichkeit befreite Einsicht, die am Licht Gottes selbst teilhat und den menschlichen Verstand erleuchtet. Aber zunächst stellt sie für den im Dunklen irrenden Verstand eine Verunsicherung dar und flößt ihm Angst und Schrecken ein vor einem Verlust seines Lebens.[128]

Das Verhältnis des gläubigen Einsichtsvermögens zu den Verstandeskräften wird in Sermo XLIII, Nr. 10, nur gestreift, kommt aber ausführlicher in Sermo XLIV zur Sprache. Diese Predigt sollte ursprünglich die "zeitliche Geburt" behandeln, durch die Christus in unserer Menschennatur so aufgeleuchtet ist, daß er uns erlöst hat[129]. Der Gedanke der Erleuchtung des menschlichen Geistes reißt NvK so mit, daß er nach einer kurzen Bemerkung über den Glauben der Hirten und die "Gewißheit ihrer sinnenhaften Erfahrung", mit der sie den Heiland so fanden, wie er ihnen vom Engel verkündet worden war[130], zur allegorischen Auslegung der inneren Selbsterfahrung zurückkehrt: "Oportet, quod omnia in nobis inquiramus".[131] Der Engel (vgl. Lk 2,9ff) wird auch hier gedeutet als die "dem Leib entrückte" Einsichtskraft. Die Anspielung auf 2 Kor 12,1-5 ist unüberhörbar[132]. Auch daß der *intellectus* sich "per abstractionem" erhebt, wobei seine "Erhöhung" zugleich den Abstieg des Gnadenlichts bedeutet, entspricht dem, was schon zu den erkenntnistheoretischen und theologischen Grundlagen der cusanischen Glaubensvermittlung ausgeführt worden ist[133]. Die allegorische Auslegung ergibt weiterhin, daß die menschliche Vernunft (*ratio*) nicht zu dem Leben gelangen kann, das "die Wahrheit" ist. Ihre Fähigkeit reicht nur dazu, die Sinneseindrücke zu verarbeiten. Deshalb bedarf sie der "von außen" oder "von oben" kommenden Einsicht, die sie erleuchtet. Wie die Hirten auf dem Felde wird die Vernunft aufgeschreckt durch "das Licht", das nicht aus ihrem Bereich ist. Wenn sie sich aber darauf einläßt, erfährt sie es als eine "große Freude", als die Vollendung ihres geistigen Lebens. Daraufhin versucht sie - so die weitere Interpretation -, das ihr mitgeteilte Licht vernunfthaft zu erkennen. Ihre Erkenntnisweise besteht in einem "Durchlaufen" der Vernunftgründe des Glaubens, an deren Schluß das "Finden" des verkündeten Ereignisses steht. Auch hier ist wieder die Rede von der *memoria*, in der die gesammelten Erleuchtungen bewahrt werden. Sie wird die "erleuchtete Seelen-

125 A.a.O., Nr. 4, Z.15f; s. auch Sermo XLIII, Nr.11, Z.5ff,13ff.
126 S. Sermo XLII, Nr. 5, Z.9-15.
127 A.a.O., Nr. 6, Z.1-11; s. auch Sermo XLIII, Nr. 10, Z.3ff.
128 S. Sermo XLII, Nr. 6, Z.19ff.
129 S. a.a.O., Nr. 12, Z.32-35.
130 S. Sermo XLIV, Nr. 1.
131 A.a.O., Nr. 2, Z.2. Auch zum folgenden s. a.a.O., Nr. 2.
132 Vgl. oben, S.78f.
133 "Abstractio" hat hier - wie schon oben (S.58) dargelegt - nicht die aristotelische Bedeutung, sondern die der "Loslösung" bzw. "Abscheidung" (Meister Eckhart).

zelle" genannt, die in der Gestalt Mariens dargestellt gesehen wird. Aufgrund des ihm mitgeteilten Lichts vermag der Verstand eine immer tiefere Glaubenserkenntnis zu entwickeln. Daraus wird die cusanische Auffassung deutlich, daß es unter der Voraussetzung der *docta ignorantia* eine vom Glauben getragene "schlußfolgernde" Erfassung der Glaubenswahrheit gibt.

4.4 Die Zeichen der "geistlichen Geburt"

NvK versucht in Sermo XLII auch das "Zeichen" zu deuten, auf das der Engel die Hirten hinweist. "Das Kind, in Windeln gewickelt und einer Krippe niedergelegt" (vgl. Lk 2,7) ist in diesem Verständnis "die Liebe des ewigen Lebens in einem Menschen", die dieser mitten in den Versuchungen und Wirrungen dieser Welt (diversorium) entdeckt, bewahrt und hegt. Wo dies erfahren wird, brechen Freude und Gotteslob auf[134]. Im zweiten Teil von Sermo XLII (Nr. 8-11) wird dieses Zeichen, an dem die "geistliche Geburt" zu erkennen ist, dreifach entfaltet. Der Erfahrung der Erleuchtung durch Christus entspricht erstens die "Loslösung von den weltlichen Begierden" und von "Streit, Habgier, Stolz usw."[135] Ein zweites Zeichen ist das unaufhörliche "Gott-die-Ehre-Geben"[136] und ein drittes die Friedensliebe[137]. Die genannten drei Zeichen werden als Ausdrucksweisen der Bekehrung verstanden. Das Zeichen, "durch das einer erkennt, daß Christus in ihm selbst geboren ist", besteht in konkreten Realisierungen einer Umkehr seiner inneren Einstellung von einem Leben, das in der Sorge um weltliche Bedürfnisse aufgeht, zu einem Leben "nach dem Geist Christi"[138].

Von dem "Zeichen", das der einzelne in sich selbst entdecken kann, unterscheidet Sermo XLIII das Zeichen, "durch das von anderen erkannt wird, in wem Christus geboren ist". Hier ist wiederum die Rede von einem christusförmigen sittlichen Lebenswandel, von dankbarem Jubel über Gott und von der Friedensbereitschaft gegenüber allen, "die guten Willens (Lk 2,14) sind"[139].

5 Auslegung von Sermo XLV über die "zeitliche Geburt" Christi

In dieser Predigt macht NvK die "zeitliche Geburt" Christi zum Gegenstand. Sie geht von der Aussage der Hirten im Weihnachtsevangelium der ersten Messe aus: "Laßt uns nach Betlehem gehen, um das Wort zu sehen, das sich ereignet hat und das der Herr uns angezeigt hat." (Lk 2,15) In der Disposition wird eine Drei-Gliederung vorgenommen: Der erste Teil soll sich mit dem Grund und Sinn der Menschwerdung befassen; der zweite mit der Art und Weise der Menschwerdung, und der dritte fragt nach den Menschen, die den Zweck der Menschwerdung erlangen oder verfehlen. Nur der erste Teil wird aber ausgeführt.

---

134 S. Sermo XLII, Nr. 7, Z.7-15.
135 S. a.a.O., Nr. 9.
136 S. a.a.O., Nr. 10.
137 S. a.a.O., Nr. 11. Über die Friedensliebe handelt schon eine frühere Predigt, Sermo XVI (6/1), Nr. 14, Z.9-25, h XVI, S.267, ausführlicher.
138 Sermo XLII, Nr. 9, Z.24f.
139 S. a.a.O., Nr. 13 und 14.

Die Darlegung knüpft an das Thema *Dies sanctificatus* an[140]. "Der geheiligte Tag" wird wiederum als der "siebte Tag" der Erschaffung der Welt (vgl. Gen 2,2-3; Ex 20,11) verstanden, an dem die Schöpfungstat Gottes an ihr Ziel gelangte. Die Lösung der Frage nach dem Sinn der Schöpfung ergibt sich für NvK angesichts der "verkrümmten" Situation nach dem Sündenfall aus der Antwort auf die Frage nach dem Grund und Sinn der Menschwerdung Gottes. Er unterscheidet zwei Betrachtungsweisen.[141] Die erste betont den Aspekt der Vollendung der Schöpfung und des Menschen; die zweite die Erlösungsbedürftigkeit. Wenn er von zwei Lehrmeinungen spricht, von denen die letztere unter den katholischen Theologen verbreiteter sei, liegt es nahe, an die damals zwischen "Skotismus" und "Thomismus" kontrovers diskutierte Frage zu denken, ob "die Vollendung des Universums oder die Erlösung der Menschheit von der Sünde das entscheidende Motiv der Menschwerdung"[142] sei. NvK erweckt mit seiner Absicht, beide Betrachtungsweisen zusammenzufassen, den Eindruck, als ob er damit dieses Problem lösen wolle.[143] Es ist nicht klar, ob er anfangs auf die skotistisch-thomistische Kontroverse eingehen will, um dann jedoch davor zurückzuschrecken und davon abzulassen. Faktisch geht er aber in der folgenden Argumentation nicht auf die Kontroverse ein. Die Antwort, die er gibt, bezieht sich auf die andere Alternative, ob Christus die Menschheit von der Erbsünde oder der persönlichen Sünde erlöst habe. Immerhin wird seine grundsätzliche Auffassung in der zuerst genannten Problematik ebenfalls deutlich: Er betrachtet sowohl die Erlösung von der Sünde wie auch die Perspektive der Vollendung des Menschen und damit des ganzen Universums als Grund für Gottes Menschwerdung. Wenn er behauptet, "daß die Menschwerdung des Wortes die Vollendung und Ruhe der Schöpfung ist"[144], so darf dies nicht im Sinne einer absoluten Prädestination verstanden werden. Dies würde der Grundhaltung der *docta ignorantia* widersprechen, die er als Verkündigungsprinzip konsequent durchhält. Mit seiner Argumentation will er mithin weder eine zusätzliche Lehrmeinung neben den bisherigen vertreten noch auf die Frage nach absoluter oder auf der Sünde beruhender Prädestination eingehen, sondern zu einer Erkenntnis führen, in der zu sehr nach Menschenart gedachte, widersprüchliche, dogmatische Setzungen sich entsprechend dem Koinzidenzprinzip "auflösen".

Diese Interpretation wird durch die weiteren Ausführungen bestätigt, nach denen die Schöpfermacht Gottes erst in der personalen Vereinigung der Menschennatur mit Gott (in Christus) vollendet ist und, von Gott her gesehen, eben darin einen unüberbietbaren Höhepunkt erreicht. Wenn Christus nicht seiner Gottheit nach, sondern insofern er "Gott und Mensch" ist, der "Erstgeborene der Schöpfung"[145] genannt wird, ist dies ebenfalls keine alternative Beantwortung der damals stark antithetischen Frage. Denn die weiteren Darlegungen zeigen, daß unser Verstand Christus immer nur aus der Perspektive der Zeit zu erfassen vermag. Die Stellung, die Christus aber in der Schöpfung als deren Ziel einnimmt, liegt über aller Zeit und aller Vielheit.

140 S. zum folgenden Sermo XLV, Nr. 2.

141 S. a.a.O., Nr. 3.

142 R. HAUBST, Die Christologie, S.182. Vgl. ders., Vom Sinn der Menschwerdung. Cur Deus homo, München 1969, S.34-177.

143 "Possumus tamen resolvere ambas in unam". Sermo XLV, Nr. 3, Z.12.

144 A.a.O., Nr. 4, Z.1f.

145 A.a.O., Nr. 5, Z.6f.

Dies wird durch ein manuduktorisch angeführtes Beispiel vom königlichen Hof unterstrichen, in dem der Königssohn den höchsten Rang einnimmt, unabhängig von der Zeit (seines Alters)[146].

Unter glaubensmittlerischem Aspekt ergibt sich für Sermo XLV wiederum die "pragmatische" Absicht, die Hörer zu einer überrationalen Glaubensschau anzuleiten, die sie den überzeitlichen und über alle Geschichte von Sünde und Sündenfolgen hinausweisenden Sinn der Inkarnation für ihr eigenes Leben erfahren läßt. Man kann nur vermuten, daß NvK dies für den nicht ausgeführten dritten Teil von Sermo XLV ursprünglich wohl auch unter dem eschatologischen Aspekt näher ausführen wollte.

6 Der innere Zusammenhang der drei Geburten nach Sermo XLVI

Nach der Disposition, die in Sermo XLII für das weihnachtliche Triduum vorgesehen war, sollte Sermo XLVI die "ewige Geburt" behandeln. Die einleitende Bemerkung, "daß der Tag vom Tag, der auch das Wort des Vaters ist, uns im menschgewordenen Wort aufgeleuchtet ist", sprengt allerdings diesen Rahmen und stellt den inneren Zusammenhang der "drei Geburten" heraus: Das ewige Wort des Vaters ("ewige Geburt") ist in der Zeit Mensch geworden ("zeitliche Geburt"), um uns zu erleuchten ("geistliche Geburt"). Dabei erweist sich die gnadenhafte Geburt in den Herzen der Gläubigen als das Ziel und der Höhepunkt dieser Heilsökonomie. Dementsprechend möchte NvK sich im ersten Teil mit dem "ewigen Tag", im zweiten mit unserer Erleuchtung und im dritten mit der geschuldeten Danksagung befassen.

Die rudimentäre Durchführung sieht nur eine Skizze für die Hinführung zur Trinität vor. Sie mutet wie eine volkstümliche - die Mundart verwendende - Kurzfassung mancher Gedanken von Sermo XXII an. Die ewige Zeugung des Wortes Gottes wird, mittels der *manuductio* vom menschlichen Wort zum "Wort Gottes des Vaters, durch das alles geschaffen wurde", aufsteigend im Hinblick auf ihre Offenbarung im menschgewordenen Christus erläutert.

Auch die elf Bestimmungen des Wortes Gottes, die schon in Sermo XIX aufgeführt werden[147], entfalten die in Joh 1,14 enthaltene dreifache Wahrheit vom ewigen Wort, seiner Menschwerdung und gnadenhaften Einwohnung in den Gläubigen. Die spekulativen Erläuterungen über die Dreieinigkeit Gottes und seine Schöpfertätigkeit durch den Logos stehen dabei im Dienst einer Hinführung zur gläubigen Erfahrung der "Frucht seines Aufleuchtens".

Die didaktische Position von Sermo XLVI und die in ihr zutage tretende Funktion der ewigen und zeitlichen Geburt wird vollends deutlich, wenn man berücksichtigt, daß diese Predigt die Sermones XLII und XLIV, die wahrscheinlich an den Tagen vorher an den gleichen Hörerkreis gerichtet worden waren[148], voraussetzen kann.

146 S. Sermo XLV, Nr. 6.
147 Sermo XIX, Nr. 4, h XVI, S.293.
148 Vgl. oben, S.101f.

Das auffälligste Ergebnis der Untersuchung der Sermones XXII, XLI und XLII-XLVI ist die Schwerpunktverschiebung von der ewigen und zeitlichen auf die geistliche Geburt Christi. Darin kommt nicht ein theologisch-dogmatischer Bedeutungswandel zum Ausdruck; denn die heilsgeschichtliche Reihenfolge der drei Geburten wird nicht angetastet.

In Sermo XXII versucht NvK seine Hörer über ihre Sinnes- und Verstandeserkenntnis hinaus zu einer *visio intellectualis* dieser Offenbarungswahrheiten zu führen, die der auf sich selbst "verkrümmten" menschlichen Vernunft nicht zugänglich sind. Der Sache nach ist die dabei intendierte Christusschau mit der "geistlichen Geburt" identisch. Aber der bei der Vermittlung direkt angezielte "Gegenstand" sind die Offenbarungswahrheiten der "ewigen" und "zeitlichen Geburt", während die Ausführungen über die "geistliche Geburt" als eine praktische Anwendung erscheinen.

In den Mainzer Weihnachtspredigten bleibt die dogmatische Wahrheit dieser theologischen Inhalte die Grundlage der heilsgeschichtlichen Betrachtung, wie in den Sermones XLV und XLVI ausdrücklich hervorgehoben wird. Aber nun wird das Ziel der Predigt, die Teilhabe der Hörer am "Glauben Christi" und seiner Schau, in Gestalt "der geistlichen Geburt" selbst zum Hauptgegenstand der Verkündigung, und zwar nicht als in sich stehende, vom Subjekt des Menschen unabhängige Gegenständlichkeit, sondern als ein Datum der Selbsterfahrung des Menschen, d.h. der Erfahrung seiner unendlichen Sehnsucht.

Während in Sermo XXII mit der Aufteilung des "Stoffes" auf drei Hörergruppen nur ein methodischer Schritt auf die Adressaten hin getan wird, kann man bei der thematischen Verlagerung auf die geistliche Geburt in den Sermones XLII-XLV von einer vermittlerischen Entwicklung im Predigtwerk des NvK sprechen, bei der es weder um eine dogmatische noch um eine bloß methodische Abwandlung geht, sondern um eine Verschränkung von Ziel, Inhalt und Methode der Verkündigung mit dem anthropologisch-christologischen Grund ihrer Vernehmbarkeit im menschlichen Subjekt.

Viertes Kapitel

Grundlinien der cusanischen Konzeption der Glaubensvermittlung

0 Einführung in das Kapitel

NvK verfolgt in seinen Werken und insbesondere in seinen Sermones die "pragmatische" Absicht, den christlichen Glauben zu verkündigen (Ergebnis von Kapitel 1). Die erkenntnistheoretischen, anthropologischen und theologischen Prinzipien, von denen sich seine frühen Werke in der Zeit nach *De docta ignorantia* leiten lassen, stehen im Zeichen dieser Glaubensvermittlung (Ergebnis von Kapitel 2). In der konkreten Durchführung seiner Predigten ist eine zunehmende Einbeziehung der geistigen Selbsterfahrung des Subjekts der Hörer in die inhaltliche Verkündigung festzustellen (Ergebnis von Kapitel 3). Es stellt sich die Frage, ob diesen Erkenntnissen so etwas wie eine cusanische Konzeption der Glaubensvermittlung zugrunde liegt.

Bei der Beantwortung sollen in diesem vierten Kapitel vor allem drei Texte in den Blick genommen werden, in denen NvK die Glaubensvermittlung selbst zum Gegenstand der Verkündigung macht.

Davon ist der früheste, das Prothema von Sermo XLI (32) von 1444, besonders bedeutsam, weil er drei konstitutive Faktoren der Glaubensvermittlung aufzeigt: das "Wort Gottes" als die "Sache", die Prediger als die Vermittler und die Gläubigen als die Adressaten. Da das Prothema von Sermo XLI sich an die Hörer richtet, ist es besonders unter dem Gesichtspunkt ihres Beitrags zur Predigt auszuwerten. In Sermo CCLXXX (277) von 1457 wendet sich NvK als Bischof von Brixen an die Prediger seiner Diözese, um sie über ihre Aufgaben zu belehren. Diese "Pastoralinstruktion" wird nach dem Beitrag der Prediger bei der Vermittlung des Glaubens Christi zu befragen sein. Die Schrift *De aequalitate* (1459) schließlich greift in einem Rückblick auf das gesamte cusanische Predigtwerk den Kerngehalt (*summa*) des Evangeliums heraus, den er zu verkündigen sich bemüht. Diese Schrift wird demnach unter dem Gesichtspunkt des Inhalts der Glaubensvermittlung zu betrachten sein.

1 Die Mitwirkung der Hörer bei der Predigt nach dem Prothema von Sermo XLI

1.0 Text des Prothemas von Sermo XLI "Confide filia" v. 22. November 1444[1]

1. Docet nos Christus, quando ait Matthaei 4° et Lucae 4°, quod non in solo pane vivit homo, sed et in verbo Dei, duplicem esse refectionem: unam corporis, aliam spiritus. Spiritus enim verbo seu logo seu ratione reficitur.

1. Wenn Christus im 4. Kapitel bei Matthäus und im 4. Kapitel bei Lukas sagt, daß "der Mensch nicht allein vom Brot" lebt, sondern auch "vom Wort Gottes", dann belehrt er uns über eine zweifache Nahrung: eine des Leibes und eine des Geistes. Der Geist wird durch das Wort oder den Logos oder den Sinngrund wiederhergestellt.

1 (V_1 fol. 134vb-135ra)

Et hinc saepe de refectione spiritus Christus dat figuras cenae et refectionis corporis, quo modo ipse, qui est logos Dei, vocat ad cenam, parat, ministrat etc.

Und so macht Christus häufig ein Mahl oder eine Speise für den Leib zu Sinnbildern für die Nahrung des Geistes, indem er selbst, der Logos Gottes, zum Mahl lädt, es bereitet, dabei bedient (Mt 22,27) usw.

Sic arbitror praedicatorem esse quasi pistorem seu cocum refectionis, qui recipit de latitudine Scripturarum verbum Dei et piscat et decoquit pro refectione.

So glaube ich, daß ein Prediger wie ein Bäcker oder Koch einer Speise ist, der aus der Fülle der Schriften ein Wort Gottes in Empfang nimmt und es für eine Mahlzeit backt oder kocht.

2. Est autem differentia pistorum et cocorum.

2. Es gibt aber unterschiedliche Bäcker und Köche.

Sunt enim quidam pistores, qui sciunt de una massa grani facere optimum panem, qui est panis valde nobilis. Et hii molant bene granum, ut possint pervenire ad medullam, et de illa medulla seu pinguedine faciunt panem, qui est pro regibus seu nobilissimis intellectibus. Et ille dicitur panis Christi pinguis, qui praebet delicias regibus.

Es gibt gewisse Bäcker, die aus einem Weizenteig sehr gutes Brot zu machen wissen, ein sehr edles Brot. Und sie mahlen das Korn gut, um bis zum Mark zu gelangen, und aus diesem Mark oder Fett machen sie das Brot, das für Könige oder edelste Geister bestimmt ist. Und es wird das Brot Christi genannt, das reichhaltig ist und Königen zur Lust gereicht.

Alii ex eodem grano faciunt panem non ita bonum et pinguem, licet frangant triticum, quoniam deficit eis ars perveniendi usque ad medullam. Et tamen faciunt album panem atque dulcem et bonum, grossiorem tamen priori.

Andere machen aus demselben Korn nicht so gutes und reichhaltiges Brot, denn obgleich sie auch den Weizen mahlen, fehlt ihnen die Fähigkeit, bis zum Mark zu gelangen. Und dennoch machen sie weißes und süßes und gutes Brot, das aber gröber ist als das vorherige.

Adhuc alii faciunt ex eodem tritico grossum panem, quia non bene molant triticum, et quando est confractum, non separant, sed furfureas extrinsecas partes dimittunt involventes cum aliis. Et adhue iste panis est bonus ad refectionem grossorum ingeniorum.

Wieder andere machen aus dem gleichen Weizen grobes Brot, weil sie den Weizen nicht gut mahlen und ihn, nachdem er zerbrochen worden ist, nicht absondern, sondern die äußeren Kleienteile sich mit den anderen vermischen lassen. Und dieses Brot ist immer noch gut zur Ernährung gröberer Gemüter.

Sunt pistores, qui ex eodem tritico faciunt panes pro nobilibus, ut sunt simulae electae, et panes furfureos pro infimis et mediocres mixtos.

Es gibt Bäcker, die aus demselben Weizen Brote backen für Adelige, so daß es auserlesenes Gebäck ist, und für die Niedrigsten Kleienbrote und mittlere Mischbrote.

Sed raro vel numquam reperiuntur in diversis locis aequales pistores neque etiam in uno loco, neque est in potestate pistoris semper facere aeque bonum panem.

Aber selten findet man an verschiedenen Orten die gleichen Bäcker und nicht einmal an einem Ort. Auch liegt es nicht in der Macht eines Bäckers, immer gleich gutes Brot herzustellen.

3. Sic de praedicatore aestimate, quoniam inter eos interest differentia magna, sicut inter pistores.

3. Schätzt so auch die Prediger ein, da auch zwischen ihnen ein großer Unterschied besteht.

Sed illi sunt boni praedicatores, qui granum frumenti, quod Christus est, sciunt bene molere, ut perveniatur ad medullam pinguedinis; et sciunt postea facere panes varios pro variis statibus: nobilium, mediocrium et infimorum.

Doch sind jene gute Prediger, die das "Weizenkorn", das Christus ist, gut mahlen können, so daß sie bis zum Fettmark vorstoßen und dann verschiedene Brote für die verschiedenen Gruppen machen können, für die Adeligen, die Mittleren und die Niedrigsten.

Et ministrant ecclesiae illos panes simul, ut quisquam secundum ordinem suum reperiat, ubi reficiatur. Et non potest pistor semper aeque bene facere panem, quia hoc a gratia Dei dependet.

Und sie liefern der Kirche jene Brote zugleich, so daß jeder entsprechend seiner Art etwas findet, das ihn stärkt. Und der Bäcker kann nicht immer gleich gutes Brot backen, da dies von der Gnade Gottes abhängt.

Nec vos respicere debetis, quis sit pistor, sed ad panem, quia si non esuritis, non iudicabitis panem bonum, sed si ex desiderio gustatis et videbitis panem, eius suavitatem apprehendetis. Et ubicumque esuriens poterit habere panem, non interrogabit de condicione pistoris, cuius vitae, cuius nationis, et an mundus sit vel non, sed solum attendit ad panem. Et si non potest habere panem suae condicionis et ordinis, scilicet nobilem, qui nobilis est, recipiet alium, quia esurit.

Auch ihr sollt nicht darauf euer Augenmerk richten, wer der Bäcker ist, sondern auf das Brot, denn wenn ihr keinen Hunger habt, könnt ihr das gute Brot nicht beurteilen. Aber wenn ihr aus Sehnsucht das Brot schmeckt und es anschaut, werdet ihr seine Süßigkeit erfassen. Und wer Hunger hat und Brot bekommen kann, wird nicht nach den Bedingungen des Bäckers fragen, wie er lebt, welcher Nation er angehört oder ob er reinlich ist, sondern ihm wird es nur um das Brot gehen. Und wenn er das Brot nicht haben kann, das seiner Lebensbedingung und seinem Stand angemessen ist, etwa edles Brot, wer edel ist, nimmt er auch anderes an, weil er Hunger hat.

Ita, carissimi, nemo se ostendat non esurire! Sed si fueritis esurientes, replebimini bonis. Et si pleni et fastidiosi divites, remanebitis inanes.

Deshalb, Geliebte, erweise sich niemand von euch als nicht hungrig! Wenn ihr aber "hungrig seid, werdet ihr mit Gütern erfüllt". Und wenn ihr voll und abstoßend "reich" seid, werdet ihr "leer ausgehen" (vgl. Lk 1,53).

Illi autem non sunt esurientes, qui sunt curiosi ad sciendum condicionem pistoris et coci, antequam comedant, aut qui reperiunt panem non undique nitide purgatum et ob hoc negligunt capere, aut qui fastidium habent de copia panis - quia si forent esurientes, copiam non spernerent et conservarent pro successiva refectione -, aut qui sunt infimi et grossi et consueti comedere furfureum panem et habent fastidium de simula vel econverso.

Jene aber sind nicht hungrig, die neugierig die Bedingungen des Bäckers oder Kochs wissen wollen, bevor sie essen, oder auch jene, die das Brot nicht für allseits sauber gereinigt halten und deshalb darauf verzichten, davon zu nehmen, oder jene, welche sich an der Menge des Brotes stören, denn wenn sie hungrig sein würden, würden sie die Menge nicht verschmähen, sondern für eine spätere Mahlzeit aufbewahren, aber auch jene Niedersten und Groben nicht, die gewohnt sind, Kleienbrot zu essen, und die das feine Gebäck ablehnen oder umgekehrt.

Nam etsi exspectabunt, quousque omnes panes sint extracti de furno per pistorem, reperient eriam panem consuetudinarium, quisque in ordine suo.

Denn wenn sie warten, bis alle Brote durch den Bäcker aus dem Ofen gezogen worden sind, finden sie das gewohnte Brot, "jeder nach seinem Rang" (1 Kor 15,23).

Consulo tamen, ut addiscatis nobiles fieri et nutriri de nobiliore, quia homo etiam de pane angelorum edere poterit, si se adaptare studuerit.

Ich rate dennoch, daß ihr lernt, edel zu werden und euch edlere Nahrung geben zu lassen, weil der Mensch auch vom Brot der Engel essen kann, wenn er sich darum bemüht, sich anzupassen.

Oremus igitur, ut pistor gratiam habeat nobis panem omne delectamentum in se habentem communicandi etc.

Laßt uns also beten, daß der Bäcker die Gnade erhält, uns "das Brot" zuzuteilen, "das alle Süßigkeit in sich enthält" (Weish. 16,20; vgl. den Vers nach dem Hymnus der I. Vesper vom Fronleichnamsfest) usw.

1.1 Zielsetzung und Gliederung des Textes

Ein Prothema hat nach den Regeln der *artes praedicandi* die Funktion, die Hörer für das einleitende Gebet zu disponieren[2]. Dementsprechend schließt das Prothema von Sermo XLI mit der Bitte zu Gott, daß dem Prediger ("Bäcker") die Gnade geschenkt werde, "'das Brot' mitzuteilen, 'das alle Süßigkeit in sich enthält'" (Nr. 3, Z.47ff).

Obgleich ein Prothema unmittelbar auf das eigentliche Thema der Predigt folgt, braucht es nach den damals geltenden Regeln nicht aus diesem Thema zu erwachsen, sondern kann eine eigene Thematik entwickeln, wenn diese eher auf die Gebetsmahnung zugeschnitten ist[3]. Im vorliegenden Fall wählt NvK die letztere Möglichkeit und folgt einer schon im Mittelalter beliebten Übung, zu Beginn der Ansprache die Hörer über Sinn und Zweck der Predigt zu unterweisen[4].

Schließlich gestatten die Regeln der Predigtkunst eine eigene, von der Gesamtpredigt unabhängige Gliederung des Prothemas. Seine verschiedenen Teile können sich auf das Predigtgeschehen, den Prediger und die Hörer oder auf alle zugleich beziehen[5]. Das Prothema von Sermo XLI nimmt alle drei Faktoren der Predigt in den Blick, die sogar die Gliederung des Textes bestimmen: Der erste Teil (Nr. 1) handelt vom Wort Gottes als der Nahrung des menschlichen Geistes und von seiner Vermittlung durch die Predigt. Ein zweiter Teil (Nr. 2-3,13) befaßt sich vorwiegend mit der Tätigkeit und den Fähigkeiten des Bäckers und der Anwendung auf den Prediger. Ein dritter Teil (Nr. 3,14-37) umschreibt die Stellung der Predigthörer.

Als Prothema entsprechend den Regeln der mittelalterlichen Predigtkunst kann dem Text eine relativ geschlossene Bedeutungseinheit und semantische Kohärenz zuge-

---

2 Vgl. TH.-M. CHARLAND O.P., Artes praedicandi, Contribution à l'histoire de la rhétorique au Moyen Age, Paris/Ottawa 1936, S. 126. Charland legt dar, daß das Gebet zu Beginn der Predigt (etwa bei Zeitdruck) ohne Prothema gesprochen werden kann. Das Prothema selbst ist aber ohne abschließendes Gebet nicht möglich.

3 Vgl. a.a.O., S.128.

4 Vgl. J.B. SCHNEYER, Die Unterweisung der Gemeinde über die Predigt bei scholastischen Predigern. Eine Homiletik aus scholastischen Prothemen. München/Paderborn/Wien 1968.

5 Vgl. TH.-M. CHARLAND, a.a.O., S.126.

schrieben werden, von der die Analyse der inhaltlichen Bedeutung sowie der Sinn-Absicht auszugehen hat, ohne daß dabei ständig auf das Hauptthema *Confide filia* und auf den Gesamtduktus des Sermo rekurriert werden müßte.

Obgleich in den ersten beiden Teilen das "Wort Gottes" und die Prediger im Mittelpunkt stehen, werden die Ausführungen entsprechend der genannten Zielsetzung des Prothemas auf die Hörer und ihre Mitwirkung im glaubensmittlerischen Vorgang zu beziehen sein.

1.2 Die Hörer in ihrem Verhältnis zu Christus, dem Wort Gottes

NvK entnimmt den Herrenworten Mt 4,4 und Lk 4,4 einen seiner Kerngedanken, den er ausführlich schon in der Vaterunser-Erklärung erörtert hat: Jesus Christus, "das Wort, der Logos, die Ratio" Gottes, ist für die Seele der Hörer eine ähnlich lebensnotwendige Nahrung wie das tägliche Brot für ihren Leib.[6]

Darin, daß Jesus in den Evangelien "zum Mahl einlädt" und dabei die Menschen "bedient", sieht NvK ein Sinnbild für die geistige Speise, die er in Person ist und die er in seinen Worten und Zeichen mitteilt. Diese lebenspendende Selbstmitteilung des Wortes Gottes setzt sich fort in der Predigt Jesu und in den von ihm eingesetzten Sakramenten, besonders im Sakrament der Eucharistie. An mehreren Stellen seiner Sermones kommt NvK auf eine Parallelität von Predigt und Eucharistie zu sprechen. So wird beispielsweise das Wort des Predigers im Prothema von Sermo LXII (57) mit dem Wandlungswort des Priesters verglichen. Wie dieses bewirkt, daß aus irdischem Brot das "Brot des ewigen Lebens" wird, so verwandelt die Predigt die "Glieder Satans" in "Glieder Christi", indem sie in ihnen Glaubenseinsicht, Sehnsucht und Liebe entfacht.[7] Ein ähnlicher Vergleich findet sich in Sermo CLIII (145). Dort heißt es vom Konsekrationswort der Eucharistie, daß es "das sinnenfällige Wort in das dem Wort des Lebens geeinte Fleisch (Christi) hinüberträgt (transfert)" und so sakramental das verwirklicht, was im Wort der Predigt geschieht, so daß von der Eucharistie als dem "Sakrament des Wortes" gesprochen werden kann. Wird das Wort Christi in der Seele aufgenommen, eint es den glaubend-liebenden Hörer mit dem "Wort des Lebens".[8]

In derselben Predigt, die das Thema "Si quis sermonem meum servaverit, mortem non videbit in aeternum" (Joh 8,51) behandelt, geht NvK ausführlich auf die Wirkweise des Wortes Christi als des "Lebensbrotes" ein: "Wie im sichtbaren Brot unter dem sichtbaren Zeichen eine sichtbare Nahrung enthalten ist, so steht hinter der hörbaren Predigt das Wort, das die Seele nährt". Dies wird am Beispiel des Lehrers erläutert, der durch seine akustisch vernehmbare Rede dem nicht hörbaren geistigen Wort Ausdruck verleiht, "das die Seele erleuchtet". Das Wort eines menschlichen

6 Vgl. die Ausführungen zur Vaterunser-Erklärung oben, S.95, wo allerdings Christus als Brot für beide "Naturen" des Menschen beschrieben wird. Schon in seiner Frühschrift "De usu communionis" (p II, 2 11^{r}) wie auch in seiner bibeltheologischen Studie von 1444 (vgl. oben, S.102, Anm. 14) zitiert NvK Mt 4,4 neben anderen neutestamentlichen Stellen im angegebenen Sinn. Er entfaltet den Gedanken vom "Wort als Brot" außerdem in einer Reihe von Sermones, vor allem zu Perikopen des Johannes-Evangeliums. Vgl. R. HAUBST, Das Wort als Brot, in: Martyria, Leiturgia, Diakonia, Festschrift für Hermann Volk, Mainz 1968, S.21-39.

7 S. Sermo LXII (57). Codex Aquis Mattiacis 18, fol. 228^{r}.

8 S. CLIII (145), V_2 fol. 48rb.

Lehrers ist aber "nicht die Weisheit selbst, sondern Licht vom Licht der Weisheit". Christus hingegen ist "der einzige und größte Lehrer". Er ist "das Licht selbst". In seinem Wort überträgt er sich selbst in die Seele des Hörers und belehrt sie, "wie die Liebe die Seele eines Liebenden durch Liebe lebendig macht."[9]

Bei diesen Darlegungen nimmt NvK ausdrücklich Bezug auf den innertrinitarischen Zusammenhang der Wirkweise des "Wortes Gottes" entsprechend dem scholastischen Axiom: *Indivisa enim sunt opera Trinitatis ad extra*. Das vom göttlichen Vater gesandte Wort senkt sich "mittels der Liebe oder des Heiligen Geistes in die Seele" ein. Wenn das Wort der Predigt vom Hörer in Glaube und Liebe angenommen wird, nimmt der dreieine Gott in den Herzen der Glaubenden Wohnung.[10]

Die Deutungen des göttlichen Worts als "Brot" führen also zur Grundaussage der Verkündigungskonzeption des NvK: Im *sermo Christi* begegnen die Hörer Christus selbst als dem ursprünglich Handelnden. Jesus Christus ist der eigentliche "Inhalt" der Predigt und der eigentliche Prediger. Dieser Gedanke, der das ganze Prothema durchzieht, führt zum abschließenden Gebet, in dem die Hörer die Wirkung der Predigt von der Gnade Gottes erwarten.

1.3 Die Hörer in ihrem Verhältnis zu den Predigern

Daß die Hörer in der Predigt dem in der Heiligen Schrift enthaltenen Wort Gottes begegnen, gehört zum selbstverständlichen Gut der Predigten und Erbauungsbücher der mittelalterlichen Meister des geistlichen Lebens.[11] Christus, "das Weizenkorn", ist in den Worten der Schrift verborgen und muß in der Predigt "gemahlen" werden.[12] Dem liegt die Vorstellung zugrunde, das Wort der Schrift enthalte gleichsam einen Kern, der von Schichten umhüllt ist, die es durch die Prediger zu "zerbrechen" gilt (Nr. 2,Z.11)[13]. Daraus wird der Gedanke abgeleitet, die Hörer sollten in den Predigern so etwas wie "Bäcker" sehen, die für sie das "Brot" des Wortes Gottes "backen". Es werden drei Arten von Predigern unterschieden: diejenigen, die feinstes Brot "für Könige und edelste Geister" backen. Von diesen "guten Predigern" dürfen die Hörer erwarten, daß sie bis zum "Fettmark" des Wortes Gottes vordringen und sie zu Christus selbst, dem "Lebensbrot" der menschlichen Seele, hinführen. Andere Prediger stellen zwar aus dem gleichen Korn auch noch "weißes" und "süßes" und "gutes" Brot her, aber es ist gröber als das vorhergenannte, weil sie beim Mahlen nicht zum innersten Mark vorstoßen, und schließlich gibt es eine dritte Gruppe von Predigern, die nicht gut zu mahlen und das Mehl nicht von der Kleie zu trennen wissen, so daß ihr Brot nur von "groben Gemütern" genossen werden kann. Die Art des Brotes hängt somit von der unterschiedlichen Backkunst ab. Jene Bäcker beherrschen die Kunst am besten, die aus dem gleichen Weizen alle drei Arten von Brot backen können.

---

9 A.a.O., vgl. zum Beispiel des Lehrers auch oben, S.112.

10 A.a.O.

11 Vgl. J. LECLERCQ, Le magistère du prédicateur au XIIe siècle, in: Archive d'Histoire Doctrinale et Littéraire du Moyen Age 21 (1964), S.56-60.

12 Nach Rupert von Deutz ist es die Aufgabe des Predigers: "pinguem medullam Scripturarum exponere" Rupertus Tuitiensis, In Genesim IX, 34, in: CCCM 21, 1444-1445, S.570.

13 An anderen Stellen vergleicht NvK die Schrift mit Brot, das "gründlich gebrochen und sozusagen mit den Zähnen zermahlen werden muß". Vgl. Sermo CCXI (208), V_2 fol. 240rb.

Mit dieser Aufzählung verschiedener Prediger ist indirekt die Aufforderung an die Hörer verbunden, sich die Prediger auszusuchen, welche die Fähigkeit haben, ihnen das Wort Gottes entsprechend ihren Voraussetzungen zu vermitteln. Die Beschreibung der drei Gruppen, für welche die Bäcker/Prediger die Produkte ihrer Kunst herstellen, spielt auf die drei mittelalterlichen Stände an. Aber der Kontext und die in den Sermones des NvK häufig anzutreffende dreifache Einteilung der Hörer legen nahe, daß es eigentlich hier nicht um rein soziologische Differenzierungen, sondern um die drei religiösen Grundeinstellungen geht, deren Wurzeln in der Mehrdimensionalität der menschlichen Seele und ihrer Grundkräfte (*sensus, ratio, intellectus*) liegen.[14] Bei der ersten Gruppe gelingt es, die Schichten der Sinnenhaftigkeit und der Rationalität zu transzendieren und den Hörern die Glaubenseinsicht zu vermitteln. Die zweite Gruppe kommt teilweise zu diesem Ziel, während die dritte Gottes Wort nur oberflächlich erfaßt und weitergibt. Die Fähigkeit des Predigers hängt von seiner eigenen religiösen Grundeinstellung ab. Die im dritten Teil des Prothemas erwähnten Voraussetzungen auf seiten des Predigers wie seine Lebensbedingungen, ob er "reinlich ist", oder seine Nationalität, haben auf die Qualität des Brotes bzw. der Predigt keinen durchschlagenden Einfluß (Nr. 3, Z.14-21). Auf sie sollen die Hörer keinen Wert legen.

Schließlich wird auch an die Bedeutung der Kirche als Vermittlungsort erinnert. In ihr machen die Prediger ein vielfältiges Angebot, aus dem die Gläubigen das für sie Notwendige auswählen können (Nr. 3, Z.9-13).

Die Bemerkungen über die Bedingungen der Prediger als Bäcker machen zugleich auf die Voraussetzungen auf seiten der Hörer aufmerksam, die ihrerseits einen entscheidenden Beitrag zum Gelingen der Glaubensvermittlung zu leisten haben.

1.4 Der Beitrag der Hörer

Die rechte Annahme der Verkündigung erfordert bei den Hörern als Grundbedingung den "Hunger" bzw. die "Sehnsucht" ihres Geistes. Nur der Mensch, der diesen "Hunger" zuläßt und sich von seiner geistigen "Sehnsucht" bewegen läßt, vermag die "Güte" des "Brotes" und seine "Süßigkeit" zu kosten (Nr. 3, Z.16ff). Wenn diese Sehnsucht sich entfalten kann, werden die *conditiones* des Predigers und die eigenen Lebensvoraussetzungen unwesentlich (Nr. 3, Z.14.19ff). An dieser Stelle bestätigt sich die oben dargestellte anthropologische Grundbestimmung der geistigen Natur, die in einer Entsprechung zum Angebot des Wortes Gottes steht: Wie der menschliche Leib nach Brot verlangt, so "hungert" der menschliche Geist nach dem lebendigen Wort Gottes als nach der für sein geistiges Leben notwendigen Nahrung. Der "Hunger" richtet sich auf das, was das eigentliche Leben des Menschen braucht, erhält, entfaltet, erquickt und bereichert.

Die in der menschlichen Seele verankerte, unendliche Sehnsucht nach ewigem Leben verwirklicht sich unterschiedlich, je nach der genannten Grundeinstellung der Menschen. Es gibt das Phänomen der geistigen "Sattheit", die den Menschen für seine eigentliche Bestimmung unempfänglich macht. NvK zählt verschiedene Gruppen von "Nicht-Hungernden" auf (Nr. 3, Z.29-38). Da sind die "Neugierigen", die bloß auf die

14 Vgl. oben, S.56-60.

Leistung des Predigers achten und von ihm nur etwas annehmen, wenn sie sich von seinen Fähigkeiten überzeugt haben, für das "Brot" des Wortes Gottes aber verschlossen sind.

Ähnliches gilt von jenen, die mit einer "Menge Brot", d.h. wohl mit dem reichhaltigen Predigtangebot, nichts anzufangen verstehen und nur nach Befriedigung ihrer aktuellen Bedürfnisse suchen ohne die Bereitschaft, Gottes Wort kontemplativ im Herzen zu bewahren, damit es sich ihnen "zu gegebener Zeit" erschließe.

Auch bei der untersten Gruppe derjenigen, die sich mit dem "Kleienbrot" sinnenhaften Glücks zufriedengeben, kann sich der Hunger nach ewiger Speise nicht entfalten.

Die Bemerkung: "vel econverso" scheint sich auf die Gruppe der religiös "Fortgeschrittenen" zu beziehen. Sie verschließen sich in geistlichem Hochmut, wenn ihnen das Wort Gottes in einer Predigt zugesprochen wird, die sich auf der Ebene einer niedrigeren Urteilsstruktur des Glaubens bewegt (Nr. 3, Z.34ff). Ihnen empfiehlt NvK zu warten, bis die verschiedenartigsten "Brote" aus dem Ofen gezogen worden sind, damit sie die ihnen angemessene Nahrung finden, "jeder nach seinem Rang" (Nr. 3, Z.39-42).

Ein bedeutsamer Hinweis liegt in dem Rat an die Hörer, sich nicht mit dem gewohnten Brot zufrieden zu geben, sondern zu lernen, nach der "edleren Nahrung" zu streben und das "Brot der Engel" zu empfangen (Nr. 3, Z.43-46). Aus dieser Bemerkung scheint die Auffassung ersichtlich zu werden, daß die Hörer sich zu einer höheren Stufe der Glaubenseinsicht entwickeln können. Dies hängt von der Gnade Gottes und ihrer Freiheit ab und ist nicht das Werk des Predigers. Dieser letztere Aspekt wird durch den zweimaligen Hinweis unterstrichen, daß der Bäcker "nicht immer gleich gutes Brot" backen kann (Nr. 2, Z.27 und Nr. 3, Z.11ff).

Durch die Ausrichtung des Prothemas auf das abschließende Gebet werden schließlich alle genannten Bemühungen der Prediger und der Hörer als Geschenk Gottes qualifiziert.

Mit dieser Auslegung soll nicht der Anspruch erhoben werden, die Komplexität des Gleichnisses könne analytisch aufgelöst werden. Es ist auch die Gefahr zu vermeiden, den Text im Sinne moderner didaktischer Unterscheidungen soziologischer, psychologischer oder strukturgenetischer Art anachronistisch überzuinterpretieren. Es handelt sich in diesem Prothema weder um eine wissenschaftliche Abhandlung noch um die nachträgliche Veranschaulichung eines theoretischen Konstrukts, sondern um Verkündigung. Gerade in der durch die Bildrede angedeuteten, nicht auflösbaren Verflochtenheit von theologischen Implikationen mit den vielfältigen Aspekten und Wechselbeziehungen, die zwischen den Predigern und ihren Adressaten anklingen, läßt sich ein Hinweis darauf erblicken, daß es NvK darum geht, in diesem Prothema "manuduktorisch" zu jener tieferliegenden, "komplikativen" Wahrheit des Verkündigungsgeschehens zu führen, die sich nicht diskursiv erfassen läßt.

Mit dem Prothema zu Sermo XLI will NvK unmittelbar die Hörer ansprechen und für eine Haltung des Gebets und damit für die Predigt disponieren. Zugleich bietet das Gleichnis von den Predigern als Bäckern eine bildstarke und komprimierte Darstellung der wesentlichen didaktischen Elemente der Predigt, in die sich auch die beiden im folgenden zu behandelnden Texte einordnen lassen. Dreizehn Jahre später verfaßt NvK eine Ansprache über die Aufgabe der Prediger, in der diese selbst die Adressaten sind.

2 *Die Mitwirkung der kirchlichen Hirten an der Glaubensvermittlung nach CCLXXX (277)*[15]

2.0 Vorbemerkung zu Thema, Methode und Ziel von Sermo CCLXXX

Sermo CCLXXX, für eine Synodalversammlung des Bistums Brixen am 2. Mai 1457, dem Montag nach dem zweiten Sonntag nach Ostern, entworfen, ist eine Homilie über Joh 10,1-18, die Perikope des vorangegangenen Sonntags. Als Thema stellt NvK an den Anfang der Homilie das zentrale Jesuswort des Schrifttextes: "Ich bin der gute Hirt" (Joh 10,11)[16], das sich wie ein roter Faden durch die gesamte Homilie hindurchzieht. Die Gedankenentwicklung folgt dem biblischen Text und bewegt sich ähnlich wie dieser in konzentrischen, spiralenförmig voranschreitenden und zugleich höherführenden Kreisen.[17] Wenn der johanneische Text den Skopus der Bildrede vom "Guten Hirten" mehrfach verschiebt, weil es dem Evangelisten weniger um das Bildmaterial als solches denn um die Veranschaulichung verschiedener Gedanken geht, die durch die Bildworte miteinander verbunden werden[18], so kommt diese Denkweise dem nicht rational-diskursiven, sondern manuduktorischen Vorgehen des NvK entgegen, der die Motive des Evangeliums assoziativ durch eigene, spekulative Erweiterungen anreichert. Diese Methode entspricht der praktischen Intention dieser Predigt, die den kirchlichen Hirten eine *visio intellectualis* des Guten Hirten erschließen will, durch den sie sowohl "zur Weide des Lebens" als auch "zur Kunst des Weidens" geführt werden.[19]

Die folgende Wiedergabe wird nicht auf alle Gedankengänge des Sermo CCLXXX eingehen, sondern sich auf zwei Gesichtspunkte beschränken, die für diesen Text wesentlich scheinen und im Rahmen dieser Untersuchung von Interesse sind. Im ersten Abschnitt werden die Aussagen über das Verhältnis der kirchlichen Hirten zum Guten Hirten Jesus Christus betrachtet, während der zweite das Verhältnis der Prediger zu den Gläubigen in den Blick nimmt.

2.1 Das Verhältnis der kirchlichen Hirten zum Guten Hirten Jesus Christus

Das Thema: "Ich bin der gute Hirt" versucht NvK Wort für Wort als eine Selbstoffenbarung Gottes auszulegen.[20] Gott ist die *substantia substantialissima*, die mit vollstem Recht von sich "Ich" sagen kann. Er ist das *ipsum absolutum esse*, der Ursprung alles Seins, dem in originärer Weise die Behauptung "(Ich) bin" zukommt. Er ist "der Hirt"

---

15 Der volle Wortlaut des Sermo CCLXXX (277) wird im Anhang erstmalig zusammen mit einer deutschen Übersetzung veröffentlicht, s. unten, S.213-235.

16 Nr. 1.

17 Zur Denkweise des Evangelisten Johannes vgl. etwa R. SCHNACKENBURG, Das Johannesevangelium, Herders theologischer Kommentar zum Neuen Testament IV, 1. Teil, Freiburg/Basel/Wien 1971, S.97ff, der die Perikope Joh 10,1-18 als typisches Beispiel für die johanneische Vorgehensweise anführt.

18 Vgl. a.a.O., S.100.

19 S. Sermo CCLXXX, Nr. 1.

20 Zum folgenden s. a.a.O., Nr. 12f.

schlechthin, "der alle Dinge weidet". Er allein kann gut *per essentiam* genannt werden, was von den Geschöpfen nur *per participationem* gilt.

Der zugrundeliegende Gedanke, daß Gott selbst in Jesus Christus der ursprüngliche und eigentliche Glaubensvermittler ist, wird in Bildern und Metaphern entfaltet, die sich schon in früheren Sermones und anderen Werken als Grundbestand der Ausdrucksweise cusanischer Verkündigung finden: Christus, der Gute Hirt, ist "die Weisheit und die Wahrheit", der "die einsichtige Natur" zu unsterblichem Leben "nährt".[21]

Anknüpfend an die Blindenheilung von Joh 9,39ff wird das Lichtmotiv aufgenommen: Der Gute Hirt erleuchtet die Blindheit der Menschen.[22] Es taucht wieder auf, wenn Christus "das Licht der Vernunft" genannt wird, "das jeden Menschen erleuchtet", oder "die Sonne der Gerechtigkeit", die "mit der Wärme der Liebe" zu uns gekommen ist, um den Geist der Menschen aufleben zu lassen, wie die Sonne die Natur nach dem Winter erblühen läßt.[23]

Mit diesen Bildern wird Christus nicht nur als der eigentliche Heilsmittler, sondern zugleich auch als das Urbild und Vorbild aller kirchlichen Hirten geschildert. Diese werden von den "Verführern" abgegrenzt, die sich - wie die Pharisäer im Evangelium (vgl. Joh 9,40f) - "anmaßen, sehend zu sein und andere zu führen", sich dabei aber "auf das Licht ihrer eigenen Einsicht" verlassen, anstatt "durch die Tür" zu gehen.[24] Die Tür ist in der johanneischen Bildrede Christus, durch den die wahren Hirten eintreten, während diejenigen, die nicht durch die Tür hereinkommen, als "Diebe", "Räuber", "Tagelöhner" bezeichnet werden. Die exegetisch umstrittene Frage, ob in Joh 10,7 und Joh 10,9 einheitlich "die Tür für die Schafe" oder "die Tür zu den Schafen" gemeint sei[25], stellt sich für NvK nicht als Alternative, sondern als doppelter Aspekt ein und derselben Sache dar. Seine Interpretation zielt in erster Linie auf eine Aussage über die *pastores christiformes*, jene vom Propheten geweissagten Hirten des Gottesvolks (vgl. Jes 3,15), die "in scientia et doctrina" zu weiden wissen, weil sie sich Christus "unterwerfen", d.h., weil sie ihm im Glauben gleichförmig werden. Infolgedessen spricht seine Stimme durch sie, so daß "die Schafe" vor ihnen nicht mehr wie vor einem Fremden fliehen.[26] In diesem Sinn ist Christus "die Tür zu den Schafen". Er ist aber zugleich auch "die Tür zur Weide". Was NvK darunter versteht, zeigt die Forderung, die er an sich selbst und seine Pfarrer stellt: "daß wir Hirten deshalb, wenn wir die uns anvertrauten Schafe zu weiden suchen, sie auf die Wiese der Heiligen Schrift führen müssen, und zwar durch die Tür, die Christus ist." Dies wird bald darauf erläutert: Christus "zeigt sich als Tür des Paradieses, d.i. der Heiligen Schrift. Denn wenn du die Schriften durch die Vermittlung Christi erforschend in das Haus der Einsicht eintrittst, wirst du in allem die Speise des Lebens finden. Wenn du durch diese Tür gehst, indem du die Schriften erklärst und deutest, wirst du Weide finden. In das Alte Testament trittst du durch Christus ein. Aus dem Alten Testament trittst du ins Neue ein durch Christus".[27]

21 A.a.O., Nr. 1.
22 S. a.a.O., Nr. 2.
23 S. a.a.O., Nr. 5.
24 S. a.a.O., Nr. 2f.
25 Vgl. R. SCHNACKENBURG, a.a.O., 2. Teil, S.262ff.
26 S. Sermo CCLXXX, Nr. 4.
27 A.a.O., Nr. 5, Z.20-26.

Dabei wird Christus hier nicht in erster Linie als ein exegetisch-hermeneutischer Schlüssel zum Schriftverständnis verstanden. Die Bedeutungsgehalte der Metaphern, die ihn als Wort, Nahrung, Licht oder Tür nahebringen wollen, überschneiden und verflechten sich: "Das nämlich, was die Seele auf der Wiese der Schriften nährt, ist das im Buchstaben enthaltene Wort Gottes. Wie nämlich in den verschiedenen Kräutern die unsichtbare Nahrung der Schafe enthalten ist, durch die nur das sinnenhafte Leben ernährt wird, so liegt in den verschiedenen Schriften der Geist verborgen, der den menschlichen Geist ernährt. Deshalb wird die geistliche Speise, die lebendig macht und erleuchtet, nur durch die Vermittlung Christi ergriffen, der die lebendige Tür ist und sich dem öffnet, der anklopft, und sich dem verschließt, der anmaßend ist (praesumens)."[28] Christus ist somit der existentielle Zugang zur "Weide des Lebens", die durch die Botschaft der Schrift erschlossen wird. Nur durch Christus, die Tür, d.h. in der Teilhabe an der "Weidekunst" des Guten Hirten, können menschliche Hirten ihre Mitmenschen so führen, daß diese "die Süßigkeit des Wortes Gottes" zu kosten vermögen.

Die Assoziation, daß "in einer Tür Eingang und Ausgang ineinsfallen", gibt NvK Gelegenheit zu einer weiteren Ausdeutung des Türgleichnisses. Dabei bringt er einen ebenfalls schon früher öfters geäußerten, neuplatonisch inspirierten Lieblingsgedanken ins Spiel[29]: "Christus ist die Tür, durch die jede Kreatur ins Sein ausgeht, da er der Sinngrund (*ratio*) der Dinge ist, durch den alles geschaffen ist und ohne den nichts gemacht worden ist. Er ist auch die Tür, durch die alle Dinge zu ihrer Ursache oder ihrem Sinngrund als ihrem Ursprung zurückkehren. Er ist zugleich die Tür zur Schöpfung wie zur Erlösung oder die Tür, durch die der Ausfluß geschieht wie auch der Rückfluß."[30] Mit den biblischen Bildern "Tür" und "Weg" wird der mittlere Begriff der Trias *principium, medium, finis* veranschaulicht und so die Mittlerschaft Christi als Ermöglichungsgrund menschlicher Teilhabe an seiner Heilsvermittlung aufgezeigt. Während bei der Darstellung des "Ursprungs" und des "Ziels" die erlöserische Wirkung der göttlichen Person Christi betont wird, tritt unter dem Gesichtspunkt des "Mittels" die Bedeutung seiner Menschennatur in den Vordergrund. Das wird besonders deutlich in der Erwiderung auf einen von NvK vorweggenommenen Einwand, der sich auf das Schriftwort beruft, niemand kenne Christus außer dem Vater, wie umgekehrt allein der Sohn den Vater kenne (vgl. Lk 10,22). Darauf antwortet NvK mit dem Hinweis auf Gottes Selbstoffenbarung durch "die Tür der Menschheit Jesu".[31] Das menschliche Leben Christi, seine Worte und Taten, sind der Weg, auf dem der Glaube an den menschgewordenen Sohn Gottes zu verkündigen ist. Wenn hier apologetisch argumentiert wird, daß niemand, der seine Vernunft gebrauche, zögern könne, die Gottessohnschaft Jesu aus den "mit göttlicher Kraft" gewirkten Wun-

28 A.a.O., Nr. 3, Z.23-33.

29 Vgl. zum folgenden Sermo XXIV, Nr. 3,16-19 und 27,9-19 und die dort jeweils in App. III angegebenen cusanischen Verweisstellen h XVI, S.390 und 412. Der Kontext der Vaterunser-Erklärung hat freilich nicht unmittelbar den menschlichen Glaubensvermittler im Blick wie Sermo CCLXXX. Die trinitarischen Voraussetzungen der Mittlerschaft Christi, des ewigen Logos als der "absoluten Mitte", und der Gottmensch als die Mitte der Schöpfung sind vor allem Gegenstand der Schrift "De visione Dei" (1453). Vgl. K. REINHARDT, Christus, die "absolute Mitte" als der Mittler zur Gotteskindschaft, in: MFCG 18 (1989), S.196-220.

30 Sermo CCLXXX, Nr. 6, Z.6-11.

31 A.a.O., Nr. 8, Z.7.

dern zu erkennen, so darf dies wiederum nicht so mißverstanden werden, als ob der Glaube das Ergebnis eines rationalen Diskurses sei. NvK wendet sich an die *simpliciores* unter seinen Hörern, die schon gläubig sind, deren Glaube aber einer - auch rationalen - Entfaltung bedarf. Dies geschieht durch die Verkündigung dessen, "was Christus als Mensch getan hat". Erst wenn der liebende Glaube an den Sohn Gottes entfaltet ist, in dem wir hoffen sollen, Christus gleichgestaltet zu werden, vermag die im Glauben erhobene Vernunft zu schließen, "daß man ihm glauben und seiner Lehre gehorchen muß und daß sein Leben das maßgebende Gestaltungsprinzip für alle darstellt, die nach dem ewigen Leben streben."[32] NvK vertieft und bestätigt diese Argumentation noch durch einen Rückgriff auf seine "Tugend"-Lehre[33], nach der Christus die Vollendung aller Tugenden ist, so daß diese von den Menschen nur durch die Teilhabe an ihm verwirklicht werden können.[34] Das wird auch auf die kirchlichen Hirten und ihre Verkündigung angewandt. Die Selbstoffenbarung Gottes durch "die Tür der Menschheit Jesu" ist somit nicht nur - wie dargelegt - die Grundlage für die Teilhabe der Menschen am "Glauben Christi", sondern ebenso für die Mitwirkung menschlicher Hirten am Hirtenamt Christi. Die Fähigkeit zur Glaubensvermittlung setzt darum auf seiten der kirchlichen Hirten die Haltung der *docta ignorantia* und des Glaubens voraus.

Wenn sie im Glauben mit Christus eins sind, wird er ihnen zugleich Inhalt, Weg und Ziel der Glaubensvermittlung: "Wenn man Christus hat, hat man in ihm alles." Seine Überlegungen faßt NvK darum in dem Auftrag an die Prediger zusammen, "Christus zu verkünden, damit er erkannt wird, weil in seinem Namen, d.h. in seiner Erkenntnis, das Heil und das Leben bestehen".[35] Das *Christum evangelizare* ist nur in der lebendigen Nachfolge des Guten Hirten möglich; denn er ist der "Hirt der Hirten", "das Gesetz und Licht der Hirten", "der Weg des Weidens" und "das Ziel des Weidens".[36]

2.2. Das Verhältnis der kirchlichen Hirten zu den Gläubigen

Im Urbild des Guten Hirten Jesus Christus sieht NvK das Modell für die kirchlichen Hirten. Darum sucht er die Anforderungen an die menschlichen Glaubensvermittler den Selbstaussagen Jesu in Joh 10,11-18 zu entnehmen. Der Gegenstand seiner Betrachtungen sind abwechselnd "der Gute Hirt" und "die guten Hirten" der Kirche. Dabei schieben sich die Perspektiven ineinander. Die Gedankengänge konzentrieren sich auf zwei charakteristische Eigenschaften, die der biblische Text dem Guten Hirten zuschreibt: "die Kenntnis der Schafe" und "die Hingabe der Seele bzw. des Lebens" für sie.

---

32 Vgl. a.a.O., Nr. 9, Z.25ff.

33 Vgl. R. HAUBST, Die Christologie, S. 270-274, der eine ausführlichere Darstellung dieser auf den christlichen Platonismus der Kirchenväter, insbesondere auf Ps. Dionysius zurückgehenden Lehre bietet, nach der die Tugendkräfte als ewige Urbilder im göttlichen Logos und in der Seele Christi hypostasiert gedacht werden.

34 S. Sermo CCLXXX, Nr. 10; vgl. auch Nr. 17; Nr. 21; Nr. 27.

35 A.a.O., Nr. 7, Z.3-6.

36 A.a.O., Nr. 16, Z.22-26.

2.2.1 Wechselseitige Kenntnis von Hirten und Schafen

Im Blick auf Christus stellt NvK zunächst fest: "Es gibt in der Tat nur einen guten Hirten, der die Weisheit des Vaters ist, so daß er nicht irrt, und der Mensch ist, so daß er aufgrund seiner Schwachheit beurteilen kann, wie er den schwachen Menschen weiden muß."[37] Er hat eine vollkommene Kenntnis von allen, weil er den höchsten Rang und den niedrigsten Dienst, die extremen Unterschiede und alle Tugenden in sich vereint. Er ist "die Gleichheit des Seins", so daß er die Gestalt aller ist. Er macht sich allen gleich, "um alle in seine Gleichheit zu ziehen".[38]

Die Notwendigkeit solcher Kenntnis wird durch die Vergleiche mit der ärztlichen Diagnose in ihrer Bedeutung für die Heilung eines Patienten und der Vertrautheit des Schafhirten mit seiner Herde illustriert. Die geistliche Hirtensorge bedarf aber darüber hinaus einer "Kenntnis", die nicht "flüchtig (vaga), äußerlich (publica), mutmaßlich (coniecturalis)" sein darf, sondern das innerste Geheimnis des anderen Menschen erfaßt, ähnlich "wie der Vater den Sohn kennt". Diese letztere Bemerkung meint nicht irgendein menschliches Vater-Sohn-Verhältnis, sondern spielt auf die johanneische Formulierung an: "Sicut novit me Pater et ego agnosco Patrem" (Joh 10,15). Hier wird deutlich, daß nach cusanischem Verständnis die *pastoralis cognitio* ihren tiefsten Grund in der Teilhabe an der wechselseitigen Kenntnis haben muß, die zwischen Christus und seinem Vater besteht. Im göttlichen Erkennen fallen - wie in der "Hierarchie" des göttlichen Lebens - "der Abstieg der Herrschaft und der Aufstieg der Unterordnung" ineins, und ihre "Koinzidenz" ist das "Mittel der Verbindung (medium conexionis)".[39] Von hierher wird verständlich, warum die von der Hirtensorge geforderte "Kenntnis" in einer wechselseitigen bzw. koinzidentiellen Vertrautheit von "Hirten" und "Schafen" gründen soll: "Wenn der Hirt die zu Weidenden auf väterliche Weise erkennt, erkennen die zu Weidenden den Hirten auf die Art, in der Kinder ihren Vater kennen."[40]

Die Freundschaft zwischen Vater und Sohn, die NvK den Seelsorgern vor Augen hält, dient als *manuductio* zu der Liebe, die zwischen kirchlichen Hirten und Gläubigen herrschen soll. Diese ist ihrerseits "ein Gleichnis" der Kenntnis und Liebe, die zwischen Gott Vater und Gott Sohn waltet; "denn Gott der Vater zeugt durch Erkennen den Sohn. So soll der Hirt durch die Kraft von oben, die der Glaube ist, einen Sohn zeugen".[41] Dabei überträgt Christus die Kenntnis seines göttlichen Vaters in den Geist der Menschen. Aus dieser "Kenntnis Gottes des Vaters ... geht die Liebe, die vom Vater ausgeht, und die Kenntnis des Vaters, die sein Wort, d.h. sein Sohn ist, hervor."[42] Diese Liebesbewegung in der menschlichen Seele ist das durch die Einwohnung des dreieinigen Gottes im Herzen der Menschen verursachte Leben, das in nichts anderem besteht als in der Liebe Gottes, die in unseren Geist ausgegossen ist.[43]

37 A.a.O., Z.18-22.
38 S. a.a.O., Nr. 17, Z.9-13.
39 S. auch a.a.O., Nr. 18, Z.9-15.
40 A.a.O., Z.18-20.
41 A.a.O., Nr. 20, Z.3-6.
42 A.a.O., Nr. 31, Z.4ff.
43 A.a.O., Z.6-12.

Die wechselseitige "Kenntnis" oder "Liebe", um die es hier geht, ist mithin nicht eine Voraussetzung, die sich der Seelsorger in einem "pastoralen Vorfeld" erwerben könnte, sondern schon Ausdruck des Glaubens und der Gotteskindschaft, die in der Verkündigung bewirkt werden.

Das wird am sakramentalen Taufgeschehen als dem Prototyp der Glaubensvermittlung exemplifiziert. Wie der Taufende und der Getaufte durch das Sakrament im gleichen Glauben miteinander verbunden werden, so zeugt der vom Glauben Christi ergriffene Geist des Hirten im Geist der ihm Anvertrauten gleiche geistliche Söhne, in denen ebenfalls Christus Gestalt annimmt.[44] Anders gesagt: Der kirchliche Hirt, der durch den Glauben Christus, den Guten Hirten, in sich trägt, "zeugt" durch den gleichen Glauben in den Gläubigen wiederum Christus, der somit auch im Gläubigen selbst am Werk ist. Wenn der Gläubige "auf ihn (Christus) achtet, weicht er nicht vom rechten Weg ab, sondern gelangt mit seiner Hilfe immer zur Weide".

2.2.2 Die Lebenshingabe der guten Hirten für ihre Schafe

Die Betrachtung der zweiten Forderung an die kirchlichen Hirten leitet NvK mit den Worten ein: "Consideremus quae ad pastorem requirantur. Primo, ut dictum est, cognitio deinde facere, ut sequitur. Ait enim Christus: 'Et animam meam ponam pro ovibus meis' (Joh 10,15)."[45]

Das "facere", das sich aus der "cognitio" der Schafe ergibt, ist der Einsatz oder die Hingabe der "Seele" für die Schafe. Schon bei der Deutung von Joh 10,11 kommt NvK auf den Sinn des "animam ponere pro ovibus" zu sprechen. Dort schildert er den mangelnden Hirtengeist vieler kirchlicher Seelsorger: "Wie können wir uns gute Hirten nennen, wenn wir nicht nur nicht unsere Seele für die Schafe hingeben, sondern auch keine Beschwernisse um der Herde willen tragen wollen? Um bei Menschen keinen Anstoß zu erregen, vernachlässigen wir die Herde in Wort und Beispiel. Und was ertragen wir für das Leben und die Weide der Herde? Zielt all unser Wirken nicht auf die Förderung unseres eigenen Lebens ab statt auf die Förderung des Lebens der Schafe? Sind wir nicht Tagelöhner?"[46]

Aus diesen Vorwürfen und dem anschließend angeführten Beispiel vom Einsatz der Eltern für ihre Kinder und des Hirten für seine Schafe[47] wird ersichtlich, daß mit dem "animam ponere" ein Lebenseinsatz gemeint ist. "Seele" wird von ihrer Funktion des Lebendigmachens (*officium vivificationis*) her verstanden, so wie ein Lebewesen (animal) von der Seele (anima) her lebendig genannt wird.[48]

Das Leben, das Christus, der Gute Hirt, einsetzt, ist sein göttliches Leben. In Joh 10,17f, wo von der Macht Jesu die Rede ist, sein Leben in der gleichen Weise "geben" wie "nehmen" zu können, sieht NvK die paradoxe Struktur dieser göttlichen Kenosis als eine Bewegung zum Ausdruck gebracht, die zugleich "Abstieg" und "Aufstieg" besagt. Das göttliche Leben hat die Eigenschaft, sich im Verschenken zu gewinnen.

44 S., auch zum folgenden, a.a.O., Nr. 20, Z.1-10.
45 A.a.O., Nr. 21, Z.14-16.
46 A.a.O., Nr. 13, Z.14-23.
47 S. a.a.O., Nr. 14, Z.13ff und Nr. 16, Z.1f.
48 S. a.a.O., Nr. 21, Z.16f.

Darin liegt für NvK der Sinn des Opfertodes des "Osterlamms" Christus, der sein Leben gab, "damit wir leben".[49] Dabei verliert Christus jedoch sein Leben nicht wie ein geschlachtetes Tier, das in die Natur des verzehrenden Menschen umgewandelt wird, sondern er nimmt umgekehrt die Menschen durch seinen Opfertod am Kreuz in sein göttliches Leben hinein.[50] An diesem "Geben" und "Nehmen" des göttlichen Lebens haben die kirchlichen Glaubensvermittler teil. Ihr Wirken wird durch ein Bild geschildert[51]: Wie der Sonnenschein nicht von der Finsternis verschluckt wird, sondern umgekehrt die Dunkelheit in Licht verwandelt und so fruchtbar wird, so "macht (facit)"[52] es der Seelsorger, der die Gläubigen "erleuchtet, indem er den Glauben gibt (ponendo fidem), der das Leben des Gerechten ist; denn der Gerechte lebt aus dem Glauben". Das Bild vom Licht, das das göttliche Leben, Christus selbst versinnbildet, bezeichnet hier den Geist Christi, der von den menschlichen Hirten ausgespendet wird. Auch für sie gilt, daß sie das Licht ihres Glaubenslebens gerade dann gewinnen, wenn sie es weitergeben. Dahinter steht die Vorstellung, daß der Glaube durch jenes von Gott ausgehende und zu Gott zurückkehrende Licht Christi, an dem die Menschen im Glauben Christi teilhaben können, erleuchtet wird.

Diesem Licht ist es eigen, daß es nicht festzuhalten ist, sondern sich dynamisch weiterschenkt. In diesem Sinn kann NvK sagen, daß der menschliche "gute Hirt, der Christus angezogen hat", den seinen eigenen Glauben bewirkenden "Lebensgeist" bzw. "seine Seele", "den Geist Christi oder der Weisheit oder der Wahrheit" ständig hingibt, um ihn wieder zu empfangen. Er trägt ihn in sich und "kann durch das Wort aus sich selbst diesen Lebensgeist geben oder aussenden, indem er seine Schüler lebendig unterweist (instruendo vitaliter)".[53] Ähnlich wie an anderen Stellen, an denen NvK auf das Lehrer-Schüler-Beispiel zurückgreift[54], bringt er auch hier zum Ausdruck, daß Verkündigung als "Lehre" nicht nur in der äußeren, akustischen Wortmitteilung, sondern vor allem in der Übermittlung einer inneren Glaubensbewegung besteht, von der der Prediger selbst ergriffen ist[55] und in die der Hörer der Botschaft frei einwilligen muß. Den kirchlichen Glaubensboten wird damit die Vermittlungsaufgabe zugesprochen, den in ihnen selbst lebendigen Glauben in anderen zu entzünden. In diesem Zusammenhang wird verständlich, warum es an anderer Stelle sogar heißt, daß ein wahrer und guter Hirt außerhalb des "Weidens" kein (Glaubens-)Leben haben könne und deshalb jedes andere sinnenhafte oder vernunfthafte Lebensziel im Vergleich zum Glück des Hirte-Seins für "Nichts" erachte.[56]

"Seine Seele hingeben" bedeutet mithin, am Urbild des Guten Hirten Christus gemessen, "alles, was man hat, hingeben für die Schafe: die Herde der eigenen Seele vorziehen. Wenn deshalb der Hirt nicht das Letzte tut, nämlich sein Leben hinzugeben für die Befreiung der Herde, selbst wenn die ihm Unterstellten in den Fesseln Luzi-

---

49 S. a.a.O., Nr. 25, Z.1-5.

50 Ähnliche Gedankengänge im Hinblick auf Christus als die Seelenspeise enthält bereits die Vaterunser-Erklärung. S. oben, S.94f.

51 S. zum folgenden Sermo CCLXXX, Nr. 25, Z.16-29.

52 A.a.O., Nr. 25, Z.20. Hier taucht der Begriff "facere" wieder auf. Vgl. Nr. 21, Z.14, s. oben, S.229.

53 A.a.O., Nr. 26, Z.5-7.

54 Vgl. oben, S.124, S.179 und S.214f.

55 Vgl. die Ausführungen über den Glauben als "raptus", oben, S.79ff.

56 S. Sermo CCLXXX, Nr. 22.

fers in der Hölle wären, ist er kein guter Hirt".[57] Dieser Gedanke wird näher bei der Beantwortung des Einwands erklärt, daß doch niemand verpflichtet sein könne, sein Leben wegen eines anderen in den Tod und in die Strafen der Hölle hinzugeben.[58] Das Leid des "Gerechten" ist nach NvK nicht dasselbe wie "die Strafe der Ungerechten". Die Übernahme je größerer Leiden aus Liebe wandelt sich in "um so größere Herrlichkeit". Das einzige Ziel des Seelsorgers muß das Leben der Gläubigen sein, mit denen er "einen mystischen Leib" bildet: "So wie wenn ein Kopf, der schwache Glieder hat, alles erträgt, damit seine Glieder geheilt werden und dann, durch die Heilung der Glieder, die durch sein Leiden erreicht worden ist, der Mensch selbst auch im Kopf einen Zuwachs an Gesundheit und Leben erfährt und der Kopf vom Leid und der Traurigkeit nur Freude erntet."[59] Je mehr er "seine Seele oder sein Leben" aus Liebe verliert, desto mehr gewinnt er sie, weil dabei die Liebe wächst, die "der Lebensgeist des einsichtigen Lebens" ist. Diese beglückende Lebenskraft der Liebe erwächst aus der Kenntnis Gottes, die in der Teilhabe am Glauben Christi möglich wird. Sie ist das Prinzip des Handelns aus Glaubenseinsicht, das den Glaubenden Gott ohne Zögern bis zum Letzten gehorchen läßt.[60]

In solchem Einsatz der Liebe bis zu letzter Verdemütigung löst sich der Geist anscheinend in nichts auf, in Wahrheit aber verwirklicht sich so sein "vollkommeneres Sein". Unsterblichkeit ist für den Geist demnach kein Zustand, sondern im Sterben immer neu aufgehendes Leben nach dem Vorbild der liebenden Hingabe des Guten Hirten.

Mit dem Rekurs auf die innere Erfahrung ("experimur in nobis"), daß wir zu diesem ewigen Leben fähig sind, weil wir zur Einsicht und Liebe des absoluten Wahren und Guten angetrieben werden, spielt NvK nicht nur auf einen Anknüpfungspunkt bei den Hörern an, sondern verweist zugleich auf die innere Glaubenserfahrung des Predigers. Glaubensvermittlung heißt für die kirchlichen Hirten, die Glaubenseinsicht und den Lebensgeist, der Christus selbst ist, den sie im Glauben empfangen, nicht für sich zu behalten, sondern an ihre Nächsten weiterzugeben. Man könnte sagen: Ihre Verkündigung besteht in nichts anderem als darin, "ihre Seele für die Schafe hinzugeben". Daß damit "die Summe des Evangeliums" getroffen ist, wird indirekt zum Thema von *De aequalitate*, der Schrift, die als letzter Text betrachtet werden soll.

3 Die "Summe des Evangeliums" nach "De aequalitate"

3.0 Vorbemerkung zum Ziel dieses Abschnitts

Es wurde schon erwähnt, daß NvK den Traktat *De aequalitate* wahrscheinlich zu Beginn des Jahres 1459, am Ende seiner Predigttätigkeit, als Begleitschrift für einen Sammelband seiner Sermones verfaßt hat mit der Intention, "das Einsichtsvermögen" des Lesers für das Verständnis der Sermones zu üben. Ebenso wurde schon vermerkt,

57 A.a.O., Nr. 24, Z.1-4.

58 S., auch zum folgenden, a.a.O., Nr. 29. Offensichtlich spricht aus diesen Formulierungen und den Hinweisen auf das Schicksal von Mose, David und Paulus (vgl. Nr. 45) außer einer Übernahme traditioneller Exegese auch die pastorale Not, die NvK selbst als Bischof von Brixen erlitten hat.

59 A.a.O., Nr. 29, Z.21-27.

60 S. auch zum folgenden a.a.O., Nr. 30.

daß er in dieser Schrift die *summa evangelii* darlegen will, von der er meint, sie in seinem ganzen Predigtwerk mit zunehmender Klarheit verkündigt zu haben.[61]

Aus diesen Hinweisen ergibt sich die Zielsetzung des folgenden Abschnitts. Es geht nicht um eine detaillierte, quellenkritische Auslegung der hochspekulativen Analysen von *De aequalitate* im einzelnen, sondern um den Kerngehalt seiner Verkündigung, zu dem diese Überlegungen hinführen wollen. In Ergänzung der in den vorangehenden Betrachtungen des Prothemas von Sermo XLI und des Sermo CCLXXX gewonnenen Gesichtspunkte wird der Frage nachgegangen: Worin sieht NvK das "Fettmark" des Wortes Gottes, aus dem das "Brot" für die Hörer der Predigt zu backen ist, und welches ist die "Lehre Christi", die von den "guten Hirten" verkündet wird, indem "sie ihre Schafe kennen" und "ihr Leben für sie hingeben"?

3.1 Jesus, der Sohn Gottes, als "das Leben und das Licht der Menschen"

Die Überschrift von *De aequalitate* lautet: *Vita erat lux hominum* (Joh 1,4). NvK interpretiert diesen Satz aus dem Kontext des Prologs des Johannesevangeliums: Gottes wesensgleiches Wort, d.h. sein Sohn, der das Sein aller Dinge in sich hält[62], ist in besonderer Weise "das Leben und das Licht der Menschen".[63] Darin sieht NvK die Verkündigungsabsicht des Evangelisten ausgedrückt.

"Haec dixit, ut intelligeremus nos per verbum Dei tam in esse prodiisse quam illuminari in ratione, post subiungens nos posse illuminari per dictam veram lucem usquequo producamur ad apprehensionem ipsius lucis substantialis nos sic illuminantis et tunc beati et felices erimus."[64]

"Dies hat er gesagt, damit wir einsehen, daß wir durch das Wort in dem Maß ins Sein hervorgegangen sind, als wir in das Erleuchtetwerden unserer Vernunft hervorgegangen sind, und er fügt hinzu, wir könnten durch das besagte wahre Licht so erleuchtet werden, daß wir dazu gebracht werden, dieses uns erleuchtende wesenhafte Licht selbst zu erfassen und dadurch selig und glücklich zu werden."

Das Ziel der johanneischen Verkündigung liegt demnach in der Offenbarung "des Lichts", in dem Glaubenseinsicht allererst möglich wird. Unter diesem Licht ist hier nicht die nachträgliche Erleuchtung einer kognitiven Fähigkeit gemeint, sondern die Konstituierung des "intellegere" selbst als der Existenzweise des menschlichen Geistes, die das Glück und die Seligkeit, d.h. die Vollendung des menschlichen Lebens ausmacht. Diese Höchstform menschlichen Lebens ist identisch mit dem Erleuchtetwerden: "cum intellegere nostrum sit nobilissimum vivere"[65]. Aus sich ist der Mensch gar nicht in der Lage, mit dem göttlichen Licht in einen solchen Lebenskontakt zu treten; denn "der geschaffene Geist kann dem ungeschaffenen Gott nicht nach Art einer substantiellen Einheit geeint sein, wie Gott, der Vater, und sein Wort, Gott, der Sohn, eins sind". Aber indem Christus sich als das Licht der Menschen offenbart, zeigt er zugleich den Weg der Selbstmitteilung Gottes: "Wohl aber ist ein Mensch mit einem anderen Menschen in der Wesenseinheit der menschlichen Natur geeint. Darum ist das Wort Gottes Mensch geworden, damit der Mensch vermittels des

61 S. das Zitat aus dem Schlußabschnitt von "De aequalitate", oben, S.50.
62 Zur Lesart von Joh 1,3, die hier hineinspielt, s. oben, S.100, Anm. 2.
63 "De aequalitate", p II, 1, fol. 15^r.
64 A.a.O.
65 A.a.O.

Menschen, der Gottes Sohn ist, mit Gott dem Vater im Reich des ewigen Lebens untrennbar vereint würde."[66]

Die aufgrund der Inkarnation mit dem ewigen Wort Gottes geeinte Menschennatur Christi, in der die theologisch-ontologische Grundlage der cusanischen Glaubensvermittlung zu sehen ist[67], erweist sich für NvK als ein Datum einer gläubigen Erfahrung jenes Lichts, das jeden Menschen immer schon erleuchtet und zur unendlichen Sehnsucht nach Gott antreibt. Dieses "tiefste Geheimnis unseres Mittlers und Erlösers Jesus Christus", das uns ermöglicht, das Licht unserer Einsicht zu schauen, glaubt NvK "in den Schriften beider Testamente kundgetan, nirgends aber offener als im Evangelium des Johannes".[68]

Nach spekulativen "Einübungen" des *intellectus animae*[69], bei denen er die psychologische Trinitätstheologie Augustins aufgreift, um zur Dreieinigkeit der absoluten "Gleichheit" vor aller "Andersheit" hinzuführen[70], faßt er im Schlußteil von *De aequalitate*[71] seine Auslegung des Johannes-Evangeliums zusammen. Er sieht die Sinnspitze darin, "den Glauben aufzuerbauen, daß Jesus der Sohn Gottes ist, damit jene, die in seinem Namen glauben, das Leben haben."[72] Was mit dieser Formel gemeint sei, entnimmt er wiederum vor allem dem Prolog, den er als die alle "narrationes" des Evangeliums zusammenfassende "Theologie" des Johannes bezeichnet. Unter Berufung auf fast zwanzig Schriftzitate und mit Versuchen philosophischer Untermauerung wiederholt er seine Deutung, daß Jesus, der menschgewordene Sohn Gottes, "das Leben ist, das nicht nur als Wort Gottes alles erschafft, sondern das durch sein Licht auch den vernunftbegabten Menschen leitet".[73]

Diese *summa evangelii, secundum intellectum Joannis theologi* sieht NvK in den Berichten über das Zeugnis des Johannes (des Täufers), der Apostel, der Wunder und der Lehre des Wortes der Wahrheit sowie durch Jesu Opfertod für das Heil der Menschen und seine Auferstehung entfaltet und bestätigt. Der springende Punkt ist für ihn dabei, daß das, was im Evangelium berichtet wird, nicht Wahrheiten meint, die außerhalb des Menschen feststehen, sondern die "alle im Menschen geschehen durch den Heiligen Geist, der vom Vater und vom Sohn ausgeht, der der Geist des Sohnes ist und auch die Liebe Gottes, die ... in die Herzen der Menschen ausgegossen ist ..., und die sie eint in einer unlösbaren Verbindung mit Christus, dem Haupt, dem Erben und dem Besitzer der Unsterblichkeit, so daß sie in der Einheit des Leibes Christi vom Geist Christi belebte Erben des Reiches der Unsterblichkeit und glückliche Be-

66 "Erit igitur intellectus tunc in unitate lucis, quae verbum Dei, non sicut verbum Dei patris cum Deo patre, seu filius cum patre in unitate substantiae, quia intellectus creatus non potest increato Deo in unitate substantiae uniri, sed homo bene unitur homini in unitate essentiae humanae. Ideo verbum caro factum est, ut homo mediante homine, qui verbum et filius Dei, Deo patri in regno vitae aeternae inseparabiliter uniatur." A.a.O., fol. 15[r et v].

67 Vgl. oben, S.72-78.

68 "De aequalitate", a.a.O.

69 Eine eingehendere Auslegung siehe unten, S.147ff.

70 Vgl. Augustinus, De Trinitate IX-XI.

71 S. zum folgenden p II, 1, fol. 20[r]-21[r].

72 "Ioannes evangelista scripsit evangelium ad astruendam fidem, quod Jesus est filius Dei, ut credentes in nomine eius vitam habeant". A.a.O., fol. 19[r].

73 A.a.O., fol. 20[v].

sitzer des ewigen Leben sind."[74] Die vorher geschilderte Einsicht in das Licht unserer Einsicht bedeutet demnach für alle, die Christus "mit Herz und Werk glaubend anhangen"[75], die Erfahrung ihrer menschlichen Vollendung durch die Teilnahme am Leben Gottes in der Gemeinschaft der Kirche.

Die *summa evangelii* ist somit die Verkündigung Christi, des Sohnes Gottes als "des Lebens und Lichtes der Menschen", und das Ziel der Verkündigung ist die Einsicht in das Licht dieser Glaubenseinsicht. Der Sache nach meint diese "Summe" nichts anderes als das, was in den Mainzer Weihnachtspredigten von 1444 die "geistliche Geburt" Christi in den Herzen der Menschen genannt wird. Sie ist identisch mit der *medulla pinguedinis*, welche die Prediger dem Wort der Schrift entnehmen müssen, damit sie das Brot backen, dessen höchste Süßigkeit der Glaubende zu kosten vermag. Sie ist auch dasselbe wie "die Lehre Christi", die die guten Hirten dadurch verkünden, daß sie in Liebe "ihr Leben hingeben".

3.2 Die Selbsterfahrung der Seele als Weg zur Einsicht in das Licht der Einsicht

Im Hauptteil von *De aequalitate* will NvK den Hörer bzw. Leser der Sermones disponieren, sein Erleuchtetsein zu erfahren. Dazu will er dessen Einsichtsvermögen in "Abstraktionen und Anstrengungen der Seele" üben, damit er "die Art und Weise dieses Geheimnisses des Evangeliums nach Menschenkräften irgendwie einzusehen" lernt, das - obgleich es unaussagbar ist - von den biblischen Schriften "in figura et aenigmate comprehensibilium" umschrieben wird.[76]

Die *exercitatio intellectus* besteht in Betrachtungen über den Syllogismus, die Zeiterfahrung, die Harmonie der Musik, die Kunst und die menschliche Sprache, die zu einer inneren Erfahrung der seelischen "Einheit und Einfaltigkeit" anleiten sollen.[77]

Eine Grundvoraussetzung für solche geistige Selbsterfahrung ist nach NvK das Herausgehen der Seele aus sich selbst auf "das andere" der Welt zu. Ihre Einfaltigkeit muß sich in "die Andersheit" ihrer vernunfthaften Werke entfalten, um sich ohne Andersheit in sich selbst zu schauen.[78]

Wenn sie aus sich heraus auf "alles andere" zugeht, findet sie im anderen aber nichts, was sie nicht schon in sich gefunden hätte. Indem sie sich selbst schaut, sieht sie in sich alles wahrer als außerhalb ihrer. "Je mehr sie nach außen zum anderen geht, um es zu erkennen, desto mehr kehrt sie in sich selbst ein, um sich zu erkennen."[79]

NvK reflektiert hier über den Weg der Seele, den er schon fünfzehn Jahre vorher den Hörern der Sermones XLII und XLIII im Anschluß an Gedanken des Proklos durch

74 "Et fiunt haec omnia in homine per spiritum sanctum a patre et filio procedentem, qui est spiritus filii, qui et est caritas Dei, quae dum diffunditur per corda fidelium facit eos Deo gratos propter inhabitantem spiritum sanctum, et unit eos nexu insolubili Christo capiti heredi et possessori immortalitatis ut in unitate corporis Christi spiritu Christi vegetati coheredes sint regni immortalitatis et vitae aeternae possessores felicissimi." A.a.O., fol. 21r.

75 A.a.O.

76 S. a.a.O., fol. 15v.

77 S. a.a.O., fol. 16ff.

78 S. a.a.O., fol. 16v.

79 A.a.O.

seine allegorische Auslegung des Weihnachtsevangeliums gewiesen hat.[80] Seine spekulative Erkenntnistheorie, die er nach *De coniecturis* in mehreren Werken, vor allem in den Schriften *Idiota de mente* (1450) und *De theologicis complementis* (1453) weiter entwickelt[81], erreicht in den Spekulationen über die Selbstschau der Seele in *De aequalitate* einen Höhepunkt. Dies mag folgendes Zitat verdeutlichen:

"Anima igitur veritatem, quam videt in aliis, per se videt et est notionalis ipsa veritas cognoscibilium, quoniam anima intellectiva vera notio est. Visione intuitiva per se lustrat omnia et mensurat et iudicat per notionalem veritatem veritatem in aliis. Et per eam, quam in aliis comperit aliter, ad se revertitur ut eam, quam in aliis aliter videt, in se intueatur sine alteritate veraciter et substantialiter, ut in se quasi in speculo veritatis notionaliter omnia perspiciat et se rerum omnium notionem intellegat."

"Die Seele sieht die Wahrheit, die sie im anderen sieht, durch sich. Sie ist die erkenntnishafte Wahrheit des Erkennbaren selbst, da sie als einsichtige Seele eine wahre Kenntnis ist. In unmittelbarer Schau erleuchtet sie durch sich alles und mißt und beurteilt durch die erkenntnishafte Wahrheit die Wahrheit im anderen und kehrt durch die Wahrheit, die sie im anderen anders sieht, zu sich selbst zurück, um so die Wahrheit, die sie im anderen anders sieht, in sich ohne Andersheit wahrhaftig und wesentlich zu schauen, so daß sie in sich wie in einem Spiegel der Wahrheit alles erkenntnishaft durchblickt und sich als die Kenntnis aller Dinge einsieht."[82]

Nach diesem Text ist es für NvK ein Datum innerer geistiger Erfahrung, daß die aktive, schöpferische Erkenntniskraft der *mens humana* in einer Kenntnis wurzelt, die den Ausgriff auf die Welt von vorneherein bedingt, aber selbst nur im Vollzug des Erkennens erfaßt wird. Diese Kenntnis, die er mit *notio* bezeichnet, wird nur unzureichend mit dem deutschen Wort "Begriff" (bzw. in der adjektivischen Form "notionalis" mit "begrifflich") wiedergegeben.[83] Die in *De aequalitate* gemeinte "unmittelbare Schau" der Seele ist nicht im strengen Sinn "begrifflich", sondern intuitiv und vorbegrifflich. Die Seele weiß sich selbst als den Maßstab ihres Messens und Beurteilens; denn sie ist die "ipsa veritas notionalis cognoscibilium". Der Inhalt dieser seelischen Selbstschau sind nicht Einzelbegriffe, sondern ist die Seele selbst als inbegriffliche Ineinsfassung aller möglichen Begriffe.[84]

Diese für NvK in der Erfahrung der Seele gegebene Kenntnis illustriert er außerdem durch das von ihm gern verwandte Bild vom "Spiegel", in dem der menschliche Geist

80 Vgl. oben, S.118-125. Es scheint, daß sich NvK in der Zeit der Abfassung von "De aequalitate" erneut mit Proklos beschäftigt hat. Die zur gleichen Zeit entstandene Schrift "Tu qui es 'de principio'" zeigt eine intensive Auseinandersetzung mit dessen Parmenides-Kommentar. Vgl. M. FEIGL, Nikolaus von Kues, Über den Ursprung, Heidelberg 1976, S.11.

81 Ein Überblick über wesentliche Elemente dieser Erkenntnistheorie findet sich bei K. KREMER, Erkennen bei Nikolaus von Kues, Apriorismus - Assimilation - Abstraktion, in: MFCG 13 (1978), S.23-57, der allerdings "De aequalitate" und die entsprechenden cusanischen Aussagen über die transzendentale Selbstschau der Seele nicht in seine Untersuchung einbezieht.

82 "De aequalitate", a.a.O.

83 So übersetzen beispielsweise J. KOCH (vgl. seine "Erläuterungen" zu der deutschen Übertragung von "De principio" in: M. Feigl, Nikolaus von Kues, Über den Ursprung, Heidelberg 1967, Anm. 62, S.82f) sowie K. JACOBI, Die Methode, S.163. Ich schließe mich dem nicht an, sondern wähle die Übersetzung "Kenntnis" bzw. "kenntnishaft", weil sie allgemeiner ist und sowohl das subjektive als auch das objektive Moment des lateinischen Begriffs "notio" enthält.

84 Im auf das o.a. Zitat folgenden Abschnitt wird das Zielobjekt dieses seelischen Sich-Selbst-Schauens "terminus notionalis interminus sine alteritate" genannt. Etwas weiter heißt es: "Anima dum se videt intra se habere notionem mundi omnem omnis mundi notiones complicantem videt in se esse verbum seu conceptum notionalem universorum et nomen omnium nominum, per quod de omni nomine notionem facit." "De aequalitate", a.a.O.

die Wahrheit der Welt in sich schaut.[85] In den Bezeichnungen *notio* und *speculum* deutet sich an, daß mit der "Wahrheit in uns" noch nicht die Wahrheit an sich geschaut wird. Wenn die Seele sich als "Spiegel" erfährt, wird ihr bewußt, daß ihre Kenntnis von der Welt "nicht der Grund und die Ursache der Dinge ist, wie sie wirklich das sind, was sie sind." Sie erfährt sich selbst vielmehr als verursacht, so daß NvK sie sprechen lassen kann:

"... in causa mei, quae in me causato relucet ut sim notionalis mundi complicatio est necessario essentialis omnium causabilium aeterna complicatio ut in adaequatissima omnium et singulorum ratione essendi pariter et cognoscendi; in cuius universalis causae similitudine participo eius dono intellectuale esse, quod consistit in universali essendi et cognoscendi similitidine universalis causae."

"... in meiner Ursache als im angemessensten Seins- und Erkenntnisgrund des Ganzen und jedes Einzelnen, die in mir als Verursachtem wiederstrahlt, so daß ich eine kenntnishafte Einfaltung alles Verursachten bin, ist notwendigerweise die ewige, wesenhafte Einfaltung alles Verursachbaren; in der Ähnlichkeit zu dieser universalen Ursache habe ich aufgrund ihrer Gabe teil am einsichtigen Sein, das in seiner seins- und erkenntnishaften, universalen Ähnlichkeit zu der universalen Ursache besteht."[86]

Hiermit soll keine rational-diskursive Reflexion über die Erkenntnisstruktur der menschlichen Seele, sondern ihre Selbsterfahrung als ein "intellegere in se" wiedergegeben werden, bei dem das Eingesehene und der Einsehende nicht unterschieden sind.[87] Die unmittelbare Wahrnehmung des menschgewordenen Sohnes Gottes als des Lichtes der Einsicht erfordert eine grundlegende Wandlung der Einstellung des menschlichen Geistes. Ähnlich wie in *De docta ignorantia* spricht NvK auch in *De aequalitate* von einem *transcensus*. Schon der von einem objektiven Symbol ausgehende zweifache Überstieg der *investigatio symbolica* und der entsprechenden *manuductio* über Sinneserfahrung und Verstandesdenken auf das göttliche Urbild hin führte zu einer *reditio completa* des menschlichen Geistes in die *intellectualitas*.[88] In der christologischen Deutung stellte sich sodann der Glaubensaufstieg zu Christus als ein "credere in Jesum" oder als ein "Ergriffenwerden (raptus)" von Christus und als Hineinwachsen in die Teilhabe am Glauben Christi dar.[89] Nach der Wende zur Selbsterfahrung, die in *De aequalitate* wohl ihre reifste Ausformung erhält, wird die als *imago complicationis aeternae* alle "Symbole" einfaltende menschliche Seele selbst zum zu übersteigenden "Symbol". Der *transcensus* erweist sich nun als zweifaches "linquere", bei dem "die Seele diese Welt und sich selbst" loslassen muß.

Die "Lehre Christi" zielt auf dieses "Loslassen" hin, indem sie das Streben des Menschen "nach der Schau Gottes und ihres Grundes" aufgreift und auf diesem Weg "die Offenbarung seines Vaters, des Schöpfers aller Dinge, verheißt, wie dies im Evangelium erklärt wird".[90]

---

85 S. das Zitat oben, S.148 sowie die früheren Ausführungen über die "Spiegelschau" oben, S.36, S.81 und S.120.

86 "De aequalitate", a.a.O., fol. 17^v.

87 "... si poterit intellectus intellegere lucem suae intellegentiae, quae est verbum Dei, tunc attingit suum principium, quod est aeternum et eius filium, per quem ductus est ad principium. Et hoc intellegere est in se, cum intellectum et intellegens non sunt alia et diversa." A.a.O., fol. 15^r.

88 Vgl. oben, S.58

89 Vgl. oben, S.78ff.

90 "De aequalitate", a.a.O., fol. 17.

3.3 Die "Summe des Evangeliums" im Verhältnis zum menschlichen Subjekt der Vermittlung

Wenn die "Summe des Evangeliums" in der Verkündigung besteht, daß sich der Sohn Gottes in der Menschennatur Christi als das Licht erschließt, das den menschlichen Geist zum Subjekt der Glaubenseinsicht macht, dann gehört dieses menschliche Subjekt selbst zum Kerngehalt der Glaubensvermittlung. Das Ziel der Verkündigung, die Einsicht des Lichts, ist zugleich die Selbstwerdung des gläubigen, "einsichtigen" Menschen.

Da die Teilhabe am "Glauben Christi" die einzelnen Menschen auch miteinander zum "Leib Christi" verbindet, bedeutet die gläubige Subjektwerdung des Einzelnen zugleich seine Eingliederung in die Kirche als die Gemeinschaft der Glaubenden. Umgekehrt muß auch die Glaubensvermittlung ein dialogisches, kommunikatives Geschehen sein.

Diese Verflechtung von Inhalt, Vermittler und Adressat kommt in *De aequalitate* indirekt zum Ausdruck. NvK als der Vermittler geht den Weg der Selbsterfahrung zusammen mit "Petrus" (von Erkelenz), dem Adressaten der Schrift, der die Hörer der Sermones repräsentiert. Das zeigen die in der Ich-Form unternommenen Übungen des *intellectus*. Bei seinem Leser Petrus setzt NvK ein "verlangendes, aufnahmebereites Einsichtsvermögen"[91] voraus, und von den Hörern der Predigten erwartet er, daß "sie gewillt sind, mit Glauben in das Verständnis des Evangeliums einzutreten".[92]

In dem Maß, in dem der Vermittler sich im Loslassen seiner eigenen Seele und der Welt vom Licht der Einsicht erfassen läßt, vermag er auch seine Hörer zu erleuchten. Zugleich aber ist das Sich-Erleuchten-Lassen auch ein Ergebnis ihrer freien Glaubenstat.

4 Zusammenfassung: Die cusanische Verkündigung als ein Vermittlungsgeschehen im Dreieck einer Wechselbeziehung von Wort Gottes, Predigern und Hörern

Eine Zusammenschau der drei behandelten Texte ergibt, daß NvK zwischen dem in der Kirche verkündeten Wort Gottes, den Predigern und den Hörern eine wechselseitige Beziehung walten sieht.

Die grundlegende und tragende Rolle spielt dabei das Wort Gottes, durch das sich Gott selbst in seinem menschgewordenen Sohn als das Brot oder Leben oder Licht des menschlichen Geistes offenbart. Christus ist somit der eigentliche Vermittler und der Inhalt der Glaubensvermittlung.

Durch ihn, die "mittlere" Person der göttlichen Drei-Einheit, geht die Schöpfung von Gott aus. Er ist in seiner Menschheit die Mitte der Schöpfung und der Mittler der Erlösung. In seiner uneingeschränkt größten Menschennatur erlangt die Menschheit ihre höchstmögliche Vollendung und der Glaube das Höchstmaß, das der komprehensiven Schau entspricht. Christus ist demnach auch das eigentliche "Subjekt" des Glaubens.

---

91 A.a.O., fol. 15^r.
92 A.a.O., fol. 15^v.

Auf der höchsten Höhe der Menschennatur vollzieht er in seinem größten Glauben den "Abstieg" und "Aufstieg" des göttlichen Wortes und Lebens und Lichts und bezieht alle Menschen, sofern sie sich nicht verschließen, und die ganze Schöpfung in seine zu Gott zurückkehrende Glaubensbewegung ein.

Die kirchlichen Hörer und Vermittler können an der Glaubensvermittlung Christi durch die Teilhabe an seiner höchstbegnadeten Menschennatur mitwirken. Diese Möglichkeit wird erfahrbar in der ihrem Geist innewohnenden unendlichen Sehnsucht ("Hunger"), die sie freilich niederhalten können. Die freie Tat der Annahme des Wortes Gottes bedeutet das Einschwingen in diese Sehnsucht. Für NvK handelt es sich dabei um ein wechselseitiges Geschehen, in dem einerseits das in den Schriften und Zeichen der Kirche verborgene Wort Gottes dem Menschen erschlossen wird, andererseits der Mensch sich für das Wort Gottes öffnet. Diese wechselseitige Erschließung vollzieht sich in dem zweifachen Überstieg des Menschen über alle gegenständliche (empirische und rationale) Erkenntnis hinaus in das Innere seiner Seele. Der Überstieg ist zugleich ein zweifaches "Loslassen" der Welt und des eigenen Ichs, bei dem sich der Mensch vom Glauben Christi ergreifen läßt, der ihn zu seiner eigentlichen Subjektwerdung emporreißt.

Da die Teilhabe am Glauben Christi die einzelnen Menschen miteinander als "Leib Christi" eint, wird sie auch durch den Glauben anderer vermittelt. Die kirchlichen Hirten können den ihnen Anvertrauten nur den Glauben vermitteln, wenn sie selbst Glaubende sind.[93] Sie haben nur am Hirtenamt Christi teil, insofern sie an seinem Glauben teilhaben. Der Prediger muß das Schriftwort "mahlen", d.h. durch die Sinnengebundenheit und rationale Begrifflichkeit der biblischen Bilder und Symbole zum "Mark" des "Weizenkorns Christus" vorstoßen, um so das Predigtbrot "zu backen" und "durch die Kraft von oben, die der Glaube ist", den (geistlichen) Sohn zu "zeugen".[94] Dadurch, daß der Seelsorger am Glauben Christi teilhat und das ihm geschenkte göttliche Leben an seine Mitmenschen "hingibt", können diese durch seinen Glauben und seine Liebe von dem Glauben und der Liebe Christi ergriffen werden.

Die Vermittlung Christi als des "Lebens und Lichts" der Hörer durch die Prediger ist folglich nach NvK abhängig von den Voraussetzungen und der Aufnahmebereitschaft der beteiligten Menschen. Der Prediger vermag das Schriftwort nur entsprechend seiner eigenen gläubigen Grundeinstellung "zu mahlen" und die verschiedenen Sorten des Predigtbrotes "zu backen". Umgekehrt ist auch die Annahme des Wortes Gottes und das Verkosten "der Süße" des Brotes den Hörern nur nach dem Maß ihres "Hungers" möglich. Es bedarf einer gegenseitigen "Kenntnis" von Hirten und Gläubigen, die nicht eigentlich durch psychologische oder soziologische Analysen zu erlangen ist, sondern letztlich dadurch, daß sich beide von dem Licht erleuchten lassen, das Christus ist.

---

93 Dieser Gedanke wird noch deutlicher in der Vaterunser-Erklärung gesehen, wo davon die Rede ist, daß "ein jeglicher in seiner Einfaltigkeit eine besonders genügende Süße in dem selben Gebet finden kann", wobei "Gott doch dem einen Vorteil über den anderen gegeben (hat), einem jeglichen zum Nutzen". Deshalb gilt: "Und darum lehrt einer den andern, und sie begehren voneinander zu lernen." Sermo XXIV (18) Nr. 1, Z.21-27, h XVI, S.388. Vgl. oben, S.87.

94 S. oben, S.228.

Dieses Vermittlungsgeschehen, das NvK als ein wechselseitiges, liebendes Geben und Empfangen des Glaubenslebens charakterisiert, stellt er als einen sich entwickelnden Prozeß dar, der verschiedene Abstufungen haben kann. Unterhalb der Christusbegegnung, die mit der höchsten Subjektwerdung in der Gemeinschaft der Glaubenden verbunden ist, gibt es verschiedene Weisen der Erfassung des Lichtes der Glaubenseinsicht. Die Prediger werden aufgefordert, die Hörer auf ihrer jeweiligen Stufe anzunehmen und anzusprechen, dabei aber bestrebt zu sein, sie zur höchstmöglichen Einsicht zu führen. Die Hörer haben ihrerseits die Aufgabe, aus dem Angebot der Prediger das Wort auszuwählen, das es ihnen ermöglicht, jenes Höchstmaß der "Sehnsucht", d.h. der Liebe, zu entfalten, die sie unabhängig macht von den äußeren "Bedingungen" der Prediger, und so das je "edlere" Brot zu kosten.

Schluß

Den Glauben Christi teilen - heute und morgen. Ergebnisse der Untersuchung

Das grundlegende Ergebnis dieser Arbeit ist die Entdeckung des Gesamtwerks des Nikolaus von Kues für die Praktische Theologie. Wie wohl kein anderer Theologe und Prediger seiner Zeit hat Cusanus sich mit der Frage befaßt: Wie ist der unbegreifliche Gott trotz seiner Unbegreiflichkeit zu denken und der Unaussagbare trotz seiner Unaussagbarkeit auszusagen? An der Schwelle zur Neuzeit versucht er, die "neue" Rationalität in eine Beziehung zur "alten" Glaubenseinsicht zu setzen. Die in der programmatischen Frühschrift *De docta ignorantia* reflektierten Grundsätze des "belehrten Nichtwissens", des "Ineinfalls der Gegensätze" und des "Überstiegs" erweisen sich letztlich als glaubenstheoretische und glaubensmittlerische Prinzipien. Sie stehen im Dienste gemeinsam zu findender Glaubenseinsicht. In seinen Schriften und Predigten führt Nikolaus zum *transcensus* über empirische Erfahrung und rationales Begreifen hinaus zu einer intellektualen Schau in *docta ignorantia*, die nicht mehr vom logischen Grundsatz des zu vermeidenden Widerspruchs, sondern vom überlogischen Prinzip der *coincidentia oppositorum* geleitet wird.

Schon im Dritten Buch von *De docta ignorantia* und zunehmend deutlicher in den anschließenden Predigten umschreibt er die im "belehrten Nichtwissen" sich schenkende *visio intellectualis* als Christusschau. Immer wieder begibt er sich mit seinem Hörer und Leser auf einen langen Weg der Anschaulichkeiten, um über das Aufnehmen der Weltdinge mit der Kraft der Sinne und das Entdecken ihrer symbolischen Bedeutung mit den Fähigkeiten des Verstandes endlich heranzuführen an jenes Eingefaltetsein im menschlichen Geist, der als ein Spiegel der Menschlichkeit Christi, des uneingeschränkten Bildes Gottes, bewußt werden soll. So münden seine erkenntnistheoretischen und anthropologischen Vermittlungsprinzipien in eine christologisch begründete Verkündigungskonzeption, in der - spekulativ und in praktischen Auswirkungen - die in Jesus Christus mit Gott geeinte Menschennatur eine entscheidende Rolle spielt.

Cusanus kann dabei ein *Praktischer Theologe* im modernen Sinn genannt werden; denn für ihn geht Glaubensvermittlung nicht in der Weitergabe von dogmatischen Sätzen auf. Er empfiehlt gleichsam der heutigen Religionspädagogik eine reflektierte Aufmerksamkeit für die vielfältigen Wechselbeziehungen zwischen dem geglaubten Wort Gottes, seinen menschlichen Vermittlern und Adressaten. Es ist überhaupt ein herausragendes Merkmal seines gesamten Werks - von den philosophischen Schriften bis zu den Sermones -, daß spekulative und praktische Theologie auf überraschende Weise ineinandergreifen. Spekulative Gedankengänge sind bei Cusanus auf gläubiges Leben ausgerichtet wie Glaubenspraxis spekulativ durchdrungen wird. Die in der vorliegenden Untersuchung aufgezeigten Strukturen seiner Glaubensdidaktik sind von solcher Evidenz und Kraft, daß sie unmittelbar auf die Theorie der Praxis der Glaubensvermittlung von heute und morgen einwirken können. Im folgenden seien einige dieser Grundlinien abschließend benannt.

1 *Der unverfügbare Kerngehalt des Evangeliums (summa evangelii): Christus als das "Leben und Licht der Menschen"*

Die fundamentale Aufgabe der cusanischen Glaubensvermittlung ist die *evangelizatio Christi*. Im Sermo CCLXXX (277) wird gefordert: "Wenn also Christus erkannt wird, wird alles in ihm erkannt. Wenn man Christus hat, hat man in ihm alles. Es ist also unsere Aufgabe, Christus zu verkünden, damit er erkannt wird, weil in seinem Namen, d.h. in seiner Erkenntnis, das Heil und das Leben bestehen."[1]

Der menschgewordene göttliche Logos, die "ewige Weisheit" selbst, ist nicht nur der "einzige, größte Lehrer" und "Gute Hirte", sondern auch der Inhalt und - immer vermittelt durch seine Menschennatur - auch der "Weg", die "Tür" und als der größte Glaubende sogar das eigentliche Subjekt der Glaubenseinsicht.[2] Das faßt Cusanus in der *summa* des Evangeliums und seiner Predigten mit einer Formulierung des Johannes-Evangeliums zusammen: Christus ist *das Leben und das Licht der Menschen* (Vgl. Joh 1,4)[3]. Die genannten johanneischen Metaphern sind für Nikolaus bildhafte Bezeichnungen des Offenbarungsgeschenks, das Christus selbst ist. Auf der fundamentalsten Ebene der Verkündigung füllt dieser somit selbst alle "didaktischen" Positionen aus. Glaubensvermittlung muß folglich jedem von Christus gelösten menschlichen Zugriff unverfügbar bleiben. Damit weist Cusanus auf die Grundlage aller Glaubensvermittlung hin, die auch die heutige Religionspädagogik nicht aus dem Auge verlieren darf: Das "Fundamentale" (W. Klafki), d.h. das Umgreifende, Tragende, Richtung und Vollendung Gebende ist - um mit Johannes Paul II. zu sprechen - die göttliche Person Jesus Christus, "einziger Sohn vom Vater, voll Gnade und Wahrheit" (vgl. Joh 1,14), und es muß das Ziel der Glaubensvermittlung sein, die Menschen "in Gemeinschaft, in Lebenseinheit mit Jesus Christus zu bringen. Er allein kann zur Liebe des Vaters im Heiligen Geist hinführen und uns Anteil am Leben der Heiligsten Dreifaltigkeit geben".[4]

2 *Die Vermittelbarkeit des unverfügbaren Glaubens durch Teilhabe an Christus*

Mit der Auffassung, daß die Wirkung der Glaubensverkündigung ganz und gar das Werk Christi ist, befindet sich Nikolaus von Kues im Einklang mit der genuinen theologischen Tradition seiner Vorzeit. Es war aber auch schon die Meinung der Prediger und Theologen vor Cusanus, daß der Mensch als Verkündiger und Hörer bei der Glaubensweitergabe auf irgendeine Weise mitwirke. Während die vorscholastischen Autoren das Zusammenspiel von göttlichem und menschlichem Tun in der Verkündigung noch nicht intensiv reflektierten, suchte die scholastische Theologie eine begriffliche Klärung.[5] Thomas von Aquin etwa sah die Lösung darin, daß dem

1 S. oben, S.140.

2 Vgl. oben, S.137-143.

3 Vgl. oben, S.145ff.

4 Papst Johannes Paul II., Apostolisches Schreiben "Catechesi Tradendae", Nr. 5. Das cusanische Verständnis des christlichen Glaubens als Teilhabe am "Glauben Christi" vermag den Zusammenhang der subjektiven und inhaltlichen Elemente des Glaubens in den Aussagen von "Catechesi Tradendae" über die "Lehre Christi" und "Christus als Lehrer" (Nr. 5-9) deutlicher zu machen.

5 Vgl. Z. Alszeghy, Die Theologie des Wortes Gottes bei den mittelalterlichen Theologen, in: O. Wehner und M. Frickel, Theologie und Predigt. Ein Tagungsbericht, Würzburg 1958, S.239-251; auch in: Gregorianum 39 (1958), S.685-705.

Prediger eine "disponierende", "dienende" und "instrumentelle Rolle" beizumessen und die Predigt im Unterschied zum Sakrament nicht "Ursache (causa)", sondern bloße "Veranlassung (occasio)" zur Erlangung der Heilsgnade sei.[6] Diese thomistische Auffassung ist bis in die jüngste Zeit bestimmend geblieben für die katholische Theologie der Verkündigung.

In der neuscholastischen Katechese führte dieses Verständnis dazu, den Beitrag des Verkündigers vor allem in einer dogmatisch korrekten Wiedergabe den Glaubensformeln zu sehen. Als Antwort auf den aufklärerischen Rationalismus verengte diese theologische Richtung das Wort Gottes auf einen autoritativen Sprechakt Gottes bzw. auf den Gehalt des "depositum fidei", das in eindeutig angebbaren Glaubenssätzen besteht und der Kirche von Jesus Christus zur Aufbewahrung anvertraut worden ist.[7] Der menschliche Verkünder ist nach dieser Konzeption nur "Instrument" und der Hörer bloß passiv empfangendes Subjekt. Auch die verschiedenen Formen materialkerygmatischer Verkündigung sind - insofern sie nur auf die Mitteilung heilsgeschichtlicher Fakten abzielen - im Grunde Abwandlungen dieses "Informationsmodells".[8]

Wie die vorangegangenen Untersuchungen gezeigt haben, bedeutet nach Cusanus Glauben für den Christen Teilhaben am Glauben des uneingeschränkt größten glaubenden Menschen Jesus Christus, der zugleich Gott ist. Der Glaube an diesen Jesus ist zugleich der Weg zu seinem Glauben.[9] Nikolaus erkennt somit dem menschlichen Prediger und Hörer eine eigene Mitwirkung zu. Sie hat beim Verkündiger nicht nur "dienenden", "instrumentalen" Charakter, sondern besteht in einer Teilhabe an der Glaubensvermittlung Christi. Ähnlich ist auch der Hörer nicht rein passiv empfangendes Subjekt, sondern vermag den Glauben Christi aktiv mitzuvollziehen. Solche Teilhabe eröffnet die Möglichkeit und Notwendigkeit eines "didaktischen" Vorgehens in der Verkündigung, wozu der Vergleich der Prediger mit den Bäckern im Prothema von Sermo XLI[10] und die Ermahnung der Brixener Pfarrer zur Nachfolge des Guten Hirten in Sermo CCLXXX (277)[11] anregen.

Die Teilhabe begründet die Eigenart der cusanischen Glaubensdidaktik. Als "Teilhabender" kann der menschliche Vermittler nicht über den Glauben Christi verfügen wie über ein *depositum fidei*. Der Glaube Christi läßt sich aber auch nicht einfach durch eine "kerygmatische" Proklamation ohne Rücksicht auf das Subjektsein der Hörer weitergeben. Es bedarf einer wechselseitigen Kenntnis und Liebe, in der sich Kirche als "Leib Christi" und als Kommunikationsgemeinschaft konstituiert.

---

6 Vgl. a.a.O., S.244-249.

7 Vgl. P. Eicher, Das Offenbarungsdenken in seiner katechetischen Konsequenz, in: Kat.Bl. 101 (1976), S.293.

8 Vgl. a.a.O.

9 Vgl. oben, S.76f.

10 S. oben, S.129-135.

11 S. oben, S.137-144.

Cusanus sieht den Ermöglichungsgrund dafür, daß alle Menschen am Glauben Christi teilhaben können, in ihrer gemeinsamen Menschennatur, die in Christus ihre Maximalkonkretion erlangt. Jesus ist die uneingeschränkte, vollkommene Verwirklichung der Menschheit. Deshalb kann er von anderen Menschen nicht durch ein Mehr oder Weniger an Menschsein unterschieden werden. Er steht nicht außerhalb, aber auch nicht einfach innerhalb der species humana, sondern alle Gegensätze menschlichen Seins fallen in ihm ineins. Er umfaßt und überbietet zugleich alle menschenmöglichen Vollkommenheiten, die in den übrigen Menschen nur eingeschränkt und mangelhaft verwirklicht sind. So hat er zu allen ein Verhältnis der "Gleichheit". Christus ist - so hat Cusanus diesen Gedanken zusammengefaßt - "einem jeden viel inniger verbunden als sein Bruder oder bester Freund"[12]. Er bietet jedem Menschen sein Leben und Licht als die das menschliche Sein begründende geistige Dynamik an. Die einzelnen Gläubigen partizipieren daran auf individuelle Weise je verschieden, wobei sich erst die Vielfalt aller Glaubenden dem uneingeschränkt größten Glauben Christi annähert, ohne diesen - nach dem Prinzip der *docta ignorantia* - jemals adäquat zu erreichen. Diese Vielfalt findet nach Cusanus in der Kirche als dem "Leib Christi" ihre Sammlung und Einheit. Wie die Teilhabe an Christus die einzelnen Menschen zum "Leib Christi" eint und diesen auferbaut, so wird sie durch den Glauben der anderen vermittelt. Wie Cusanus in der Einleitung der Vaterunser-Erklärung deutlich macht, kann die Fülle des Glaubens nur im gegenseitigen Austausch der Vielen weitergegeben werden: "Einer lehrt den anderen."[13] Die kirchlichen "Hirten" haben die Aufgabe, aus der Fülle des Wortes Gottes ein vielfältiges Angebot zu machen, das den unterschiedlichen Voraussetzungen der einzelnen Glaubenden entspricht.[14] Freilich - nur in dem Maß, in dem die Verkündiger selbst "Licht vom Licht" Christi sind, vermögen sie in den Hörern die Erfahrung dieses Lichtes zu wecken. Für das gegenseitige Lehren bedarf es einer innersten, wechselseitigen "Kenntnis" von Vermittlern und Adressaten, die nicht auf einer rationalen Reflexionsebene psychologischer und soziologischer Bedingungsanalyse zu erfassen ist, sondern beide in der tiefsten Schicht ihres Inneren betrifft, wo sie sich nach der letzten Vollendung ihres Subjektseins in der Gemeinschaft mit Christus und der Kirche "sehnen".[15]

4 Die cusanische Hinführung zum "Christus in uns"

Für die Hinführung zum Glauben Christi verwendet Cusanus gern den Begriff der "Handleitung (manuductio)"[16]. Von einem sinnenfälligen Symbol ausgehend (als welches alles Endliche dienen kann), führt er seine Hörer und Leser in vielfältigen *manuductiones* über empirische Erfahrung und rationales Begreifen hinaus zur Glaubensschau in *docta ignorantia*, die nicht mehr vom logischen Grundsatz des zu vermeidenden Widerspruchs, sondern vom überlogischen Prinzip der *coincidentia*

12 Vgl., auch zum folgenden, oben, S.73f.
13 Vgl. oben, S.151, Anm. 93.
14 Vgl. oben, S.134f.
15 Vgl. oben, S.141f.
16 Vgl., auch zum folgenden, oben, S.60ff, S.81, S.149.

oppositorum geleitet wird. Demgemäß vermag die Vielfalt aller Symbole und endlichen Bilder erst in ihrem Ineinsfall das Urbild widerzuspiegeln.

Da solche Glaubensschau für Nikolaus nur möglich ist als Teilhabe am Glauben Christi, stellt sich auch der zweifache Überstieg über Sinne und Verstand als Glaubensaufstieg zu Christus dar. Die cusanischen *manuductiones* führen so hin zum "Christus in uns"[17]; denn erst in einer doppelten Einkehr des Menschen in sein eigenes Inneres gelangt er zur Erfahrung seiner selbst als eines Symbols der ewigen Einfaltung aller Symbole. Der zweifache *transcensus* bedeutet damit zugleich ein zweifaches *linquere*: Der Mensch läßt die in ihm erfahrbare Welt und sich selbst los, um sich von Christus ergreifen zu lassen und in dessen Menschlichkeit dem uneingeschränkten Bild Gottes zu begegnen.[18] Die ganze Schöpfung ist voll von Spuren und Bildern des göttlichen Logos. Aber erst der Mensch Jesus Christus ist das "abgekürzte Wort des Vaters". Seine Menschlichkeit enthält "wie ein lebendiges Buch das lebendige Wort des Vaters" und ist eine "Schlußfolgerung (conclusio), die wie eine Kurzformel in ihrer Kraft alles zusammenfaßt"[19]. Deshalb kann Cusanus auf die Frage, wie Christus inhaltlich zu verkündigen sei, entgegnen: "Ich antworte, daß wir ihn durch die Tür der Menschlichkeit verkündigen müssen".[20] Dementsprechend liegt der Schwerpunkt der cusanischen Predigten auf dem menschlichen Leben Jesu, seinen Taten und Verheißungen, seinem Tod und seiner Auferstehung. Die "Erkenntnis Christi", zu der diese Aussagen anleiten sollen, wird aber dabei - wie gezeigt wurde - nicht als Ergebnis eines logischen Diskurses angezielt, sondern als existentielle, geistige Selbsterfahrung, die alle leibseelischen Kräfte des Menschen umfaßt.[21]

Die cusanischen Handleitungen übersteigen die gängigen, heutigen, religionspädagogischen Wege der auf "objektive" Erkenntnis ausgerichteten *Deszendenz-* oder *Aszendenzchristologie*. Sie wollen den Adressaten "nach innen", zum Christus *im* Menschen führen. Die *summa evangelii*, in der Christus als "das Leben und Licht des menschlichen Geistes" verkündet wird, verbindet das objektive mit dem subjektiven Moment. Das machen die biblischen Metaphern deutlich, die Cusanus mit Vorliebe verwendet. Die Rede vom Licht etwa ist auch der philosophischen Sprache seit Platon vertraut. Dem Licht ist es eigen, daß es selbst unsichtbar bleibt, aber anderes sichtbar macht. Es ist selbst kein Gegenstand des Sehens, aber die notwendige Bedingung dafür, daß Gegenstände gesehen werden können. So ist es auch nicht das eigentliche Ziel der cusanischen Christusverkündigung, gegenständliche, satzhafte Informationen zu liefern, sondern Jesus als das Licht der Glaubenseinsicht bewußt zu machen, durch das dem Glaubenden eine veränderte Grundeinstellung und Existenzweise geschenkt wird. In der Erfahrung seines Erleuchtetseins durch Christus

---

17 Vgl. oben, S.113ff, S.118-125, S.147ff.

18 Vgl. auch die Ausführungen über die Lebenshingabe des Guten Hirten, oben, S.142ff sowie über das zweifache Loslassen der Seele, oben, S.149.

19 Vgl. Sermo CLV (147), V_2 fol. 52vb und Sermo CCLVIII (255), V_2 fol. 200ra.

20 Sermo CCLXXX (277), Nr. 8, 6ff.

21 Vgl. bes. die Ausführungen über die "visio intellectualis", oben, S.56ff, S.78ff, S.81ff, S.115ff sowie über die geistliche Geburt Christi, S.121-125.

wird der Mensch allererst als glaubendes Subjekt konstituiert, und im Licht der Glaubenseinsicht vermag er die Welt, sich selbst und die anderen neu zu sehen.[22]

5 *Verschränkung von Welt-, Selbst- und Gotteserfahrung*

Die cusanische Verkündigung des "Christus in uns" schließt eine Verschränkung von Welt-, Selbst- und Gotteserfahrung ein. Sie geht davon aus, daß die schöpferische Erkenntniskraft, mit welcher der Mensch die Welt zu begreifen und zu erobern sucht, zutiefst getragen und gespeist ist von einer im Vollzug der Welterkenntnis geschehenden, vorbegrifflichen Selbsterkenntnis der menschlichen Seele, die in der Erfahrung der jedem innewohnenden unendlichen Sehnsucht nach Leben, Wahrheit und Güte wurzelt.[23] Indem der Mensch in einer Wandlung seiner Grundeinstellung offen und empfänglich wird für das Licht und die Kraft des menschgewordenen göttlichen Logos und diesen, der ihn und die ganze Welt erleuchten, neugestalten und zur Vollendung führen will, als das Motiv seiner grenzenlosen Sehnsucht erfährt, wird seine Selbsterfahrung zur Christuserfahrung. Die Gotteserfahrung in Christus läßt ihn zu sich selbst und zur vollendeten "Ruhe" kommen, die im ruhelosen Ausgreifen nach den Dingen der Welt allein nicht erreichbar ist.

Diese Vermittlungsabsicht hat eine unübersehbare Nähe zu der Zielvorstellung moderner Human- und Sozialwissenschaften, die gelungenes menschliches Leben mit der Kategorie "Identität" umschreiben. Nach Cusanus findet der Mensch erst identisches Leben, wenn er teilhat am Glauben Christi. Das bedeutet: Glauben lernen geschieht im Leben lernen, und authentisches Leben verwirklicht sich im Glauben.[24] Der moderne religionspädagogische Grundsatz findet bei Cusanus seine Bestätigung: Leben und Glauben sind aufs innigste miteinander verschränkt.[25]

22 Analoges ließe sich auch für die von Cusanus immer wieder für Christus gebrauchten biblischen Bilder Brot, Leben, Weg, Hirte, Tür usw. aufzeigen.

23 Vgl. oben, S.63f, S.115 u. 120ff.

24 R. Englert bezeichnet die Einheit von Gottes- und Selbsterkenntnis als "das Geheimnis von Cusanus' Konzept der Individualisierung theologischer Deutungskonzepte" und bestätigt die in der vorliegenden Untersuchung vertretene glaubenspraktische Interpretation des cusanischen Werks durch eine feinsinnige Analyse der Schrift "De visione dei", die in einer Auslegung des Gebets gipfelt: "Ja, wie wirst du dich mir geben, wenn du nicht erst mich selbst mir gibst? ... Und du sagst: Sei du dein, so werde ich dein sein ... Gehöre ich nicht mir selbst, so gehörst auch du nicht mir" (De visione dei, 7). Vgl. R. ENGLERT, Glaubensgeschichte und Bildungsprozeß. Versuch einer religionspädagogischen Kairologie, München 1985, S.650.

25 Unter den heutigen Religionspädagogen beider Konfessionen besteht Konsens darüber, daß Glaube und Leben in einer Wechselbeziehung zueinander stehen. Vgl. neuerdings E. FEIFEL mit der prägnanten Formulierung, daß der Glaube der "Dynamik des Lebens" bedürfe, um "Ferment und Erfüllung des Lebens" sein zu können. Tradierung und Vermittlung des Glaubens als katechetisches Problem, in: E. Feifel u. W. Kasper (Hg.), Tradierungskrise des Glaubens, München 1987, S.62. Früher schon, auf evangelischer Seite: K.E. NIPKOW, Christlicher Glaubensunterricht in der Säkularität. Die zwei didaktischen Grundtypen des evangelischen Religionsunterrichts, in: Evangelischer Erzieher 20 (1968), S.189; katholischerseits: G. BITTER, Was ist Korrelation? Versuch einer Bestimmung, in: Kat.Bl. 106 (1981), S.343-345

6 *Glaubensvermittlung in Wechselbeziehung zu Lebenserfahrung und religiösen Entwicklungsstufen*

Der Glaube, den Cusanus vermitteln will, spielt sich nicht in einem weltfernen, innersten Raum des Subjekts ab und darf deshalb nicht verstanden werden als die einzuübende Fähigkeit eines "mystischen" Erkenntnisorgans, das nach Art eines "dritten Auges" (H. Halbfas) von empirischer Erfahrung und rationaler Vernunft unabhängig und losgelöst wäre. Im Gegenteil - gemäß dem cusanischen, erkenntnistheoretischen Ansatz sind zur Glaubensvermittlung alle leibseelischen Kräfte des Menschen zu aktivieren und zu entfalten und zum Überstieg über sich selbst und zur letzten Vollendung ihrer selbst zu veranlassen. Es ist die Ursünde des Menschen, daß er diese unendliche, dynamische Ausrichtung nicht als Geschenk annimmt, sondern auf endliche Verabsolutierungen verkrümmt.[26] Darum bedarf es des immer neuen Aufbruchs des menschlichen Geistes zu seinem letzten, inneren Quellgrund.

In seinen bildhaften, lebensnahen *manuductiones* nimmt Cusanus deshalb elementare menschliche Erfahrungen auf, besonders die Sehnsucht nach Unsterblichkeit, Wahrheit und Güte, um zu einem von Glaube, Hoffnung und Liebe geprägten praktischen Leben in der Nachfolge Christi anzuleiten. Die auf Christus gerichtete Selbstwerdung schließt das natürliche Scheitern, ja das Sterben mit ein. Sogar das Mißlingen psychosozialer Persönlichkeitsfindung findet als Teilhabe an dem durch Kreuz und Auferstehung gekennzeichneten Glauben Christi ewiges Gelingen.[27]

In einer überraschenden Weise bemüht er sich dabei darum, in didaktischen Reflexionen und in der Konzeption seiner Predigten die unterschiedlichen Auffassungs- und Urteilsstrukturen seiner Hörer und Leser zu berücksichtigen. Aufgrund seiner erkenntnistheoretischen und anthropologischen Unterscheidung verschiedener menschlicher Grundtypen begreift er Glauben-Lernen als einen gestuften Prozeß auf ein jeweils höheres Niveau der Glaubenseinsicht hin und verweist so auch gerade die heutige Religionspädagogik auf die Notwendigkeit, die Wechselwirkungen zwischen lebensgeschichtlichen Phasen religiöser Entwicklung und Glaubensstufen zu beachten.

7 *Glaubensvermittlung im modernen Bildungsprozeß*

Ausgangspunkt dieser Arbeit war das in der gegenwärtigen Krise der "Weitergabe des Glaubens" sich verschärft stellende theologische Problem der Möglichkeit und Legitimität einer "Didaktik des Glaubens".[28] Innerhalb des Bildungsprozesses der modernen pluralistischen Gesellschaft, für den eine Wechselbeziehung von Mensch und Wirklichkeit, von Bildungssubjekt und -objekt konstitutiv ist, scheint Offenbarungsglaube, der von der Vernunft nicht hervorgebracht, sondern nur vernehmend und schauend empfangen werden kann, nicht "vermittelbar". Diese Fragestellung ist für Nikolaus von Kues zwar in der heutigen Zuspitzung noch nicht gegeben. Aber die vorliegende Untersuchung hat herausgestellt, daß er, der die schöpferische, setzende Kraft der menschlichen *ratio* entdeckt und hervorhebt, in seinen philosophisch-

26 Vgl. oben, S.66ff.

27 Vgl. die Ausführungen zu Sermo XL, oben, S.81ff.

28 Vgl. oben, S.15f.

theologischen Werken - dies wurde besonders für seine Sermones aufgezeigt - in "manuduktorischen" Gedankengängen über empirisches und rationales Begreifen hinaus zu der geistigen Grundeinstellung schauender Glaubenseinsicht führen will. Eine solche Christusverkündigung hat auch im modernen Bildungsprozeß einen entscheidenden Platz. Sie begleitet alles Aktivieren, Produzieren, Praktizieren und Weltbeherrschen der modernen Rationalität bis hin zur Selbsterkenntnis als des Grundes und Inbegriffs aller menschlichen Setzungen und führt an den Punkt, wo rationales Erkennen über sich selbst hinausgeht; anders gesagt, wo es sich nicht mehr auf Empirie und Rationalität versteift, sondern bereit ist, darauf zu verzichten, ohne sie wegzuwerfen. Das "Christum evangelizare" im cusanischen Sinn wird zur Fundamentalkatechese oder "Evangelisierung" des modernen Menschen, die bewußtmacht, daß die das Vernunftdenken übersteigende Bewegung nicht mehr von der Vernunft produziert werden kann, sondern als neues "Licht der Einsicht" gnadenhaft und doch aktiv empfangen werden muß. Modernes Sich-Bilden-Wollen muß sich loslassen und sich bilden lassen vom Licht des menschlichen Geistes, dem menschgewordenen Licht Gottes selbst. Es liegt an der Freiheit des Menschen, ob er sich diesem Licht öffnet, das in die Finsternis der Welt gekommen ist.

Die anschließende Dokumentation umfaßt die im dritten Kapitel behandelten Sermones: Sermo XXII (16), XLI (32) pars prima, XLII (33), XLIII (34), XLIV (35), XLV (36), XLVI (37) sowie den im vierten Kapitel kommentierten Sermo CCLXXX (277) nach der Zählung von R. Haubst. Die in Klammern angefügten arabischen Ziffern bezeichnen die Zählung von J. Koch.[1]

Der Text von Sermo XXII ist der Heidelberger Ausgabe (h XVI, S.333-357) entnommen, in der text- und quellenkritische Apparate einzusehen sind. Die Veröffentlichung der Sermones XLI-XLVI in h XVII steht kurz bevor.

Die übrigen Texte werden hier zum ersten Mal im vollen Wortlaut veröffentlicht. Die Wiedergabe stützt sich auf die jeweils angegebenen Handschriften sowie auf die textkritischen Vorarbeiten von Rudolf Haubst und seinen Mitarbeitern, den Herausgebern der Heidelberger Ausgabe, die mir dankenswerterweise von diesen zur Verfügung gestellt wurden. Soweit eine text- und quellenkritische Kommentierung für die Zielsetzung der vorliegenden Untersuchung notwendig ist, finden sich entsprechende Hinweise im Hauptteil dieser Arbeit.

Für alle Texte wird eine deutsche Übersetzung angeboten, die auch die wörtlichen Schriftzitate kennzeichnet. Mit Ausnahme von Sermo XXII (16), für den schon Übertragungen in die deutsche Sprache vorliegen[2], handelt es sich um erstmalige Übersetzungen. Sie können als ein wesentlicher Bestandteil der vorliegenden Untersuchung bezeichnet werden, deren Ergebnisse in einer Wechselbeziehung zu den Übersetzungen stehen.

1 Vgl. S.46, Anm. 156.

2 E. HOFFMANN und R. KLIBANSKY (Hrsg.), "Dies sanctificatus" vom Jahre 1439, CT I, 1 sowie J. SIKORA† und E. BOHNENSTÄDT, Predigten 1430-1441, Heidelberg 1952, S.368-390. Da diese Übersetzungen noch nicht auf der neuen kritischen Edition basieren und auch die in der vorliegenden Untersuchung berücksichtigte "pragmatische" Aussageabsicht der cusanischen Verkündigung kaum beachten, erscheint eine erneute Übersetzung angemessen.

Sermo XXII (16)
Dies sanctificatus
1440 in Augusta (Augsburg)

Dies sanctificatus illuxit nobis; venite, gentes, adorate Dominum!

Der geheiligte Tag ist uns aufgeleuchtet. Kommt ihr Völker, betet an den Herrn!

1. Sancta mater Ecclesia, sponsa sine macula summi Regis, in iubilo symphoniae supremae iucunditatis hodiernae festivitatis prorumpit in hoc laetitiae canticum:

1. Die heilige Mutter Kirche, die makellose Braut des höchsten Königs, stimmt im Jubelgesang höchster Symphonie am heutigen Fest in den Freudengesang ein:

Dies sanctificatus etc.

Der geheiligte Tag usw.

2. In tenebris captiva filia Sion et in umbra privationis vitae intellectualis annis multis sedens et multos stellares radios in prophetis praevidens, qui diem aliqualem figurabant, vita et verbo spiritus magnum diem futurum praecinebant, consolata est saepissime ipsa Sion filia, anima scilicet intuitionis desideratissimae intellegentialis vitae avidissima. Et multi dies praeterierunt, sed umbrae quaedam eorum corruptibiles fuerunt, quae se ostenderunt gradatim tamen cum clariore luce.

2. "In Dunkelheit und Todesschatten" (Ps 106,10) saß "die Tochter Sion gefangen" (Jes 52,2) und war viele Jahre des einsichtigen Lebens beraubt. In dieser Zeit sah sie jedoch vorab viele Sternenstrahlen in den Propheten, die den Tag schon in gewisser Weise vorausbildeten. In Leben und Wort aus dem Geiste weissagten sie den kommenden Tag. Gar oft wurde so die Tochter Sion getröstet, das heißt die Seele, die aufs heftigste nach der heißersehnten Schau des einsichtigen Lebens verlangt. Viele Tage gingen dahin; aber deren Schatten waren vergänglich und zeigten sich allmählich in immer hellerem Licht.

3. Hodie autem substantialis dies in se sanctificatus, qui est ipsa sanctitas, ad omnes praeteritos et futuros incomparabilis illuxit. Illuxit, inquam, sine omni tenebra, sed omnem tenebram procul pellens, non ut aliqua stellarum, sed ut ipse sol verus in sua excelsa primordiali claritate, immo neque in ipsa, sed ipsa invisibilis omni sensibili oculo infinita lux, in qua non sunt tenebrae ullae.

3. Heute aber ging der eigentliche, in sich geheiligte Tag auf, der die Heiligkeit selbst ist, nicht zu vergleichen mit allen vorausgegangenen und künftigen Tagen. Er ist aufgeleuchtet, sagte ich, ohne jedes Dunkel, vielmehr jedes Dunkel weit vertreibend; nicht wie einer der Sterne, sondern wie die wahre Sonne selbst in ihrer erhabenen, ureigenen Helligkeit; doch nein, nicht einmal darin, sondern als das - für jedes sinnenhafte Auge unsichtbare - unendliche Licht selbst, "in dem gar keine Finsternis ist" (1 Joh 1,5).

Illuxit nobis, ut amplius nobis via manifesta sit ad finem, ut omnis fallacia fugata sit per veritatem, ut mors amplius mortua sit per vitam, et haec simplicissime absque multiplicitate, quia ipsa lux via est, veritas atque vita.

Er ist uns aufgeleuchtet, damit uns künftig der Weg zum Ziel offenkundig sei, damit durch die Wahrheit aller Trug in die Flucht geschlagen wäre, damit der Tod von da ab tot sei durch das Leben und dieses vollkommen einfach, ohne Vielfältigkeit, weil ja das Licht selbst "der Weg, die Wahrheit und das Leben" (Joh 14,6) ist.

4. Quapropter, quia hic Sponsus, qui in sole posuit tabernaculum suum, hodie ad sponsam, filiam Sion, diu avidissime exspectatus nobis cum omni desiderio illuxit, hinc surgendum est et non dormitandum, sed cum occursu supremi affectus et motu interno veniendum obviam sponsae cum odoramentis, quae sunt orationes sanctorum devotissimae.

4. Deshalb nun, weil dieser Bräutigam, der "in der Sonne sein Zelt aufgeschlagen hat" (Ps 18,6), heute bei seiner Braut, der Tochter Sion, lange aufs glühendste erwartet, in aller Sehnsucht uns aufgeleuchtet ist, so müssen auch wir uns erheben und dürfen nicht schlafen. Vielmehr müssen wir mit Hilfe einer uns überkommenden höchsten Liebesneigung und in innerer Bewegtheit der Braut mit Weihrauch - das sind die frömmsten Gebete der Heiligen - entgegengehen.

Venite igitur, vos in Christo ad cursum hunc parati, qui huc eapropter convenistis, et adoremus ipsum, ut sic in nostra devotione recipiatur! Ac ut in nos quasi ros consolationis in eloquio sermonis de eo et per ipsum in me faciendo descendat, Matrem puerperam huius lucis cum fiducia accedamus, ut nobis filium placabilem sua prece reddat, mente pia dicentes:

Kommet also, die ihr in Christus zu diesem Laufe bereit seid, die ihr dazu hier zusammengekommen seid, und laßt uns ihn anbeten, damit er von unserer frommen Verehrung empfangen werde. Und damit er in dem Worte der Predigt, das über ihn und durch ihn in mir gesprochen werden soll, als Tau des Trostes in uns herabsteige, laßt uns vertrauensvoll zu der Mutter und Gebärerin dieses Lichtes herantreten, sie möge durch ihre Fürbitte den Sohn uns gnädig stimmen. Dazu laßt uns mit frommem Sinn sprechen:

Ave, Maria, etc.

Gegrüßet seist du, Maria, usw.

5. Dies sanctificatus etc.

5. Der geheiligte Tag usw.

Tres sunt nativitates Filii Dei, quarum hodie festum colimus:

Drei Geburten des Sohnes Gottes sind es, deren Fest wir heute begehen:

est nativitas aeterna, quae in profunditate intellegentiae latitat, quam missa mediae noctis significat, quae tangitur ibi: Dies sanctificatus;

die ewige Geburt, die in der Tiefe der höchsten Einsicht verborgen ist; sie wird durch die Mitternachtsmesse berührt und in den Worten: "Der geheiligte Tag" angedeutet;

est nativitas, qua verbum caro factum est, quam missa in aurora figurat, quae ibi tangitur: illuxit nobis;

die Geburt, durch die das Wort Fleisch geworden ist; sie wird durch die Messe in der Morgenfrühe dargestellt und mit den Worten berührt: "ist uns aufgeleuchtet";

est tertia, qua nos in ipsa plenitudine lucis eius nascimur in ipso filii Dei per devotum accessum ad ipsum, uti missa sollemnis istam nativitatem pro nostra salute ostendit, quae in themate ibi tangitur: Venite, adoremus!

die dritte Geburt ist die, durch welche wir in der ganzen Fülle seines Lichtes in ihm als Söhne Gottes geboren werden, wenn wir fromm zu ihm hinzutreten, wie das Hochamt diese Geburt zu unserem Heil aufzeigt. Im Thema wird sie mit den Worten berührt: "Kommt, lasset uns anbeten!"

6. Has partes quam breviter tangere institui.

6. Ich habe mir vorgenommen, diese Teile so kurz wie möglich zu streifen.

Et prima erit de aeterna Filii generatione pro peritioribus, ut evangelium Johannis in ea parte aliquantulum aperiatur;

Der erste Teil wird von der ewigen Zeugung des Sohnes handeln, und zwar für die Gebildeteren, so daß das Johannes-Evangelium im entsprechenden Teil ein wenig erschlossen werde.

secunda pro cummunibus erit de temporali nativitate, ut et pars evangelii de hac loquens nota fiat;

Im zweiten Teil soll für die einfachen Leute von der zeitlichen Geburt die Rede sein, damit auch der Teil des Evangeliums, der darüber spricht, bekannt werde.

tertia erit pro contemplativis, ut illa pars ultima evangelii nota fiat: Dedit potestatem etc.

Der dritte Teil ist für die Beschaulichen gedacht, damit auch der Schlußteil des Evangeliums: "Er gab Macht" usw. zur Kenntnis gebracht werde.

7. Pro prima parte est sciendum, quod Deus non attingitur ratione nec imaginatione nec sensu - exsuperat enim omnem sensum et rationem -, et fide attingitur. Nisi enim credideritis, non intellegetis, ait Isaias. Credimus igitur ipsum Deum esse unum et trinum, cuius tamen nec unitas nec trinitas comprehensibilis est.

7. Zum ersten Teil muß man wissen, daß Gott weder durch den Verstand noch durch das Vorstellungsvermögen, noch durch die Sinne erreicht wird. Er übersteigt nämlich allen Sinn und Verstand und wird nur durch Glauben berührt. "Wenn ihr nicht glaubt, werdet ihr nicht einsehen" (Is 7,9/LXX), sagt Jesaja. Wir glauben also, daß Gott einer ist und dreieinig, doch so, daß weder seine Einheit noch seine Dreieinheit begreifbar ist.

8. Deum confitentur omnes omnium nationes esse optimum a quo omnia, et hoc etiam ethnici non negarunt. Nam cum nihil se ipsum in esse producere possit, quia esset antequam esset, quod ratio non admittit, necesse est ad unum primum aeternum devenire.

8. Alle Völker der Welt bekennen, Gott sei das höchste Gut, von dem alles herstamme. Das haben selbst die Heiden nicht geleugnet. Denn da nichts sich selbst ins Sein hervorbringen kann - weil es dann ja wäre, bevor es ist, was der Verstand nicht zuläßt -, muß man notwendig auf das erste, ewige Eine kommen.

9. Hoc autem primum principium Deum dicimus, qui non potest intellegi non esse. Nam ipse est veritas, quae nequit intellegi non esse; veritas enim est obiectum intellectus. Sive enim intellegatur Deus esse sive non esse, dummodo alterum ut verum affirmetur, affirmatur Deum esse. Supra omnem igitur oppositionem et contradictionem Deus est, qui per utrumque contradictorium videtur necessario esse.

9. Diesen ersten Ursprung aber nennen wir Gott, ihn, von dem nicht einzusehen ist, daß er nicht sei. Denn er ist die Wahrheit, die nicht als nichtseiend eingesehen werden kann. Die Wahrheit nämlich ist das Objekt des Denkens. Ob nun gedacht wird, 'Gott ist' oder 'Gott ist nicht': wofern nur eins von beiden als wahr bejaht wird, wird bejaht, daß Gott ist. Gott ist also über aller Gegensätzlichkeit und aller Widersprüchlichkeit, und aufgrund beider einander widersprechender Aussagen wird gesehen, daß er notwendigerweise ist.

10. Cum ergo ad investigationem quidditatis Dei ascendere vis, vides te necessario deficere, quia ad investigationem infinitatis illius, quae om-

10. Wenn du also zu einer Erkenntnis des Wesens Gottes aufsteigen willst, so siehst du, daß deine Kraft notwendig

nem supergreditur oppositionem et praevenit ut simplicissima aeternitas et causa maxima, nec nominibus nec rationibus te iuvare potes. Non est enim Deus aliquid, quod oppositum habet, sed est supra omnia opposita per infinitum, ut est doctrina verorum theologorum.

versagt; weil du dir zu seiner Unendlichkeit, die über allen Gegensatz hinausgeht und diesem als die einfaltigste Ewigkeit und die höchste Ursache vorausliegt, weder mit Namen noch mit Vernunftgründen heranhelfen kannst. Gott ist somit nicht irgend etwas, das seinen Gegensatz hat, sondern steht unendlich über allen Gegensätzen, wie die wahren Theologen gelehrt haben.

Quando igitur consideras Deum esse summum bonum, eum via rationis inquirendo asseris veritatem, iustitiam, pietatem, et ab eo removes opposita horum.

Wenn du, Gott auf dem Wege des Verstandes suchend, erwägst, daß er das höchste Gut ist, behauptest du, daß Wahrheit, Gerechtigkeit und Güte ihm zukommen, und sprichst ihm die Gegensätze hierzu ab.

Et dum sic consideras, occurrit tibi quaedam multiplicitas et alteritas, quia iustitia in sua ratione non est veritas nec veritas pietas, et ita de reliquis. Unde vides ista nomina veritas, iustitia, lux Deo non convenire, quoniam alteritatem, multiplicitatem, oppositionem ac rationem dicunt, quae omnia primo simplicissimo infinito convenire nequeunt; sed dicis verius esse haec nomina Deo positive non convenire, qui non potest esse hoc et non aliud, cum ipse sit omnia in omnibus.

Wenn du das betrachtest, stößest du auf eine gewisse Vielfalt und Andersheit; denn die Gerechtigkeit ist ihrem Begriffe nach nicht die Wahrheit, noch ist die Wahrheit die Güte, und das Gleiche gilt vom Übrigen. Daraus siehst du, daß solche Namen wie Wahrheit, Gerechtigkeit, Licht Gott nicht zukommen, da sie Andersheit, Vielfältigkeit, Gegensatz und begriffliche Unterscheidung aussagen, was alles auf das Erste, Einfachste, Unendliche nicht zutreffen kann. Aber du sagst, es sei wahrer, daß diese Namen Gott in positiver Weise nicht entsprechen, der nicht dieses sein und ein anderes nicht sein kann, da er doch "alles in allem ist" (1 Kor 12,6).

Reperis igitur theologiam negationis veriorem, ut Deus non sit aliquid omnium, qui est omnia, sed est principium simplicissimum complicans sua infinitate omnia, quoniam ita est iustitia, quod et veritas et pax et omnia, quae in caelo et terra perfectionem significant. Nam est ipsa perfectio, quam omnia perfecta participant.

Du findest also, daß die negative Theologie wahrer sei, wonach Gott, der alles ist, nicht irgend etwas von allem ist. Er ist jedoch der einfaltigste Ursprung, der in seiner Unendlichkeit alles einfaltet, da er so die Gerechtigkeit ist, daß er zugleich die Wahrheit, der Friede und alles ist, was im Himmel und auf der Erde Vollkommenheit bedeutet. Denn er ist die Vollkommenheit selbst, an der alles Vollkommene teilhat.

11. Omnia autem in quantum sunt unum sunt. Si igitur omnia unitatem, quae et entitas dicitur, participant, quam gradatim aliter intellegentia, aliter ratio, aliter sensibilia participant, et non participant omnia intellegentiam aut rationem, manifestum est Deo magis convenire unitatem, quae est entitas absoluta seu essendi forma, per quam omnia id sunt quod sunt, quam aliud quodcumque. Deo igitur unitas convenit, cui non opponitur pluralitas, sed unitas infinita,

11. Alles aber, insofern es ist, ist ein Eines. Wenn also alles an jener Einheit, die auch die Seinsheit genannt wird, teilhat, wobei der jeweiligen Stufe gemäß anders die Einsicht, anders der Verstand, anders das Sinnenhafte an ihr teilhat, und nicht alles hat teil an Einsicht oder Verstand, so ist offensichtlich, daß Gott am ehesten jene Einheit zukommt, die die losgelöste Seinsheit ist

quae complicat omnia; quae est et bonitas in eo, quia diffusio formalis entitatis intellegitur absque immersione. Et in hoc aperiuntur Scripturae: Sum qui sum, Deus unus est etc.

oder die Form des Seins, durch die alles ist, was es ist. Gott kommt somit eine Einheit zu, der keine Vielheit entgegensteht, vielmehr die unendliche Einheit, die alles in sich einfaltet. Sie ist auch die Güte in ihm; denn das Ausströmen der formgebenden Seinsheit ist nicht im Sinne eines Sich-Verlierens zu verstehen. Und so erschließen sich Schriftworte wie: "Ich bin, der ich bin" (Ex 3,14), "Gott ist Einer" (Deut 6,4) u.a.

12. Quando autem Deum ad contractum ens consideramus, videmus manifeste Deo magis convenire, ut nominetur secundum contractiorem virtuosioris et maioris complicationis entis quam inferioris. Unde Deo magis convenit nomen spiritus et intellegentiae et rationis, iustitiae, veritatis et eorum, quae omnem sensum in sua simplicitate aufugiunt, quam ignis, aquae, aëris etc.

12. Wenn wir Gott aber im Hinblick auf das eingeschränkte Sein betrachten, sehen wir offenkundig, daß ihm eher zukommt, entsprechend einem gleichsam höheren Grad der Einschränkung, einem kraftvolleren und größeren und mehr in sich einfaltenden Sein benannt zu werden als nach einem geringeren. Daher kommen Gott eher Namen zu wie Geist und Einsicht und Verstand, Gerechtigkeit, Wahrheit und sonst von solchem, das sich in seiner Einfaltigkeit allen Sinnen entzieht, anders als etwa Feuer, Wasser, Luft und dergleichen.

13. Considera igitur abstractam unitatem, quae est et entitas, quo modo ipsa complicat omnia; nam nihil extra ipsam esse potest. Quo modo potest intellegi esse extra esse? Neque est non-esse extra ipsam neque nihil; non-esse enim in infinita Unitate est ipsa simplicissima entitas; extra ipsam enim infinitatem nec esse nec non-esse potest intellegi esse. Sed in ipsa simplicissima entitate nihil est alietatis aut multiplicitatis, quia Unitas infinita. Quare omnia in ipsa, quae dici et non dici, intellegi et non intellegi possunt, sunt ipsa infinitas tam ea quae sunt, quam ea quae non sunt, complicans et ambiens.

13. Betrachte darum, auf welche Weise die losgelöste Einheit, die auch die Seinsheit ist, alles in sich einfaltet, denn nichts kann außerhalb ihrer sein. Wie könnte man einsehen, daß Sein außerhalb des Seins ist? Auch ist weder das Nichtsein noch das Nichts außerhalb ihrer; das Nichtsein nämlich ist in der unendlichen Einheit die einfaltigste Seinsheit selbst. Weder vom Sein noch vom Nichtsein läßt sich einsehen, daß es außerhalb der Unendlichkeit selbst sein könnte. Da aber die einfaltigste Seinsheit die unendliche Einheit ist, gibt es in ihr keine Andersartigkeit und Vielfältigkeit, da sie ja unendliche Einheit ist. Deshalb ist in ihr alles, was immer gesagt oder nicht gesagt, gedacht oder nicht gedacht werden kann, diese Unendlichkeit selbst, die sowohl das, was ist, als auch was nicht ist, einfaltet und umfaßt.

14. Iam vides, si subtilissimo intellectu te elevaveris, quo modo non intellegitur Deus, quia omnem oppositionem supergreditur per infinitum; quo modo ipsa entitas, quae est infinita essendi forma, est principium omnium, quae sunt, medium et finis. Et quia principium, est aeternum

14. Du siehst nun, wenn du dich in tiefgründiger Einsicht erhebst, einerseits, daß Gott nicht eingesehen werden kann, da er allen Gegensatz unendlich weit übersteigt; andererseits, daß die Seinsheit selbst als die unendliche Form des

ante omnia, quia medium, est in quo omnia, et quia finis, est ad quem omnia.

Seins für alles, was es gibt, Ursprung, Mitte und Ziel ist. Da sie der ewige Ursprung ist, ist sie vor allem; da sie Mitte ist, ist sie der, in dem alles ist, und da sie Ziel ist, ist sie der, zu dem hin alles ist.

15. Vides, quo modo Deus est nec ubique nec nullibi, cum ubique et nullibi opponantur, quae Deo non conveniunt, sed est supra, quoniam in ipso ubique et nullibi complicantur et non opponuntur. Unde ita est ubique, quod nullibi, ita nullibi, quod ubique, sicut etiam in eius similitudine forma substantialis rei est in materia ubique et nullibi. Praevenit enim forma omne accidens, et est simplex et hinc tota in toto et in qualibet parte; et exemplum in forma hominis, scilicet quoad corpus etc.

15. Du siehst, daß Gott weder überall noch nirgends ist, da überall und nirgends einander entgegengesetzt sind, was Gott nicht zukommt. Vielmehr steht er über beiden, da in ihm überall und nirgends eingefaltet sind und keinen Gegensatz bilden. Er ist daher so überall, daß er nirgends, so nirgends, daß er überall, wie - in Ähnlichkeit zu Gott - die substantiale Form eines Dinges in der Materie überall und nirgends ist. Die Form geht nämlich allem Akzidentellen voraus und ist einfaltig und ist daher als Ganzes im Ganzen und in jedem Teil. Ein Beispiel ist die Form des Menschen, d.h. in ihrem Verhältnis zum Körper usw.

Et ita vide, quo modo Deus est ubique per essentiam, etiam quia eius esse est essentia, est potentia, est veritas etc., sed non recipitur aeque ab omnibus, sicut membra corporis non recipiunt aeque animam, et propter hoc non operatur anima idem in omnibus membris etc.

Und so sieh, wie Gott seiner Wesenheit nach überall ist, weil ja sein Sein sein Wesen, seine Wirkmöglichkeit, seine Wahrheit ist usw. Doch wird er nicht von allen in gleicher Weise aufgenommen, wie auch die Glieder des Körpers die Seele nicht gleichmäßig aufnehmen und die Seele deswegen nicht in allen Gliedern dasselbe wirkt usw.

16. De Trinitate autem oportet, ut per hanc viam incedas, quia non est trinitas, quae Deo convenit, quae opponitur simplicitati aut unitati. Sed oportet, ut Trinitatem intellegas abstractissime et elevatissime super omnem rationalem trinitatem, ut trinitas non constituatur ex alio et alio aut uno multiplicato pluries, sed quod trinitas stet cum unitate, - immo sit ipsa unitas -, ut non sit trinitas, sed Triunitas, sicut unitas est Unitrinitas.

16. Im Hinblick auf die Dreieinigkeit mußt du folgenden Weg einschlagen und beachten, daß auf Gott eine Dreiheit, die der Einfachheit und Einheit entgegengesetzt ist, nicht zutrifft. Du mußt hingegen die Dreiheit in einer aufs äußerste losgelösten und zu höchster Höhe sich erhebenden Einsicht über alle vernunfthaft faßliche Dreiheit hinaus einsehen, so daß die Dreiheit sich nicht aus einem anderen und noch einem anderen oder aus einem mehrmals vervielfachten Einen zusammensetzt, sondern so, daß die Dreiheit mit der Einheit zusammenbesteht, - ja, daß sie sogar selbst die Einheit ist -; daß nicht eine Dreiheit, sondern eine Dreieinheit besteht, wie die Einheit Eindreiheit ist.

Et non respicias ad quid nominis, quia in quid nominis nihil veritatis infinitae invenies. Nomina enim per comparationem et rationem imponuntur et simplicissimo, infinito, impro-

Betrachte dabei nicht das Was-des-Namens, weil du im Was-des-Namens nichts von der unendlichen Wahrheit finden wirst. Namen werden nämlich auf

portionali, unissimo convenire nequeunt. Et non est possibile nobis hominibus aliquo signo, figura aut locutione attingere Triunitatem. Verissimum est enim Deum unum esse; est et verissimum Deum trinum esse. Et non sunt illae duae veritates, quia non est alia veritas unitatis et alia trinitatis, sed ita est unus, quod trinus, et e converso.

Grund von Vergleich und Verstandesgrund zugewiesen und können dem Einfachsten, Unendlichen, Beziehungslosen, Einsten nicht zukommen. Auch ist es uns Menschen nicht möglich, mit irgendeinem Zeichen, mit irgendeiner Figur oder Aussage die Dreieinheit zu berühren. Es ist vollauf wahr, daß Gott Einer ist; es ist aber auch vollauf wahr, daß Gott dreifaltig ist. Und das sind nicht zwei Wahrheiten; da die Wahrheit der Einheit nicht die eine Wahrheit und die der Dreiheit eine andere ist, sondern Gott ist so Einer, daß er dreifaltig ist, und umgekehrt.

17. Et quia omnia nomina Deo attribuimus in comparatione ad creaturas, oportet, ut ex creaturis nos iuvemus, ut ad Trinitatem ascendamus. Nihil est, quod non recepimus. Videmus in quolibet, quod est res una, discreta et conexa; haec enim reperiuntur in essentia omnis esse. Et ipsa unitas dicit indivisionem, discretionem et conexionem. Si igitur reperimus in omni esse participante esse ista, et videmus unitatem contractam, quae a rebus participatur non esse nisi sit trina.

17. Da wir Gott alle Namen im Vergleich mit Geschöpfen zuteilen, müssen wir uns auch von den Geschöpfen aus helfen, zur Dreieinigkeit aufzusteigen. Es gibt nichts, das wir nicht empfangen hätten. Wir sehen in jedem Ding, daß es eines, unterschieden und verbunden ist. Dies findet sich in der Wesenheit allen Seins. Auch die Einheit selbst besagt Ungeteiltheit, Unterschiedenheit und Verbundenheit. Wenn wir also in jedem am Sein teilhabenden Sein solches finden, sehen wir auch, daß die eingeschränkte Einheit, an der die Dinge teilhaben, immer dreieinig ist.

Ita quaedam de Deo etiam dicimus transsumptive et abstracte. Unitas enim infinita ita est trina, quia est Unitas, quae est indivisibilitas a se; est et discretio infinita, quae est Aequalitas essendi omnia; est et Conexio infinita.

So sagen wir Bestimmtes von Gott in übertragenem und von den Dingen losgelöstem Sinne. Die unendliche Einheit ist nämlich dreieinig, weil sie Einheit ist, und diese Einheit ist an sich Unteilbarkeit; auch ist sie die unendliche Unterschiedenheit, welche die Gleichheit des Alles-Seins ist; und sie ist unendliche Verbundenheit.

Per hoc enim, quod Deus est unitas infinita, tunc ab ipso omnis res est una et a se indivisa.

Dadurch nämlich, daß Gott die unendliche Einheit ist, ist von ihm her jedes Ding eines und an sich ungeteilt.

Per hoc, quod est aequalitas infinita, tunc discretionem complicat omnium. Nam quod res est sic et non sic aut sic, habet a ratione auf discretione infinita, quae est aequalitas infinita, per quam res consequitur discretum esse, infra quod non esset nec supra quod non est. Ex ipsa igitur discretione comparatione nostra in rebus est diversitas, et inter nullas res aequalitas praecisa. Sed infinita aequalitas, quae est et ratio infinita,

Dadurch, daß er die unendliche Gleichheit ist, faltet er in sich die Unterschiedenheit von allem ein. Denn daß ein Ding so ist und nicht so oder so, hat es vom unendlichen Sinngrund oder Unterscheidungsgrund, der die unendliche Gleichheit ist, durch die ein Ding ein unterschiedenes Sein erlangt, unterhalb oder oberhalb dessen es nicht bestehen

omnes diversitates discretivas complicat in sua simplicitate.

könnte, was auch nicht der Fall ist. Aus dieser Unterscheidung ergibt unser Vergleichen zwischen den Dingen die Verschiedenheit, und nirgendwo besteht zwischen ihnen genaue Gleichheit. Die unendliche Gleichheit aber, die auch der unendliche Sinngrund ist, faltet in ihrer Einfaltigkeit alle Unterschiedenheit bewirkende Verschiedenheit ein.

Deinde per hoc, quod est conexio infinita, omnes res habent ad invicem quandam conexionem. Unde ex unitate, quae in omnibus est, et aequalitate discretiva oritur et procedit proportionalis nexus omnium; et hic nexus est constitutio universi.

Weiterhin haben dadurch, daß eine unendliche Verbundenheit besteht, alle Dinge ein bestimmtes Verbundensein miteinander. Aus der Einheit also, die in allen Dingen besteht, und aus der Gleichheit, welche die Unterschiede hervorgehen läßt, entsteht und geht eine Beziehungsverbindung von allem hervor, und diese Verbindung ist die Grundlegung der gesamten Welt.

18. Tali quidem modo intramus ex notitia unitatis contractae, quae actu sine trinitate non est, ad Unitatem absolutam suo modo, licet nos per ea, quae sunt visibilia aut attingibilia, non possimus ad notitiam infinitatis ascendere, quoniam in absoluta infinitate - non considerando ipsam infinitatem principium et causam, sed in se - nihil possimus reperire quam absolutam infinitatem.

18. Auf solche Weise gelangen wir von der Kenntnis der kontrakten Einheit aus, die ohne Dreiheit nicht wirklich ist, hin zu der auf ihre eigene Weise absoluten Einheit. Allerdings können wir nicht durch das, was sichtbar und erreichbar ist, zur Kenntnis der Unendlichkeit aufsteigen; denn in der absoluten Unendlichkeit können wir - wenn wir sie nicht als Ursprung und Grund für anderes, sondern an sich betrachten - nichts anderes finden als die absolute Unendlichkeit.

Multa possent hic dici, quo modo omnia creata nos ducunt ad notitiam Trinitatis: per esse, posse et operari secundum *Dionysium*, et secundum *Augustinum*: modus, species et ordo; et hoc dictum *Augustini* poterit intellegi modo dicto. Ita mensura, numerus et pondus ad hoc trahi possunt; ita et Unitas, veritas et bonitas ad ista trahi possunt. Et isti sunt tres digiti, quibus Deus appendit molem terrae etc.

Hier könnte man vieles darüber sagen, in welcher Weise alles Geschaffene uns zur Kenntnis der Dreieinigkeit führt über Sein, Können, Wirken nach *Dionysius* und durch Seins-Weise, Wesensgestalt und Ordnung nach *Augustinus*; und diese Formulierung des *Augustinus* könnte in dem genannten Sinn eingesehen werden. So lassen sich auch Maß, Zahl und Gewicht hierauf beziehen und ebenso Einheit, Wahrheit, Gutheit. Und dieses sind die drei Finger, mit denen Gott die Erdmasse abwägt usw.

19. Quo modo autem intellegentia elevata aliquid de hoc attingat, alibi est videndum. Sed sufficit nunc nobis scire, quod si principium universorum intueri volumus, tunc videmus omnem intellegentiam rationalem claudi multitudine et magnitudine; nihil enim extra multitudinem et magnitudinem ratio deprehendit.

19. Auf welche Weise aber eine erhöhte Einsicht etwas davon erreichen kann, ist an anderer Stelle zu ersehen. Doch es genügt uns für jetzt zu wissen, daß wir sehen, wenn wir den Ursprung der gesamten Welt schauen wollen, wie alle verstandeshafte Einsicht durch Vielheit und Größe eingegrenzt wird. Der Verstand erfaßt nämlich nichts außerhalb der Kategorie von Vielheit und Größe.

Videt autem, quod principium primum necessario esse debet simplicissimum, aliter non esset primum. Et quia multitudo habet unitatem pro principio, necessario est unum. Et quia magnitudo sine trinitate non est, ut videmus in contracta magnitudine ad molem corpoream, - quoniam non est corpus nisi longum, latum et profundum, et principium figurarum polygoniarum est triangulus, antequam non est possibilis figura etc. -, hinc necessario invenit ratio, quod primum principium omnium debet esse unum et trinum incomposite, sed simplicissime, ut sit omnium principium, metrum et mensura.

Er sieht aber, daß der erste Ursprung notwendigerweise vollkommen einfach sein muß, anders wäre er nicht der Erste; und weil die Vielheit die Einheit zum Ursprung hat, ist dieser notwendig einer. Und weil Größe nicht ohne Dreiheit besteht, wie wir an der auf eine körperliche Masse eingeschränkten Größe sehen - da ja der Körper notwendig lang, breit und tief ist; und der Ursprung der Vielecke das Dreieck ist, dem keine mathematische Figur vorausliegen kann, usw. -, so kommt der Verstand notwendig darauf, daß der erste Ursprung von allem ein- und dreifaltig sein muß, nicht in zusammengesetzter Weise, vielmehr vollkommen einfaltig, so daß er aller Dinge Ursprung, Maß und Maßstab ist.

Ista alibi dici habent, quo modo scilicet in omni re creata quo modo multitudo est in magnitudine, et e converso; aut simplicitas in compositione, et e converso; aut unitas in trinitate, et e converso. Quae nobis ostendunt ut in vestigio, quod supra omnem oppositionem sentire debemus, quo modo infinita Unitas in Trinitate est, et e converso.

Das Folgende ist an anderer Stelle zu sagen, daß nämlich in jedem geschaffenen Ding Vielheit in Größe ist und umgekehrt, oder Einfachheit in Zusammengesetztheit und umgekehrt, oder Einheit in Dreiheit und umgekehrt. Das zeigt uns wie in einer Spur an, daß wir über jede Gegensätzlichkeit hinaus erahnen müssen, wie die unendliche Einheit in Dreiheit ist und umgekehrt.

20. Nunc autem ad hoc, ut ad generationem aeternam procedere valeamus, scire debemus, quo modo sanctus *Augustinus* per nomina mathematica Trinitatem declarat in aeternitate:

20. Nun aber sollten wir, um zum Thema von der ewigen Zeugung übergehen zu können, wissen, wie der hl. Augustinus ewige Dreieinigkeit mit Hilfe mathematischer Bezeichnungen erklärt:

Quia unitas praecedit omnem alteritatem, quae sine dualitate non est, igitur Unitas aeterna.

Da die Einheit aller Andersheit, die nicht ohne Zweiheit ist, vorausgeht, ist die Einheit also ewig.

Item inaequalitas posterior est aequalitati, a qua cadit, quia omnis inaequalitas ad aequalitatem reducitur et inaequalitas absque alteritate esse nequit; Aequalitas igitur praecedit alteritatem, quare aeterna.

So ist auch Ungleichheit später als die Gleichheit, von der sie abfällt, weil alle Ungleichheit auf die Gleichheit zurückgeführt wird. Ungleichheit kann nicht ohne Andersheit sein; also geht die Gleichheit der Andersheit voraus, weshalb sie ewig ist.

Conexio prior divisione, qua conexio ab unitate, divisio ab alteritate; quare etc.

Die Verbundenheit ist früher als die Teilung, weil Verbundenheit von der Einheit, Teilung aber von der Andersheit stammt. Deshalb usw.

21. Voluerunt nostri Unitatem dici Patrem, Aequalitatem Filium, Conexionem Spiritum Sanctum - ex quadam conformitate, ut generatio-

21. Die Unsrigen wollten, daß man die Einheit Vater nenne, die Gleichheit Sohn, die Verbundenheit Heiliger Geist

nem et processionem melius attingamus, licet propriora nomina sint id, idem, identitas, etc.

- und dies wegen einer gewissen Übereinstimmung, damit wir so Zeugung und Hervorgang besser verstehen. Eigentlichere Namen wären jedoch das, dasselbe, Selbigkeit usw.

22. Nunc videamus de generatione Filii aeterna. Nam generatio est unius naturae multiplicatio seu unitatis repetitio, ut in patre et filio, quae in caducis reperitur.

22. Nun laßt uns die ewige Zeugung des Sohnes anschauen. Zeugung besagt bei vergänglichen Seienden Vervielfältigung der einen Natur oder die Wiederholung der Einheit, wie bei Vater und Sohn.

Generatio in divinis est unitatis una repetitio, id est unitas semel; si bis aut ter repeteres, aliud procreabitur, ut binarius vel ternarius. Non gignit igitur unitas semel repetita nisi unitatis aequalitatem; et non potest aliud hoc intellegi, quam quod unitas gignit unitatem; quae generatio aeterna est.

Im göttlichen Bereich ist Zeugung die eine Wiederholung der Einheit, d.h. die Einheit einmal genommen. Wenn du sie zwei oder dreimal wiederholtest, so würde etwas anderes erzeugt, wie der Zweier oder der Dreier. Die Einheit einmal wiederholt, zeugt also nichts anderes als die Gleichheit der Einheit, und das kann nicht anders eingesehen werden als dahin, daß die Einheit Einheit gebiert; diese Zeugung ist ewig.

Et sic processio est unitatis et repetitionis unitatis sive unitatis et aequalitatis ipsius unitas. Conexio enim procedit necessario ab unitate et aequalitate, et ab altero procedere nequit. Etc.

So gibt es einen Hervorgang aus der Einheit und der Wiederholung der Einheit oder die Einheit von der Einheit und ihrer Gleichheit. Denn aus Einheit und Gleichheit geht notwendig Verbundenheit hervor, aus etwas anderem kann sie nicht hervorgehen usw.

23. Multa habent doctores exempla, ut nos elevent ad cognitionem generationis aeternae: de splendore, qui ab igne generatur, et calore, qui ab utroque; de lumine, ut dicit Hilarius, quo modo lumen a lumine accenditur et ex utroque splendor; de mente, quo modo mens generat sibi suum verbum simile, conceptum scilicet sui ipsius, et ex his procedit voluntas sive amor.

23. Die Gelehrten haben viele Beispiele, um uns zur Erkenntnis der ewigen Zeugung zu erheben: das Beispiel vom Schein, der vom Feuer erzeugt wird, und der Wärme, die von beiden ausgeht. Oder das Beispiel vom Licht, wie Hilarius es darlegt, daß Licht am Lichte entzündet wird und von beiden der Schein ausstrahlt. Oder das Beispiel vom Geist: wie der Geist sein ihm gleichendes Wort zeugt, d.h. den Begriff seiner selbst, und von diesen beiden der Wille oder die Liebe hervorgeht.

Unde ad Verbum multi se convertunt, ut nobis evangelium notum fiat. Verbum enim est similitudo ipsius intellectus, in quo intellectus complicat intellegibile. Unde videtur Apostolus velle dicere, quod Filius in divinis sit hoc verbum mentale Patris, sit scilicet sapientia, ars aut ratio divina. Nam, quod omnia a Deo Patre in Verbo rationis ac Sapientia facta sint, sicut hoc non habet dubium, ita nec habet dubium rationem, verbum aut sapientiam aeternam esse artem infinitam. Fuit igitur in principio Verbum, et Verbum apud Deum, et Deus Verbum. Si

Es wenden sich daher viele dem Beispiele des Wortes zu, damit uns das Evangelium verständlich werde. Das Wort ist nämlich das Gleichnis der Einsicht selbst, und in ihm faltet die Einsicht das Einsichtige ein. Der Apostel scheint daher sagen zu wollen, daß der Sohn in der Gottheit das geistige Wort des Vaters ist, d.h. die göttliche Weisheit, Kunst oder Vernunft. Denn wie ohne Zweifel alles von Gott Vater im Wort der (göttlichen) Vernunft und in

igitur ratio aut intellectuale Verbum sive Sapientia fuit in principio, manifestum est ipsum fuisse ab aeterno, quia fuit in principio. In principio fuisse aeternitatem dicit.

der Weisheit geschaffen ist, so steht es auch außer Zweifel, daß die Vernunft, das Wort oder die ewige Weisheit, die unendliche Schöpferkunst ist. Es war daher "im Ursprung das Wort, und das Wort war bei Gott, und Gott war das Wort" (Joh 1,1). Wenn also die Vernunft oder das einsichtige Wort oder die Weisheit im Ursprung war, so ist offenkundig, daß es von ewig her gewesen ist, weil es ja im Ursprung war. Im Ursprung gewesen zu sein, besagt Ewigkeit.

Et si fuit ratio, alicuius fuit ratio, et non potest nisi aeterni principii, in quo semper fuit, esse ratio. Unde in principio fuit ratio, et fuit apud Deum, quia in aeternitate principii, quod est Deus Pater; et fuit Deus, quia aeterna ars et infinita ratio. Et Verbum non potest minor Deo esse, cum sit una aeternitas et infinitas. Per hanc igitur infinitam rationem omnia creata sunt.

Und wenn es die Vernunft war, gehörte sie jemandem, und die Vernunft kann nur vom ewigen Ursprung sein, in dem sie immer gewesen ist. Somit war im Ursprung die Vernunft, und sie war bei Gott, weil sie in der Ewigkeit des Ursprungs war, der Gott Vater ist. Und sie war Gott, weil sie die ewige Kunst und die unendliche Vernunft war. Und das Wort kann nicht geringer als Gott sein, da es nur eine Ewigkeit und Unendlichkeit gibt. Durch diese unendliche Vernunft ist also alles geschaffen.

24. Hic contemplare, quo modo omnia in arte infinita sunt aequalitas, et simplicissima ratio infinita est omnium ratio. Omnes enim diversitates in unitate infinitae rationis complicantur. Et sicut nihil reperitur ita aequale uni, quin possit esse aequalius per infinitum, et non est nisi una omnium infinita aequalitas, sic nec ratio per quemcumque de omnibus rebus creatis dari potest, ut dicit Salomon, quod omnium operum Dei nulla est ratio. Omnium una est ratio infinita, etc.

24. Hier betrachte, wie alles in der unendlichen Schöpferkunst die Gleichheit und wie die einfaltigste unendliche Vernunft der Sinngrund für alles ist. Alle Verschiedenheiten werden ja in der Einheit der unendlichen Vernunft eingefaltet. Und wie man nichts findet, das dem Einen so gleich wäre, daß es nicht noch unendlich gleicher sein könnte, und wie es nur die eine unendliche Gleichheit für alles gibt, so kann auch der Sinngrund für alle geschaffenen Dinge von gar niemandem gegeben werden, wie auch Salomon sagt, daß es nicht für jedes Werk Gottes einen Sinngrund gebe. Alle haben zusammen nur einen unendlichen Sinngrund usw.

25. Hic considera quo modo Verbum est omnis ars, forma ac ratio. Recurre ad similitudinem artis nostrae, quae in nobis est:

25. Betrachte hier, wie das Wort jede Kunst, jede Form und jeder Sinn ist. Geh auf das Gleichnis der Kunst zurück, die in uns ist:

Quo modo in verbo mentis, quod est ars, complicantur artificiata eius, et quo modo ars nostra in sua simplicitate supra tempus et divisionem complicat artificiata et ipsa artificiata complicatam artem explicant.

Wie in dem Wort des Geistes, das die Kunst ist, die Kunstwerke eingefaltet werden und wie dabei einerseits unsere Kunst in ihrer Einfaltigkeit über Zeitlichkeit und Geteiltheit hinaus die Kunstwerke einfaltet und die Kunstwerke ihrerseits die eingefaltete Kunst ausfalten.

Vide, quo modo ecclesia est in arte architectoris indivise, simpliciter complicata, et quo modo ecclesia, quae explicatur ab arte, cadit in multitudinem, divisionem et temporalitatem.

Sieh zum Beispiel, wie das Gotteshaus in der Kunst des Architekten ungeteilt und einfaltig ist und wie der Kirchenbau, der durch die Kunst entfaltet wird, in Vielheit, Geteiltheit und Zeitlichkeit abfällt.

Et hoc aliter et aliter contrahitur ipsa ars per aliam et aliam materiam.

So wird die Kunst durch andere und wieder andere Materie immer wieder anders eingeschränkt.

26. Ita a simili de arte divina considera, quod sicut ars nostra formas accidentales, quae sunt similitudines naturalium, inducit in materiam, quam praesupponit, ita ars divina, quia est infinita, producit secundum unam et simplicissimam artem omnia, quae sunt. Omnium igitur forma essendi ab illa forma infinita artis aeternae manat sicut artificiatum ab arte.

26. So betrachte auch von einer (anderen) Ähnlichkeit her die göttliche Kunst. Wie unsere Kunst akzidentelle Formen, die Ähnlichkeiten der naturgegebenen Formen sind, in die vorgegebene Materie hineinbringt, so bringt die göttliche Schöpferkunst, da sie unendlich ist, nach der Maßgabe der einen und einfaltigsten Kunst alles hervor, was existiert. Die Seinsform aller Dinge fließt also aus jener unendlichen Form der ewigen Schöpferkunst wie das Kunst-Werk aus unserer Kunst.

Tu etiam debes considerare, quo modo ars quanto altior et perfectior, tanto intra se artes inferiores plus complicat, sicut ars aurifabri complicat artem pictoris, sculptoris, fusoris etc; quare nobilior, quia eius simplicitas est unior et virtuosior. Ars autem infinita est necessario virtuosissima et potentissima.

Auch solltest du betrachten, wie eine Kunst um so höher und vollkommener ist, je mehr untergeordnete Künste sie in sich einfaltet. So faltet die Kunst des Goldschmieds die des Malers, des Bildhauers, des Schmelzers usw. in sich ein. Sie ist deshalb die edlere, weil ihre Einfaltigkeit einheitlicher und an Kunstvermögen reicher ist. Die unendliche Kunst aber ist notwendig die stärkste und wirkmächtigste.

Considera etiam, quo modo artifex varia producit ex arte una, et quanto plura, tanto ars potentior et maior. Ita ars divina est inevacuabilis.

Beachte auch, wie der Künstler aus der einen Kunst Verschiedenartiges hervorbringt, und je mehr er hervorbringt, um so machtvoller und größer ist seine Kunst, so ist die göttliche Schöpferkunst unerschöpflich.

27.Considera etiam, quo modo artifex producit artificiatum, quia primo facit conceptum in arte, deinde illum amplectitur ita, quod amplexus procedit ex concipiente et concepto, sive ab intellectu et arte seu conceptu procedit voluntas. Ita procedit suo modo in Deo, quia Deus Pater concipit, et amplexus procedit. Et haec est Trinitas. Legitur in Genesi, quo modo creavit deinde vidit, deinde procedit bonitas ex his; erant enim valde bona.

27. Betrachte auch, wie der Künstler das Kunstwerk hervorbringt. Zuerst bildet er in der Kunst einen Begriff; hernach umfängt er diesen, wobei das Umfangen vom Begreifenden und vom Begriffenen ausgeht, oder aus dem Einsichtsvermögen und der Kunst oder dem Begriff geht das Wollen. So geht das auf seine eigene Weise auch in Gott. Gott Vater bringt den Begriff hervor, und daraus geht das Umfangen hervor. Und dies ist die Dreieinigkeit. In der Genesis ist zu lesen, daß Gott "schuf", daraufhin "sah", und daß dann daraus Gutes hervorging; denn "es war sehr gut" (Gen 1,31).

Similitudinariter agit artifex. Et sicut se habet artificiatum ad artem finitam, ita creatura ad Creatorem. Videtur enim in artificiato qualis artifex, ita in creaturis qualis Creator.

Ähnlich handelt der Künstler. Und wie das Kunstwerk sich zur endlichen Kunst verhält, so das Geschöpf zum Schöpfer. Am Kunstwerk sieht man nämlich, was für ein Künstler es ist, ebenso in den Geschöpfen, was für ein Schöpfer.

Videmus enim in artificiato trinitatem in unitate, sicut in creatura. Nam arca habet esse ab artifice, sicut universus mundus a Deo. Arca est una, est discreta et conexa.

Wir sehen im Kunstwerk Dreifaltigkeit in Einheit wie im Geschöpf; denn eine Truhe hat ihr Sein vom Künstler, wie die gesamte Welt es vom Schöpfer hat. Die Truhe ist eine, verschieden und verbunden.

28. Et considera bene hic, quo modo universum, si consideratur in pura unitate, tunc est Deus, quia mundus archetypus et Verbum, quia nihil tunc est extra ipsum etc.

28. Und nun betrachte gut, wie die gesamte Welt Gott ist, wenn sie in ihrer reinen Einheit betrachtet wird, weil sie dann die archetypische Welt oder das (göttliche) Wort ist, weil dann nichts außer ihr ist.

Omnium unitas Deus est, et in quolibet universi reperitur via. Nam quaelibet pars arcae, si consideratur, puta fundus eius, tunc habet unitatem, habet discretionem ut fundus, habet et conexionem, quae procedit ab esse et discretione sua; conectit enim ad se arcam, ad quam habet proportionem. Et ita de quolibet lapide turris, ita de manu aut pede hominis ad hominem, sicut de quolibet universi ad universum.

Aller Dinge Einheit ist Gott, und in jedem beliebigen Teil der ganzen Welt findet sich ein Weg (zu ihm). Wenn man einen beliebigen Teil der Truhe betrachtet, beispielsweise ihren Boden, so hat er Einheit, er hat Unterschiedenheit als Boden, er hat auch Verbundenheit, die von seinem einen Sein und seiner Unterschiedenheit ausgeht; er bindet nämlich die Truhe auf sich hin und steht selbst zu ihr in Beziehung. So gilt es von jedem beliebigen Stein eines Turmes, so von der Hand oder dem Fuß des Menschen in Beziehung zum (ganzen) Menschen, wie auch von jedem Teil der Welt zum Weltganzen.

29. Et considera, quod sicut ars concurrit ad omnia artificiati, quia dolatio lapidis varia ad unitatem conexionis turris dependet ab eadem arte, ita omnia diversa ab eadem arte; et quo modo similitudo artis, artificis et conceptus eius est forma artificiati, quae propter materiam, in qua recipitur, secundum magis et minus est similis conceptui, sed numquam aequalis praecise, ita formae rerum sunt imagines artis divinae, etc.

29. Betrachte auch, daß alles Verschiedene von der einen und gleichen Kunst abhängig ist, wie die Kunst mit allem zu tun hat, was zu einem Kunstwerk gehört, weil die verschiedenartige Behauung des Steines, die auf die Einheit der Verbindung im Turm ausgerichtet sein muß, von derselben Kunst abhängig ist. Betrachte auch, wie die Ähnlichkeit zwischen Kunst, Künstler und seinem Entwurf die Form des Kunstwerks ist. Wegen der Materie, in die sie mehr oder weniger aufgenommen wird, ist sie dem Entwurf ähnlich, doch niemals genau gleich. Und so sind die Formen der Dinge Bilder der göttlichen Schöpferkunst usw.

30. Et nunc est prima pars explicata, quae habet generationem Verbi;

30. Nun ist der erste Teil erklärt, der die Zeugung des Wortes behandelt;

et quo modo secundum evangelium omnia per ipsum facta sunt et sine ipso factum est nihil;

und wie gemäß dem Evangelium alles durch es geworden und ohne es nichts geworden ist;

et quo modo omnia in ipso sunt ips ars, quae est vita, cuius omnes vitales naturae imaginem gerunt;

wie alles in ihm die Kunst selbst ist, die das Leben ist, dessen Bild alle lebenden Wesen an sich tragen;

et quo modo ipsa vita est lux hominum, quia ipsa vita est ratio et sapientia, a qua omnis ratio et sapientia;

und wie dieses Leben das Licht der Menschen ist, weil dies Leben ja die Vernunft und die Weisheit ist, von der alle Vernunft und alle Weisheit stammen;

et quo modo est lux hominum et lucet in tenebris ignorantiae et tenebrae eum non comprehenderunt.

und wie es das Licht der Menschen ist und in der Finsternis der Unwissenheit leuchtet und die Finsternis es nicht begriff.

31. II Ad Cor. 5: Deus erat in Christo mundum reconcilians sibi. Joh. 6: Hic est panis, qui etc. dat vitam mundo.

31. 2 Kor 5: "Gott war es, der in Christus die Welt mit sich versöhnt hat". Joh 6: "Dies ist das Brot, das" usw. "der Welt das Leben gibt".

Secundo loco promissum est, ut de incarnatione Christi subiungamus; pro cuius partis introductione, quo modo nobis dies illuxit rememorandum censeo; nam Deus creavit hominem etc.

An zweiter Stelle soll, wie versprochen, etwas über die Menschwerdung Christi hinzugefügt werden. Als Einführung zu diesem Teil meine ich, daran erinnern zu müssen, daß uns der Tag leuchtend aufgegangen ist; denn Gott schuf den Menschen usw.

32. Notandum hic, quo modo incarnatio Christi fuit necessaria nobis ad salutem. Deus creavit omnia propter se ipsum, et non maxime et perfectissime, nisi universa ad ipsum; sed nec ipsa ad ipsum uniri potuerunt, cum finiti ad infinitum nulla sit proportio. Sunt igitur omnia in fine, in Deo, per Christum. Nam nisi Deus assumpsisset humanam naturam, cum illa sit in se ut medium alias complicans, totum universum nec perfectum, immo nec esset.

32. Hier ist zu beachten, daß die Menschwerdung Christi zu unserem Heil notwendig war. Gott schuf alles um seiner selbst willen und nur dadurch aufs höchste und vollkommenste, daß er alles auf sich selbst hin schuf. Doch konnte auch dieses ihm selbst nicht geeint werden, da vom Endlichen zum Unendlichen hin kein Verhältnis besteht. Es ist daher alles in seinem Ziel, in Gott, durch Christus. Denn hätte Gott nicht die menschliche Natur angenommen, die in sich als das Mittlere die anderen Naturen einfaltet, so wäre die ganze Welt nicht vollkommen, ja sie wäre nicht einmal.

Vide hic, quo modo inter naturas creatas homo ratione universitalitatis omnes complectitur, tam spirituales quam corporales. Et hinc etiam quasi in fine universitatis entium creatus est, ut omnia in ipso ut in fine reperiantur.

Beachte hier, wie der Mensch unter den geschaffenen Naturen aufgrund seiner Universalität alle umschließt, sowohl die geistigen wie die körperlichen. Und deshalb ist er auch gleichsam am Ende des Ganzen der Seienden geschaffen, damit alles in ihm als in seinem Ziel gefunden werde.

33. Et non fuit possibile universam naturam conditam ad divinitatem vehi posse nisi in homine, qui gloria et honore paulo minus angelis est et supra omnia animalia et opera manuum Dei constitutus. Et propterea non quiescit spiritus hominis, qui intra se complicat universorum naturas, in aliquo creato, sed supra se appetit et non invenit, in quo satietur, nisi immortalitatem, quae est vita et sapientia aeterna.

Et quoniam hic homo, qui debet esse finis universorum seu quies seu sabbatum, esse nequit summa creatura, quae intra se complicat omnes in sua perfectione, nisi sit hypostatice Deus, in quo solum est quies; quia ipsa est omne id, quod appetitur, hinc necesse fuit, ut Deus fieret homo, ut sic omnia in finem pervenirent.

34. Quapropter sciendum quod, licet oculis nostris et sensibilibus considerationibus non possimus differentias nisi per temporales distantias considerare, ut sic Christus secundum hoc, ut homo est, in tempore natus post Abraham et alios videatur, secundum tamen Deum, qui supra omne tempus est, Christus est ut principium et caput omnis creaturae, ut ipse dixit: Antequam Abraham fieret, ego sum, et Paulus ad Ephesios et Colossenses scribit; unde principium vivorum, mortuorum et universae ecclesiae, triumphantis et militantis. Hic Christus in terris visus est temporaliter per nos conversari, sicut et temporaliter natus est ex Virgine die hodierna.

35. Hic igitur est advertendum, quod Christus Dominus in hoc, quod supra omnem creaturam maximitati absolutae coniunctus est, quia eo maior dari nequit, in quo potentia infinita in se completa et perfecta est, tunc Deus est et ipsa ars seu forma infinita omnium, quae sunt. In

33. Daß die ganze geschaffene Natur zu Gott geführt werden konnte, war nur im Menschen möglich, der "an Herrlichkeit und Ehre nur um ein wenig geringer ist als die Engel und über alle Lebewesen und Werke der Hand Gottes gesetzt ist (Ps 8,6-7, Hebr 2,7). Daher ruht der menschliche Geist, der in sich die Naturen aller Seienden enthält, in keinem Geschaffenen, sondern strebt über sich selbst hinaus, und seine Sehnsucht wird erst gestillt, wenn er die Unsterblichkeit findet, die das Leben und die ewige Weisheit ist.

Und da dieser Mensch, der von allem das Ziel sein soll oder die Ruhe oder der Sabbat, nicht anders das höchste Geschöpf zu sein vermag, das alles in seiner Vollkommenheit einfaltet, als wenn er hypostatisch Gott ist, in dem allein die Ruhe ist, da er selbst alles ist, was erstrebt wird; deshalb war es notwendig, daß Gott Mensch wurde, damit so alles zum Ziele gelange.

34. Man muß daher Folgendes wissen: Können wir auch mit unseren Augen und unseren an die Sinne gebundenen Betrachtungen die Unterschiede nur entsprechend zeitlichen Abständen erfassen - daß Christus demgemäß, insofern er Mensch ist, in der Zeit und nach Abraham und anderen geboren erscheint -, seiner Gottheit nach, die über aller Zeit ist, ist Christus wie der Ursprung und das Haupt der ganzen Schöpfung, wie er selbst sagt: "Ehe Abraham ward, bin ich", (Joh 8,58) und wie Paulus an die Epheser und Kolosser schreibt. Daher ist er der Ursprung der Lebenden und Toten und der ganzen Kirche, der triumphierenden und der streitenden. Dieser Christus wurde auf Erden gesehen und weilte in der Zeit unter uns, wie er ja auch in der Zeit geboren wurde und aus der Jungfrau am heutigen Tage.

35. Hier ist also zu beachten, daß Christus, der Herr, darin, daß er über alle Schöpfung hinaus der absoluten Größtheit verbunden ist - da es einen größeren als den nicht geben kann, in welchem die unendliche Wirkmächtigkeit in

quantum autem maximus homo, tunc homo est perfectissimus, cui perfectior dari nequit.

sich erfüllt und vollkommen ist -, Gott ist und die Kunst selbst oder die unendliche Form von allem, was ist. Insofern er aber der größte Mensch ist, ist er der vollkommenste Mensch, über den hinaus es keinen vollkommeneren geben kann.

Et quoniam ipa natura humana in ipso est altissima, ita quod altior dari nequit, quae infinitati divinae coniungi posset propinquior, tunc eo ipso, quod perfectissimus et altissimus in natura humanitatis, per hoc etiam unitissimus divinitati.

Und da die menschliche Natur als solche in ihm den höchsten Grad erreicht, so daß es eine höhere, eine, die der unendlichen Gottheit enger verbunden zu werden vermöchte, nicht geben kann, so ist Christus eben darin, daß er der menschlichen Natur nach der Vollkommenste und Erhabenste ist, auch der Gottheit am innigsten geeint.

Sed natura humanitatis nequaquam, cum sit creatura, transire potest per ascensum in divinitatem, neque divina per descensum in humanitatem. Ideo hic est unitas remanente naturarum distinctione.

Doch kann die Natur der Menschheit, da sie ja Geschöpf ist, keineswegs durch einen Aufstieg in die Gottheit übergehen, noch auch die göttliche Natur durch einen Abstieg in die Menschheit. Somit haben wir hier eine Einheit bei bleibender Unterschiedenheit der Naturen.

Et quia causatum aut creatum, si transit ad maximitatem per unionem, qua maior possibilis non est, necessario in se subsistere nequit hypostatice, hinc humana natura subsistit in divina, sicut corpus in anima suo modo, ut ait *Athanasius*, licet hoc non sit praecisum exemplum. Et hoc primo.

Und da das Verursachte oder Geschaffene, wenn es durch eine Einung, wie sie enger nicht möglich ist, in die Größtheit übergeht, unmöglich hypostatisch in sich selbst bestehen bleiben kann, besteht die menschliche Natur in der göttlichen wie nach Athanasius der Leib auf seine Weise in der Seele, wenn dies auch kein genau treffendes Beispiel ist. Und dies zum ersten.

36. Est secundo hic considerandum, quo modo humana natura in Christo Jesu ad divinitatem exaltata est perfectio universi et praesertim nostrae naturae humanae. Nam in hoc, quod summum gradum naturae humanae attingit, qua nullus maior est, tunc omnem naturam complicat et omnia naturae supposita ad ipsum conversa unit.

36. Und zum zweiten ist zu beachten, wie die in Christus Jesus über sich selbst hinaus zur Gottheit hin erhobene menschliche Natur die Vollendung des Alls und insbesondere unserer menschlichen Natur ist. Denn darin, daß er die höchste Stufe der menschlichen Natur erreicht, über die hinaus es keine höhere gibt, faltet er die ganze Natur in sich ein und eint er alle Träger einer Natur, die sich zu ihm bekehrt haben.

37. Videmus, quo modo ars una alias complicat. Quid, si esset omnis ars in uno homine et omnis perfectio et omnis sapientia et ratio foret? Nonne perfectio illius omnes complicaret? Nonne, si ipse homo adhuc in ipsa natura remanet humana, ipsa humanitas, quae una est, in omnibus? Non est alia humanitas Christi quam cuiusque hominis praeteriti, praesentis aut futuri; immo

37. Wir sehen, wie eine Kunst andere Künste in sich einfaltet. Was wäre, wenn alle Kunst in einem Menschen wäre und alle Vollkommenheit, alle Weisheit und Vernunft? Würde dann die Vollkommenheit dieses einen nicht alle in sich einfalten? Wäre sie nicht, wenn dieser Mensch weiterhin in eben dieser

est ipsa et non alia. Et ita videmus, quo modo nostra natura, quae non est alia a Christo, in Christo est perfectissima.

menschlichen Natur verbliebe, die Menschheit selbst, die ja nur eine ist in allen? Die Menschheit Christi ist nicht eine andere als die irgendeines Menschen, eines gewesenen, gegenwärtigen oder zukünftigen; ja, sie ist eben diese selbst und keine andere. Und so sehen wir, wie unsere Natur, die ja nicht eine andere ist als die Natur Christi, in Christus ganz vollkommen ist.

Et hic adverte, quod Christus coincidit cum ipsa natura humanitatis, per quam omnes homines sunt homines. Et hinc ipse est metrum et mensura aequalis omnium hominum, et in ipso sunt omnes homines ut in capite et principe universorum; absque differentia {sunt} in unitate Christi, ubi non est Judaeus nec gentilis nec vir nec mulier, sed ipse Christus omnia in omnibus.

Und hier beachte, daß Christus ineinsfällt mit eben der Natur der Menschheit, durch welche alle Menschen Menschen sind. Und daher ist er das Maß und der für alle gleiche Maßstab aller Menschen. Und in ihm sind alle Menschen als in dem Haupte und dem Fürsten aller insgesamt ohne Unterschied in der Einheit Christi, wo es weder Jude noch Heide, weder Mann noch Frau gibt, sondern der eine Christus selbst "alles in allem" (Eph 1,23) ist.

Propter hoc Christus est cuiusque proximus, immo multo proximior quam pater aut frater carnalis, quoniam est ipsa substantialis intimitas cuiusque. Et hinc omnes nostri defectus in ipso, qui est plenitudo et perfectio nostra, complentur. In ipso iustificamur, in ipso salvi sumus, in ipso vivimus et movemur.

Darum ist Christus einem jeden der Nächste, ja, er ist ihm viel näher als der Vater oder der leibliche Bruder, da er ja die substantiale Innerlichkeit eines jeden selbst ist. Daher werden auch alle unsere Mängel in ihm, der unsere Fülle und Vollkommenheit ist, ausgefüllt. In ihm werden wir gerechtfertigt; in ihm sind wir heil; in ihm leben wir und bewegen wir uns.

38. Et scias, quod hic videre potes admirabilem promissionem, quam in Christo consequimur, et supermirandam crucis salvationem, quoniam Christi humanitas in illam maximitatem elevata, ut divinae naturae unitur, est omnium hominum verissima atque perfectissima humanitas. Homo igitur, qui Christo adhaeret, ille suae propriae humanitati adhaeret, ut sit unus cum Christo, sicut Christus cum Deo. Propter hoc quisque Christo adhaerens et unitus non in alio, sed in sua humanitate, quae est et Christi, satisfecit debito, iustificatur, vivificatur, quia ipsa sua humanitas, quae est una in eo et Christo, Deo Verbo unita est. O maximum mysterium!

38. Und wisse, daß du hier die wunderbare Verheißung erblicken kannst, die wir in Christus erlangen, und die überaus bewunderungswürdige Erlösung durch das Kreuz, da doch die Menschheit Christi, die zu jener Größtheit erhoben wurde, daß sie der göttlichen Natur geeint ward, aller Menschen wahrste und vollkommene Menschheit ist. Der Mensch also, der Christus anhängt, der hängt dieser seiner eigenen Menschheit an, so daß er eins mit Christus ist, wie Christus mit Gott. Deshalb hat ein jeder, der Christus anhängt und geeint ist, nicht in einem anderen, sondern in eben seiner Menschheit, welche auch die Christi ist, der Schuld Genüge getan, wird er in ihr gerechtfertigt und neu belebt, da doch diese seine Menschheit, die eine ist in ihm und in Christus, Gott dem Worte geeint ist. O größtes Geheimnis!

Hic vides, quo modo natura humana in Christo induit immortalitatem per unionem ad Verbum. Hic vides argumentum: Si Christus resurrexit, ergo et nos. Hic vides errorem omnium, qui sine Christo salutem exspectant. Hic vides, quantum errant et sibi contradicunt, qui resurrectionem credunt et Christum negant, ut sunt pagani et Judaei. Hic vides, quo modo Christus est omnia in omnibus, et quo modo illa altissima epistula Pauli Ad Ephesios de ecclesia triumphanti intellegitur et verissima est. Hic vides consolatorem tuum in omnibus necessitatibus tuis. Et infinita horum.

Hier siehst du, wie die menschliche Natur in Christus durch ihre Einung mit dem Worte die Unsterblichkeit angezogen hat. Hier siehst du den Sinn der Argumentation: "Ist Christus auferstanden, so werden auch wir auferstehen" (1 Kor 15,12-14). Hier siehst du den Irrtum aller, die ohne Christus das Heil erwarten. Hier siehst du, wie sehr die irren und sich selbst widersprechen, die an die Auferstehung glauben und Christus leugnen, wie die Heiden und Juden es tun. Hier siehst du, wie "Christus alles in allem ist" (Kol 3,11) und wie jener tiefsinnige Brief Pauli an die Epheser über die triumphierende Kirche zu verstehen ist und höchste Wahrheit enthält. Hier siehst du deinen Tröster in all deinen Nöten und unendlich mehr von dieser Art.

39. Sed ipse est lux, quae illuxit nobis!

39. Doch er ist das Licht, das uns aufgeleuchtet ist!

Quo modo autem illuxit? Nam cum esset Deus absconditus, se revelavit. Ut, dum Verbum mentale tibi absconditum est, ad hoc, ut tibi reveletur, vocem induit et sub voce, quae est eius signum, latet abscondita mens, ita Verbum aeternum absconditum carnem induit, ut visibilis fieret. Opera fecit, quae alius quam Deus facere non potuit, et ita venit ad habitandum cum hominibus. Aliud igitur viderunt et aliud crediderunt, quia latebat Deus sub carne, sicut vox auditur, sensus intellegitur.

Wie aber ist er aufgeleuchtet? Denn obwohl er der verborgene Gott ist, offenbarte er sich. Es ist wie beim geistigen Wort, das dir verborgen ist und sich mit einer Stimme bekleidet, um sich dir zu offenbaren, und unter der Stimme, die ihr Zeichen ist, ruht verborgen der geistige Sinn. So bekleidet sich das ewige verborgene Wort mit Fleisch, damit es sichtbar wird. Es vollbrachte Werke, die ein anderer als Gott nicht wirken konnte. Und so kam er, um mit den Menschen zu leben. Das eine sahen die Menschen, das andere glaubten sie, da Gott unter dem Fleisch verborgen war, so wie man ja auch die Stimme hört, den Sinn einsieht.

Praedicabat et illuminabat Christus. Doctoris est illuminare per vocem, et communicat lumen discipulo absque diminutione sui luminis. Ita Christus illuxit nobis, ut nos suae sapientiae faceret participem.

Christus predigte und erleuchtete. Aufgabe des Lehrers ist es, durch die Stimme zu erleuchten; und er teilt dem Schüler das Licht mit, ohne daß dadurch sein Licht vermindert würde. So auch erleuchtete uns Christus, um uns seiner Weisheit teilhaftig zu machen.

Vide, quanta mysteria sunt in verbis Christi, quae sunt voces, in quibus latet ipsa aeterna Sapientia. Sed ad hoc, ut voces audiantur, oportet accedere; oportet per fidem accedere et devotionem. Et tunc illuminamur et sumemus de eius plenitudine, etc.

Sieh, welche großen Geheimnisse in den Worten Christi enthalten sind; sie sind Stimmen, in denen sich die ewige Weisheit selbst verbirgt. Aber um diese Stimmen zu hören, muß man hinzutreten; man muß in Glaube und Hingabe hinzutreten. Dann werden wir erleuchtet und werden aus seiner Fülle empfangen usw.

40. Hic de beata Virgine pauca.

40. Hier noch ein wenig über die selige Jungfrau.

41. Et nunc vides, quo modo ille, qui se toto corde ad Christum convertit per fidem et desinit esse hic, qui est, et iterum nascitur in Christo, ut non sit in eo nisi Christus: hic in Christo est filius Dei, hic deificatur, hic consequitur perfectionem ultimam.

41. Und nun siehst du, wie jener, der sich von ganzem Herzen im Glauben zu Christus bekehrt, aufhört zu sein, der er ist, und in Christus "von neuem geboren wird" (Joh 3,3-5), so daß in ihm nichts anderes ist als Christus: Er ist in Christus Sohn Gottes, er wird vergöttlicht und er erlangt die letztmögliche Vollendung.

Et ita intellege evangelium, quod oportet in Christo Deo renasci, qui vult filius Dei esse, quoniam in ipso ante mundi constitutionem vocati sumus ad hereditatem aeternam. Nam sequitur, quod hoc credamus, quoniam Verbum caro factum est et habitavit in nobis. Si Filius in divinis assumpsit humanitatem, manifestum est te hominem ad filiationem divinam per inhabitantem in te Christum effici posse.

Und so siehst du das Evangelium ein, daß, wer Gottes Sohn sein will, notwendig für Gott in Christus wiedergeboren werden muß, da wir ja in ihm vor Grundlegung der Welt berufen sind zum ewigen Erbe. Es folgt nämlich, daß wir dieses zu glauben haben, da ja "das Wort Fleisch geworden und unter uns gewohnt hat" (Joh 1,14). Wenn von den göttlichen Personen der Sohn die Menschennatur annahm, ist offenbar, daß du, Menschenkind, durch den in dir wohnenden Christus zur Gotteskindschaft geführt werden kannst.

42. Si igitur pro tertia parte vis in Christo Dei filius renasci, accedere te et venire oportet ad hunc solem, tu, qui es gentilis in subtilitate rationum humanarum. Oportet te devotissime venire per electionem, per quam tantum Christum eligas in simplicitate et puritate animi. Oportet, ut omnem praesumptionem spiritualem dimittas. Oportet, ut pietatem induas ad omnes, et dulce cor efficias; et cum ardore caritatis accedas, et cum unanimitate et pace cum Petro, cui Deus primo revelavit mysterium, et devotissima oratione petas, etc.

42. Wenn du also - dies zum dritten Teil - in Christus zum Sohne Gottes wiedergeboren werden willst, mußt du herantreten und hinkommen zu dieser Sonne, du, der du ein Heide bist mit deinen scharfsinnigen menschlichen Vernunftgründen. Du mußt aus ganzer Hingabe und freier Wahl kommen, durch die du allein Christus und nur ihn erwählst in Einfalt und Reinheit des Herzens. Alle geistliche Anmaßung mußt du ablegen; du mußt Liebe zu allen anlegen und ein mildes Herz dir erwerben. In glühender Liebe mußt du herantreten und einmütig und in Frieden mit Petrus, dem Gott als Erstem das Geheimnis offenbarte. Und in ergebenstem Gebete mußt du bitten usw.

43. Et considera hic, quod, sicut Deus caput Christi, ita Christus caput ecclesiae. Quo modo habet se Deus ad Christum, quia deitas ut anima, humanitas ut corpus, ita Christus ad ecclesiam se habet: est ut anima, et ecclesia ut corpus.

43. Betrachte hier, daß Christus so das Haupt der Kirche ist, wie Gott das Haupt Christi. Wie Gott sich zu Christus verhält, da die Gottheit gleichsam die Seele, die Menschheit gleichsam der Leib ist, so verhält sich Christus zur Kirche: Er ist gleichsam die Seele und die Kirche der Leib.

Oportet te igitur in unitate corporis esse, ut per ipsum sis in unitate spiritus Jesu; et hoc nota!

Du mußt also in der Einheit des Leibes stehen, damit du durch ihn in der Einheit des Geistes Jesu bist; und dies beachte!

44. Vide, quo modo anima non est in membro corporis tui, nisi sit unitum cum corpore; et anima est in membro ita, quod membrum in illa.

44. Sieh, wie die Seele nicht in einem Gliede des Körpers ist, wenn dieses nicht mit dem Körper geeint ist. Die Seele ist im Gliede so, daß damit das Glied in der Seele ist.

Si vis, quod in te nobiliter habitet Christus, cresce in nobile membrum et agas, quod fortiter intres in Christum! Et hoc est singularius notandum.

Wenn du willst, daß Christus auf vorzüglicher Weise in dir wohne, wachse zu einem vorzüglichen Glied heran, und handle so, daß du kraftvoll in Christus eintrittst. Und das ist ganz besonders zu beachten.

45. Nota istud secretum, quod dies sanctificatus est illa dies, de qua Genesis 2: Et benedicit Deus diei septimo et sanctificavit illum. Nam Deus alias dies fecisse et in eas faciendo operatus fuisse legitur, sed nec legitur Deum in die septimo operatum, nec diem septimum fecisse, sed illi benedixisse et eum sanctificasse, quia in eo cessavit ab omni opere et requivit.

45. Beachte die verborgene Wahrheit, daß der geheiligte Tag jener Tag ist, von dem es in Genesis 2 heißt: "Und Gott segnete den siebten Tag und heiligte ihn". Es heißt, daß Gott die anderen Tage geschaffen und dabei gewirkt hat. Aber es heißt nicht, Gott habe am siebten Tag gewirkt, und auch nicht, er habe den siebten Tag geschaffen, sondern er habe ihn gesegnet und geheiligt, weil er an ihm mit allem Werk aufgehört und geruht hat.

Considera igitur bene et subtiliter, quo modo dies est lux seu sapientia aeterna; et sunt gradatim res per sex gradus participantes lucem illam, ut eius participatione dies vocentur, nec erat aliud dies quam crearetur. Dies autem sanctificatus est dies, qui non participat lucem sapientiae sub exspectatione altioris gradus, sed est ille altissimus gradus sapientiae, in quo quiescit omne opus Dei. Et istud nota singularissime, quia hic est dies sanctificatus.

Betrachte also sehr genau, wie (dieser) Tag das Licht oder die ewige Weisheit ist. Die Dinge haben stufenweise über sechs Stufen an diesem Licht teil, so daß sie aufgrund dieser Teilhabe Tage genannt werden, und nichts anderes war Tag, als es geschaffen wurde. Der geheiligte Tag aber ist der Tag, der nicht am Licht der Weisheit teilhat und dabei auf eine noch höhere Stufe ausgerichtet wäre, sondern er ist die höchste Stufe der Weisheit, auf der alles Werk Gottes zur Ruhe kommt. Beachte das auf ganz besondere Weise, weil das der geheiligte Tag ist.

Sermo XLI (32)
Confide, filia
Pars prima, Nr. 7-12[3]

7. Dicamus igitur primo de prima doctrina et quaeramus in nobis, quid sit Jesus. Nisi enim in nobis invenerimus Jesum, ipsum non reperiemus.

7. Sprechen wir zuerst über die erste Lehre und suchen wir in uns, was Jesus ist. Denn wenn wir Jesus nicht in uns finden, werden wir ihn überhaupt nicht finden.

Omnis enim motus clauditur terminis speciei. Quiescit enim omnis res in natura sua specifica. Species enim est caelum quoddam ambiens omnem individualem motum suae naturae. Hinc extra suum caelum non movetur quidquam, sed motus cuiusque est attingere perfectionem speciei suae, extra quam non iudicat se posse perfici. Immo omnem perfectionem iudicat in suo caelo includi.

Jede Bewegung spielt sich innerhalb der Grenzen einer Art ab. Denn jedes Wesen kommt in seiner Art-Natur zur Ruhe. Die Art ist nämlich ein bestimmter Bereich, der jede individuelle Bewegung ihrer Natur umfaßt. Daher bewegt sich nichts außerhalb seines Bereichs, sondern die Bewegung eines jeden Wesens zielt darauf, die Vollkommenheiten seiner Art zu erreichen, außerhalb derer es seinem Urteil nach nicht vollkommen werden kann. Ja, seinem Urteil nach ist sogar jede Vollkommenheit in seinem Bereich enthalten.

Quare non est oculus inquietus, quia non audit aut quia non gustat, quia non iudicat oculus audire, gustare, tangere aut odorare esse perfectionem, quae per oculum desiderari debeat. Solum igitur oculus appetit videre et in videndo habere omnem perfectionem, quae in videndo attingi potest.

Deshalb ist ein Auge dadurch nicht beunruhigt, daß es nicht hört oder nicht schmeckt; denn es hält Hören, Schmekken, Berühren oder Riechen nicht für eine Vollkommenheit, die vom Auge erstrebt werden muß. Das Auge strebt darum nur danach, zu sehen und im Sehen jede Vollkommenheit zu haben, die durch Sehen erreicht werden kann.

Et hinc inquietus est oculus, quamdiu omne visibile non vidit. Ita inquieta est auris, quamdiu omne audibile non audivit ut ait Salomon: Non satiatur oculus visu neque auris auditu.

Deshalb ist das Auge unruhig, solange es noch nicht alles Sehbare gesehen hat. So ist auch das Ohr unruhig, solange es nicht alles Hörbare gehört hat, wie Salomon sagt: "Das Auge wird nicht satt vom Sehen und das Ohr nicht vom Hören" (Eccl 1,8).

Sic pariformiter nullum individuum unius speciei movetur nisi infra speciem suam. Non enim velle posset canis, quod esset cattus aut asinus aut avis vel piscis.

Auf ähnliche Weise bewegt sich auch jedes Individuum einer Art nur innerhalb der Grenzen seiner Art. Ein Hund zum Beispiel könnte nicht wollen, daß er eine Katze, ein Esel, ein Vogel oder ein Fisch sei.

Sic nec homo potest appetere, quod sit alterius speciei, etiam angelus.

So kann auch der Mensch nicht danach streben, von einer anderen Art zu sein, auch nicht ein Engel.

3 V_1 fol. 130vb-131vb

8. Non autem quietatur homo in specie sua, quae est species animalis rationalis habentis intellectum, nisi immortalis speciei suae consequatur perfectionem. Vellet igitur homo in sua humanitate, quam exire non vellet, consequi omnem perfectionem.

8. Der Mensch kommt aber in seiner Art, der eines vernunftbegabten Lebewesens, das Einsichtvermögen hat, nicht zur Ruhe, wenn er nicht als Unsterblicher die Vollkommenheit seiner Art erlangt. Der Mensch will deshalb in seiner Menschennatur, in der er bleiben will, alle Vollendung erreichen.

Homo autem habet vitam. Non igitur vellet homo aliud quam habere perfectam et indeficientem vitam.

Der Mensch hat Leben. So möchte er nur vollkommenes und nie vergängliches Leben haben.

Et quia perfectior est vita rationalis quam sensualis, quam habent et bruta, tunc in vita rationali vellet habere perfectionem. Potius enim vellet homo non esse quam non esse animal rationale, quia non est appetibile per hominem, quod sit brutum alterius speciei. Appetit igitur omnis homo in sua humanitate habere perfectam, rationalem et indeficientem vitam

Und da das vernunfthafte Leben vollkommener ist als das sinnenhafte, das auch die Tiere haben, deshalb will er im vernunfthaften Leben Vollkommenheit haben. Denn lieber möchte der Mensch gar nicht sein, als nicht vernunfthaftes Lebewesen sein. Denn für den Menschen ist es nicht erstrebenswert, ein unvernünftiges Lebewesen einer anderen Art zu sein. Also erstrebt jeder Mensch, in seiner Menschennatur vollkommenes und nie endendes vernunfthaftes Leben zu haben.

Sic appetit intellegere perfecte omne intellegibile, quia sicut videre est vita oculi, ita intellegere est vita animae intellectivae.

So strebt er danach, auf vollkommene Weise alles Einsehbare einzusehen: denn wie das (sinnenhafte) Sehen das Leben des Auges ist, so ist das Einsehen das Leben der einsichtigen Seele.

Numquam igitur satiatur intellectus in particulari apprehensione intellegibilium, quoniam eius motus non quietatur, nisi omne intellegibile attingat.

Nie wird also das Einsichtsvermögen durch ein partikuläres Erfassen von Einsehbarem gesättigt, weil seine Bewegung nicht zur Ruhe kommt, wenn es nicht alles Einsehbare erreicht.

Sic velle numquam est satiabile per acquisitionem bonorum,nisi omne bonum acquiratur.

So ist (auch) das Wollen durch Erlangung von Gütern nur zu sättigen, wenn es alles Gute erlangt.

Non igitur quietatur homo, nisi attingat in humanitate sua vitam, quae est ratio omnis vitae, veritatem, quae est ratio omnis veri et intellegibilis, bonum, quod est ratio omnis boni et omnis appetibilis.

Der Mensch kommt nur dann zur Ruhe, wenn er in seiner Menschennatur erlangt: das Leben, das der Sinngrund allen Lebens ist, die Wahrheit, die der Sinngrund alles Wahren und Einsehbaren ist, und das Gute, das der Sinngrund alles Guten und Erstrebenswerten ist.

Et cum homini insit hic motus a natura humanitatis suae, hinc sequitur in ipsa humanitatis specie quietem motus attingere posse hominem, qui nec frustra movetur nec extra speciem.

Und da diese Bewegung dem Menschen von der Natur seiner Menschheit her innewohnt, folgt daraus, daß der Mensch, der weder vergeblich noch außerhalb der Art sich bewegt, in der Art der Menschennatur selbst die Ruhe der Bewegung erreichen kann.

9. Humanitas autem est una, per quam omnes homines sunt homines. Et non est alia humanitas unius quam alterius, licet unus homo non sit alter, sicut hoc album non est illud album, licet una sit albedo, per quam tam hoc quam illud sint alba.

9. Die Menschennatur aber ist die eine, durch die alle Menschen Menschen sind. Und der eine hat keine andere Menschennatur als der andere, obwohl der eine Mensch nicht der andere ist, so wie dieses Weiße nicht jenes Weiße ist, obgleich die Weißheit (nur) eine einzige ist, durch die sowohl dieses als auch jenes weiß ist.

Nec potest humanitas esse absque homine, nam hoc est humanitatem esse. Homo enim est esse humanitatis.

Die Menschennatur kann aber auch nicht ohne den Menschen sein; denn das bedeutet, daß die Menschennatur existiert. Der Mensch ist nämlich das Sein der Menschennatur.

Motus igitur humanitatis meae est, ut in homine meae humanitatis consequar quietem.

Die Bewegung meiner Menschennatur geht also dahin, daß ich in einem Menschen meiner Menschennatur die (erstrebte) Ruhe erlange.

Sed cum nihil maius aut melius dici aut excogitari possit quam id, quod me quietare debet, scilicet vita sine corruptione, veritas sine fallacia, bonum sine omni malo, tunc dico hoc esse Deum. Deus enim est id maximum atque optimum, quo maius et melius concipi nequit.

Da aber nichts Größeres oder Besseres gesagt oder ausgedacht werden kann als das, ohne das ich nicht zur Ruhe kommen kann, nämlich: Leben ohne Untergang, Wahrheit ohne Trug und das Gute ohne jegliches Übel, sage ich daher, daß dies Gott ist. Gott ist nämlich das Größte und Beste, im Vergleich zu dem etwas Größeres oder Besseres nicht gedacht werden kann.

Sed id, quo maius et melius concipi nequit, quies est atque terminus motus spiritus intellectualis. Hinc motus humanitatis meae est, ut in homine meae humanitatis attingam Deum.

Das aber, im Vergleich zu dem nichts Größeres oder Besseres gedacht werden kann, ist die Ruhe und das Ziel der Bewegung des einsichtigen Geistes. Somit läuft die Bewegung meiner Menschennatur darauf hinaus, daß ich in einem Menschen meiner Menschennatur Gott erreiche.

10. Reperio igitur in me ipso hominem humanitatis meae, qui ita est homo, quod est et Deus. Et hic est homo, in quo solum ego in mea humanitate quietem attingere valeo. Quies enim Deus est.

10. Ich finde also in mir selbst einen Menschen meiner Menschennatur, der so Mensch ist, daß er auch Gott ist. Und dieser Mensch ist es, in dem allein ich in meiner Menschennatur die Ruhe finden kann. Die Ruhe ist nämlich Gott.

Homo igitur ille, qui est et Deus, est ille, ad quem omnes homines secundum naturam humanitatis moventur. Et hic est Christus Jesus benedictus.

Jener Mensch also, der auch Gott ist, ist der, auf den hin sich alle Menschen gemäß ihrer Menschennatur bewegen. Und dieser ist Jesus Christus, der Gepriesene.

Hic Jesus fuit occultus desideratus omnibus gentibus; et venit ad hunc mundum post longam exspectationem et ostendit se, ut ait Dionysius Ad Gaium, per hoc, quod cum esset homo, operatus est supra omnem hominem tamquam potestatem habens: Calcavit mare,

Dieser Jesus war als Verborgener der "von allen Völkern Ersehnte" (Apg 2,8); er kam nach langem Erwarten in diese Welt und hat sich, wie Dionysius (im Brief) an Gaius sagt, dadurch gezeigt, daß er - obgleich er Mensch war - über

sanavit aegrotos, restituit visum caecis, restituit mortuis vitam.

(die Möglichkeiten eines) jeden Menschen hinaus gehandelt hat als einer, "der Macht hat" (Mt 7,29 par.): Er ist auf dem Meer gewandelt, hat Kranke geheilt, "er hat Blinden das Gesicht wiedergegeben" (Lk 7,21), den Toten das Leben.

Per quae quidem signa, cum habitu esset ut alius homo, se et Deum ostendit.

Durch diese Zeichen hat er sich freilich auch als Gott erwiesen, obwohl er "dem Aussehen nach wie (jeder) andere Mensch war" (Phil 2,7).

Unde Christus, ut refert Lucas cap. 7°, cum a discipulis Johannis interrogaretur, an ipse esset vel alius exspectaretur, respondit, quod Johanni referrent, quo modo caeci, claudi et leprosi sanarentur.

Als daher Christus, wie Lukas im siebten Kapitel berichtet, von den Jüngern des Johannes gefragt wurde, ob er selbst es sei oder ein anderer erwartet werde (vgl. Lk 7,19-22), antwortete er, sie sollten dem Johannes berichten, wie "Blinde, Lahme" und "Aussätzige" geheilt würden.

Haec audiens baptista Johannes, scilicet quod defectus hominis salvarentur per Jesum, ipsum sciret verum Messiam, hoc est Christum omnem nostrum defectum adimplentem.

Als Johannes der Täufer dies hörte, daß nämlich die Mängel des Menschen durch Jesus geheilt würden, erkannte er ihn als den wahren Messias, nämlich als den, der all unsere Mängel auffüllt.

Et haec est ostensio Messiae nostri, qui Jesus nominatur, scilicet salvatio, quae visa est fieri in hoc evangelio per ipsum.

Und das ist die Offenbarung unseres Messias, der Jesus genannt wird, nämlich die Erlösung, die, wie man in diesem Evangelium sah, durch ihn selbst geschieht.

11. Reperimus igitur Jesum, qui filiam principis resuscitavit et mulierem a fluxu sanavit, Filium hominis, esse fratrem nostrum, primogenitum omnis creaturae, per quem nos in nostra humanitate finem pacis et quietis, terminum rationalis motus nostri spiritus attingimus.

11. Wir finden also, daß Jesus, der die Tochter des (Synagogen-)Vorstehers auferweckt und die Frau vom Blutfluß geheilt hat, der Menschensohn, unser Bruder ist, der Erstgeborene der ganzen Schöpfung, durch den wir in unserer Menschennatur das Ziel des Friedens und der Ruhe, die Vollendung der vernunfthaften Bewegung unseres Geistes erreichen.

Hic est igitur princeps ille, quem omnis creatura ingemiscens desiderat. Omnis enim creatura desiderat meliori modo esse, quo potest. Est hoc aliter esse nequit quam in homine omnes naturas inferiores in intellectuali sua complicante, qui sit et Deus. Gustare autem et videre laetitia enarrabili, quae est vivens vita spiritus nostri.

Dieser ist also jener "Fürst", den "die ganze Schöpfung seufzend" (Röm 8,22) ersehnt; denn jedes Geschöpf sehnt sich danach, auf eine bestmögliche Weise zu sein und dies kann auf keine andere Weise sein als in dem Menschen, der alle niedrigeren Naturen in seiner geistigen (Natur) umfaßt, der dann auch Gott ist.

Id ipsum, quo vivimus, movemur et sumus, omnis rationalis humana creatura inge-

Zu kosten aber und zu sehen in der unaussprechlichen Freude, die das leben-

miscens gemitibus inenarrabilibus desiderat, quamdiu absens est ab illa gloria fruitionis.

dige "Leben unseres Geistes" (Jes 38,16; Röm 8,6) ist, eben das, wodurch wir "leben, bewegt werden und sind" (vgl. Apg 17,28), - das ersehnt jedes vernunftbegabte menschliche "Geschöpf" "mit unaussprechlichen Seufzern" (Röm 8,22), solange es noch nicht in jener Herrlichkeit des Genießens ist.

Nihil igitur aliud est, quod omnia desiderant, quam caput principiumque nostrum, Dei Filium, primogenitum omnis creaturae, per quem omnis creatura in esse exivit et in quem redire exspectat et gemit, quousque redeat ad quietem, ut Paulus Ad Romanos 8° scribit.

Alles ersehnt also nur unser Haupt und unseren Ursprung, den Sohn Gottes, "den Erstgeborenen der Schöpfung" (Kol 1,15), durch den jedes Geschöpf ins Sein kam und in den es zurückzukehren erwartet und so lange "seufzt", bis es zur Ruhe zurückkehrt, wie Paulus im Brief an die Römer im 8. Kapitel schreibt.

12. Et haec est extensio aliqualis primae partis, per quam doceri possumus, quo modo Christum in nobis reperimus, et quod ipse est perfectio nostra omnia adimplens, quae appetimus, et motum nostrum quietans, quando nos in ipsa nostra humanitate in ipso vitam divinam et omne desideratum attingemus.

12. Das ist eine solche Ausführung des ersten Teiles, durch die wir belehrt werden können, wie wir Christus in uns finden, und daß er selbst unsere Vollendung ist, die alles erfüllt, was wir erstreben. Er läßt so unsere Bewegung zur Ruhe kommen, wenn wir in je unserer Menschennatur in ihm das göttliche Leben und alles Ersehnte erreichen werden.

Filius ipse est Dei per naturam, et nos in ipso adoptionem filiationis consequemur, ut simus et nos filii Dei per ipsum.

Er ist der Sohn Gottes von Natur aus, und wir erlangen "in ihm die Annahme an Sohnes Statt" (Röm 8,23; Gal 4,5), so daß auch wir "Söhne Gottes durch ihn" (Röm 8,16) sind.

Ipse est heres universorum, et nos in ipso heredes, quia coheredes.

Er ist der "Erbe des Alls" (Hebr 1,2), und wir sind "in ihm" (Eph 1,10 u.a.) Erben, weil "Miterben" (Röm 8,17).

Veritas est ipse, et nos in ipso veritatem apprehendemus, ut simus in veritate, sicut ipse est veritas.

Er ist die Wahrheit, und wir werden in ihm die Wahrheit erfassen, so daß wir in der Wahrheit sind, so wie er selbst die Wahrheit ist.

Sumus igitur in ipso sapientes, intellegentes, viventes, gaudentes et in aeterna quiete gloriam sanctorum cum inexpressibili laetitia apprehendentes.

Wir sind also in ihm weise, einsehend, lebend, wir freuen uns in ihm und erfassen in der ewigen Ruhe die Herrlichkeit der Heiligen in unaussprechlicher Freude.

In ipsa enim humanitatis natura, quae una est sibi et nobis, sibi capiti nostro ut membra corpori in triumphanti ecclesia uniemur, sicut ipse unitus est Patri, cum una sit deitatis natura utriusque. Et hoc est gaudium immensum, quod nemo tollet a nobis.

In eben der Menschennatur nämlich, die für ihn und uns eine einzige ist, werden wir ihm als unserem Haupt wie die Glieder dem Leib in der triumphierenden Kirche geeint, so wie er selbst dem Vater geeint ist. Die Natur der Gottheit ist für beide ja eine. Und dies ist eine unermeßliche Freude, die "uns niemand wegnehmen wird" (Joh 16,22).

Haec sic dicta sint de primo.

Dies sei so zum ersten Punkt gesagt.

Sermo XLII (33)
Ecce, evangelizo
1440 in die natalis (Domini) Moguntiae (Mainz)[4]

1. Ecce, evangelizo vobis gaudium magnum, quod est omni populo, quia natus est nobis hodie Salvator, qui est Christus Domnius, in civitate David Lucae 2.

1. "Seht, ich verkünde euch eine große Freude, die allem Volk zuteil geworden ist, denn heute ist uns der Erlöser in der Stadt Davids geboren, Christus der Herr" nach Lukas 2 (Lk 2,10f).

Tradit Apostolus quaedam dogmatica et quaedam ethica, ut Ad Ephesios exponit Ambrosius. Et in Epistula Ad Titum, quam in missa prima legimus, Titum instruit, quo modo humanitas et benignitas Domini nostri Jesu Christi apparuit erudiens nos, ut impietatem et carnalia desideria abnegantes sobrie, pie et iuste vivamus in hoc saeculo etc.

Der Apostel überliefert Dogmatisches und Ethisches, wie Ambrosius im Epheserbrief-Kommentar darlegt. Und im Brief an Titus, den wir in der ersten Messe lesen, unterweist er Titus, daß die "Menschlichkeit und Güte" (Tit 3,4) unseres Herrn Jesus Christus "erschienen ist und uns belehrt, uns von der Gottlosigkeit und den fleischlichen Begierden loszusagen und nüchtern, fromm und gerecht in dieser Welt zu leben" usw. (Tit 2,11f).

Ita de Christi nativitate aliqua sunt dogmatica, quae eius temporalem et aeternam nativitatem respiciunt; aliqua sunt ethica, quae respiciunt nostram nativitatem. Oportet enim nos denuo nasci, ut ait Salvator.

So ist an der Geburt Christi Dogmatisches, das sich auf seine zeitliche und ewige Geburt bezieht; anderes ist ethischer Art und bezieht sich auf unsere Geburt. "Wir müssen" nämlich "wiedergeboren werden", wie der Herr sagt (vgl. Joh 3,7 nach der Vulgata!).

De triplici igitur nativitate per triduum breviter locuturus tria praesentis festivitatis evangelia recitabo: hodie primum primae missae; cras secundum missae aurorae; die dominico, qui erit sancti Johannis, tertium, quod ipse describit.

An drei Tagen werde ich also kurz über die dreifache Geburt sprechen und die drei Evangelien des gegenwärtigen Festes zitieren: heute das erste aus der ersten Messe; morgen das zweite aus der Messe am frühen Morgen; am Sonntag, am Fest des hl. Johannes, das dritte, das dieser Evangelist geschrieben hat.

Exponam evangelium primum de spirituali nativitate, qua in nobis Christus nascitur, cum aliqua dulci contemplatione,
cras secundum de temporali,
postcras tertium de aeterna. - Oremus etc.

So werde ich heute das erste Evangelium auslegen, das von der geistlichen Geburt handelt, bei der Christus in uns geboren wird, in einer innig ansprechenden Betrachtung; morgen das zweite über die zeitliche und übermorgen das dritte über die ewige Geburt. - Laßt uns beten usw.

2. Ait evangelium: Exiit edictum etc.

2. Das Evangelium sagt: "Es erging ein Befehl" usw. (Lk 2,1).

---

4 C fol. 136^{r-v}. Der lateinische Text findet sich auch in den folgenden Handschriften: V_1 fol. 88vb-89vb; D fol. 27^{v}, 29^{r}-30^{r}; U_2 fol. 53^{v}-55^{r}.

Historiam evangelii recitando attendendum, quoniam non potest ad Christum, qui occultus est, perveniri, nisi universus orbis describatur. Et cum exiret edictum a principe huius mundani imperii, nondum erat natus Jesus, sed est ultimus inter omnes describendos quasi complens omnem descriptionem.

Wenn die Geschichte des Evangeliums erzählt wird, ist zu bedenken, daß man zu dem verborgenen Christus nur gelangen kann, wenn "der gesamte Erdkreis beschrieben" wird (Lk 2,1); und: Als der Befehl vom Beherrscher dieses Weltreiches ausging, war Jesus noch nicht geboren. Er ist vielmehr der Letzte von allen, die zu beschreiben sind; er vollendet gleichsam alle Beschreibung.

Quando enim affectus mundanus mandat universum orbem describi, et incipit praeses Syriae Cyrinus. Et ille est ratio, nam ipse describit omnia; et est ratio, quae incipit. Dicitur praeses Syriae: Syria sublimis interpretatur. Sublimiter enim praesidet ratio.

Wenn das weltliche Verlangen fordert, den ganzen Erdkreis zu beschreiben, dann "beginnt der Statthalter Cyrinus von Syrien" (Lk 2,2). Der stellt den Verstand dar; denn der beschreibt alles, und es ist der Verstand, der beginnt. Er wird "Statthalter von Syrien" genannt. Syrien bedeutet "erhaben". Denn auf erhabene Weise führt der Verstand den Vorsitz.

Quando autem ratio incipit describere universum orbem, tunc recurrit ad memoriam, quae est provincia sua, in qua sunt positae variae civitates. Nam ibi sunt habitacula visorum, auditorum, tractorum etc. Intrant enim omnia visibilia in civitatem suam, ubi est habitatio specierum visibilium. Et sic de audibilibus et tangibilibus.

Wenn aber der Verstand den ganzen Erdkreis zu beschreiben beginnt, dann greift er auf das Gedächtnis zurück, das seine Provinz ist, in dem verschiedenerlei Städte liegen. Denn dort sind die Wohnstätten dessen, was gesehen, gehört, berührt usw. wird. Alles nämlich, was gesehen werden kann, tritt in je seine Stadt ein, wo sich der Wohnsitz der Formen des Sichtbaren befindet. So verhält es sich auch mit dem Hörbaren und Berührbaren.

3. Et cum cuncta describit ratio, quae ratione describere potest, veniunt de domo David, scilicet de decora vultu anima, quae est Dei imago, Joseph et uxor sibi desponsata praegnans, scilicet Maria, scilicet potentiae animae supremae, scilicet intellectus et amor.

3. Und wenn der Verstand alles beschreibt, was er mit Verstand beschreiben kann, dann kommt aus dem "Haus Davids" (Lk 2,4), nämlich aus dem "edlen Antlitz" (vgl. Gen 29,17; 39,6; Est 2,7; Hld 2,14), die Seele, die ein "Bild Gottes" (vgl. Gen 1,26f) ist: Joseph und die ihm anverlobte schwangere Frau Maria. Beide stellen die höchsten Seelenkräfte dar: die Einsicht und die Liebe.

Amor autem desponsatur intellectui, quia sine intellectu non reperitur. Sed amor non impraegnatur per intellectum, sed impraegnatur amor per amorem amati.

Die Liebe aber wird der Einsicht anverlobt; denn ohne Einsicht findet sich diese nicht. Die Liebe wird aber nicht durch die Einsicht schwanger, sondern durch die Liebe des Geliebten wird die Liebe schwanger.

Et hinc ipsa anima est illuminata et illuminatrix uti Maria, quae sic intellegitur. Praegnans enim est amor, ut possit amorem producere, per quem iungatur amato. Non enim

Und von daher ist die Seele die Erleuchtete und Erleuchterin wie Maria, die so zu verstehen ist. Die Liebe nämlich ist dazu schwanger, daß sie die

aliter iungitur amor nisi mediante filio, qui est amoris amor, ipsi amato.

Liebe hervorbringen kann, durch die sie dem Geliebten verbunden wird. Denn die Liebe wird dem nur durch Vermittlung eines Sohnes verbunden, der die Liebe der Liebe ist.

Et tunc, postquam totus mundus descriptus est et ad speculationem ascenditur, tempus est, ut Maria pariat.

Und dann, nachdem die ganze Welt aufgeschrieben ist und der Aufstieg zur Spiegelschau geschieht, ist die Zeit gekommen, "daß Maria gebiert" (Lk 2,7).

Non autem in proprio parit amor, sed in civitate David, quae est pulchritudinis vultus civitas, in ea, quae Bethlehem dicitur quasi domus panis.

Die Liebe gebiert aber nicht in ihrem Eigenbereich, sondern "in der Stadt Davids" (Lk 2,4); sie ist die Stadt des Angesichts der Schönheit; in der Stadt, die Betlehem heißt, was soviel wie Haus des Brotes bedeutet.

4. In domo panis seu vitae, hoc est in refectione vitae, ubi vita est alimentum, ibi reficitur spiritus, cuius nutrimentum est vita, quia spiritus vitae de vita reficitur.

4. Im Haus des Brotes oder des Lebens, das ist bei der Erquickung des Lebens, wo das Leben Nahrung ist, dort wird der Geist, dessen Nahrung das Leben ist, erquickt, weil der Geist des Lebens vom Leben erquickt wird.

In illa domo nascitur filius, in amante primogenitus. Nihil enim prius est omni desiderio ipsi vitae, quam ut vivat.

In diesem Haus wird der Sohn geboren, der Erstgeborene im Liebenden. Denn aller Sehnsucht nach Leben ist nichts als das Leben.

Et non reperit in descriptione seu peregrinatione mundi vitam; sed dum proficiscitur anima cum suis potentiis ad faciem decoram, ad ipsam scilicet pulchritudinem abstractam, ut attingat in domum panis vitae, tunc praegnans amor proprumpit, ut pariat filium, qui sit vita ei.

Bei der "Beschreibung" (Lk 2,1), d.h. bei der Reise durch die Welt, findet die Seele nicht das Leben. Wenn sie aber mit ihren Kräften zu dem edlen Antlitz aufbricht zu der hinreißenden Schönheit in sich selbst, um in das Haus des Lebensbrotes zu gelangen, dann bricht die schwangere Liebe auf, so daß sie den Sohn gebiert, der ihr Leben sei.

Etiam in diversorio, hoc est in nullius proprio, sed publico et communi loco nascitur.

Er wird auch "in der Herberge" (Lk 2,7), die niemandes Eigentum, sondern ein öffentlicher, allen zugänglicher Ort ist, geboren.

(Iste [?] [amor vitae] non est, nisi quando devenitur ad diversorium, ubi nihil proprii reperitur. Nascitur igitur in diversorio huius mundi filius vitae, quando Joseph et Maria in Bethlehem etc. Beati enim sunt pauperes spiritu, quoniam ipsi ut Joseph vident, quoniam ipsorum est regnum caelorum. Regnum caelorum est vita etc.

(Diese Liebe des Lebens ist nur da, wenn man zur Herberge kommt, wo nichts Eigenes vorgefunden wird. Der Sohn des Lebens wird also in der Herberge dieser Welt geboren, wenn Joseph und Maria in Betlehem sind usw. Denn "Selig sind die Armen im Geiste", da sie wie Joseph sehen, "daß ihnen das Himmelreich gehört" [vgl. Mt 5,3]. Das Himmelreich ist das Leben usw.

Sed dum nascitur sic filius in diversorio, hoc est in homine, qui se diversorium fecit, id est omnibus temptationibus subiecit.)

Aber wenn so der Sohn in der Herberge geboren wird, so geschieht dies in dem Menschen, der sich zur Herberge gemacht hat, der sich mithin allen Versuchungen unterworfen hat.)[5]

Homo enim conformat se aliis et est in communi et publico diversorio, qui homo est animal politicum etc.

Der Mensch paßt sich den anderen an und befindet sich in einer allgemeinen und öffentlichen Herberge. Er ist ein Gesellschaftswesen usw.

Et propterea, quando homo in diversorio est, hoc est in hoc mundo, et rationem fecit de omnibus, quae in mundo sunt, tunc se convertit ad illuminatorem. Tunc nascitur lumen et vita in diversorio.

Daher kommt dies: Wenn der Mensch in der Herberge, nämlich in dieser Welt, sich über alles Rechenschaft gegeben hat, was in der Welt ist, wendet er sich dem, der erleuchtet, zu. Dann wird das Licht und das Leben in der Herberge geboren.

5. Sed non potest vitam custodire, cum sit in diversorio huius mundi, quamvis in domo panis seu in domo ecclesiae, nisi pannis involvat partum, hoc est, nisi magna custodia custodiat contra frigus interimens aeterni amoris calorem seu partum.

5. Aber er kann, wenngleich er sich im Haus des Brotes, d.h. im Haus der Kirche, in der Herberge dieser Welt befindet, das Leben nur behüten, wenn er den Neugeborenen in "Windeln wickelt" (vgl. Lk 2,7), das heißt, wenn er die Wärme, nämlich die Geburt der ewigen Liebe, mit großer Sorgfalt gegen eindringende Kälte schützt.

Tunc non reperitur in hoc mundo seu diversorio locus, ubi ponatur nisi in praesepio. Praesepe enim est vas continens nutrimenta pro animali vita.

Dann "findet sich" in dieser Welt, d.h. "in der Herberge kein Platz" zum Niederlegen außer "der Krippe" (vgl. Lk 2,7). Die Krippe ist nämlich das Gefäß, das die Nahrung für das leibliche Leben enthält.

Non enim est locus, figura seu similitudo reponendi filium amoris vitae immortalis, nisi in vita ista sensibili, quae est imago seu locus sive vas aut vestis vitae amatae sive filii amoris animae illuminatae.

Denn es gibt keinen Ort, kein Bild und Gleichnis, wo der Sohn der Liebe des unsterblichen Lebens niedergelegt werden könnte als in diesem sinnenhaften Leben, das ein Bild oder Ort oder Gefäß oder Kleid des geliebten Lebens oder des Sohnes der Liebe der erleuchteten Seele ist.

6. Et pastores erant in regione illa.

6. "Und es waren Hirten in jener Gegend" (Lk 2,8).

Nam quando anima se elevat et ascendit ad speculationem in illa regione, multi sunt pastores noctis vigilias custodientes super gregem suum. Custodes enim sunt virtutes rectivae corporalis vitae cum cura multae et habent nocturnas vigilias in timore et defectu lucis.

Denn wenn die Seele sich erhebt und in jener Gegend zur Spiegelschau aufsteigt, gibt es viele Hirten, die "Nachtwache über ihre Herde halten" (Lk 2,8). Solche Wächter sind nämlich die vielen, das leibliche Leben sorgfältig lenkenden Kräfte, die furchtsam und ohne Licht ihre Nachtwache halten.

5 Die eingeklammerten Sätze hat NvK in seinem Manuskript gestrichen.

Vigilant enim et multam curam habent virtutes rectivae, ne deficiat corpus, et saepe impediunt speculationem, quousque angelus veniet coram illis etc.

Diese lenkenden Kräfte wachen nämlich mit viel Sorgfalt darüber, daß der Leib nicht ermattet, und sie behindern oft die Spiegelschau, bis "der Engel vor sie hintritt" usw. (vgl. Lk 2,9).

Stare dicitur angelus, id est virtus alta mascula intellectualis, altior quam humana. Sed illa, quae est in raptu et abstractione ut angelica, illa virtus stat et perseverat aliquando circa pastores per circumfulsionem claritatis eos terrendo, quoniam non est vita, cuius curam habent nisi gregis.

Von einem Stehen des Engels ist die Rede; gemeint ist eine kraftvolle Einsicht, die höher als menschliches Vermögen ist. Aber diese Kraft, die bei Hingerissenheit und Losgelöstheit wie die der Engel ist, steht und verweilt mitunter bei den Hirten und erschreckt sie durch strahlende Helle, denn sie sorgen sich nur um das Leben der Herde.

Tunc quidem timent, nam sensibilis vita timet mortem, quando ei non constat de alia vita meliori.

Dann "fürchten sie sich" (vgl. Lk 2,9) allerdings, denn das sinnenhafte Leben fürchtet den Tod, wenn für es danach kein anderes, besseres Leben feststeht.

7. Et dixit angelus: Nolite timere! Ecce, evangelizo vobis etc.

7. Und der Engel sprach: "Fürchtet euch nicht! Seht, ich verkünde euch" usw. (Lk 2,10).

Tunc enim annuntiat gaudium magnum intellectus abstractus, quando videt in se Salvatorem natum, qui est conceptus vitae per fidem et eius exspectatio per spem etc.

Dann nämlich verkündet die befreite Einsicht "eine große Freude", wenn sie sieht, daß in ihr der "Erlöser geboren ist" (Lk 2,11), der der Inbegriff des Lebens im Glauben und seine Erwartung in der Hoffnung ist usw.

Et nativitatis signum est repertio infantis etc. Quando reperitur amor vitae aeternae in homine, huius diversorio, ut partus amatus involutus et positus in praesepio, unde bestialitas nutrimentum cepit, de qua curam gesserunt pastores, signum est etc.

Und das Zeichen der Geburt ist das Finden des Kindes usw. Wenn die Liebe des ewigen Lebens im Menschen, in dessen "Herberge" gefunden wird, wie ein geliebtes Neugeborenes "gewickelt und niedergelegt in einer Krippe" (vgl. Lk 2,7) - aus der das tierische Leben, dem die Sorge der Hirten gilt, seine Nahrung nahm -, so ist dies das "Zeichen" (vgl. Lk 2,12) usw.

Quando hoc comperitur, et custodes acquiescunt, tunc fit cum angelo multitudo militiae dicentium: Gloria etc. et in terra pax etc.

Wenn das erfahren wird und wenn die Hirten dem beipflichten, dann singt mit dem Engel die große Zahl der himmlischen Heerscharen: "Ehre" usw. "und Friede auf Erden" (Lk 2,14) usw.

8. Tria signa nativitatis Christi debemus notare.

8. Drei Zeichen der Geburt Christi müssen wir beachten.

Primo: Si dicimus cum angelis gloriam Deo in excelsis, hoc est, si se intellectus noster convertit ad excelsa, quae sunt supra hunc mundum, et in illis se figit, tunc nascitur in eo lumen, per quod transformatur in filiationem Dei.

Erstens: Wenn wir mit den Engeln "Ehre sei Gott in der Höhe" (vgl. Lk 2,14) singen, das heißt, wenn sich unsere Einsicht dem Erhabenen, das über dieser Welt ist, zuwendet und sich daran hält, dann wird in ihr das Licht geboren, durch das sie zur Gotteskindschaft umgeformt wird.

Deus est veritas. Lumen est intellectualis apprehensionis eruditio.

Gott ist die Wahrheit. Das Licht ist die "Entwicklung"[6] einsichtiger Wahrnehmung.

Sicut igitur magister lumen scientiae infundit faciendo de indocto discipulo doctum magistrum et de rustico eruditum, sic ratio aeterna lumen suum fundit erudiens nos, ut simus filii lucis et apprehendamus lucem veram, quae tria in nobis efficit, uti lux solis, quia illuminat, calefacit et fructificat.

Wie also ein Lehrer das Licht des Wissens eingibt, indem er aus einem ungelehrten Schüler einen gelehrten Lehrer und aus einem Ungebildeten einen Gebildeten macht, so gibt uns die ewige Vernunft ihr Licht ein und "erzieht uns dazu" (Tit 2,12), "Kinder des Lichtes" (Sph 5,8) zu werden und "das wahre Licht" (Joh 1,9) wahrzunehmen, das wie das Licht der Sonne in uns dreierlei bewirkt: es erleuchtet, wärmt und befruchtet uns.

9. Oportet igitur quod ad hoc, quod efficiamur christiani veri et Dei filii, tunc oportet quod nascamur denuo, non secundum desideria et voluptates carnis, quia haec est nativitas ex Eva, sed secundum castimoniam Virginis, quae est nativitas ex Spiritu.

9. Damit wir wahre Christen und "Kinder Gottes" werden, müssen wir also "noch einmal geboren werden" (Joh 3,3.7), nicht den Begierden und Genüssen des Fleisches gemäß, weil dies die Geburt aus Eva ist, sondern entsprechend der Keuschheit der Jungfrau, weil das die Geburt "aus dem Geiste" (vgl. Joh 3,6-8) ist.

Tunc autem ex Spiritu nascimur supra hunc mundum, quando recipimus in nobis lumen et illuminationem salvationis Filii Dei, qui est Sapientia et Candor et Imago etc.

Dann aber werden wir aus dem Geiste über diese Welt hinaus geboren, wenn wir das Licht und die Erleuchtung der Erlösung des Sohnes Gottes in uns aufnehmen, der die "Weisheit", der "Glanz" und "das Bild" (vgl. Weish 7,26; 1 Kor 1,30) ist usw.

Tunc enim abnegamus saecularia desideria, quando in nobis aeterna genita sunt. Tunc ea, quae mundi sunt, linquimus, quando illa mala per illuminationem veritatis cognoscimus.

Denn dann "sagen wir uns von den irdischen Begierden los" (vgl. Tit 2,12), wenn in uns die ewigen entstanden sind. Dann verlassen wir das, "was der Welt angehört" (vgl. 1 Joh 2,18), wenn wir es durch die Erleuchtung der Wahrheit als böse erkennen.

Non potest autem in nobis Christus nasci, neque nos renascimur filii Dei, si adhuc carnales fuerimus, si in nobis adhuc regnant contentio, avaritia, superbia etc. Ista enim sunt signa, quod lumine caremus et adhuc in tenebris sumus, ut Paulus dicit. Non est Christus nisi ibi, ubi non est hic mundus.

Christus kann in uns aber nicht geboren werden, und wir werden auch nicht als "Kinder Gottes" wiedergeboren, wenn wir "noch fleischlich" (1 Kor 3,3) sind, wenn in uns noch Streit, Habgier und Stolz usw. herrschen. Das nämlich sind Zeichen dafür, daß uns das Licht fehlt und wir noch "in der Finsternis" sind, wie Paulus sagt (1 Thess 5,4). Christus ist nur dort, wo diese Welt nicht ist.

---

6 "eruditio" kann hier mit "Entwicklung" im beinahe phototechnischen Sinn des Wortes, bei der eine belichtete photographische Schicht sichtbar gemacht wird, übersetzt werden.

Oportet veterem hominem exuere, qui secundum Adam est, et induere novum secundum spiritum Christi etc.

Wir müssen den Adam entsprechenden "alten Menschen ablegen" und den "neuen Menschen anziehen" (vgl. Eph 4,22-24), der "dem Geist Christi" entspricht usw.

Et adverte, quod haec nativitas est miraculosa et supra naturam. Et ad hanc nos vocavit Christus Salvator per doctrinam suam, ut ait Apostolus, erudiens nos, ut abnegantes impietatem etc.

Und beachte, daß diese Geburt wunderbar ist und über die Natur hinausgeht. Und zu dieser hat uns Christus der Erlöser durch seine Lehre berufen, wie der Apostel sagt: "Er belehrt uns, daß wir uns von der Gottlosigkeit loslösen" usw. (Tit 2,12).

Per abnegationem igitur saecularium desideriorum oportet nos ad vitam sobriam, piam et justam pertignere, si renasci voeumus.

Wenn wir "wiedergeboren" werden wollen, müssen wir also durch "Loslösung von den weltlichen Begierden zu einem nüchternen, frommen und gerechten Leben" gelangen (vgl. Tit 2,12).

10. Item secundum signum est, quod gloriam Deo indesinenter damus cum angelis.

10. Das zweite Zeichen besteht demgemäß darin, daß wir unaufhörlich mit den Engeln Gott die Ehre geben.

Nam qui illuminatus non est et se non convertit ad fontem lucis, sed in tenebris adhuc est, non dat gloriam Deo. Omnis enim peccator aversus a Deo ipsum, etsi credit, non glorificat nec honorat, et insipiens est cor eius; et hinc in reprobum sensum cadunt illi, ut ait Apostolus Ad Romanos 1°.

Denn wer nicht erleuchtet ist und sich nicht zur Quelle des Lichts bekehrt, sondern noch in der Finsternis ist, gibt Gott nicht die Ehre. Denn jeder Sünder, der von Gott abgewandt ist, ehrt und verherrlicht ihn nicht, auch wenn er glaubt; und "sein Herz ist unverständig" (vgl. Röm 1,21), und daher verfallen solche einer verworfenen Gesinnung, wie der Apostel im 1. Kapitel seines Briefs an die Römer sagt. (Vgl. Röm 1,28)

Et hinc, sicut filii Dei cognoscuntur in eo, quod Deo dant gloriam, ita filii diaboli in blasphemia. Nam blasphemia est loquela infernalis. Et ibi de blasphemia etc.

Und wie daher die Kinder Gottes daran zu erkennen sind, daß sie Gott die Ehre geben, so die Kinder des Teufels an der Gotteslästerung. Denn die Gotteslästerung ist eine teuflische Redeweise. Und an dieser Stelle ist über die Blasphemie zu sprechen usw.

11. Tertium signum est pax bonae voluntatis.

11. Das dritte Zeichen ist der "Friede (derer, die) guten Willens (sind)" (vgl. Lk 2,14).

Filius enim Dei est gloria Patris et pax nostra. Qui igitur non sunt pacifici, non debent vocari filii Dei. Nam in pace factus est locus eius. Et illa pax ex conformitate, humilitate et tranquillitate constituitur.

Der Sohn Gottes ist nämlich die Ehre des Vaters und "unser Friede" (Eph 2,14). Die also nicht "friedfertig" sind, dürfen nicht "Kinder Gottes" (vgl. Mt 5,9) genannt werden. Denn "sein Ort ist in Frieden geschaffen worden" (Ps 76 [75] 3). Friede besteht aus Übereinstimmung, Demut und Stille.

Qui enim voluntatem suam voluntati divinae conformat, in pace est. Job 9°: Quis resistet ei et pacem habet?, quasi dicat: nullus. Vide alibi!

Wer nämlich seinen Willen dem göttlichen Willen gleichförmig macht, ist im Frieden. Ijob 9: "Wer vermag ihm zu widerstehen und (dennoch) Frieden zu haben?" (Ijob 9,4), was so viel bedeutet wie: Niemand. Siehe an anderer Stelle!

12. Dies sanctificatus illuxit nobis. Venite, adoremus!

12. Der geheiligte Tag ist uns aufgeleuchtet. Kommt laßt uns anbeten!

Dies sanctificatus est splendor lucis aeternae et est ipsa dies septima, quam non legitur Deus creasse, sed in ipsa requievisse et ei benedixisse etc.

Der geheiligte Tag ist der Glanz des "ewigen Lichts" (vgl. Weish 7,26) und eben der "siebte Tag", von dem man nicht liest, er sei von Gott geschaffen worden, sondern "an ihm habe er geruht und ihn gesegnet" (vgl. Gen 2,3) usw.

Et omnes alii dies participatione illius diei dies sunt. Aliqua participant lucem in infimo gradu, ut elementa, aliqua in vegetativa vita, aliqua in sensitiva, aliqua in rationali.

Und alle anderen Tage gibt es nur, weil sie an diesem Tag teilhaben. Manches hat auf der untersten Stufe teil am Licht wie die Elemente, manches auf der Stufe des vegetativen Lebens, manches auf der des sinnlichen Lebens, manches auf der des geistigen Lebens.

Per gradus exprimuntur hii dies. Nam omnia fecit Deus simul: Dixit et facta sunt. Sed explicatio gradualis describitur per Moysen in participatione lucis et diei etc.

Durch die Stufen werden diese Tage zum Ausdruck gebracht. Denn Gott schuf alles zugleich: "Er sprach, und es ist geworden." (Vgl. Ps 33,9) Doch die stufenweise Entfaltung wird von Mose durch die Teilhabe am Licht und am Tag beschrieben usw.

Hic dies tripliciter illuxit.

Dieser Tag ging auf dreifache Weise leuchtend auf.

Nam illuxit animas tranformando, sicut lux corporalis illuminat illuminabilia, et ignis ignificat. Et sic filios lucis generando de filiis ignorantiae et tenebrarum illuxit; et hoc per ostensionem veritatis erudiendo, ut apostolus Paulus habet Ad Titum in epistula, quae in nocte lecta est. Et per hanc illuminationem noster spiritus in filiationem per apprehensionem lucis reducitur.

Denn er erleuchtete die Seelen, indem er sie umformte, so wie Licht Erleuchtbares erleuchtet und wie Feuer entzündet. So ging der Tag leuchtend auf und zeugte aus Kindern der Unwissenheit und der Finsternis Kinder des Lichts; und dies, indem er durch das Zeigen der Wahrheit "belehrte", wie der Apostel Paulus in seinem Brief an Titus sagt (vgl. Tit 2,12), der in der Nacht verlesen wurde. Und durch diese Erleuchtung wird unser Geist durch die Aufnahme des Lichts zur Kindschaft geführt.

Et haec illuminatio per stellas saepe, scilicet prophetas et sanctos, aliqualiter apparuit. Sed non fuit dies aut sol ipse, qui hodie illuxit, sive lux ipsa in rota propria.

Und diese Erleuchtung wurde oft durch die Sterne, d.h. die Propheten und Heiligen, irgendwie sichtbar. Doch dies war nicht der Tag oder die Sonne selbst, die heute aufgeleuchtet ist, so wie das Licht "in der (Sonnen-)Scheibe selbst" (unsichtbar) ist.[7]

---

7 Das Zitat ist Wilhelm von Lanicia, De diaeta salutis, tit. 5, cap 3 entnommen. Vgl. Sermo XXXVIII, Nr. 2, Z.10f und die Stellenangabe in App. II (h XVII, S.102).

De illo die, quo modo illuxit nobis, ut spiritualiter nascamur filii Dei, hodie exponam evangelium primum missae noctis.

Wie dieser Tag uns aufgeleuchtet ist, so daß wir geistlich als Kinder Gottes geboren werden, darüber werde ich heute das erste Evangelium, nämlich das der Messe in der Nacht, auslegen.

Alio modo illuxit in nostra humanitate sensibili, ut in ipsa luce humanitas nostra de tenebris et imperfectione seu morte eriperetur; de qua die crastina.

Auf eine andere Weise leuchtete er in unserer sinnenhaft-leiblichen Menschlichkeit so auf, daß unsere Menschennatur in seinem Licht der Finsternis, der Unvollkommenheit und dem Tod entrissen wurde, worüber ich morgen sprechen werde.

Tertio illuxit nobis dies sanctificatus non spiritualiter per gratiam in anima nostra aut sensibiliter in natura nostra, sed in se ipsa, in sua aeternitate, ut principium et ratio, finis, sabbatum seu quies. Et de illa die dominico secundum Evangelium sancti Johannis - pauca semper - dicemus.

Drittens ist uns der geheiligte Tag nicht nur geistlich durch die Gnade in unsere Seele oder sinnenhaft erfahrbar in unserer Natur aufgeleuchtet, sondern auch in sich selbst, in seiner Ewigkeit, als Ursprung und Sinn, Ziel, Sabbat oder Ruhe. Und darüber werden wir am Sonntag entsprechend dem Evangelium des hl. Johannes - immer nur ein wenig - sprechen.

Videamus igitur evangelium: Exiit edictum. Vide alibi!

Das Evangelium sagt: "Es erging ein Befehl" usw. (Lk 2,1).
Siehe anderswo!

Sermo XLIII (34)
Alleluia. Dies sanctificatus
1444 in die natalis (Domini) Moguntiae (Mainz)[8]

Alleluia. Dies sanctificatus illuxit nobis. Venite, gentes, et adorate eum, quia hodie lux magna apparuit in terra!

Halleluja. Der geheiligte Tag ist uns aufgeleuchtet. Kommt, ihr Völker, und betet ihn an, denn heute ist ein großes Licht auf Erden erschienen!

1. Est Christi nativitas, qua in nobis nascitur spiritualiter sive in spiritu cotidie, sicut in ignorante scientia et veritas. Veritas autem lux est spiritus intellectualis. Spiritus autem imago lucis est, quia Deus spiritus et lux, in quo non tenebrae ullae.

1. Es gibt eine Geburt Christi, in der er geistlich oder im Geist täglich in uns geboren wird, wie die Erkenntnis und die Wahrheit in einem Unwissenden. Die Wahrheit ist aber das Licht des einsichtigen Geistes und der Geist ein Bild des Lichts, weil "Gott Geist ist" (Joh 4,24) und "Licht, in dem (es) keine Finsternis" (1 Joh 1,5) (gibt).

Filii autem lucis efficimur sive filii Dei, quando splendor lucis illuminando spiritum ipsum in lucem transfert. Tunc enim similes ei erimus, qui est lumen de lumine.

Wir werden aber zu "Kindern des Lichts" (Joh 12,36; Eph 5,8; 1 Thess 5,5) oder zu Kindern Gottes, wenn der Glanz des Lichtes den Geist erleuchtet und in das Licht hinüberträgt. Denn dann "werden wir ihm ähnlich sein" (1 Joh 3,2), der Licht vom Licht ist.

Et ita cotidie in spiritibus sanctarum animarum nascitur per processum Verbi sive genitae Sapientiae a Deo Patre ad mentem rationalis creaturae pro ipsius creaturae spirituali et gratuita illustratione. Nam etsi ubique sit per essentiam, non tamen per lumen gratuitum.

Und so wird er täglich im Geiste "heiliger Seelen" (vgl. Weish 7,27) geboren: durch den Hervorgang des Wortes, das heißt der gezeugten Weisheit, von Gott dem Vater zum Geist des vernunftbegabten Geschöpfes zu dessen geistlicher und gnadenhafter Erleuchtung. Denn wenn er auch wesenhaft überall ist, so ist er das doch nicht durch das Gnadenlicht.

Et de hac nativitate aliqua hodie dicturus sum.

Und über diese Geburt werde ich heute einiges sagen.

Est alia nativitas temporalis, qua Verbum caro factum est habitans in nobis; de qua crastina die. Est altissima et aeterna nativitas, qua ab aeterno nascitur Filius a Patre; de qua in die sancti Johannis aliqua tangam breviter.

Es gibt eine andere, die zeitliche Geburt Christi, in der "das Wort Fleisch geworden und unter uns gewohnt hat" (Joh 1,14); darüber werde ich morgen sprechen. Es gibt eine höchste und ewige Geburt, in der von Ewigkeit her der Sohn vom Vater geboren wird; davon werde ich am Johannestag kurz einiges berühren.

Oremus igitur: Alleluia etc.

Laßt uns also beten: Halleluja usw.

8 C fol. 132^r-133^r. Der lateinische Text findet sich auch in folgenden Handschriften: V_1 fol. 86va-87vb; D fol. 30^r-31^v; U_2 fol. 50^r-52^v

2. Praemittam evangelium primae missae: Exiit edictum a Caesare Augusto. Explanatur historice Christi Domini nostri nativitas de Virgine.

2. Ich werde das Evangelium der ersten Messe vorausschicken: "Es erging ein Befehl von Kaiser Augustus" (Lk 2,1). Die Geburt unseres Herrn Jesus Christus aus Maria der Jungfrau wird in ihrem geschichtlichen Ablauf dargelegt.

Et quia Salvator ipse est, ut angelus ostendit, hinc dicamus: Alleluia. Dies sanctificatus etc.

Und da er selbst der Erlöser ist, wie der Engel zeigt, so laßt uns sprechen: Halleluja. Der geheiligte Tag usw.

Nam si hic dies illuxit nostrae salvationis, quem in raptu sicut spiritus angelicus videre possumus in nobis, merito laudare debemus Deum de die sanctificato etc.

Denn wenn dieser Tag unserer Erlösung aufgeleuchtet ist, den wir, emporgerissen wie ein engelhafter Geist, in uns schauen können, müssen wir Gott geziemend loben wegen des heiligen Tages usw.

Ad hoc autem, ut in nobis illucescat, qui terra sumus, illa lux magna huius diei sanctificati, ita quod ad orationem devotissimam perveniamus, inquirere debemus ex evangelio, quo modo perveniamus ad hoc. Et dicit evangelium, quod per descriptionem universi orbis.

Damit also das große Licht dieses geheiligten Tags in uns, die wir Erde sind, so aufleuchtet, daß wir ein Gebet höchster Hingabe verrichten können, müssen wir aus dem Evangelium erfragen, wie wir dazu gelangen. Und das Evangelium sagt uns, daß dies durch die Beschreibung des gesamten Erdkreises geschieht.

Secundo: Per quale signum nos ipsi cognoscere possumus Christum natum in nobis? Dicit evangelium: Hoc signum: Invenietis infantem involutum pannis etc.

Zweitens: An welchem Zeichen können wir selbst erkennen, daß Christus in uns geboren ist? Das Evangelium sagt: "Dies ist das Zeichen: Ihr werdet ein Kind finden, in Windeln gewickelt" usw. (Lk 2,12).

Tertio: Per quid cognoscunt alii in nobis Christum natum? Respondit evangelium, quia gloriam Deo damus et pacem bonae voluntatis hominibus optamus.

Drittens: Woran erkennen andere, daß Christus in uns geboren ist? Das Evangelium antwortet: Daran, daß wir Gott die Ehre geben und "den Menschen auf Erden, die guten Willens sind, den Frieden" wünschen (vgl. Lk 2,14).

Qui igitur in spiritu et veritate cum matre ecclesia hodie cantat hoc: Alleluia. Dies sanctificatus etc., ille audit, quid in eo loquatur Dominus, cum in eo sit natus, et advocat omnes ad eius adorationem, ut lucem recipiant.

Wer also "im Geist und in der Wahrheit" (Joh 4,23) heute mit der Mutter Kirche singt: "Halleluja. Ein heiliger Tag" usw., der hört, "was der Herr in ihm spricht" (Ps 84,9 Vulg.), da er in ihm geboren ist, und er ruft alle zu seiner Anbetung herbei, damit sie das Licht empfangen.

3. De primo igitur, scilicet de descriptione orbis, sciendum, quod humanitas in orbe tenet imperium, quia omnia subiecisti sub pedibus eius.

3. Zum ersten Punkt, nämlich der Beschreibung des Erdkreises, muß man also wissen, daß die Natur des Menschen den Erdkreis beherrscht, weil "du ihm alles zu Füßen gelegt hast" (Ps 8,8).

Haec natura cum omnia contineat et sit microcosmus, id, quod sub eo est, describere vult et computare divitias gloriae suae. Et ad praesidem Syriae seu sublimitatis, hoc est ad ratio-

Da diese Natur alles (im Universum) in sich enthält und die Welt im Kleinen ist, will der Mensch das, was unter ihm ist, beschreiben und den Bestand der Reich-

nem, recurrit, ut rationem faciat divitiarum suarum. Et describit omnia, quae in Genesi per distinctiones dierum creata ante ipsum enarrantur.

tümer zu seiner Ehre aufnehmen. Und er wendet sich an den Statthalter Syriens, was soviel bedeutet wie der Erhabenheit, d.h., er wendet sich an den Verstand, damit er seinen Reichtum berechne. Und er beschreibt alles, was nach dem Bericht der Genesis (Gen 1,3-31) an den unterschiedlichen Tagen vor dem Menschen geschaffen worden ist.

Et gradus illorum participatione lucis seu dierum attingere cupit, ut sciat, quantum elevavit eum Deus in sexto die super omnia et posuit ipsum immediate circa angelos et spiritus intellectuales, quoniam creavit eum Deus de terra, sed non voluit eius habitationem esse terram, sed transtulit eum de terra in paradisum, ut viveret de arbore vitae.

Und er will diese Stufen durch Teilhabe am Licht bzw. an den Tagen erreichen, um zu wissen, wie sehr Gott ihn am sechsten Tag (Gen 1,31) über alles erhoben und ihn unmittelbar auf die Höhe der Engel und einsichtigen Geister gestellt hat; wie "Gott ihn zwar aus Erde geschaffen" hat (Gen 2,7), aber nicht wollte, daß die Erde seine Wohnung sei, sondern ihn von der Erde ins Paradies versetzt hat, damit er vom "Baum des Lebens" (Gen 2,9) lebe.

4. Spiritus enim, qui ad imaginem Dei creatus est, in corpore ponitur ut in paradiso, ubi sunt quattuor fluvii humorum et lignum vitae et arbor scientiae.

4. Denn der Geist, der "nach dem Bilde Gottes geschaffen ist" (vgl. Gen 1,26f), wird in den Leib wie in ein Paradies gesetzt, in dem die vier Ströme sind sowie das "Holz des Lebens" und der "Baum des Wissens" (vgl. Gen 2,8-15).

Voluit autem homo in paradiso apprehendere in sua natura scientiam, per quam aequaretur Deo. Et vitam, quam habuit, perdidit. Non enim nisi ex gratia est vita spiritus, nequaquam ex scientia.

Doch der Mensch wollte im Paradies in seiner Natur das Wissen erlangen, durch das er Gott gleichgestellt würde. Und so verlor er das Leben, das er hatte. Denn das Leben des Geistes ist nur aus Gnade und keineswegs aus Wissen.

Habet igitur homo ignorantiam in intellectu prohibitus ingredi per scientiam ad vitam immortalem per angelum cherubicum, qui est custos paradisi seu ascensus apprehensionis vitae in sua natura.

Der Mensch hat mithin in seiner Einsicht Nichtwissen, da er vom Cherub-Engel, dem Wächter des Paradieses und des natürlichen Zugangs zur Ergreifung des Lebens, daran gehindert wird, auf dem Weg des Wissens in das unsterbliche Leben einzugehen.

Positus est itaque homo extra locum vitae per propriam scientiam, quae est ignorantia Dei vivi.

Durch sein eigenes Wissen, das ein Nicht-Kennen Gottes des Lebendigen besagt, ist der Mensch daher in eine Existenz außerhalb des Orts des Lebens versetzt.

Et in terra sua multis laboribus vitam petiit Adam sive homo. Et non produxit terra nisi spinas et tribulos.

Und auf seiner Erde strebte Adam, d.h. der Mensch, unter vielen "Mühen" nach dem Leben. Doch die Erde brachte nur "Dornen und Disteln" hervor (vgl. Gen 3,17f).

Sed Deus, ut ait Paulus Actuum 17, passus est hominem esse per definitum tempus in sensibili vita, ut veram vitam, quae Deus est, quaereret, si posset forte attractare eum.

Aber Gott hat es ertragen, wie Paulus im 17. Kapitel der Apostelgeschichte sagt, daß der Mensch für eine bestimmte Zeit im sinnenhaften Leben verbringe, damit er das wahre Leben, nämlich Gott, suche, ob er ihn vielleicht ertasten könne (vgl. Apg 17,27).

5. Ductus est igitur homo multa spe posse aliquando reperire vitam et reverti ad arborem. Et exiens quaerendo ductus est ad silvam in Aegypto, hoc est in maiorem tenebrositatem suarum rationum.

5. Der Mensch ist also von mancherlei Hoffnung geleitet, eines Tages das Leben wiederzufinden und zum Baum zurückzukehren. Und er zog aus und wurde beim Suchen in den Wald von Ägypten geführt, d.h. in die überwiegende Dunkelheit seiner Verstandesbemühungen.

Philosophi enim in silva habitant habentes pluralitatem et varietatem opinionum, varios sibi deos et varias vitae arbores fabricantes, unusquisque prout sibi videtur.

Die Philosophen wohnen nämlich in einem Wald, da sie vielfältige und unterschiedliche Meinungen vertreten und sich verschiedene Götter und verschiedene Lebensbäume schaffen, ein jeder nach seinem Gutdünken.

Et non repperit ibi quietem homo neque quaesitum. Dimisit Aegyptum, intravit desertum deserendo humanas scientias sub divina informatione se collocans. Et pervenit per gratiam extra silvam deorum ad unum Deum; sed in deserto fidei tantum, et non potuit gustare et videre, quoniam suavis est Dominus.

Und der Mensch fand dort weder Ruhe noch das, wonach er suchte. Er verließ Ägypten und ging in die Wüste, indem er die menschlichen Wissensbemühungen aufgab und sich göttlicher Leitung unterstellte. Und durch die Gnade gelangte er aus dem Wald der Vielgötterei heraus zu dem einen Gott. Dies vermochte er aber nur in der Wüste des Glaubens, und er konnte nicht kosten und sehen, wie gütig der Herr ist (vgl. Ps 34 [33],9).

Et hinc ingemiscere non destitit. Et Deus ei promisit terram promissionis, si non declinaret denuo ad Aegyptum seu silvam.

Deshalb hörte er nicht auf zu seufzen. Da verhieß ihm Gott das Land der Verheißung, wenn er nicht wieder abwiche nach Ägypten, d.h. in den Wald.

Et per Jesum ductus est homo in terram fluentem lac et mel et ad quietem omnibus evictis hostibus.

Und durch Jesus wurde der Mensch in das Land geführt, in dem "Milch und Honig fließen" (Ex 3,8.17; 13,5; Bar 1,20), und zur Ruhe nach der Überwindung aller Feinde.

6. Et hic est dies sanctificatus.

6. Und das ist der geheiligte Tag.

Nam cum per sex aetates sex dierum homo ascenderet per dies lucem participantes, in septima aetate seu in gradu ascensus altissimo ad sabbatum pervenit. Homo enim tunc natus est, qui est finis descriptionis et quies motus, et non seundum communem naturam, sed supra naturam de Spiritu Sancto ad vitam spiritus, in civitate David, in Bethlehem, quoniam haec est

Denn als der Mensch die sechs Zeitalter der am Licht teilhabenden Tage hindurch aufstieg, gelangte er im siebten Zeitalter, d.h. auf der höchsten Stufe des Aufstiegs, zum Sabbat. Da wurde nämlich der Mensch geboren, der das Ziel der Beschreibung und die Ruhe der Bewegung ist. Er wurde nicht nach dem

vita decorae faciei, scilicet animae, quae est Dei imago.

allgemeinen Lauf der Natur, sondern über die Natur hinaus vom heiligen Geist für ein Leben des Geistes geboren in der Stadt Davids, in Betlehem; denn das bedeutet soviel wie das Leben des "edlen Angesichts" (vgl. Gen 29,17; 39,6; 1 Sam 16,12; Est 2,7; Hld 2,14), d.h. der Seele, die "Gottes Bild" (Gen 1,27) ist.

7. Anima enim postquam omnia lustravit, quae in universo orbe sunt, in ipsis nihil pacis repperit, quia non in sabbato, sed in diebus ante sabbatum quaesivit. Deinde ad se revertitur et pulchritudinem sui vultus intuens dicit, quoniam non est tanta pulchritudo, quae quiescere possit in hiis omnibus, sed solum in sigillo aeternitatis, unde exivit. Et nescit, ubi quiescere debeat.

7. Nachdem die Seele nämlich alles durchwandert hatte, was sich auf dem ganzen Erdkreis vorfindet, fand sie darin keinen Frieden, weil sie nicht am Sabbat, sondern an den Tagen vor dem Sabbat auf die Suche gegangen war. Dann kehrt sie zu sich selbst zurück, und da sie die Schönheit ihres Antlitzes sieht, stellt sie fest, daß eine so große Schönheit in diesem allem nicht zur Ruhe kommen kann, sondern nur in dem Siegel der Ewigkeit, aus dem sie herausgerückt ist. Und sie weiß nicht, wo sie ausruhen solle.

Dicit: O Domine, non habeo faciem conversam ad ea, quae descripsi, sed ad te sursum. Et hinc inquietus sum, quousque redeam.

Sie spricht: O Herr, ich habe mein Angesicht nicht auf das gerichtet, was ich beschrieben habe, sondern zu dir hinauf. Und darum bin ich unruhig, bis ich zurückkehre.

Ostende mihi faciem tuam, ut sic ad eam faciem pergam, a qua exivi!

"Zeige" mir "Dein Angesicht" (Ps 79 [80],4.8.20), damit ich zu dem gelange, von dem ich ausgegangen bin!

Moyses mihi modo mortuus est, quia video, quod non potuit per legem me ducere in terram vitae. Da mihi alium ductorem!

Mose ist mir nun gestorben, da ich sehe, daß er mich durch das Gesetz nicht ins Land des Lebens führen konnte. Gib mir einen anderen Führer!

Et datur tibi Jesus. Hic te ducit in terram ostendendo tibi vitam spiritus et vitam caelestem. Et ei acquiescis, quia ipse dies sabbati. Et tu eris filius Dei et lucis.

Und es wird dir Jesus gegeben. Er führt dich in das Land, indem er dir das Leben des Geistes und das himmlische Leben zeigt. Und bei ihm findest du Ruhe, weil er selbst der Sabbattag ist. Und du wirst ein Sohn Gottes und des Lichtes sein.

8. Quando igitur anima tua decora vultu, quia imago Dei, in Bethlehem, id est in domo panis, est constituta, ducta a Spiritu Jesu, ut hauriat vitam de pane spirituali, cum sit spiritus, tunc in ipsa anima Maria praegnans, scilicet anima habens affectum praegnantem de Spiritu Sancto, quem in doctrina Christi recepit, quia illuminata, venit ad plenitudinem temporis et parit filium primogenitum.

8. Wenn also deine Seele - als Bild Gottes edel von Angesicht - sich in Betlehem, d.h. im Haus des Brotes, angesiedelt hat, vom Geist Jesu dazu geführt, Leben aus geistlichem Brot aufzunehmen, da sie Geist ist, dann wird in der Seele Maria schwanger, d.h., die Seele hat eine vom Heiligen Geist befruchtete Einstellung, die sie in der Belehrung durch Christus empfangen hat, und so erleuchtet gelangt sie zur "Fülle der Zeit" (vgl. Gal 4,4) und "gebiert ihren erstgeborenen Sohn" (vgl. Lk 2,7).

Postquam enim spiritus rationalis quaesivit gustare et videre Deum, quoniam suavis est, et perlustravit omnia universum orbem describendo et cuncta creata, et demum ad se ipsum revertitur considerans vultum decoris eius, ac quod haec sua pulchritudo habet imaginem immortalis vitae, omnia linquit et haec saecularia desideria se convertens ad splendorem vitae, ut ab illo illustretur. Et haec est filiatio etc.

Nachdem nämlich der denkende Geist sich bemüht hat, Gott zu kosten und zu sehen, wie gütig er ist (Ps 34 [33],9), und beim Beschreiben des ganzen Erdkreises und alles Geschaffenen alles genau betrachtet hat, kehrt er zu sich selbst zurück. Er betrachtet sein (eigenes) edles Angesicht und erkennt, daß diese seine Schönheit das Bild unsterblichen Lebens an sich trägt; und so läßt er alles zurück, auch die "weltlichen Begierden" (vgl. Tit 2,12), wendet sich der strahlenden Helle des Lebens zu, um von ihr erleuchtet zu werden. Und das ist die Sohnschaft usw.

9. Quando enim in tuo ardenti desiderio nascitur amor vitae spiritualis et intellectualis, haec nascitur non ex voluntate carnis aut viri, sed de Spiritu Sancto, qui est Spiritus Filii Dei.

9. Wenn nämlich in deiner glühenden Sehnsucht die Liebe des geistlichen und einsehenden Lebens geboren wird, dann wird es (das Leben) "nicht aus dem Willen des Fleisches" oder "des Mannes" (Joh 1,13), sondern vom heiligen Geist, dem Geiste des Sohnes Gottes, geboren.

Tunc in te est per spem id, quod credis. Et non est in te vita nisi in spiritu. Et sic spiritus tuus hic per spem et post hoc gloriose transformatur in filiationem.

Durch die Hoffnung ist dann in dir das, was du glaubst. Das Leben ist in dir nur im Geiste. So wird dein Geist hier durch die Hoffnung und hernach auf herrliche Weise zur Sohnschaft verwandelt.

Non est enim aliud in te esse salvationem quam te esse salvatum, in te esse lumen genitum quam te esse illuminatum, in te esse vitam genitam quam te vivere.

Denn daß das Heil in dir ist, besagt nichts anderes, als daß du heil bist; daß in dir das Licht gezeugt ist, besagt nichts anderes, als daß du erleuchtet bist, daß das Leben in dir gezeugt ist, nichts anderes, als daß du lebst.

Et hinc, cum nobis natus sit Salvator hodie, qui nos ad vitam ducit, ut simus in ipsa salvati, in quiete sabbati, diei scilicet benedicti, post quem non est nox, hinc:

Deshalb, weil "uns heute der Retter geboren ist" (vgl. Lk 2,11), der uns zu einem Leben führt, damit wir in ihm erlöst sind, in der Ruhe des Sabbats, nämlich des gesegneten Tages, auf den keine Nacht mehr folgt, deshalb heißt es:

Alleluia. Hic dies sanctificatus etc.

Halleluja. Dieser geheiligte Tag usw.

10. Secundo de signo, quo quis in se cognoscit Christum natum, subiciamus.

10. Laßt uns zweitens etwas über das Zeichen anschließen, durch das einer erkennt, daß Christus in ihm geboren ist.

Pastores autem, id est vires animae rationales, qui curam gregis sive animalitatis habent, uti sunt sensus nostri, in nocte vigilant, quoniam ratio in nocte opinionum versatur. Et illis annuntiatur per angelum seu spiritum intellectualem adstantem eis, quia adstat intellectus

Die Hirten, d.h. die rationalen Kräfte der Seele, denen die Sorge um die Herde, d.h. der Bereich des animalischen Lebens anvertraut ist, wie dies bei unseren Sinnen ist, wachen in der Nacht; denn der Verstand weilt in der Nacht

rationi, quam illuminat, quo modo Salvator natus sit, quasi diceret angelus:

der Meinungen. Und durch den Engel, d.h. den mit Einsicht begabten Geist, der ihnen beisteht - der Intellekt steht ja dem Verstand bei, den er erleuchtet -, wird ihnen verkündet, daß der Erlöser geboren worden ist. Es ist, als ob der Engel sagte:

Quamvis vigiletis, in nocte tamen estis et non videtis. Hinc ob sollicitam vigiliam vestram lumen, quod vobis deficit, Deus per me ministrat, quia est natus Salvator.

Obwohl ihr wacht, seid ihr in der Nacht und seht nicht. Darum verschafft euch Gott wegen eures besorgten Wachens durch mich das Licht, das euch fehlt; da der Erlöser geboren ist.

Non potuit rationi errabundae maius gaudium annuntiari, quam quod ei evangelizaretur natum Salvatorem, cuius doctrina lux est illuminans omnem rationem, quae tamen non potest capi nisi annuntiante intellectu sive spiritu.

Dem umherirrenden Verstand konnte keine größere Freude mitgeteilt werden als die Verkündigung der Geburt des Retters, dessen Belehrung ein Licht ist, das jeden Verstand erleuchtet; diese kann aber nur erfaßt werden, wenn der Intellekt, d.h. der Geist, sie verkündigt.

Annuntiatur igitur pastoribus, id est viribus rationalis discursus et motibus animae syllogisticis, quo modo nata sit ratio seu logos seu verbum, in quo omnis motus rationis habet quietem.

Es wird also den Hirten, d.h. den Kräften des rationalen Denkens und den schlußfolgernden Bemühungen der Seele, verkündet, daß die Ratio oder der Logos oder das Wort geboren worden ist, in dem jede Verstandesbewegung ihre Ruhe findet.

Et hic est pastor pastorum et pascens vita vera spiritum rationalem.

Und Er ist der Hirt der Hirten und nährt den denkenden Geist mit dem wahren Leben.

11. Et dum haec intellectus loqueretur sensibus cum evangelizatione magni gaudii de Christi nativitate, interrogabant pastores gregis de signo, quo modo hoc experiri possent.

11. Und während der Intellekt dies den Sinnesorganen mit der Verkündigung der "großen Freude" (Lk 2,10) über die Geburt Christi mitteilte, fragten die Hirten der Herde nach einem Zeichen, wie sie das erfahren könnten.

Et dixit: Invenietis infantem etc., quasi diceret intellectus: Quamvis homo animal politicum et sociale quasi diversorium sit admittens huius mundi illecebritates et non habeat nisi praesepe, in quo pascuntur bestiae, nihilominus in loco, ubi bestiae et sensibilis conversatio nutrita est, in diversorio, reperitur infans modo natus, rationalis et bene custoditus et pannis involutus.

Und er (der Engel) sprach zu ihnen: "Ihr werdet ein Kind finden" usw. (Lk 2,12). Es ist, als sagte der Intellekt: Der Mensch als ein politisches und soziales Wesen ist zwar gleichsam eine Herberge, in der die Verlockungen dieser Welt zugelassen sind. Es steht in ihr auch nur eine Krippe zur Verfügung, an der die Tiere gefüttert werden. Dennoch findet man an der Stelle, wo die Tiere und die sinnenhafte Lebensweise ihre Nahrung finden, in jener Herberge, ein neugeborenes Kind, das mit Verstand begabt und wohl geborgen und in "Windeln gewickelt" (Lk 2,12) ist.

Quando enim in anima illuminata, quae Maria dicitur, natus est Jesus seu amor vitae spiritus, ille amor est partus intellectualis lucis

Wenn nämlich in der erleuchteten Seele, die Maria genannt wird, Jesus, die Liebe des geistlichen Lebens, geboren ist,

et ponitur bene involutus pannis, ne perdatur frigore.

dann ist diese Liebe eine intellektuale Geburt des Lichtes und wird gut in Windeln gewickelt, damit sie in der Kälte nicht zugrunde geht.

12. Unde, si fuisti aliquando homo peccator et uti diversorium et non habuisti nisi vas seu praesepe ad reponendum in eo nutrimenta sensibilium bestialitatum, quia non erat tibi cura nisi habere, unde laute in hoc mundo viveres habens horrea plena cum divite epulone, nec curabas nisi habere pulchra ornamenta corporis, multum auri et lapidum preciosorum, pulchritudinem, ut placeres mundo, sapientiam, ut appareres etc., si nunc natus est Jesus in te, signum est, quod ibi debet reperiri Jesus in praesepio, ut nunc non dominetur bestialitas, sed ratio, non ista vita, sed alia, non vita sensus, sed spiritus.

12. Von daher gilt: Wenn du einst ein sündiger Mensch warst und wie eine Herberge und wenn du nur ein Gefäß oder eine Krippe für die Nahrungsmittel der tierisch-sinnlichen Bedürfnisse hattest, weil du von keiner anderen Sorge getrieben warst, als der zu haben, um glänzend in dieser Welt zu leben, volle Scheunen zu haben und einen reichen Speisemeister, und wenn du dich nur darum kümmertest, schönen Schmuck für deinen Leib zu haben, viel Gold und Edelsteine und Schönheit, um der Welt zu gefallen, sowie Weisheit, um zu glänzen usw., wenn nun in dir Jesus geboren ist, dann ist das ein Zeichen dafür, daß Jesus dort in der Krippe gefunden werden muß, damit fortan in ihr nicht mehr das Tierische herrscht, sondern der Verstand, nicht mehr dieses Leben, sondern ein anderes, nicht mehr das Sinnen-Leben, sondern das des Geistes.

Si enim tale signum reperitur, Salvatorem natum esse vides.

Wenn nämlich ein solches Zeichen gefunden wird, dann siehst du, daß der Erlöser geboren ist.

Unde, dum sic reperitis affectionem vestram conversam, canite: Alleluia. Dies sanctificatus illuxit! etc.

Wenn ihr also feststellt, daß eure Einstellung sich gewandelt hat, dann singt: Halleluja. Ein geheiligter Tag ist aufgeleuchtet! usw.

13. Tertio de signo, per quod cognoscitur ab aliis, in quo Christus natus est.

13. Drittens soll von dem Zeichen die Rede sein, durch das von anderen erkannt wird, in wem Christus geboren ist.

Respondet evangelium, quod postquam natus est Jesus, et hoc annuntiatum est pastoribus per angelum, facta est multitudo etc.

Das Evangelium antwortet: Nachdem Jesus geboren und dies den Hirten durch den Engel verkündet worden war, "erschien eine große Schar" (Lk 2,13) usw.

Nam quando intellectualis spiritus noster annuntiavit vitae sensibili in se Salvatorem natum, non est eius conversatio amplius, ut prius, in terrenis, sed in caelestibus. Unde cum caelesti exercitu et militia Dei laudem dicit, quod eum eripuit de tenebris et pacem illam, quam repperit, optat omnibus hominibus bonae voluntatis.

Denn wenn unser intellektualer Geist dem Sinnesleben angekündigt hat, in ihm sei der Erlöser geboren, ist sein Lebenswandel nicht mehr länger im Irdischen wie zuvor, sondern im Himmel. Darum preist er Gott zusammen mit "dem himmlischen Heer" und der "Kriegstruppe Gottes" (vgl. Lk 2,13), weil er ihn "der Finsternis entrissen hat" (vgl. Kol 1,13); und er wünscht "allen Menschen, die guten Willens sind" (Lk 2,14), den Frieden, den er gefunden hat.

Si enim vides eum, quem peccatorem cognovisti, se convertisse ad christiformitatem in moribus, quia humilis et mitis corde, quia pacificus - beati enim pacifici -, quia eruditionem Christi recepit et saecularia desideria abnegavit et sobrie, pie et iuste vivit et se voluntati divinae conformat, oboedit humiliter et mentem habet tranquillam et videtur abundare in operibus misericordiae et hanc vitam parvi facit, cui iustitiam et veritatem, hoc est vitam spiritus, anteponit, et proximum diligit: ex hiis signis hominem denuo in Christo natum et Christum in ipso cognoscitis.

Wenn du nämlich siehst, daß der, den du als Sünder gekannt hast, sich zur Christusförmigkeit im sittlichen Leben bekehrt hat, weil er "gütig und von Herzen demütig" (Mt 11,29) ist, "Frieden stiftend" - denn "selig, die Frieden stiften" (Mt 5,9) -, daß er die "Bildung" Christi angenommen hat und "sich von den weltlichen Begierden losgesagt hat und besonnen, fromm und gerecht lebt" (vgl. Tit 2,12) und sich dem Willen Gottes angleicht, demütig gehorcht und einen ruhigen Geist hat, wenn er als reich erscheint an Werken der Barmherzigkeit und dieses Leben geringschätzt, indem er ihm Gerechtigkeit und Wahrheit, d.i. das Leben des Geistes, vorzieht und den Nächsten liebt, dann erkennst du aus diesen Zeichen, daß er in Christus neugeboren und Christus in ihm geboren ist.

Illuxit igitur dies sanctificatus eis, qui veterem hominem exuerunt et novum, qui secundum Deum, induerunt, qui ad aeterna se verterunt, ut sunt immortales virtutes, et in mundanis non adhaeserunt amplius in illis cor apponentes. Illi igitur cantant: Alleluia etc.

Der geheiligte Tag ist also denen aufgeleuchtet, die den alten Menschen abgelegt und den neuen, gottgemäßen angezogen haben (Eph 4,22. 24; vgl. Kol 3,9f), die sich dem Ewigen, wie es die unsterblichen Tugendkräfte sind, zugewandt haben und nicht länger dem Irdischen anhingen und darin ihr Herz verankerten. Sie singen also: Halleluja usw.

14. Et quia subiungitur: Venite, gentes! Adorate! etc., hinc, o vos gentes, quae nondum Christum in vobis repperistis, venite nunc et adorate eum! Confitemini ignorantiam, duritiam cordis, amorem mundi, dolentes, quo modo Spiritum non recepistis, qui vos ad spiritualium amorem duceret! Pernoctate in oratione, petite constanter et cum fide integra!

14. Und da hinzugefügt wird: Kommt, ihr Heiden, betet an! usw., deshalb, o, ihr Heiden, die ihr Christus noch nicht in euch gefunden habt, kommt jetzt und betet an! Bekennt eure Unwissenheit, eure Herzenshärte, eure Liebe zur Welt! Bedauert es, daß ihr den Heiligen Geist nicht empfangen habt, der Euch zur Liebe der geistlichen Wirklichkeiten führen würde. Durchbetet die Nacht, bittet beständig und aus vollem Glauben!

Prolixius orate in agonia, ut desudent quasi guttae sanguinis a vobis omne, quod huius mundi est in spiritu vestro, ut sit spiritus liber ab amore mundi! Quem purgate de veteri fermento lacrimis!

Noch inständiger betet im Todeskampf, damit wie Blutstropfen aus euch alles herausschwitze, was in eurem Geist von dieser Welt ist, damit der Geist frei sei von der Liebe zur Welt. Reinigt ihn vom alten Sauerteig durch Tränen.

15. Et adorando invocate auxilium sanctorum, ut vobis imprecetur venia et mortificatio amoris huius mundi et desiderium vitae spiritualis!

15. Und ruft bei der Anbetung die Hilfe der Heiligen an, damit euch Verzeihung und Abtötung der Liebe zu dieser Welt und Sehnsucht nach dem geistlichen Leben erfleht wird.

Intrate cum fiducia in diversorium! Joseph vos non repellit.

Tretet mit Vertrauen in die Herberge ein. Joseph treibt euch nicht zurück.

Salutate Mariam: O, mater gratiae, mater misericordiae, regina caelorum, mater Dei et Salvatoris, clemens et pia, ostende nobis filium, qui est lumen paternum divinitatis!

Grüßt Maria: O, Mutter der Gnade, Mutter der Barmherzigkeit, Königin des Himmels, Mutter Gottes und des Retters, gütige und milde, zeige uns den Sohn, der das väterliche Licht der Gottheit ist!

Ipsa non denegabit, sed respondebit: Ipse est ad vestram salutem genitus. Nam propter vos homines descendit de caelo et in me incarnatus est de Spiritu Sancto. Et factus homo iacet in praesepio.

Sie wird es nicht abschlagen, sondern antworten: Er ist zu eurem Heil geboren worden. Denn wegen euch Menschen ist er vom Himmel herabgestiegen und hat in mir Fleisch angenommen vom Heiligen Geist und ist Mensch geworden und liegt in der Krippe.

Prosternite vos coram illo et effundite coram illo corda vestra!

Werft euch vor ihm nieder und gießt eure Herzen vor ihm aus!

Ipse de Spiritu suo vestrum spiritum illuminabit, ut sitis sapientes et efficiamini filii aeternae sapientiae et desinatis esse filii huius mundi corruptibilis et mortalis!

Er wird von seinem Geist euren Geist erleuchten, damit ihr weise seid und Kinder der ewigen Weisheit werdet und aufhört, Kinder dieser vergänglichen und sterblichen Welt zu sein!

Sermo XLIV (35)
Dies sanctificatus
1444 in die sancti Stephani Moguntiae (Mainz)[9]

1. Dies sanctificatus illuxit etc.

1. Der geheiligte Tag ist uns aufgeleuchtet usw.

1. Audivimus heri, quo modo vigilantibus pastoribus lux orta est in nocte, lux fidei in spiritu, scilicet lux illa Salvatoris, quem in spiritu receperunt medio auditus per annuntiationem angeli.

Gestern haben wir gehört, daß den wachenden Hirten in der Nacht ein Licht aufgegangen ist, ein Licht des Glaubens im Geiste, nämlich das Licht des Heilands, den sie im Geist empfingen durch die Botschaft des Engels, die sie hörten.

Hodie videamus, quo modo lux eis orta in certitudine sensibilis experimenti, quia invenerunt Salvatorem, ut eis annuntiatum fuit etc.

Heute laßt uns betrachten, wie ihnen das Licht in einer sicheren sinnenfälligen Erfahrung aufgegangen ist. Sie fanden ja den Heiland, wie es ihnen verkündet worden war.

2. Pastores loquebantur etc.

2. Die Hirten sagten usw.

Oportet, quod omnia in nobis inquiramus. Angelus est virtus intellectiva rapta extra corpus. Illa elevatur sursum per abstractionem, et eius elevatio est descensio gratiae et lucis in ipsam.

Wir müssen alles in uns selbst suchen. Der Engel, das ist die dem Leiblichen entrissene Kraft der Einsicht. Sie wird durch eine Loslösung emporgehoben, und ihre Erhebung ist zugleich der Abstieg der Gnade und des Lichtes in sie selbst.

Et lux est vita eius, quia veritas. Potentiis rationabilibus, quae sunt ad custodiam gregis et animalitatis nostrae, adstat intellectus et illuminat per communicatum lumen divinum virtutes rationales annuntians, quae de sursum sunt. Nam ratio ad illa pertingere nequit, cum nihil attingat, nisi fuerit in sensu. Quare quoad divina est in nocte.

Und das Licht ist ihr Leben, denn es ist die Wahrheit. Den vernunfthaften Mächten, die zum Schutz der Herde und unserer Sinnenhaftigkeit da sind, steht der Intellekt bei und erleuchtet durch das ihm mitgeteilte göttliche Licht die vernunfthaften Kräfte, indem er ihnen das meldet, was von oben ist. Denn die Vernunft gelangt nicht dorthin, da sie nur etwas, das vorher mit den Sinnen aufgenommen wurde, erreicht. Daher befindet sie sich im Hinblick auf das Göttliche in der Nacht.

Sed quia sollicita, cum sit syllogistica virtus et discursiva, vigilias custodit super gregem ruminando phantasmata recepta.

Aber da sie - als schlußfolgernde und diskursive Kraft - eifrig ist, hält sie Wache über die Herde, indem sie die aufgenommenen Sinneseindrücke verarbeitet ("wiederkäut").

---

9 C fol. 134^{v}. Der lateinische Text findet sich auch in folgenden Handschriften: V_1 fol. 88^{rb-va}; D fol. 33^{v}; U_2 fol. 53^{r-v}.

Illuminatur igitur per intellectum annuntiantem sibi superna et terretur in hoc lumine novo, cum non sit de sua regione, sed gaudet, quando recipit. Et in illo lumine videt lumen et gloriam dicit.

Sie wird mithin durch den Intellekt, der ihr die Botschaft von oben kündet, erleuchtet; und sie erschrickt in diesem neuen Licht, da es nicht aus ihrem Bereich stammt. Aber wenn sie es aufnimmt, freut sie sich; und "in diesem Licht sieht sie das Licht" (Ps 35,10) und sagt: Ehre!

3. Deinde intellectus desinit influere, et rationalis potentia in se experitur, utrum possit reperire suo discursu lumen prius communicatum et receptum per fidem. Et vellet videre, hoc est reperire oculis propriis rationis, et cum festinantia et ardore discurrit praesupposita fide. Et invenit verbum prius factum.

3. Dann läßt der Einfluß des Intellekts nach, und die Vernunft-Fähigkeit versucht in sich, ob sie durch ihr Schlußfolgern das ihr vorher mitgeteilte und durch den Glauben aufgenommene Licht wiederfinden kann. Sie möchte schauen, nämlich mit ihren eigenen Vernunft-Augen entdecken, und so durchläuft sie mit Eile und Eifer das, was der Glaube voraussetzt. Und sie findet das Wort, das vorher geworden (ergangen) war.

Et annuntiat omnibus hoc verum, quia annuntiatio, quae fit per rationem, est, quae capitur cum aviditate admirationis per homines.

Sie verkündet dieses allen als wahr. Denn die Botschaft, die vernunftgemäß (dargeboten) ist, wird von den Menschen mit einem Verlangen voll Bewunderung aufgenommen.

Et reponit inter scientias suas in thesauro memoriae, ubi habet illuminationes collectas, quae est cella illuminata seu Maria, ut conferre possit intra se se ipsum reficiendo et in se pariendo per ascensum maius lumen continue ex viso et invento lumine.

Sie hinterlegt sie im Wissensschatz ihres Gedächtnisses, wo sie ihre Erleuchtungen gesammelt hat - das ist die erleuchtete Zelle oder Maria -, um sie miteinander zu vereinen, indem sie sich selbst davon nährt und in sich durch einen Aufstieg darüber hinaus aus dem geschauten und gefundenen Licht ein immer größeres Licht erzeugt.

4. Et scias, quod haec inventio est syllogistica, quiae reperitur per vires rationales: Joseph vir - maior -, Maria uxor sibi desponsata - minor - et infans, qui est conclusio et quaesitum.

4. Du mußt wissen, daß dieses Finden schlußfolgernd ist, denn es geschieht durch die vernunfthaften Kräfte: Joseph, der Mann, ist der Obersatz, Maria, die mit ihm verlobte Frau, der Untersatz, und das Kind ist die gesuchte Schlußfolgerung.

Et tunc oritur maius gaudium, et extollitur ratio in gloriam et laudem Dei et lucis, ut haec ex evangelio.

Dann entsteht eine größere Freude, und die Vernunft erhebt sich zur Ehre und zum Lob Gottes und des Lichtes, wie es dem Evangelium zu entnehmen ist.

Sic et Stephanus vidit Christum in ratione, quem iam receperat per fidem etc.

So sah auch Stephanus Christus in seiner Vernunft, den er schon vorher im Glauben aufgenommen hatte usw.

Sermo XLV (36)
Alleluia. Dies sanctificatus[10]

1. Alleluia. Dies sanctificatus illuxit etc.

1. Halleluja. Der geheiligte Tag ist uns aufgeleuchtet usw.

Hodie iuxta promissa explicaturus adveni Christi Domini nostri temporalem nativitatem, scilicet quo modo ipse Christus de virgine Maria natus sit. Oremus.

Wie versprochen, bin ich heute herbeigekommen, um die zeitliche Geburt unseres Herrn Jesus Christus zu erklären, wie nämlich Christus von der Jungfrau Maria geboren ist. Laßt uns beten.

Evangelium: Pastores loquebantur etc.

Das Evangelium: Die Hirten sprachen usw.

Et quia nunc audivimus ex evangelio testes nativitatis Domini nostri Jesu Christi, merito decantamus: Alleluia. Dies sanctificatus etc.

Da wir soeben im Evangelium die Zeugen der Geburt unseres Herrn Jesus Christus gehört haben, singen wir zurecht: Halleluja. Der geheiligte Tag usw.

Primo autem videamus de causa et utilitate incarnationis,
secundo de modo incarnationis,
tertio: Qui sunt illi, qui utilitatem incarnationis consequuntur, et qui sunt, qui non consequuntur?

Betrachten wir erstens den Grund und den Zweck der Menschwerdung, zweitens die Weise der Menschwerdung, drittens: Wer sind diejenigen, die den Sinn der Menschwerdung an sich erfahren, und wer sind die, die ihn nicht erfahren?

Et subiungamus orationem.

Und fügen wir das Gebet an.

2. Circa primum est advertendum, quod homo creatus est die sexto et est completio creaturarum. Et sicut omnes dies ante sextum ostendunt omnia creata finem capere in homine, ita homo in se finem non habens, sed in die septimo, ad hoc creatus fuit, ut in sanctificatione et benedictione Dei, quae est supra omnem creaturam, quiesceret, in apprehensione vitae et lucis aeternae, in die septimo.

2. Zum ersten ist zu bemerken, daß der Mensch am "sechsten Tag" (Gen 1,31) erschaffen und die Vollendung der Schöpfung ist. Und wie alle Tage vor dem sechsten zeigen, daß alle Geschöpfe ihr Ziel im Menschen erlangen, so hat der Mensch sein Ziel nicht in sich selbst, sondern im "siebten Tag". Er wurde dazu geschaffen, in der Heiligung und im Segen Gottes über die ganze Schöpfung zur Ruhe zu gelangen, in der Erfassung "des Lebens" und des "ewigen Lichtes" am "siebten Tag" (vgl. Gen 2,2-3; Ex 20,11).

Sed homo ad hoc, ut de sexta die transferretur in requiem, iussus est in oboedientia stare et exspectare, ut ille cum in quiete collocaret, qui ipsum de terra finxit et in ipsum spiraculum vitae inspiravit.

Damit aber der Mensch vom sechsten Tag zur Ruhe emporgehoben werde, wurde ihm befohlen, im Gehorsam zu verharren und zu warten, daß jener ihn in die Ruhe versetze, der ihn "aus Erde" gebildet und ihm "den Lebensodem eingehaucht hat" (Gen 2,7).

Sed homo cecidit etc.

Aber der Mensch sündigte usw.

---

10 C fol. 133^{r-v}. Der lateinische Text findet sich auch in folgenden Handschriften: V_1 fol. 87vb-88rb; D fol. 32^{r-v} und 53^{r-v}; U_2 fol. 52^{v}-53^{r}.

3. Duplex consideratio causae incarnationis:

3. Eine zweifache Betrachtung des Grundes der Menschwerdung:

Quidam ipsam considerant, prout angelus pastoribus locutus est, quod causa sit salvatio et perfectio et quies omnium creaturarum, ac quod creatura rationalis non potuit rationabilem vitam participare in complemento pacis desiderii, nisi Verbum assumeret rationalem creaturam.

Gewisse (Theologen) betrachten sie so, wie es der Engel den Hirten gesagt hat, daß der Grund (der Menschwerdung) das Heil und die Vollendung und die Ruhe aller Geschöpfe sei und daß die vernunftbegabte Kreatur am vernunfthaften Leben bis zur Erfüllung ihrer Friedenssehnsucht nur teilhaben konnte, wenn das (göttliche) Wort die vernunftbegabte Natur annähme.

Alii considerant incarnationem, ut respicit restaurationem casus hominis per praevaricationem. Et haec est catholicorum plerumque.

Andere betrachten die Menschwerdung im Hinblick auf die Wiederherstellung des durch die Sünde gefallenen Menschen. Das ist die Auffassung der meisten katholischen Theologen.

Possumus tamen resolvere ambas in unam et dicere, quod incarnatio facta est, ut omnia finem, ad quem creata sunt, in Verbo consequantur, sive sit homo, qui a fine per peccatum deviavit in parente vel per se.

Dennoch können wir beide (Betrachtungsweisen) in eine auflösen und sagen, daß die Menschwerdung geschehen ist, damit alles sein Ziel, zu dem es geschaffen wurde, im (göttlichen) Wort erlange, ob der Mensch nun im Stammvater oder aus sich selbst durch die Sünde (von seiner Zielbestimmung) abgewichen ist.

4. Dico incarnationem Verbi esse complementum et quietem creationis.

4. Ich sage, daß die Menschwerdung des Wortes die Vollendung und Ruhe der Schöpfung ist.

Nam in illo opere quiescit potentia in se ipsa, ut alibi habes. Creata enim quacumque creatura cuiuscumque perfectionis perfectior potuit creari, quantum erat ex parte potentiae Dei. Sed quando creatura in ea est perfectione, quod in Deo suppositatur, completa est potentia creandi, quae est Deus, quoniam tunc non est medium inter creaturam et Creatorem et est unio, qua nulla strictior esse potest.

Denn in diesem Werk kommt die Schöpfermacht in sich selbst zur Ruhe, wie du es anderswo dargestellt findest. Von seiten der Macht Gottes hätte jedes Geschöpf, gleich welcher Vollkommenheit es ist, vollkommener geschaffen werden können. Wenn aber ein Geschöpf eine solche Vollkommenheit in sich hat, daß es personal in Gott gründet, ist damit die Schöpfermacht, die Gott selbst ist, erfüllt; denn dann steht nichts Mittleres zwischen der Schöpfung und dem Schöpfer, und es handelt sich um eine Vereinigung, die nicht enger sein könnte.

Et hinc est quies potentiae in se ipsa.

Damit ist die Ruhe der Schöpfermacht in sich selbst erreicht.

5. Et quia homo est complicatio creaturarum, non potuit creatura assumi a Creatore in unitate suppositi, in qua omnis creatura quietem in sua natura attingeret, nisi in natura humana assumpta.

5. Da der Mensch die Einfaltung aller Geschöpfe ist, konnte die Schöpfung vom Schöpfer in eine personale Einheit, in der die ganze Schöpfung die Ruhe in ihrer Natur erreicht, nur durch Annahme der menschlichen Natur erreicht werden.

Et hoc modo dicimus Christum primogenitum omnis creaturae; non secundum divinitatem tantum, sed ut Christum, Deum et hominem; non ex apparitione temporis, quia Verbum aeternum, in quo suppositatur creatura, ante omne tempus est. Et Christus sic est ante omnem creaturam.

Deshalb nennen wir Christus den Erstgeborenen der ganzen Schöpfung; nicht (nur) seiner Göttlichkeit nach, sondern als Christus, als Gott und Mensch; nicht aufgrund seiner Erscheinung in der Zeit; denn das ewige Wort, in dem die Schöpfung (personal) gründet, existiert vor aller Zeit. So ist Christus vor aller Schöpfung.

Et apparitio, quae venit in tempore quoad nos, non mutat primogenituram quoad Creatorem, cuius est creatura, sicut in mente artificis prius est, quod est perfectum, scilicet domus ipsa, quae tamen est ultima in executione etc. Ita quidem dicimus omnia facta propter ipsum, et quod ipse sit prior.

Seine Erscheinung, die unseretwegen in der Zeit erfolgte, ändert für den Schöpfer, dem das Geschöpf zugehört, nichts am Status seiner Erstgeburt; (ähnlich) wie im Geiste eines Künstlers das Vollkommene früher ist, nämlich das (geplante) Haus, das in der Ausführung freilich das Letzte ist. So sagen wir, daß alles seinetwegen geschaffen worden ist und daß er früher ist.

Et quia ipse est unus, est unus mundus. Et propter ipsum omnia, quae in mundo sunt, id sunt, quod sunt.

Da er Einer ist, ist auch die Welt eine. Und seinetwegen ist alles, was in der Welt ist, das, was es ist.

Unde Christus dicit: Antequam Abraham esset, ego sum etc. Et sic ait Christus Johannis 3, quo modo missus sit in mundum, ut mundus salvetur per ipsum.

Deshalb sagt Christus: "Bevor Abraham war, bin ich" (Joh 8,58). Und so sagt Christus im dritten Kapitel bei Johannes, daß er "in die Welt gesandt worden ist, damit die Welt durch ihn gerettet werde" (Joh 3,17).

6. Et considera bene et subtiliter, quo modo apud Deum non est tempus et omnia, quae sunt praeterita et futura apud nos, apud ipsum sunt praesentia. Et non est Adam ante Christum nec Christus ante Adam apud ipsum.

6. Beachte gut und genau, daß es bei Gott keine Zeit gibt! Alles, was bei uns vergangen oder zukünftig ist, ist bei ihm gegenwärtig. Bei ihm ist Adam nicht vor Christus noch Christus vor Adam.

Si igitur concipis omnes creaturas simul, uti sunt semper in conspectu Dei, illa pluralitas creaturarum ita per nostrum intellectum pluraliter concepta apud Deum in quadam unitate ordinis exsistit.

Denkst du dir also alle Geschöpfe zugleich, wie sie immer vor dem Angesicht Gottes sind, so besteht jene Vielheit von Geschöpfen, die unser Intellekt unter der Kategorie des Vielen begreift, bei Gott in einer gewissen Einheit der Rangordnung.

Et sic prior Christus, principium et caput; sicut si conciperes alicuius regis familiam totam simul, qui haberet filium, tunc ad hoc, quod sit una curia unius regis, ex multitudine ordo est, quia prior inter familiam est filius, qui est caput familiae et princeps, deinde magister curiae, deinde comites etc.

So ist Christus als der Höhere Anfang und Haupt. Wenn du dir eine Königsfamilie, die einen Sohn hat, zugleich als Ganze vorstellst, dann gibt es eben darin, weil es die eine Kurie eines Königs ist, aufgrund der Vielheit eine Rangordnung. Denn der Erste in der Familie ist der Sohn; er ist das Haupt und der Erste (im Rang); ihm folgt der Hofmeister, dann die Begleiter usw.

In hoc ordine non respicitur ad tempus, quia filius, etsi sit in tempore iunior, inter familiam tamen est prior etc.

In dieser Rangordnung spielt die Zeit keine Rolle, da der Sohn in der Familie höher steht, auch wenn er altersmäßig jünger ist.

Sermo XLVI (37)
Alleluia. Dies sanctificatus
1444 in die sancti Johannis infra octavas natalis (Domini) Moguntiae (Mainz)[11]

1. Alleluia. Dies sanctificatus etc.

1. Halleluja. Der geheiligte Tag usw.

Quo modo nobis illuxit dies diei, quae et Verbum Patris, in Verbo incarnato, per explicationem Evangelii Johannis: In principio erat verbum, orantes cum Augustino etc.

Wie der Tag vom Tage, der auch das Wort des Vaters ist, uns im fleischgewordenen Wort aufgeleuchtet ist, soll durch die Erklärung des folgenden Satzes aus dem Johannes-Evangelium erläutert werden: Im Ursprung war das Wort. Wir beten mit dem hl. Augustinus usw.

Sermo iste tres habet partes:
Prima est de die aeterna,
secunda de fructu illuscentiae eius,
tertia de gratiarum actione.

Diese Predigt hat drei Teile: Der erste handelt vom ewigen Tag, der zweite von der Frucht seines Aufleuchtens, der dritte von der Danksagung.

2. Et videatur evangelium: In principio etc.

2. Das Evangelium: Im Ursprung usw. soll betrachtet werden.

Declarat evangelium undecim condiciones Verbi.

Das Evangelium benennt elf Bestimmungen des Wortes.

Et antequam ad evangelium perveniatur, declaretur Trinitas, quo modo devenitur ad notitiam Principii et Verbi et Amoris unius aeternitatis etc.; quo modo Trinitas est unitas.

Bevor zur Auslegung des Evangeliums geschritten wird, soll die Dreieinigkeit erklärt werden: Wie zu einer Kenntnis des Ursprungs und des Wortes und der Liebe der einen Ewigkeit zu gelangen ist usw.; wie die Dreieinigkeit Einheit ist.

Et adverte ibi ad vulgare, quo modo dicitur ad quaestionem: Quid est hoc? Semper respondetur in vulgari: Dat ist eyn mentz; dat ist eyn dire; dat ist eyn hultz. Semper est concordia in esse et uno.

Beachte, was die Umgangssprache auf die Frage: Was ist der Mensch? sagt. In der Umgangssprache antwortet man immer: Dat ist eyn mentz; dat ist eyn dire; dat ist eyn hultz. Immer besteht eine Übereinstimmung zwischen dem Sein und dem Einen.

Entitas igitur et unitas coincidunt et omnibus creatis conveniunt. Et sic entitas, quae est et unitas, principio, a quo est omnis creatura, convenit etc.

Seiendheit und Einheit fallen ineins und kommen allem zu, was erschaffen ist. So kommt die Seiendheit, die auch Einheit ist, auch dem Ursprung, von dem jedes Geschöpf stammt, zu usw.

Vel sic dicas, quod unitas convenit principio; sed conceptus unitatis est aequalitas; et de illis conexio.

Du kannst so sagen: die Einheit kommt dem Ursprung zu; doch der Begriff der Einheit ist die Gleichheit; und aus diesen beiden geht die Verknüpfung hervor.

3. In principio erat Verbum etc.

3. Im Ursprung war das Wort usw.

Nihil ex se ipso esse potest. Principium igitur est aeternum.

Nichts Gewordenes kann aus sich selbst sein. Der Ursprung ist also ewig.

---

11 (C fol. 8^{v})

Et quoniam omnia, quae sunt, sunt ab uno principio, tunc principium, quod causavit omnia, per aliquod causavit.

Sicut si intellectus meus vult in te causare scientiam, non potest intellectus meus nisi medio rationis. Ratio igitur est verbum intellectus.

Facit intellectus hoc verbum, per quod vult facere intellegentem discipulum, induere sensibilitatem, et hoc per spiritum. Nam attrahit mediante spiritu aerem et induit cum aere verbum rationale et mittit in mundum extra se, ut insensibile fiat sensibile et recipiatur per discipulum per aures sensibiliter et per fidem in anima etc. Et tunc generat sibi simile etc.

Deus Pater sic videtur fecisse. Nam voluit nobis ostendere thesauros sapientiae suae, ut ei similes fieremus; et induit Verbum suum carne etc. - Et est satis propria similitudo.

Et sic patet, quod Verbum Patris, per quod omnia, est ante omnia et sic est aeternum et hinc Deus etc.

Und da alles, was ist, von einem Ursprung ist, hat der Ursprung alles, was er verursacht hat, durch etwas verursacht.

Wenn zum Beispiel meine Einsicht in dir Wissen verursachen will, kann sie das nur mittels der Vernunft. Die Vernunft ist das Wort der Einsicht.

Die Einsicht läßt das Wort, durch das sie den Schüler einsichtig machen will, durch Sinnenfälligkeit annehmen, und zwar durch den Atem. Denn er zieht beim Atmen Luft ein; er bekleidet das vernunfthafte Wort mit der Luft und stößt sie aus in die Welt, so daß das Nicht-Sinnenfällige sinnenfällig wird und vom Schüler durch die Ohren auf sinnenhafte Weise und durch den Glauben in die Seele aufgenommen wird usw. Dann erzeugt er etwas, das ihm ähnlich ist usw.

So (ähnlich) scheint es Gott der Vater gemacht zu haben. Denn er wollte uns die Schätze seiner Weisheit zeigen, damit wir ihm ähnlich würden; und er hat sein Wort mit Fleisch umkleidet usw. - Dies ist eine hinreichend zutreffende Ähnlichkeit.

So ist klar, daß das Wort des Vaters, durch das alles geworden ist, vor allem ist und so ewig ist und deshalb Gott usw.

Sermo CCLXXX (277)
Ego sum pastor bonus[12]

1457. Lunae post dominicam Misericordias Domini. Brixine in Synodo.

1457. Montag nach dem Sonntag "Misericordias Domini" auf der Synode von Brixen.

1. Ministrat nobis, fratres, sancti evangelii lectio pabulum huic sacri synodali conventioni congruum, ut non sit opus alibi pastum quaerere quo reficiamur qui sub Christo pastore ad vitae pascua ducimur atque ad pascendi artem, qua creditas nobis pascamus oves dirigimur. Dicebat Christus: Ego sum pastor bonus. Saepissime audistis naturam, quae per sapientiam pascitur, ob ipsam capacitatem sapientiae incorruptibilem. Intellectualis enim natura, quae sola est apta pasci sapientia seu veritate, numquam potest in nihilum redigi.

1. Die Lesung des Evangeliums bietet uns eine Speise, Brüder, die dieser heiligen synodalen Versammlung angemessen ist, so daß man nicht anderswo Nahrung suchen muß, mit der wir erquickt werden, die wir unter Christus, dem Hirten, zur Weide des Lebens geführt werden und zur Kunst des Weidens, durch die wir (an)geleitet werden, die uns anvertrauten Schafe zu weiden. Christus sagte: "Ich bin der gute Hirt" (Joh 10,11). Ihr habt schon oft gehört, daß die Natur, die durch die Weisheit genährt wird, wegen dieser Aufnahmefähigkeit für die Weisheit unzerstörbar ist. Denn die mit Einsicht begabte Natur, die allein fähig ist, durch die Weisheit oder Wahrheit genährt zu werden, kann niemals ins Nichts zurückbefördert werden.

2. Et ut latum et laetum pascentiae pratum intremus, ubi uberes herbas inveniamus, attendamus quomodo Christus post sanationem caeci nati dixerat: In iudicio ego in mundum hunc veni, ut qui non vident videant, et qui vident caeci fiant. Verbum Dei ignorantes et caecas mentes illuminat, quae suam caecitatem recognoscunt et a Christo, qui lux est, illuminari desiderant. Praesumentes vero se lucem intelligentiae habere excaecat, quia peccatum in illis manet. Nam praesumptio non sinit eos accedere ut illuminentur, quando se videntes esse iactant. Et quoniam Pharisaei et pastores aliorum praesumentes se videntes alios ducere nitebantur lumine suae intellegentiae, subiungit Christus quod ipsi tales sunt seductores, quia non intrant per ostium. Dat exemplum de pastore ovium, qui per

2. Und damit wir die weite und beglückende Weide-Wiese betreten, wo wir saftige Kräuter finden, achten wir darauf, wie Christus nach der Heilung des Blindgeborenen sagte: "Um zu richten, bin ich in diese Welt gekommen: damit die Blinden sehend und die Sehenden blind werden" (Joh 9,39). Er erleuchtet die, die das Wort Gottes nicht kennen, und die blinden Geister, die ihre Blindheit anerkennen und von Christus, der das Licht ist, erleuchtet werden wollen. Die sich aber anmaßen, das Licht der Einsicht zu haben, verblendet er (macht er blind), weil die Sünde in ihnen bleibt. Denn die Anmaßung läßt nicht zu, daß sie hinzutreten, um erleuchtet zu wer-

12 V_2 fol. 263ra-266vb. Der lateinische Text findet sich (teilweise) auch in folgenden Handschriften bzw. Editionen: L fol. 278^v; U fol. 212^r; p fol. 182^{r-v}; b fol. 668-669. Die Zeileneinteilung und Silbentrennung folgt der Handschrift V_2. Die Numerierung wurde zur Erleichterung der Zitationen vorgenommen.

ostium intrat ad ovile, fures vero et latrones aliunde ascendunt.

den, wenn sie sich rühmen, Sehende zu sein. Und da sich die Pharisäer und die Hirten der anderen, die sich anmaßen, als Sehende andere zu führen, auf das Licht ihrer Einsicht stützten, fügt Jesus hinzu, daß solche Menschen Verführer sind, weil sie nicht durch die Türe gehen. Er führt das Beispiel vom Schafhirten an, der durch die Türe zum Schafstall eintritt, während die Diebe und Räuber anderswo einsteigen.

3. Explanat in quo deprehenditur pastor, scilicet quia eius vox est nota ovibus, et oboediunt atque ipsum sequuntur, alienum fugiunt, quia vocem eius ignorant. Post hoc revelat se ostium, per quod intrant pastores, et quomodo qui per ipsum non intrant, sunt fures et latrones. Dicit se deinde ostium ovium, qui non venit ut alii pastores, quorum finis est ut demum oves mactent et perdant sed ut vivant abundantius.

3. Er erklärt, woran der Hirte erkannt wird, nämlich an seiner Stimme, die den Schafen bekannt ist, und sie gehorchen und folgen ihm. Vor dem Fremden fliehen sie, weil sie seine Stimme nicht kennen. Danach offenbart er sich als die Türe, durch welche die Hirten eintreten, und sagt, daß diejenigen, die nicht durch ihn hereinkommen, Diebe und Räuber sind. Dann nennt er sich "die Türe der Schafe" (Joh 10,7); er kommt nicht, wie die anderen Hirten, deren Ziel es ist, die Schafe zu schlachten und zugrunde zu richten, sondern er kommt, damit sie in größerer Fülle leben.

Dixit igitur sic: Ego sum ostium, per me si quis introierit, salvabitur, et ingredietur et egredietur et pascua inveniet. Fur non venit nisi ut furetur et mactet et perdat. Ego veni, ut vitam habeant et abundantius habeant. Habemus igitur iuxta vaticinium Jeremiae IIIº pastores christiformes pascere in scientia et doctrina, et quod ideo nos pastores si quaerimus pascere creditas nobis oves, in prata Sacrae Scripturae eas ducere debemus, et hoc per ostium quod Christus est. Nam verus introitus est per Christum, de quo loquuntur Scripturae.

So spricht er deshalb: "Ich bin die Türe; wer durch mich eintritt, wird gerettet; er wird ein- und ausgehen und Weide finden. Der Dieb kommt nur, um zu stehlen, zu schlachten und zu verderben. Ich bin gekommen, daß sie das Leben haben und in Fülle haben." (Joh 10,9f) Wir wissen also aufgrund der Weissagung des Jeremia im dritten [Kapitel], daß die christusförmigen Hirten mit Kenntnis und Belehrung weiden (vgl. Jer 3,15) und daß wir Hirten deshalb, wenn wir die uns anvertrauten Schafe zu weiden suchen, sie auf die Wiese der Heiligen Schrift führen müssen, und zwar durch die Türe, die Christus ist. Denn der wahre Eingang geschieht durch Christus, von dem die Schriften sprechen.

Id enim quod pascit animam in prato Scripturarum, verbum Dei est sub littera contentum. Sicut enim sub diversis herbis pabulum invisibile ovium continetur, per quod solum sensibilis vita pascitur, sic sub varia scriptura spiritus latitat mentem pascens. Unde spiritalis pastus vivificans et illuminans non deprehenditur nisi medio Christi,

Was nämlich die Seele auf der Weide der Schriften nährt, ist das im Buchstaben enthaltene Wort Gottes. Wie nämlich in den verschiedenen Kräutern die unsichtbare Nahrung der Schafe enthalten ist, durch die nur das sinnenhafte Leben genährt wird, ist in den verschiedenen Schriften der Geist verborgen,

qui est ostium vivum se ipsum aperiens pulsanti et claudens praesumenti.

der den menschlichen Geist nährt. Deshalb wird die geistliche Speise, die lebendig macht und erleuchtet, nur durch die Vermittlung Christi ergriffen, der die lebendige Türe ist und sich dem öffnet, der anklopft, und sich dem verschließt, der anmaßend ist.

4. Et nota quomodo mens rationalis, quae se Christo subiecit, cognoscit vocem et mediante voce verbum occultatum in voce et sequitur ipsum. Tanta est dulcedo verbi Dei, ad quod mens cognitione pervenit, quae Christo se per fidem subiecit, quod nullum nisi ipsum sequitur, et qui alia verba loquitur, eius vox est sibi aliena et incognita, et fugit ab eo. Quando enim Christus interrogavit Petrum et alios apostolos, an ipsi abire vellent, respondit: Quo ibimus; verba vitae aeternae habes. Cognovit ille, qui credidit Christum Filium Dei, vocem et in voce verbum et quod verbum fuit verbum vitae aeternae, et non potuit abire.

4. Und beachte, daß der vernunftbegabte Geist, der sich Christus unterworfen hat, die Stimme erkennt und mittels der Stimme das in der Stimme verborgene Wort und daß er ihm folgt. Das Wort Gottes, zu dem der menschliche Geist, der sich im Glauben Christus unterworfen hat, in der Erkenntnis gelangt, ist so beglückend, daß er nur Christus folgt, während die Stimme dessen, der andere Worte spricht, ihm fremd und unbekannt ist und er vor ihm flieht. Als Christus Petrus und die anderen Apostel fragte, ob sie weggehen wollten, antwortete er: "Herr, wohin sollen wir gehen? Du hast Worte des ewigen Lebens" (Joh 6,68). Jener, der an Christus, den Sohn Gottes glaubte, erkannte die Stimme und in der Stimme das Wort und daß das Wort das Wort des Lebens war, und er konnte nicht weggehen.

Si igitur quaerimus salvare eos, quorum curam suscepimus, per ostium ducamus. Fures et latrones aliunde intrare docent, ut perdant. Nam seducitur a via veritatis et vitae qui Christi doctrinam spernit.

Wenn wir also die zu retten suchen, deren Obsorge wir übernommen haben, laßt uns sie durch die Türe führen. Die Diebe und Räuber belehren uns, anderswo hineinzugehen, um zu verderben. Denn wer die Lehre Christi verachtet, wird vom Weg der Wahrheit und des Lebens weggeführt.

5. Ecce quod solus ille salvabitur qui intrat per ostium, quod Christus est, qui est via et vita. Si quaeris ostium ad vitam, ipse est; si quaeris vitam, ipse est; si quaeris pascua vitae, ipse est. Quis est autem ille Christus? Certe ipse est qui est dator vitae spiritalis, quia veritas et sapientia et lux rationis omnem hominem illuminans, et venit ut vivant et abundantius vivant: sicut sol nunc venit, ut arbores et animalia vivant, et propius ad influendum suam virtutem venit, ut arbores, quae in hieme sine fructifera vita erant et tamen non erant penitus mortuae, nunc vivant

5. Seht, nur der wird gerettet, der durch die Türe eintritt, die Christus ist; er ist der Weg und das Leben. Wenn du die Türe zum Leben suchst, er ist sie; wenn du das Leben suchst, er ist es; wenn du die Weide des Lebens suchst, er ist sie. Wer ist aber jener Christus? Er ist der Geber des geistigen Lebens, weil er die Wahrheit und die Weisheit und das Licht des Verstandes ist, das jeden Menschen erleuchtet, und er kam, damit sie leben und in Fülle leben: Wie die Sonne kommt er, damit Bäume und Tiere leben, und näherhin, um seine Kraft

et abundantius etiam ad fructificandum vivant.

einzuflößen, damit die Bäume, die im Winter ohne fruchtbares Leben, aber dennoch nicht ganz tot waren, jetzt aufleben und in Fülle leben und Frucht bringen.

Christus sol iustitiae cum luce intellegentiae et calore caritatis sic ad nos venit, in quo virtus Dei. Et ostendit se ostium paradisi, scilicet Sacrae Scripturae. Nam si per medium Christi intras ad domum intellegentiae, scrutando scripturas, ipsum in omnibus pabulum vitae invenies. Si exis per hoc ostium, explanando scripturas et enodando, pascua invenies. In vetus testamentum intras per Christum. De veteri exis in novum per Christum.

Christus, die Sonne der Gerechtigkeit, ist so mit dem Licht der Einsicht und mit der Wärme der Liebe zu uns gekommen; in ihm ist Gottes Kraft. Und er erweist sich als Türe des Paradieses, d.h. der Heiligen Schrift. Denn wenn du durch Christus das Haus der Einsicht betrittst, wirst du bei der Erforschung der Schriften in allem Christus als die Speise des Lebens finden. Wenn du durch diese Türe eingehst und die Schriften erklärst und deutest, wirst du Weide finden. In das Alte Testament trittst du durch Christus ein. Aus dem Alten Testament trittst du ins Neue ein durch Christus.

6. Adhuc aliter considera quomodo Christus est ostium, in quo ut in ostio ingressus et egressus coincidunt. Ostium enim est ad egrediendum simul et ad ingrediendum. Christus est ostium, per quod omnis creatura egreditur in esse, quia est ratio rerum, per quam omnia facta sunt, et sine ea nihil. Est et ostium, per quod omnia redeunt in causam seu rationem suam tamquam ad suum principium. Est ostium creationis simul et salvationis seu effluxus et refluxus.

6. Betrachte auch noch auf eine andere Art, wie Christus die Türe ist. In ihm fallen wie in einer Türe Eingang und Ausgang ineins. Eine Türe dient ja gleichzeitig dazu, auszugehen wie einzutreten. Christus ist die Türe, durch die jede Kreatur ins Sein ausgeht, da er der Sinngrund der Dinge ist, durch den alles geschaffen ist und ohne den nichts gemacht worden ist. Er ist auch die Türe, durch die alle Dinge zu ihrer Ursache oder ihrem Sinngrund als ihrem Ursprung zurückkehren. Er ist zugleich die Türe zur Schöpfung wie zur Erlösung, oder die Türe, durch die der Ausfluß geschieht wie auch der Rückfluß.

Si quis per intellectum profunde considerat quomodo Christus est via, per quam omnis creatura fluit in esse, ut id sit quod est, quodque Christus, qui est via, est etiam terminus creationis, quia in ipso terminatur et perficitur creatio, et cum hoc attente meditatur quomodo ipse est via, per quam necessario omnis creatura complet circulum refluxus, et revertitur ingrediendo in primam causam, et est terminus refluxus, ille videt ipsum sic esse medium fluxus et refluxus, quod etiam est principium

Wenn jemand mit seinem Einsichtsvermögen gründlich betrachtet, auf welche Weise Christus der Weg ist, durch den jedes Geschöpf in das Sein fließt, damit es das sei, was es ist, und wenn er betrachtet, daß Christus, der der Weg ist, auch die Zielgrenze der Schöpfung ist, da in ihm die Schöpfung ihr Ende findet und vollendet wird, und wenn er im Zusammenhang damit aufmerksam erwägt, wie Christus selber der Weg ist, durch

et finis. Tales pascua invenient semper pascentia.

den notwendigerweise jedes Geschöpf den Kreis des Rückflusses vollendet und zurückkehrt, indem es in die erste Ursache (wieder) eintritt, und wie Christus die Zielgrenze des Rückflusses ist, dann sieht er, daß Christus so das Mittel des Ausflusses und Rückflusses ist, daß er auch der Ursprung und das Ziel ist. Solche Menschen werden immer Weiden finden, die nähren.

7. Christus igitur si cognoscitur, omnia in ipso cognoscuntur. Christus si habetur, omnia in ipso habentur. Ad nos igitur spectat evangelizare Christum, ut cognoscatur, quia in eius nomine seu cognitione consistit salus et vita. Neque est aliud nomen aut cognitio salvans intellectualem naturam, quae vivit ex cognitione, nisi illa. Unde Christus est veritas illa, quae quaeritur ut cognoscatur per omnem intellectum. Quae cum habetur, habetur ultimum desideriorum. Et gaudium illud de apprehensa veritate est vita aeterna.

7. Wenn also Christus erkannt wird, wird alles "in ihm" erkannt. Wenn man Christus hat, hat man in ihm alles. Es ist also unsere Aufgabe, Christus zu verkünden, damit er erkannt wird, weil in seinem Namen, d.h. in seiner Erkenntnis, das Heil und das Leben bestehen. Es gibt keinen anderen Namen, keine andere Erkenntnis, die die einsichtbegabte Natur heilt, deren Leben Erkennen ist, als dieser. Christus ist also die Wahrheit, deren Erkenntnis durch jedes Einsichtsvermögen gesucht wird. Wenn man diese Wahrheit hat, hat man das letzte Ziel aller Sehnsucht. Und die Freude über die erlangte Wahrheit ist das ewige Leben.

8. Diceret aliquis ex simplicioribus: Quomodo debemus evangelizare Christum, ut cognoscatur, cum ipse dicat quod nemo cognoscit Filium nisi Pater et nemo cognoscit Patrem nisi Filius?

8. Es könnte jemand von den Einfältigeren sagen: Wie sollen wir Christus verkünden, wenn er selbst sagt, daß niemand den Sohn erkennt außer dem Vater und niemand den Vater außer dem Sohn?

Respondeo quod per ostium humanitatis debemus ipsum evangelizare, ut ad cognitionem eius nostros subditos perducamus. Quae cognitio est fides in nobis illa, quae sufficit nobis ad salutem. Nam Deus Pater etsi non potest cognosci nisi per Filium, nemo enim Patrem ut Patrem cognoscit nisi Filius et nemo cognoscit Filium ut Filium nisi Pater, tamen Pater et Filius cognoscuntur revelatione fidei. Si enim pervenerimus ut Christum Filium Dei habeamus per fidem, ipse nobis revelat Patrem. Ad hoc autem ostium habemus humanitatis, quia dum ea quae Christus homo gessit inspexerimus, reperiemus in homine virtutem divinam supra omnem hominem, ex quibus sibi credimus, in eo enim quod se dicebat Filium Dei esse et missum Patris. Testimonia enim efficacissima atque certissima produxit, ita

Ich antworte, daß wir ihn durch die Türe der Menschheit verkündigen müssen, damit wir die uns Anvertrauten (Untergebenen) dahin führen, ihn zu erkennen. Diese Erkenntnis ist jener Glaube in uns, der uns zum Heil genügt. Denn wenn auch der Vater nur durch den Sohn erkannt wird, denn niemand erkennt den Vater als Vater außer dem Sohn und niemand den Sohn als Sohn außer dem Vater (vgl. Mt 11,27), so werden Vater und Sohn dennoch durch Offenbarung des Glaubens erkannt. Wenn wir nämlich dazu gelangen, daß wir Christus, den Sohn Gottes, durch den Glauben haben, wird er uns den Vater offenbaren. Dazu haben wir die Türe der Menschheit, denn wenn wir

quod nemo in hoc haesitare potest, qui ratione utitur.

das anschauen, was Christus als Mensch getan hat, finden wir im Menschen eine göttliche Kraft, die über jeden Menschen hinausgeht, weswegen wir an ihn glauben, wenn er sagte, er sei Gottes Sohn und vom Vater gesandt. Er hat nämlich sehr wirksame und sichere Zeugnisse vorgewiesen, so daß hierin niemand zögern kann, der seine Vernunft gebraucht.

9. Dicimus igitur populo quomodo Christus venit natus de Virgine, quae miracula operatus, quae docuit, quae promisit, quomodo mortuus est, ut testimonium perhiberet veritati per ipsum. Praedicate quomodo resurrexit a mortuis, quomodo apparuit post resurrectionem et quomodo illi, quibus apparuit, receperunt Spiritum Sanctum, in quo confortati testimonium perhibuerunt resurrectioni usque ad mortem inclusive, et non solum illi, sed et alii infiniti. Ex illis enim ascendimus usque ad fidem, scilicet quod ille homo fuit etiam Filius Dei et quod ei ut Filio Dei oboediendum atque credendum sit.

9. Wir verkünden also dem Volk, wie Christus gekommen ist, geboren von der Jungfrau, welche Wunder er wirkte, was er lehrte, was er verheißen hat, wie er gestorben ist, um selbst Zeugnis für die Wahrheit abzulegen. Ihr sollt predigen, daß er von den Toten auferstand, wie er nach seiner Auferstehung erschien und wie die, denen er erschien, den Heiligen Geist empfingen, in dessen Kraft sie von der Auferstehung Zeugnis ablegten bis zu ihrem Tod einschließlich, und nicht nur sie, sondern auch unzählige andere. Von daher erheben wir uns zum Glauben nämlich daran, daß jener Mensch auch der Sohn Gottes war und daß man ihm als dem Sohn Gottes gehorchen und glauben muß.

Deinde convertimur ad evangelizationem, doctrinam et mandata ipsius Filii Dei, et quomodo aperuit Scripturas, quia ostendit se esse illum, de quo loquuntur Scripturae; et quomodo recipiendo ipsum per fidem formatam oboediendo doctrinae et praeceptis eius et respiciendo ad ipsum tamquam ad exemplar vitae nostrae, sperare debemus sibi conformari et beatitudinem secum possidere. Et ita est Christus evangelizandus ut praemittitur. Tunc, si creditur Filius Dei, ratio concludit sibi credendum et quod sicut docuit oboediendum et quod vita sua est forma omnium ad aeternam vitam tendentium.

Daraufhin wenden wir uns der Verkündigung zu, den Lehren und Geboten des Gottessohnes selbst: und wir verkünden, wie er die Schriften erschloß, wie er aufwies, daß er jener sei, über den die Schriften sprechen. Wir verkünden ferner, daß wir, wenn wir ihn in liebendem Glauben aufnehmen, seiner Lehre und seinen Weisungen gehorchen und uns an ihm als dem Vorbild unseres Lebens orientieren, hoffen sollen, ihm gleichgestaltet zu werden und mit ihm die Seligkeit zu besitzen. So muß Christus mithin verkündet werden, wie im Vorstehenden beschrieben. Dann, wenn er als der Sohn Gottes geglaubt wird, schließt die Vernunft, daß man ihm glauben und seiner Lehre gehorchen muß und daß sein Leben das (vorbildliche) Gestaltungsprinzip für alle darstellt, die nach dem ewigen Leben streben.

10. Diceres adhuc: Quomodo praedicabo populo Christum esse viam seu ostium ad paradisum seu regnum vitae aut deliciarum?

10. Du könntest noch fragen: Wie soll ich dem Volk verkündigen, daß Christus der Weg oder die Türe zum Paradies oder zum Reich des Lebens bzw. der Wonnen ist?

Dices: Christus est via seu ostium ad immortalitatem. Nam Christus fuit humilis, mitis, verax, iustus, misericors, oboediens et Patrem amans et eius praecepta servans usque ad mortem, et ita de singulis virtutibus. Ipse autem dicit se viam qui tales habuit altissimas et immortales virtutes. Quando igitur dicimus Christum viam ad immortalitatem, intellegere debemus quod qui viam virtutum tenet Christum imitatur et sequitur et secum intrat in regnum immortalitatis.

Sage: Christus ist der Weg oder die Türe zur Unsterblichkeit. Denn Christus war demütig, freundlich, wahrhaftig, gerecht, barmherzig, gehorsam, und er liebte den Vater und folgte seinen Weisungen bis in den Tod hinein. So ist es mit allen Tugenden. Er nennt sich selbst den Weg, den diese höchsten und unsterblichen Tugenden zierten. Wenn wir also Christus den Weg zur Unsterblichkeit nennen, müssen wir einsehen, daß derjenige, der den Weg der Tugenden einhält, Christus nachahmt und ihm folgt und mit ihm in das Reich der Unsterblichkeit eintritt.

Si igitur resolvis viam in iustitiam aut aliam virtutem, clare intellegis. Nam tantum est dicere Ego sum ostium seu via ac si diceret Ego sum iustitia seu veritas seu humilitas seu virtus ipsa, quae ducit ad pascua vitae, uti ait Propheta: Omnes viae tuae veritas, et alibi: Universae viae tuae misericordia et veritas. Et Apocalypsis XV: Iustae et verae sunt viae tuae. Illae sunt viae aeternae quia numquam deficientium. Unde qui habet veram iustitiam, habet viam, quae Christus est, ad salutem, et ita de omnibus virtutibus, quoniam Christus qui est via, est omnis virtus seu virtus vera, quae in se complicat omnes virtutes.

Wenn du unter dem Weg die Gerechtigkeit oder eine andere Tugend verstehst, hast du klar eingesehen, worum es geht. Denn der Ausdruck "Ich bin die Türe oder der Weg" bedeutet das Gleiche, als wenn er sagte: "Ich bin die Gerechtigkeit oder die Wahrheit oder die Demut oder die Tugend selbst, die zur Weide des ewigen Lebens führt", wie der Prophet sagt: "Alle deine Wege sind Wahrheit" (Tob 3,2), und anderswo: "Alle deine Wege sind Barmherzigkeit und Wahrheit." (Ps 24,10) Und Apokalypse 15 (3): "Gerecht und wahr sind deine Wege." Es sind dies ewige Wege, weil man auf ihnen niemals Mangel leidet. Wer daher wahre Gerechtigkeit hat, hat den Weg, der Christus ist, der zum Heil führt, und das Gleiche gilt von allen Tugenden. Denn Christus, der der Weg ist, ist jede Tugend oder die wahre Tugend, die in sich alle Tugenden einschließt.

11. Diceres: Est igitur omnis iustus in via quae Christus est?

11. Du könntest sagen: Ist also jeder Gerechte auf dem Weg, der Christus ist?

Dico: Omnis iustus, qui est vere iustus, est in via, quae Christus est. Iustitia autem vera non potest esse nisi apud fidelem christianum, qui solus habet iustitiam iustificantem. Christus enim qui creditur esse redemptor et iustificatio peccatorum, est ille, qui per gratiam fideles ipsum imitantes iustificat. Opera enim nostra non iustificant nos sine fide, sed Christus per gratiam illos iustificat, qui ipsum sequuntur.

Ich antworte: Jeder Gerechte, der in Wahrheit gerecht ist, ist auf dem Weg, der Christus ist. Wahre Gerechtigkeit kann sich aber nur bei dem gläubigen Christen finden, der allein die rechtfertigende Gerechtigkeit hat. Denn Christus, von dem der Glaube sagt, daß er der Erlöser und die Rechtfertigung der Sünder ist, ist es, der durch die Gnade die Gläubigen, die ihn nachahmen, gerecht macht. Unsere Werke rechtfertigen uns also nicht ohne den Glauben, sondern Christus rechtfertigt durch seine Gnade jene, die ihm folgen.

Unde non est virtus vera, quae sit via ad supremam beatitudinem, nisi illa, quae Christus est. Et ideo qui tenet Christum etsi videatur iustus et misericors, non tamen ex operibus suis iustificatur coram Deo, non est enim iustitia nisi una, quae est iustificans ad immortalem beatitudinem, et est forma, quae dat esse iusto. Iustitia enim Filii Dei dat esse omni iusto, ut sit etiam filius Dei seu immortalis vitae. In conspectu enim Dei non iustificatur omnis sine illa iustitia, quae Christus est, in qua Deus habet complacentiam.

Deshalb gibt es die wahre Tugend, die der Weg ist zur höchsten Seligkeit, nur in der, die Christus ist. Und daher wird derjenige, der an Christus hält, auch wenn er gerecht und barmherzig zu sein scheint, dennoch nicht aufgrund seiner Werke gerechtfertigt vor Gott. Es gibt nämlich nur eine einzige Gerechtigkeit, die rechtfertigt für das unsterbliche Glück und die das Gestaltungsprinzip ist, das dem Gerechten das Sein gibt. Die Gerechtigkeit des Sohnes Gottes nämlich gibt jedem Gerechten das Sein, damit er auch Sohn Gottes oder des ewigen Lebens sei. Vor dem Angesicht Gottes wird keiner ohne jene Gerechtigkeit gerechtfertigt, die Christus ist, an dem Gott sein Wohlgefallen hat.

12. Prosequamur consequenter textum Evangelii. Dicit enim: Ego sum pastor bonus. Qui dixit se ostium, ille dicit se pastorem. Pastor igitur per se ipsum ad pascua ducit oves suas. Ponderemus verba. Dicit enim ego sum. Ego proprie convenit Deo. Omnes enim rationales substantiae se nominant per ego, sed soli Deo propriissime convenit. Nam dicit meram substantiam ante omnem dependentiam sine accidente, genere vel specie. Unde non est extra Deum praecisa substantia, sed omnis talis potest esse substantialior. Solus Deus substantia substantialissima, quae non postest esse perfectior nec maior nec minor. Ideo soli Deo convenit ego.

12. Folgen wir jetzt weiter dem Text des Evangeliums. Er sagt nämlich: "Ich bin der gute Hirt" (Joh 10,11). Der sich die Türe nennt, nennt sich (auch) den Hirten. Der Hirt führt seine Schafe also durch sich selbst zur Weide. Wägen wir die Worte. Er sagt ja: "Ich bin". "Ich" kommt im eigentlichen Sinne (nur) Gott zu. Denn alle vernunftbegabten Substanzen nennen sich zwar "ich", aber im eigentlichsten Sinn kommt die Bezeichnung "ich" nur Gott zu. Denn "ich" bezeichnet die reine Substanz, die - aller Abhängigkeit voraus - weder Akzidenz noch Gattung noch Art kennt. Daher gibt es außer Gott keine vollkommene Substanz; vielmehr ist jede außergöttliche Substanz noch einer Steigerung ihrer Substantialität fähig. Gott allein ist die substantiellste Substanz, die nicht vollkommener sein kann, weder größer noch kleiner. Daher kommt nur Gott allein das "ich" zu.

Sic etiam verbum sum Deo convenit. Nulla enim creatura proprie dicere potest ego sum, quia principio, a quo omne id quod est habet ut sit, proprie convenit dicere ego sum. Deus est ipsum absolutum esse causa omnis esse. De istis duobus, scilicet ego et sum ait Deus per Prophetam: Singulariter sum ego, et Exodi III°: Sum qui sum, et qui est misit me.

In der gleichen Weise ist auch das Wort "bin" nur Gott angemessen. Denn keine Kreatur kann im eigentlichen Sinne sagen: "ich bin"; denn (nur) dem Prinzip, von dem jedes Seiende sein Sein hat, kommt es im eigentlichen Sinn zu, zu sagen: "ich bin". Gott ist das absolute Sein selbst, die Ursache alles Seins. Von beidem, nämlich von "ich" und "bin", sagt Gott durch den Propheten: "In einzigartiger Weise bin ich", und Exodus im dritten Kapitel: "Ich bin, der ich bin" und "Der, der ist, hat mich gesandt" (Ex 3,14).

Pastor proprie Deus, qui omnia pascit. Et similiter quod sit bonus, solus ille dicere potest qui est Deus. Nam nemo bonus nisi Deus, Lucae XIIII°. Simpliciter bonus per essentiam Deus est, per participationem creatura, sicut ignis simpliciter calidus, alia calida per participationem. Bonus pastor est Christus; pastor quidem quia caput ecclesiae, bonus vero quia Filius bonitatis sive Dei.

Der eigentliche Hirte ist Gott, der alle Dinge weidet. Ähnlich kann auch nur Gott von sich sagen, daß er gut ist. Denn "niemand ist gut außer Gott", Lukas, 14. Kap. (muß heißen: Kap. 18,19). Schlechthin gut kraft seiner Wesenheit ist (nur) Gott; das Geschöpf ist es (nur) durch Teilhabe, so wie das Feuer ursprünglich heiß ist; andere Dinge sind heiß (nur) durch Teilhabe. Der gute Hirt ist Christus; Hirt ist er als das Haupt der Kirche, gut ist er als der Sohn der Güte oder Gottes.

13. Attendamus nunc quid requiratur ad bonum pastorem. Dicit enim: Bonus pastor animam suam dat pro ovibus suis. Utique non potest esse pastor tantae bonitatis nisi Filius Dei. Nam ita bonus non est nisi ille unus, qui melior esse nequit.

13. Wenden wir nun unsere Aufmerksamkeit den Erfordernissen eines guten Hirten zu. Er sagt ja: "Der gute Hirt gibt sein Leben für seine Schafe" (Joh 10,11). Freilich kann nur der Sohn Gottes ein Hirt von so großer Güte sein. Denn von solcher Güte ist nur jener eine, dessen Güte nicht noch steigerungsfähig ist.

Notate: dicit quod animam suam dat pro ovibus. Se ipsum interimi sinit, ut pascat subditos. Mira bonitas pastoris dicentis: Vos subditi esuritis et egetis et deficitis penitus, nec est modus vos reficiendi, nisi me faciam cibum. Moriar igitur, ut pasci possitis.

Beachtet: Er sagt, daß er "seine Seele für die Schafe hingibt". Er läßt sich selbst töten, um die ihm Untergebenen zu weiden. O wunderbare Güte des Hirten, der sagt: Ihr, die ihr mir unterstellt seid, ihr leidet alle unter Durst und Mangel, und es gibt keine andere Möglichkeit, euch zu erquicken, als daß ich mich selbst euch zur Speise gebe! Also will ich sterben, damit ihr Nahrung findet.

Notemus, fratres, quomodo creditum gregem pascere tenemur non nostram sed eius vitam quaerendo. Quomodo sumus boni pastores qui non solum animam non damus pro ovibus, sed nullam etiam iniuriam propter eas pati volumus. Ne offendamus homines, negligimus gregem. Quis nostrum hodie pascit gregem verbo et exemplo, et quid patimur pro vita et pascentia eius? Nonne omnia operamur non ut oves sed nos ipsi potius vivamus? Nonne sumus mercenarii?

Beachten wir, Brüder, wie wir verpflichtet sind, die (uns) anvertraute Herde zu weiden, nämlich so, daß es uns nicht um unser Leben, sondern um das Leben der uns anvertrauten Herde geht. Wie können wir uns gute Hirten nennen, wenn wir nicht nur nicht unsere Seele für die Schafe hingeben, sondern auch keine Beschwernisse um der Herde willen ertragen wollen? Um bei Menschen keinen Anstoß zu erregen, vernachlässigen wir die Herde. Wer von uns weidet heute die Herde durch Wort und Beispiel? Und welche Beschwernis ertragen wir für das Leben und die Weide der Herde? Zielt all unser Wirken nicht auf die Förderung unseres eigenen Lebens ab statt auf die Förderung des Lebens der Schafe? Sind wir nicht Tagelöhner?

14. Dicit enim Christus: Mercenarius autem et qui non est pastor, cuius non sunt oves propriae, vidit lupum venientem et dimittit oves et fugit, et lupus rapit et dispergit oves. Mercenarius autem fugit quia mercenarius est et non spectat ad eum de ovibus. Hoc experimento manifeste constat quam pauci sunt hodie pastores et quam multi mercenarii, quia veniente adversario tamquam illi qui sua quaerunt paene omnes fugiunt. Sed si forent pastores, tunc haberent oves non ut alienas sed suas.

14. Christus sagt ja: "Der Tagelöhner aber, der nicht Hirt ist, dem die Schafe nicht gehören, sieht den Wolf kommen, läßt die Schafe im Stich und flieht, und der Wolf raubt und versprengt die Schafe. Der Tagelöhner flieht, weil er Tagelöhner ist und ihm an den Schafen nichts liegt." (Joh 10,12f) Durch die Erfahrung steht offensichtlich fest, wie wenige Hirten und wie viele Tagelöhner es heute gibt, da, wenn der Feind auftaucht, fast alle fliehen als solche, die auf ihren Vorteil bedacht sind. Wenn sie aber Hirten wären, würden sie die Schafe als ihr Eigentum, nicht als Fremde betrachten.

Minus fugit pastor ab ovibus quam pater a filiis aut mater ab infante uteri sui. Pastor enim plus affici debet christianis sibi commissis, ut eos servet, quam parens. Quantum studium adhibuit pastor ille noster, qui dixit quod non perdidit quemquam sibi commissum.

Ein Hirt flieht von seinen Schafen noch weniger als ein Vater von seinen Söhnen oder eine Mutter vom Kind ihres Schoßes. Dem Hirten müßte es noch mehr ein Anliegen sein, den ihm anvertrauten Christen zu dienen als Eltern ihren Kindern. Wieviel Mühe hat Christus, unser Hirte, aufgewandt, da er sagte, daß er keinen der ihm Anvertrauten verloren hat!

15. Adhuc, fratres, non solum plures qui nomen habent pastoris sunt mercenarii se habendo quasi ad eos non spectet de ovibus, sed sunt lupi rapaces. Non pascunt sed devorant. Rapiunt enim quaecumque habere possunt, etiam de quibus vivere debent subditi, et quantum in ipsis est illos privant vita quos pascere deberent. Dico etiam spiritualiter. Nam quos verbo et doctrina pascere deberent, mala sua vita et exemplo atque blanditiis et complacentiis interimunt. Quid est, fratres, horribilius quam quod plures complacendo absolvunt a gravibus delictis, non aggravando sed palpitando, sed excusando, parva aut nulla poenitentia iniuncta, ut favorem et lucrum reportent, utique mactant animas, ut devorent terrena.

15. Noch mehr, Brüder! Die meisten, die den Namen "Pastor" haben, sind nicht nur Tagelöhner, die sich zu den Schafen verhalten, als liege ihnen nichts an ihnen, sondern sie sind reißende Wölfe. Sie weiden nicht, sondern verschlingen. Sie rauben nämlich, was sie rauben können, auch von dem, wovon die ihnen Untergebenen leben müssen, und soweit ihnen möglich ist, berauben sie jene, die sie weiden sollten des Lebens. Ich meine dies auch im geistlichen Sinn. Denn sie töten durch ihr schlechtes Leben und Beispiel sowie durch Schmeicheleien und Gefälligkeiten diejenigen, die sie durch Wort und Lehre weiden sollten. Was, Brüder, ist schrecklicher als die Tatsache, daß die meisten aus Gefälligkeit von schweren Delikten absolvieren, wobei sie das Gewicht der Schuld nicht ernstnehmen, sondern den Sünder noch streicheln und entschuldigen und eine kleine oder keine Buße auferlegen, um dafür Gunst und Gewinn einzuheimsen? Ja, sie töten Seelen irdischen Gewinnes wegen.

16. Notemus, fratres, quae est proportio pastoris ad gregem: illa certe quae hominis ad ovem. Tanta debet esse discretio et sapientia in pastore quod ipse super subditos emineat quasi homo super pecudes. Quae vigilia, quae assiduitas, quae circumspectio requiratur, ut quis sit pastor bonus animarum, docet diligentia pastoris ovium, qui est custos, medicus et director.

16. Beachten wir, Brüder, das Verhältnis eines Hirten zu seiner Herde. Es entspricht dem zwischen einem Menschen und einem Schaf. Dem Hirten soll eine solch große Diskretion (Klugheit) und Weisheit eigen sein, daß er seine Untergebenen überragt wie ein Mensch das Vieh. Welche Wachsamkeit, welcher Eifer, welche Umsicht sind erforderlich, damit jemand ein guter Hirt der Seelen sei, der (sie) lehrt mit dem Eifer eines Schafhirten, der (zugleich) Wächter, Arzt und Führer ist!

Deinde, nonne qui substantialiter pascit Deus est, qui dat iumentis escam ipsorum. Sic et pastor animarum dirigit gregem, ut ad interiora deserti perveniat, ubi pascatur a verbo Dei. Transeo multa quae ex his quisque facile intellegere poterit.

Und weiter: Ist nicht Gott derjenige, der letztlich wirkliche Weide schenkt, jener Gott, der den Rindern ihre Nahrung gibt? So leitet auch der Hirt der Seelen die Herde, damit sie zum Innern der Wüste gelangt, wo sie sich vom Worte Gottes nährt. Viele Dinge übergehe ich, die jeder aus dem Gesagten leicht erkennen kann.

Docemur consequenter quis est pastor bonus. Sic enim ait Christus: Ego sum pastor bonus et cognosco oves meas et cognoscunt me meae. Sicut novit me pater, et ego agnosco Patrem. Utique non est nisi unus bonus pastor, qui est sapientia Dei Patris, ut non erret, et est homo, ut ex sua infirmitate iudicet quomodo infirmum hominem pascat.

Im folgenden werden wir belehrt, wer denn ein guter Hirte ist. Christus sagt nämlich: "Ich bin der gute Hirt, und ich kenne meine Schafe, und die Meinen kennen mich. So wie mich der Vater kennt und ich den Vater kenne." (Joh 10,14f) Es gibt in der Tat nur einen guten Hirten, der die Weisheit des Vaters ist, so daß er nicht irrt, und der Mensch ist, so daß er aufgrund seiner Schwachheit beurteilen kann, wie er den schwachen Menschen weiden muß.

Christus est pastor pastorum. Ipse est lex et lux pastorum. Ipse est via pascendi et vita, quae finis pascentiae, et est veritas permanens. In omnibus ipse primatum tenet.

Christus ist der Hirt der Hirten. Er ist das Gesetz und das Licht der Hirten. Er ist der Weg des Weidens und das Leben, welches das Ziel des Weidens darstellt, und er ist die bleibende Wahrheit. In allem nämlich hat er den Vorrang.

17. Sed sic fuit dominus et magister quod humilis omnium minister. Ita quidem minister quod etiam ultimum ministerium, scilicet pedes extremam hominis partem lavando perfecit. Non est pastor bonus nisi in cuius summa praesidentia coincidit summa humilitas et in summa eius iustitia misericordia et in summa eius clementia disciplina et correctio, et ita de reliquis, ut sit in ipso omnis virtus, quae est in coincidentia extremorum, et aequalitas essendi, ut omnes formam in ipso

17. Aber der Herr und Meister ist er in der Weise, daß er der demütige Diener aller ist. Und zwar Diener so, daß er den letzten Dienst verrichtet, indem er nämlich die Füße, den untersten Teil des Menschen, wäscht. Nur derjenige ist der gute Hirte, bei dem höchster Rang mit höchster Demut, höchste Gerechtigkeit mit Barmherzigkeit, höchste Milde mit Zucht und Zurechtweisung ineins fällt; und so läßt sich fortfahren, (um

habeant eius, qui se omnibus conformat, ut ad aequalitatem sui omnes attrahat.

klarzumachen): In ihm ist jede Tugend, welche ja im Ineinsfall der Gegensätze besteht, und die Gleichheit des Seins, so daß alle in ihm die Gestalt dessen haben, der sich allen gleichmacht, um alle in seine Gleichheit zu ziehen.

Attendamus quomodo primo et ante omnia Christus se dicit pastorem bonum et cognoscere oves suas. Solus ille pastor, qui est et dator vitae, cognoscit quibus paratum est regnum ab initio et qui sunt praedestinati, et illi ipsum ut pastorem cognoscunt, quia ut Filium Dei audiunt. Alii pastores non cognoscunt in veritate ut Christus sed in coniectura, et quanto magis studium adhibent, ut cognoscant, tanto christiformiores.

Beachten wir, wie Christus zuerst und vor allem sich den guten Hirten nennt und sagt, daß er seine Schafe kenne. Nur jener Hirt, der auch der Geber des Lebens ist, erkennt, für wen das Reich von Anfang an bereitet ist und wer die Vorherbestimmten sind, und jene erkennen ihn als Hirten, da sie ihn als den Sohn Gottes hören. Die anderen Hirten erkennen nicht in Wahrheit, sondern in Mutmaßung, und je mehr Eifer sie aufwenden, um zu erkennen, um so christusförmiger sind sie.

18. Cognitio igitur arguit pastorem bonum. Oportet medicum cognoscere illum qui subditus est curae suae. Oportet pastorem cognoscere oves, ut sciat quomodo pasci debeant. Non cognitione vaga publica et coniecturali sed vera et secreta, sic scilicet cognoscere sicut pater filium. Et haec cognitio subinfert cognitionem ovium scilicet qui tenentur cognoscere pastorem ut filii patrem.

18. Erkenntnis erweist also den guten Hirten. Es ist notwendig, daß ein Arzt denjenigen kennt, der seiner Sorge anvertraut ist. Ein Hirt muß seine Schafe kennen, um zu wissen, wie sie geweidet werden sollen. Nicht eine flüchtige, äußerliche, mutmaßliche Kenntnis, sondern eine wahre Kenntnis, die auch das Verborgene erfaßt, wie die Kenntnis, die der Vater vom Sohn hat (ist nötig). Eine solche Kenntnis bringt mit sich, daß die Schafe dazu gebracht werden, den Hirten zu kennen wie Kinder den Vater.

In cognitione pastorali est coincidentia consideranda. Sicut enim in ordine illo divini principatus, quae hierarchia dicitur, coincidit in descensu principatus ascensus subiectionis, nam haec coincidentia est medium conexionis, in quo subsistet, etiam sic in cognitione. Nam hoc est cognoscere oves in pastore ut pastore quod est cognoscere pastorem in subditis ut subditis. Si cognoscit pastor pascendos paterne, cognoscunt pascendi pastorem filialiter.

Bei der Kenntnis, die der Hirt haben soll, ist die Koinzidenz zu bedenken. So wie in jener Ordnung göttlicher Herrschaft, die Hierarchie genannt wird, der Abstieg der Herrschaft und der Aufstieg der Unterordnung ineinsfallen, denn diese Koinzidenz ist das Mittel der Verbindung, in dem sie besteht, so (ist es) auch mit der Erkenntnis (des Hirten und der Schafe). Denn dem Erkennen der Schafe im Hirten als Hirten entspricht das Erkennen des Hirten in den Untergebenen als Untergebenen. Wenn der Hirt die zu Weidenden auf väterliche Weise erkennt, erkennen die zu Weidenden den Hirten auf die Art, in der Kinder ihren Vater kennen.

19. Quis est pater, qui est adeo negligens quod non cognoscit filios, et quis filius adeo negligens quod non cognoscit patrem suum, illum scilicet qui se sibi ut patrem ostendit.

19. Wer ist der Vater, der derart nachlässig ist, daß er seine Kinder nicht kennt? Und welcher Sohn ist so nachlässig, daß er seinen Vater nicht kennt? Jenen nämlich, der sich ihm als Vater erweist?

Quanta debet esse amicitia inter pastorem et subditos, ex hoc docemur. Nam prima amicitia est patris ad filium, quae tenet principatum amicitiarum. Nulla autem talis est, si non praecedit cognitio, scilicet quod se cognoscant. Cognitio igitur, quae initio praecedit amicitiam, quae esse debet prima et maxima, debet esse ut patris et filii cognitio. Pastor igitur pater subditi filii, et esse debent subditi ut unus filius, quia faciunt ex unitate unum corpus mysticum pastoris. Quemlibet enim ex subditis ut unicum debet habere filium.

Dadurch werden wir belehrt, wie groß die Freundschaft zwischen dem Hirten und seinen Untergebenen sein soll. Denn die erste Freundschaft ist die zwischen Vater und Sohn: sie nimmt den ersten Rang unter den Freundschaften ein. Keine solche Freundschaft kann aber bestehen, wenn nicht die Erkenntnis vorausgeht, nämlich ihre gegenseitige Erkenntnis. Also muß eine Erkenntnis, die einer Freundschaft am Anfang vorausgegangen ist, die die erste und größte Freundschaft sein soll, wie die Erkenntnis von Vater und Sohn sein. Der Hirt muß also ein Vater des ihm untergebenen Sohnes sein, und die Untergebenen müssen wie ein einziger Sohn sein, da sie aus der Einheit heraus den einen mystischen Leib des Hirten bilden. Der Hirt soll nämlich jeden beliebigen aus seinen Untergebenen wie seinen einzigen Sohn behandeln.

Et quo modo debet esse pastor pater? Certe ut Deus pater est, qui sic est pater quod nulla paternitas potest esse ei aequalis, quia omnis paternitas alia minor est illa. Nam de se et sua essentia sic generat filium, quod ei totam tribuit essentiam, nihil sibi reservando, quod non tribuat filio. Sic et Filius Dei est ita filius, quod nullus filius potest ei esse aequalis. Est enim omnis filius minus filius sui patris quam Filius Dei. Pastor vero sic debet esse pater sicut pater caelestis et subditus sic subditus sicut Filius Dei Deo.

Und auf welche Weise soll der Hirt Vater sein? Sicher so, wie Gott Vater ist, der in der Weise Vater ist, daß keine Vaterschaft ihm gleich sein kann, da ja jede andere Vaterschaft der seinen nachsteht. Denn aus sich und seiner Wesenheit erzeugt er so den Sohn, daß er ihm die ganze Wesenheit zuteilt und nichts für sich zurückbehält, das er dem Sohn nicht zukommen ließe. So ist auch der Sohn Gottes auf eine Weise Sohn, daß kein Sohn ihm gleich sein kann. Denn jeder (andere) Sohn ist weniger Sohn seines Vaters als der Sohn Gottes. Der Hirt soll wahrhaft so Vater sein wie der himmlische Vater und so untergeben sein, wie es der Sohn Gottes Gott gegenüber ist.

20. Dixit autem Magister, quo modo cognitionis Patris et Filii est cognitio pastoris et ovium similitudo. Nam Deus Pater cognoscendo generat Filium. Sic pastor de supremitate, quae est fides, debet generare filium. Sicut enim una est fides baptizantis et baptizati, sic in spiritu pastoris debet esse fides, in qua Christus, quae debet generare filios spiritales aequales scilicet gene-

20. Der Meister hat uns gelehrt, wie die (gegenseitige) Erkenntnis des Hirten und der Schafe ein Gleichnis der (gegenseitigen) Kenntnis von Vater und Sohn ist. Denn Gott der Vater zeugt durch Erkennen den Sohn. So soll der Hirt durch die Kraft von oben, die der Glaube ist, den Sohn zeugen. So wie nämlich der Glaube des Taufenden und

rando de fide sua fidem in spiritu subditi, ut formetur in fideli Christus.

der des Getauften ein einziger ist, so soll im Geist des Hirten der Glaube sein, in dem Christus ist, und dieser Glaube soll gleichartige geistliche Söhne zeugen, indem er aus dem Glauben des Hirten den Glauben im Geist des Untergebenen erzeugt, so daß Christus im Gläubigen Gestalt annimmt.

Ecce pastor bonus habet in se per fidem pastorem bonum scilicet Christum, et generat in subdito per fidem pastorem scilicet Christum. Pastor quando via agnitionis generat Christum in subdito, facit quod subditus in se habet pastorem, qui ipsum regit et pascit. Subditus enim semper secum habet pastorem, ad quem si respicit, non deviat sed semper ad pascua eius medio pervenit.

Sieh, der gute Hirt hat in sich durch den Glauben den guten Hirten, nämlich Christus, und zeugt durch den Glauben in dem ihm Anvertrauten den Hirten, nämlich Christus. Wenn der Hirt in dem ihm Unterstellten auf dem Weg der gläubigen Erkenntnis Christus zeugt, bewirkt er, daß der ihm Unterstellte in sich selbst den Hirten hat, der ihn leitet und weidet. Der (dem Hirten) Unterstellte hat nämlich immer den Hirten bei sich, und wenn er auf ihn achtet, weicht er nicht vom rechten Wege ab, sondern gelangt mit seiner Hilfe immer zur Weide.

Non debet cessare pastor a generando temporaliter, sed semper generare verbo doctrinae Christum, quousque formetur aeternaliter in resurrectione. Quamdiu enim vivimus, non est cessandum. Sicut enim Pater Deus in aeternitate semper generat Filium et non cessat esse pater generans Filium, sic pastor in hoc mundo in tempore cessare non debet.

Der Hirt darf nicht zeitweise aufhören zu zeugen, sondern muß durch das Wort der Lehre immerzu Christus zeugen, bis Christus bei der Auferstehung ewige Gestalt annimmt. Solange wir leben, darf man also (damit) nicht aufhören. So wie Gott Vater in der Ewigkeit immer den Sohn zeugt und nicht aufhört, der den Sohn zeugende Vater zu sein, so darf auch der Hirt in dieser Welt in der Zeit nicht aufhören (in diesem Sinn zu zeugen).

21. Attente considera quomodo Christus est omnia in omnibus: in pastore est ut pastor, in subdito ut subditus et oboediens. In pastore Christus est verbum Dei docens praeesse, in subdito verbum Dei docens parere et subici; in divite docens humilitatem et misericordiam, in infirmo patientiam, in iudice iustitiam, et ita de omnibus. Nam quidquid virtutis est, docet hoc verbum. Et pro exemplo doctrinae producit humanitatem suam, ut homo in ipsam respiciat et sic verbo et exemplo pascatur.

21. Betrachte aufmerksam, wie Christus alles in allem ist: im Hirten ist er als Hirt, im Untergebenen ist er als Untergebener und gehorsam. Im Hirten ist Christus als das Wort Gottes, welches zu leiten lehrt, im Untergebenen als das Wort Gottes, das zu gehorchen und zu dienen lehrt. Im Reichen lehrt Christus Demut und Barmherzigkeit, im Schwachen prägt er Geduld ein, im Richter Gerechtigkeit; und so kann man alles durchgehen. Denn was immer es an Tugenden gibt, dies Wort (Gottes) lehrt es. Und als anschauliches Beispiel seiner Lehre stellt er uns seine Menschheit vor Augen, damit sich der Mensch an ihr orientiere und so durch Wort und Beispiel Weide finde.

Consequenter consideremus quae ad pastorem requirantur. Primo, ut dictum est, cognitio, deinde facere, ut sequitur. Ait enim Christus: Et animam meam ponam pro ovibus meis. Intellego animam iuxta officium vivificationis, uti animal vivum ab anima dicitur. Dicit pro ovibus meis. Nam hoc est primo necessarium, ut oves sint Christi pastoris, alias inutiliter poneret pro eis animam. Ideo sequitur: Et alias oves habeo, quae non sunt ex hoc ovili, et illas oportet me adducere, et vocem meam audient, et fiet unum ovile et unus pastor. Pastor auget gregem et alias oves habet electas mundum adductas, quas adducet, et tunc adducuntur quando audiunt vocem pastoris. Sequuntur enim vocem si audiunt internaliter, et tunc ex omnibus fiet unum ovile et unus pastor.

Laßt uns im folgenden betrachten, welche Anforderungen an den Hirten zu stellen sind. Zuerst, wie gesagt, wird von ihm Erkenntnis verlangt, sodann ein Tun, das im folgenden beschrieben wird. Denn Christus sagt: "Und ich gebe meine Seele hin für meine Schafe". (Joh 10,15b) Ich verstehe "Seele" von der Funktion des Lebendigmachens her so, wie ein Lebewesen von der Seele her lebendig genannt wird. Er sagt: "für m e i n e Schafe"; denn dies ist vorrangig notwendig, daß die Schafe Eigentum des Hirten Christus sind, sonst würde er nutzlos sein Leben für sie hingeben. Ebenso folgt: "Ich habe noch andere Schafe, die nicht aus diesem Hofe sind, auch diese muß ich herbeiführen, und sie werden meine Stimme hören, und es wird ein Hof und ein Hirt werden." (Joh 10,16) Der Hirt vermehrt die Herde und er hat noch andere erwählte Schafe, die noch nicht herbeigeführt sind. Diese führt er herbei, und zwar werden sie dann herbeigeführt, wenn sie die Stimme des Hirten hören. Sie folgen nämlich der Stimme, wenn sie innerlich hören, und dann wird aus allen eine Herde und ein Hirt werden.

22. Deinde sequitur: Propterea me Pater diligit, quia pono animam meam pro ovibus meis, ut iterum sumam eam. Quid hoc est aliud nisi quod nemo diligitur a Deo Patre qui est pastor, nisi sit verus et bonus pastor. Deus non diligit mendacium et malitiam, quia ipsa bonitas. Sed verus pastor et bonus extra ipsum pascere non habet vitam, sicut nec visus extra videre et intellectus extra intellegere.

22. Dann folgt: "Deshalb liebt mich mein Vater, weil ich mein Leben für meine Schafe hingebe, um es wiederum zu nehmen." (Joh 10,17) Was bedeutet das anderes, als daß niemand von Gott, dem Vater, der der Hirt ist, geliebt wird, wenn er nicht ein wahrer und guter Hirt ist? Gott liebt nicht die Sünde und die Bosheit, da er die Güte selbst ist. Der wahre und gute Hirt kann aber ohne die Tätigkeit des Weidens kein Leben haben, wie es kein Sehvermögen außerhalb des Sehens gibt und keine Einsicht außerhalb des Einsehens.

Unde pascentia est forma divina dans pastori vitale et delectabile esse. Ideo nihil est ei carius illa forma, immo omnem vitam sensibilem animalem sive animam atque omne esse et quidquid dici potest pro nihilo habet, ut maneat pastor bonus.

Daher ist das Weiden die göttliche Form, die dem Hirten das Sein gibt, das sein Leben und Glück ausmacht. Daher ist dem Hirten nichts teurer als jenes göttliche Prinzip, und er erachtet alles sinnenhafte, animalische Leben, also die Seele und alles Sein und was immer man nennen kann, für nichts, um ein guter Hirt zu bleiben.

Sed attendamus, quare superius dixit primo: Bonus pastor animam suam ponit pro ovibus suis, deinde subsumit: Ego sum pastor bonus etc. et animam meam pono pro ovibus, nunc 3° addicit: Pater me diligit quia pono animam meam pro ovibus meis, ut iterum sumam eam. Nemo eam tollit a me, sed ego pono eam a me ipso. Potestatem habeo ponendi eam, et potestatem habeo iterum sumendi eam. Hoc mandatum accepi a Patre meo. Ille est admirandus pastor, a quo nemo potest animam tollere, et tamen quia est verissimus et optimus pastor, ponit animam suam, ut iterum sumat eam. Et haec potestas in eo est mandatum Patris.

Aber beachten wir, weshalb Christus vorher zuerst gesagt hat: "Der gute Hirt gibt sein Leben für seine Schafe" und daran anfügt: "Ich bin der gute Hirt" etc. "und ich gebe mein Leben für die Schafe". Und dann sagt er zum dritten Mal: "Der Vater liebt mich, weil ich mein Leben für meine Schafe hingebe, um es wieder zu nehmen. Niemand nimmt es mir, sondern ich gebe es aus mir selbst hin. Ich habe die Macht, es hinzugeben, und ich habe die Macht, es wieder zu nehmen. Dieses Gebot habe ich von meinem Vater empfangen." (Joh 10,17f) Jener ist der bewunderungswürdige Hirt, dem niemand das Leben nehmen kann. Und da er der wahrste und beste Hirte ist, gibt er sein Leben hin, um es wiederum zu nehmen. Und diese Macht in ihm ist das Gebot des Vaters.

23. Quod nota, quoniam impossibile non praecipitur a Deo. Ideo praeceptum eius dat etiam potestatem parendi, puta si praeciperet homini, ut volaret, daret eo ipso potestatem, per quam posset.

23. Merke dies wohl! Gott verlangt ja nichts Unmögliches. Daher gibt Gottes Gebot auch die Macht, es auszuführen. Wenn Gott dem Menschen befehlen würde zu fliegen, würde er ihm auch die Fähigkeit geben zu fliegen.

Similiter quia dat potestatem quod possumus esse filii Dei recipiendo in nos Christum, qui est forma filiationis, ideo etiam mandat ut faciamus. Nam eo ipso quod dat potestatem, etiam praecipit et mandat. Sicut enim frustra praeciperet, nisi adderet potestatem adimplendi, sic frustra daret potestatem, nisi etiam mandaret illam adimpleri. Deus nihil agit frustra. Ideo Pater diligit Christum, quia ponit animam suam, ut iterum sumat eam.

Da er uns in ähnlicher Weise die Fähigkeit gibt, Söhne Gottes zu sein, indem wir Christus in uns empfangen, der die Form der Sohnschaft ist, gebietet er uns auch, daß wir wirklich Söhne Gottes werden. Denn eben dadurch, daß er die Fähigkeit verleiht, lehrt und befiehlt er auch. So wie er nämlich vergeblich gebieten würde, wenn er nicht die Fähigkeit zur Ausführung mitverleihen würde, so würde er auch vergeblich die Fähigkeit verleihen, wenn er nicht ihre Anwendung befehlen würde. Gott tut nichts vergeblich. Und so liebt der Vater Christus, weil er sein Leben hingibt, um es wieder zu nehmen.

Exponit Johannes in canonica sua primae Johannis III° quomodo ponere animam suam intellegit dicens: In hoc cognovimus caritatem Dei, quoniam ipse pro nobis animam suam posuit. Pastoris ut pastoris bonitas est plus diligere gregem quam se; ideo ponere animam suam, hoc est omne quod habet pro ovibus, est praeferre gregem animae.

Johannes erklärt im 3. Kapitel des kanonischen 1. Johannesbriefes, was er unter "sein Leben hingeben" versteht: "Daran haben wir die Liebe Gottes erkannt, daß er selbst für uns sein Leben hingab." (1 Joh 3,16) Die Güte des Hirten als Hirten bedeutet, die Herde mehr als sich selbst zu lieben. Ebenso bedeutet "seine Seele hingeben", d.h. alles, was man hat, hingeben für die Schafe: die Herde der eigenen Seele vorziehen.

24. Unde si pastor non facit ultimum, scilicet quod det animam pro liberatione gregis, etiam si subditi essent in vinculis Luciferi in inferno, non est pastor bonus.

24. Wenn deshalb der Hirt nicht das Letzte tut, nämlich sein Leben hinzugeben für die Befreiung der Herde, selbst wenn die ihm Unterstellten in den Fesseln Luzifers in der Hölle wären, ist er kein guter Hirt.

Christus descendit ad infernum, ut gregem suum de vinculis eius liberaret, ut nuper aliqui vestrum a me audiverunt. Sic Moyses pastor dicebat: Dimitte eis hanc noxam, aut dele me de libro in quo me scripsisti. Et David ad angelum dicebat, ut ovibus innocentibus parceret et in ipsum gladium verteret, quia peccasset. Paulus pastor optabat Anathema esse pro fratribus, sicut Christus factus est Anathema sive maledictum pro nobis, quia maledictus omnis qui pendet in cruce, ut nos a maledicto redimeret.

Christus ist hinabgestiegen zu der Hölle, um seine Herde aus ihren Fesseln zu befreien, wie einige von euch neulich von mir hörten. So sprach der Hirt Mose: "Verzeih ihnen dieses Versehen, oder tilge mich aus dem Buch, in das du mich eingeschrieben hast." (Ex 32,31) Und David bat den Engel, die unschuldigen Schafe zu schonen und das Schwert gegen ihn (David) selbst zu wenden, weil er gesündigt hatte. (Vgl. 2 Sam 24,17) Der Hirt Paulus wünschte, an seiner Brüder Statt verflucht zu sein, wie auch Christus um unsertwillen verflucht war (vgl. Röm 9,3), da ja "jeder verflucht ist, der am Holz hängt", um uns von dem Verfluchten zu erretten [loszukaufen]. (Vgl. Gal 3,13)

25. Et nota quod pastor bonus debet pascere sicut agnus paschalis, qui dat animam suam, ut vivant filii Israel. Sic Christus verus agnus dedit animam suam seu vitam, ut nos vivamus. Sed agnus per sensibilem mortem transit in rationalem quando convertitur in homine in naturam aliti. Non sic ponit Christus animam, quam nominavit spiritum dum obiret et diceret: In manus tuas commendo spiritum meum, ut sumat aliam meliorem animam seu meliorem spiritum, sed ut iterum sumat illam, quia ponit animam seu spiritum vitae, ut pascantur animae vita spiritus sui, non ut transeat in naturam aliti, sed sumat iterum animam seu vitam in quam transivit qui recepit.

25. Beachte auch, daß der gute Hirt weiden muß wie das Osterlamm, das sein Leben hingibt, damit die Söhne Israels leben. So gab Christus, das wahre Lamm, seine Seele, d.h. sein Leben, damit wir leben können. Aber ein Lamm geht durch den sinnenhaften in den vernunfthaften Tod über, wenn es im Menschen in die Natur dessen verwandelt wird, der genährt wird. Christus gibt nicht so seine Seele, die er Geist nannte, als er bei seinem Hinscheiden betete: "In deine Hände befehle ich meinen Geist" (Lk 23,46a), daß er (dafür) eine andere, bessere Seele oder einen besseren Geist empfing, sondern um jene wiederzunehmen. Er gibt ja seine Seele, d.h. seinen Lebensgeist hin, damit die Seelen genährt werden durch das Leben seines Geistes, nicht um in die Natur dessen überzugehen, der gespeist wird, sondern um die Seele oder das Leben wieder zu nehmen, in das der, der es empfangen hat, übergegangen ist.

Sicut cum sol splendorem mittit in aerem, non ut convertatur in tenebram aeris sed ut ad se convertat tenebram, ut sic sumat iterum in se cum lucro et fructu emissum splendorem, sic facit pastor illuminans subditor ponendo fidem,

So wie die Sonne ihren Lichtglanz in die Luft aussendet, nicht damit dieser in die Finsternis der Luft verwandelt wird, sondern damit er die Finsternis in seine Helle verwandelt, um den ausgesandten Glanz mit Gewinn und Frucht wieder zu

quae est vita iusti, iustus enim ex fide vivit, in cordibus subditorum, ut sint credentes in ipso unum, et coincidit in ponere iteratio sumptionis. Et sic bonus pastor qui Christum induit ponit spiritum vitae seu animam continue, ut iterum sumat, ut cum lucro sumat eam. Et illum Pater ideo diligit, quia pascit oves suas.

empfangen, so wirkt der Hirt, der die ihm Anvertrauten erleuchtet, indem er den Glauben gibt, der das Leben des Gerechten ist - "der Gerechte lebt ja aus dem Glauben" (vgl. Röm 1,17) - in den Herzen der ihm Anvertrauten, und die Wiederholung des Nehmens (der Früchte des Glaubens) und des Gebens (des Glaubens) fallen ineins. Und so gibt der gute Hirt, der Christus angezogen hat, fortwährend den Lebensgeist, d.h. die Seele, um sie wieder zu empfangen, und zwar mit Gewinn. Und deshalb liebt ihn der Vater, weil er seine Schafe weidet.

26. Hunc spiritum vitae, qui est spiritus Christi seu sapientiae et veritatis, quod idem est, quem in se habet pastor, nemo potest artare, quia est spiritus libertatis, seu violenter tollere ab eo, sed ipse potest per verbum a se ipso ponere seu emittere, discipulos suos instruendo vitaliter, et iterum sumere ad vivificandum se ipsum. Qui enim alios docet per verbum Dei, potest et se ipsum per idem denuo sumptum verbum instruere.

26. Diesen Geist des Lebens, der identisch ist mit dem Geist Christi oder der Weisheit und der Wahrheit, den der Hirt in sich hat, kann niemand einengen, da er der Geist der Freiheit ist, oder gewaltsam nehmen. Aber der Hirt kann durch das Wort aus sich selbst diesen Lebensgeist geben oder aussenden, indem er seine Schüler lebendig unterweist, und er kann diesen Lebensgeist auch wiederum nehmen als Förderung seines eigenen (Glaubens-)Lebens. Denn wer andere durch das Wort Gottes lehrt, kann auch sich selbst belehren, indem er das (in der Predigt ausgesandte) Wort wieder empfängt.

27. Attendamus, fratres, quo modo praeceptum pastoris boni descripti etiam in Veteri Testamento qui promissus est non potuit verificari nisi in uno pastore, qui est Christus. Nam quis est pastor ita bonus, quod se det in mortem pro ovibus, nisi ille solum qui non potest esse melior, et hic est Christus.

27. Beachten wir, Brüder, wie das Gebot des Guten Hirten, der auch im Alten Testament beschrieben und verheißen ist, nur in dem einen guten Hirten, der Christus ist, verwirklicht worden ist. Denn wer ist ein so guter Hirt, daß er sich für seine Schafe in den Tod hingibt, als der allein, der an Güte von keinem übertroffen wird, und das ist Christus.

Errant itaque illi qui non putant Scripturas de Christo loqui nisi ubi de rege Messia redemptore mentio habetur. Immo et omnis Scriptura, quae visitatorem et pastorem et redemptorem et illuminatorem et vivificatorem atque salvatorem promittit, de Christo loquitur.

Daher irren jene, die glauben, daß die (heiligen) Schriften nur an den Stellen von Christus reden, wo der König, Messias, Erlöser erwähnt wird. Vielmehr spricht jede Schrift, die einen verheißt, der uns aufsuchen wird, und einen Hirten und Erlöser und Erleuchter und Lebendigmacher und Heilsbringer, von Christus.

Christus enim est ille promissus pastor, qui cognoscit illos qui sunt sui, et illi audiunt Christum ut Filium Dei, et illis dat vitam aeternam, et non peribunt in aeternum, ut sequitur in eodem capitulo. Nam

Denn Christus ist jener verheißene Hirt, der die Seinen kennt, und diese hören auf Christus als auf den Sohn Gottes; und er gibt ihnen ewiges Leben, und sie werden in Ewigkeit nicht zugrunde ge-

nulla est potentia, quae possit rapere de manu illius pastoris gregem, quia quod Pater dedit Christo, maius est omnibus. Si Pater dedit spientiam aliquibus, sapientia quam dedit Christo maior est omnibus, quia non potest esse maior. Si virtutem dedit, maior est virtus quam dedit Christo; si potestatem, major illa quam dedit Christo.

hen, wie sich aus dem gleichen Kapitel ergibt. Denn es gibt keine Macht, die die Herde der Hand jenes Hirten entreißen könnte; denn was der Vater Christus gab, ist größer als alles. Wenn der Vater irgendwelchen Wesen Weisheit verlieh, die Weisheit, die er Christus gab, ist größer als alles, da sie nicht größer sein kann. Wenn der Vater Tugend gab, die Tugend, die er Christus gab, ist größer. Wenn er Macht verlieh, jene Macht, die er Christus gab, ist größer.

Nam esse Filium Dei est maius omnibus; per quem Pater se revelat. Filius est revelatio Patris. Ideo dicitur imago et figura substantiae eius, quia per ipsum accedit omnis intellectualis natura ad invisibilem Deum, quia est notitia sive via sive sapientia sive veritas et cetera huiusmodi quae revelant Deum Patrem. Ipse est medium, per quod Pater creator omnia operatur, quia omnia operatur propter se ipsum, ut ostendatur gloria eius et cognoscatur. Ideo Filius est verbum, per quod se ostendit Pater creando et operando. Unde Christus se dicit Filium, quia Pater per ipsum opera facit, quae opera cum sint creatoris et fiunt per ipsum, ideo concludit ipse se esse legatum et Filium Dei.

Denn Sohn Gottes zu sein, ist größer als alles; durch ihn offenbart sich der Vater. Der Sohn ist die Offenbarung des Vaters; daher heißt er Bild und Gestalt seiner Wesenheit, denn durch ihn hat jede zur Einsicht fähige Natur Zugang zum unsichtbaren Gott, da er die Erkenntnis oder der Weg oder die Weisheit oder die Wahrheit ist und alles sonstige dieser Art, das Gott, den Vater offenbart. Er ist das Mittel, durch das der Vater, der Schöpfer, alles wirkt. Denn alles wirkt er um seiner selbst willen, daß seine Herrlichkeit gezeigt und erkannt werde. Ebenso ist der Sohn das Wort, durch das sich der Vater in seinem Erschaffen und Wirken zeigt. Daher nennt sich Christus den Sohn, da der Vater durch ihn die Werke tut. Daraus, daß diese Werke Werke des Schöpfers sind und durch ihn geschehen, folgert Christus, daß er der Gesandte und Sohn Gottes ist.

28. Unde ex hoc intellege quomodo tibi formabis conceptum de Christo, quoniam ille est Christus, cui Pater id dedit quod est maius omnibus. Notitia enim Dei est maius omnibus, et ideo quamdiu exspectabatur maius donum quam aliquis habuit, quia nemo habuit donum quo non possit dari maius, tamdiu exspectabatur Christus, ut donum Dei veniret ad ultimam perfectionem. Et hoc est donum sublationis ignorantiae Dei, ut ait Paulus Actuum XVII.

28. Erkenne aus dem Gesagten, wie du dir ein Bild von Christus formen kannst. Christus ist ja jener, dem der Vater das gab, was größer als alles ist. Die Erkenntnis Gottes ist größer als alles. Daher gilt: Solange eine größere Gabe als die im Besitz irgend eines Menschen befindliche erwartet wurde - denn niemand hatte eine Gabe, die so groß war, daß es keine größere hätte geben können -, solange wurde Christus erwartet, damit die Gabe Gottes zur höchsten Vollendung gelange. Und dies ist die Gabe der Aufhebung der Unkenntnis Gottes, wie Paulus im 17. Kapitel der Apostelgeschichte (17,30) sagt.

Considera haec attente, scilicet Christum esse notitiam sive scientiam aut cognitionem Dei, et intellegere poteris evangelium Johannis et Paulum et alios. Et tunc etiam intelleges quomodo Christus dicit: Ego et Pater unum sumus, quia scientia et scitum sunt unum et scientia in scito et scitum in scientia. A scito et scientia procedit scire quod similiter est unum. Scitum, scientia et scire unum sunt in essentia, licet scitum non sit scientia nec scire. Coincidunt autem in essentia, quia non est aliud scitum a scientia et a scire in intellectualibus.

Betrachte dies aufmerksam, nämlich daß Christus die Kenntnis, d.h. das Wissen oder die Erkenntnis Gottes ist, und du wirst das Evangelium des Johannes und Paulus und die anderen verstehen. Und dann wirst du auch verstehen, wieso Christus sagt: "Ich und der Vater sind eins." (Joh 10,30) Denn das Erkennen und das Erkannte sind eins und ebenso das Erkennen im Erkannten und das Erkannte im Erkennen. Aus dem Erkannten und der Erkenntnis geht das Erkennen hervor, das in gleicher Weise eins ist. Das Erkannte, die Erkenntnis und das Erkennen sind im Wesen eines, obgleich das Erkannte nicht Erkenntnis ist noch auch Erkennen. Die Drei fallen aber dem Wesen nach ineins, weil in den mit Einsicht Begabten sich das Erkannte von der Erkenntnis und vom Erkennen nicht unterscheidet.

29. Dubitaret forte aliquis, quomodo intellegatur quod pastor se det etiam ad mortem et poenas inferni pro grege suo, cum nemo teneatur dare animam suam rationalem in mortem pro vita alterius.

29. Es könnte einer vielleicht zweifelnd fragen: Wie ist es zu verstehen, daß der Hirt sich für seine Herde auch in den Tod und in die Strafen der Hölle hingeben soll, während doch niemand verpflichtet ist, sein vernunftbegabtes Leben um des Lebens eines anderen willen in den Tod hinzugeben?

Dico sic hoc intelligendum quod pastor non debet ad se respicere dummodo qualitercumque in pascendo ea faciat quae Deus praecipit pastori bono, etiam si propterea conciperet se in inferno damnandum. Nam si quis tantae caritatis esset, ille utique non esset damnatus in inferno.

Ich sage, daß dies folgendermaßen zu verstehen ist: Der Hirt soll nicht auf sich selbst Rücksicht nehmen, solange er nur bei seiner Tätigkeit des Weidens - auf welche Weise auch immer - das tut, was Gott dem guten Hirten gebietet, auch wenn er deshalb den Eindruck gewänne, in der Hölle verdammt zu sein. Denn wer eine solche Liebe hätte, wäre gewiß kein Verdammter in der Hölle.

Iustus enim in inferno non habet poenam iniustorum. Quare pastor quanto fuerit maioris caritatis et paratior magis pati pro grege, tanto maiorem gloriam assequetur. Si igitur se non curat vivere, dummodo subditi vivant, qui sunt corpus eius mysticum, tunc quanto hoc fuerit verius, tanto melius vivet, quia non solum ipse vivet in subditis, sed ipsi vivent in eo qui suam vitam obtulit pro eis.

Der Gerechte erleidet nämlich in der Hölle nicht die Strafe der Ungerechten. Deshalb wird der Hirt, je mehr Liebe er hat und je mehr Bereitschaft er hat, für seine Herde noch mehr zu leiden, um so größerer Herrlichkeit teilhaftig werden. Wenn er sich also nicht um sein Leben sorgt, solange nur die ihm Untergebenen leben, die sein mystischer Leib sind, so wird er desto mehr leben, je mehr dies wahr ist. Denn nicht nur er lebt in den Untergebenen, sondern diese leben in ihm, der sein Leben für sie geopfert hat.

Ac si caput habens debilia membra omnia patitur, ut membra sua sanentur, tunc ex sanitate membrorum, quae per eius passionem recuperata est, ipse homo etiam in capite in sanitate et vita augetur, et caput per tristitiam et passionem non reperit nisi gaudium.

Es ist, wie wenn ein Kopf, der schwache Glieder hat, alles erträgt, damit seine Glieder geheilt werden, und dann der Mensch durch die Heilung der Glieder, die durch sein Leiden erreicht worden ist, selbst auch im Kopf einen Zuwachs an Gesundheit und Leben erfährt und der Kopf vom Leid und der Traurigkeit nur Freude erntet.

30. Quanto enim animam suam seu vitam magis perdit propter caritatem, tanto magis invenit. Nam quanto magis perdit ex caritate, tanto caritas maior; quanto caritas maior, tanto vita spiritus maior, cum caritas sit vita spiritus intellectualis. Nam ex notitia Dei caritas procedit, quae est motus delectabilis seu vita, gaudium scilicet de apprehensione. Qui enim Deum noscit, non haesitat sibi ad ultimum oboediendum, et operatur omnia ex caritate. Unde actus per quem caritas ostenditur maior ostendit maiorem vitam in spiritu.

30. Je mehr er nämlich seine Seele, d.h. sein Leben, um der Liebe willen verliert, um so mehr findet er sie. Denn je mehr er aus Liebe verliert, um so größer ist die Liebe. Je größer die Liebe, um so größer das Leben des Geistes, da die Liebe das Leben des einsichtigen Geistes ist. Denn aus der Kenntnis Gottes geht die Liebe hervor, die eine den Menschen beglückende Regung ist, d.h. Leben, nämlich die Freude über das Begreifen. Wer nämlich Gott erkennt, zögert nicht, ihm bis zum Letzten zu gehorchen, und er tut alles aus Liebe. Daher erweist ein Akt, der größere Liebe anzeigt, ein größeres Leben im Geiste.

Sic spiritus, qui se dat ad humilitatem ultimam, ut quantum in eo est in nihilum resolvatur propter caritatem, ille dum videtur ire in nihil, transit in perfectius esse. Et propterea Christus dicebat superius quod pastor ponit animam, ut iterum sumat. Nam ponere vitam sive deponere, illud non est perdere sed invenire, non est minuere sed augere, quia et proposito et voluntate sua moriatur, tamen sic mori est vivere.

So geht ein Geist, der sich zu letzter Demut hingibt, um sich, soweit es auf ihn ankommt, um der Liebe willen ins Nichts aufzulösen, während er ins Nichts zu gehen scheint, in ein vollkommeneres Sein über. Und deshalb sagte Christus oben, daß der Hirt seine Seele hingibt, um sie wieder zu nehmen. Denn das Leben einsetzen oder abgeben heißt nicht, es verlieren, sondern es finden, nicht es mindern, sondern mehren, weil er aus Vorsatz und willentlich stirbt; und dennoch gilt: so sterben heißt leben.

Ecce immortalitatem spiritus qui moriendo invenit vitam. Omne id quod moriendo vivit deficere nequit, sed transit de morte ad vitam, scilicet ad conformitatem Dei, qui solus immortalitatem inhabitat.

Siehe die Unsterblichkeit des Geistes, der im Sterben das Leben findet! Alles, was durch Sterben Leben gewinnt, kann nicht Mangel erleiden, sondern geht vom Tode zum Leben über, nämlich zur Gleichförmigkeit mit Gott, der allein die Unsterblichkeit innehat.

Ex quo igitur experimur in nobis spiritum intellectualem esse, qui ad absolute et per essentiam bonum, verum, iustum etc., quae sunt nomina Dei, inclinatur et Deum tanto plus diligit quanto eius maiorem notitiam habuerit, diligit quia notitiam ipsam rationali dilectione, quae est concreata sibi et naturalis, tunc scimus spiritum nostrum

Daher erfahren wir also, daß in uns ein einsichtiger Geist ist, der geneigt ist zum absolut und wesentlich Guten, Wahren und Gerechten etc., welches Namen Gottes sind, und der Gott um so mehr liebt, je größer seine Kenntnis Gottes ist. Er liebt (Gott), weil er diese Kenntnis Gottes selbst mit geistiger Liebe

capacem vitae aeternae, quae vita non est nisi caritas Dei.

(umfängt), die ihm anerschaffen und natürlich ist. Daher wissen wir, daß unser Geist des ewigen Lebens fähig ist. Dieses (ewige) Leben besteht in nichts anderem als in der Liebe Gottes.

31. Et nota quod Christus cum non sit nisi verbum Dei Patrem ostendens, ideo ipse est cuius doctrina subinfert spiritum vitae. Nam ex notitia Dei Patris, quam Christus revelat in nobis, procedit caritas a Patre et notitia eius, quae est verbum seu Filius eius, et in nostrum diffunditur spiritum et est vivificans eum, quia ipsum movet motione gaudiosa, quae est vita, quia est motus cordialis sive centralis amorosus causatus a Deo amato, qui est intra ipsum mansionem faciens.

31. Beachte auch, daß Christus, da er nichts anderes ist als das Wort Gottes, das den Vater zeigt, selbst es ist, dessen Lehre den Geist des Lebens überträgt. Denn aus der Kenntnis Gottes des Vaters, die Christus in uns offenbart, geht die Liebe, die vom Vater ausgeht, und die Kenntnis des Vaters, die sein Wort, d.h. sein Sohn ist, hervor, und sie wird ausgegossen in unseren Geist und macht ihn lebendig, da sie ihn bewegt mit einer freudeerfüllten Bewegung. Diese beglückende Bewegung ist Leben, da sie eine herzliche, d.h. innerliche, liebevolle Bewegung ist, die vom geliebten Gott verursacht ist, der sich in unserem Geist eine Wohnung erbaut.

Verbum igitur illuminans animam, ut iustitiam et veritatem, quae sunt quaedam nomina seu notitia Dei, cognoscat, Christus est, qui est notitia revelans Patrem. Ideo Christus spiritum nostrum parat ad receptionem spiritus seu caritatis Dei, quem Deus Pater Christi mittit in nomine seu notitia sui, quae Filius est, et in nomine Filii scilicet notitia notitiae in spiritum intellectualem.
Et Christus dat illum sicut notitia boni influit eius amorem.

Das Wort also, das die Seele erleuchtet, damit sie die Gerechtigkeit und Wahrheit, die beide Namen oder Kennzeichen Gottes sind, erkennen möge, ist Christus, der die Kenntnis ist, die den Vater offenbart. Daher bereitet Christus unseren Geist für die Aufnahme des Geistes, d.h. der Liebe Gottes, welche Gott, der Vater Christi, in den einsichtigen Geist sendet in seinem Namen, d.h. in seiner Kenntnis, die der Sohn ist, und im Namen des Sohnes, sofern dieser Kenntnis der Kenntnis ist. Und Christus gibt diesen Geist, so wie die Erkenntnis des Guten die Liebe zum Guten anregt.

32. Unde patet Christum Patris revelatorem sive clarificatorem mittere spiritum vitae sive caritatem in corda fidelium, quia in Filio Pater. In notitia, quae Filius est, est Pater, qui noscitur seu revelatur. Et tam ex noto quam notitia oritur caritas.

32. Von daher ist klar, daß Christus, der Offenbarer des Vaters oder sein Erklärer, den Geist des Lebens, d.h. die Liebe, in die Herzen der Gläubigen sendet, da im Sohne der Vater ist. In der Kenntnis, die der Sohn ist, wird der Vater erkannt oder geoffenbart. So geht die Liebe wie aus dem Gekannten so (auch) aus der Kenntnis vor.

Ac si absoluta pulchritudo, quae in his, quae non sunt pulchra per essentiam sed participationem, per rationalem spiritum amatur, Filium suum unigenitum de essentia sua mitteret ad revelandum pulchritudinem sive Patrem suum in sua veritate et essentia, iste averteret rationalem spiritum ab amore participatae et corruptibilis pulchritudinis

Es ist so, daß die absolute Schönheit, die vom vernunftbegabten Geist in Dingen, die nicht schön sind, geliebt wird, ihren eingeborenen Sohn aus ihrer Wesenheit aussandte, um die Schönheit, d.h. seinen Vater, in seiner Wahrheit und Wesenheit zu offenbaren, und daß dieser Sohn den vernunftbegabten Geist von der

ad amorem seu caritatem absolutae et immortalis pulchritudinis, cuius natura est quod numquam potest satis amari sed quia semper amabilior est quam ametur.

Liebe zu den Dingen, die nur durch Teilhabe und nur zeitlich begrenzt schön sind, abwenden wollte und zur Liebe, d.h. zur "caritas" der absoluten und unvergänglichen Schönheit, hinführen wollte, deren Natur bedingt, daß sie niemals genug geliebt werden kann, da sie immer mehr wert ist, geliebt zu werden, als sie tatsächlich geliebt wird.

33. Ideo spiritus ille, qui ex amore in amando fortificatur, pascitur et crescit, unitive seu adhaesive aeternam laetitiam adipiscitur. Et sicut de pulchritudine dixi, ita de sapientia aut iustitia aut veritate concipe, quia sunt nomina Dei, qui est ipsa absoluta amabilitas, quae dicitur et bonitas, veritas, sapientia etc., quae amantur per spiritum rationalem, qui quidem rationalis amor est intellectualiter vivens et ad differentiam amoris brutalis caritas appellatur. Haec nunc sufficiant.

33. So erlangt jener Geist, der durch die Liebe im Lieben gestärkt wird, Weide findet und wächst, durch die Einigung die ewige Freude. Und was ich von der Schönheit gesagt habe, dasselbe gilt auch von der Gerechtigkeit und Wahrheit, denn es sind Bezeichnungen für Gott, der die absolute Liebenswürdigkeit ist, die auch Güte, Wahrheit, Weisheit usw. genannt wird, die vom vernunftbegabten Geist geliebt werden. Es handelt sich um eine gewisse rationale Liebe, die einsichthaft lebt und die zur Unterscheidung von einer rein sinnenhaften Liebe "caritas" benannt wird. Dies möge jetzt genügen.

Quellen

1. Handschriften

Codex Aquis Mattiacis 18, Landesbibliothek, Wiesbaden (S)
Codex Cusanus 220, Bibliothek des St.-Nikolaus-Hospitals (C)
Codex Magdeburgensis 38, Bibliothek des Domgymnasiums Magdeburg (D)
Codex Ashburnham 1374, Bibliothek Laurenziana, Florenz (L)
Codex Sublacensis 235, Bibliothek der Abtei Subiaco (U_1)
Codex Sublacensis 205, Bibliothek der Abtei Subiaco (U_2)
Codex Vaticanus Latinus 1244, Vatikanische Bibliothek, Rom (V_1)
Codex Vaticanus Latinus 1245, Vatikanische Bibliothek, Rom (V_2)

2. Editionen

Nicolai Cusae Cardinalis Opera, ed. Jacobus Faber Stapulensis, Parisiis 1514, Nachdr. Frankfurt 1962 (p)
Nicolai de Cusa Opera, ed. Henricus Petri, Basileae 1565 (b)
Nicolai de Cusa Opera omnia iussu et auctoritate Academiae Litterarum Heidelbergensis, Lipsiae 1932 sqq., Hamburgi 1959 sqq. (h)
Cusanus-Texte. Sitzungsberichte der Heidelberger Akademie der Wissenschaften, phil.-hist. Klasse, Heidelberg 1929ff (CT)

3. Berücksichtigte philosophisch-theologische Schriften des Nikolaus von Kues (in chronologischer Anordnung und mit Angabe der benutzten Edition)

De communione sub utraque specie [1433] (p II, 2, fol. 5^r-13^v)
De concordantia catholica I-III [1433/1434] (h XIV, 1-3)
De auctoritate presidendi in concilio generali [1434] (CT II, 1)
Reparatio kalendarii cum histographicae astrologicae fragmento [1434/1435] (p II, 2, fol. 22^r-39^r unter dem Titel: "De correctione calendarii")
De docta ignorantia I-III [1440] (h I)
De coniecturis [um 1442] (h III)
De intellectu evangelii Johannis. Quomodo ratio divina sit vita [1444] (C fol. 125^{r-v}; V_1 fol. 83^{ra-va})
De deo abscondito [1445] (h IV, 1)
De quaerendo deum [1445] (h IV, 1)
De filiatione Dei [1445] (h IV, 1)
Dialogus de Genesi [1447] (h IV, 1)
Apologia doctae ignorantiae [1449] (h II)
Idiota de sapientia [1450] (h V)
Idiota de mente [1450] (h V)
Idiota de staticis experimentis [1450] (h V)
De pace fidei [1453] (h VII)
De visione dei [1453] (h VI)
De theologicis complementis [1453] (p II, 2, fol. 93^v-100^v unter dem Titel: "Complementum theologicum")
De beryllo [1458] (h XI, 1)

Tu quia es 'de principio' [1459] (h X, 2, b)
De aequalitate [1459] (p II, 1, fol. 15^r-21^r)
Trialogus de possest [1460] (h XI, 2)
Cribratio Alcorani [1460/61] (h VIII)
De non aliud [1460/61] (h XIII)
De venatione sapientiae [1462] (h XII)
De ludo globi I und II [1462] (h IX)
Compendium [1463] (h XI, 3)
De venatione sapientiae (h XII)
De apice theoriae [1464] (h XII)

4. Berücksichtigte Sermones des Nikolaus von Kues

(Die römischen Ziffern bezeichnen die von R. Haubst und seinen Mitarbeitern in h XVI-XIX verwandte Zählung. Die in Klammern angefügten arabischen Ziffern beziehen sich auf die Zählung von J. Koch, CT I. 7)

Sermo I (19) "In principio erat Verbum" (25.12.1430)
Sermo III (3) "Hoc facite" (dies coenae Domini, 29.03.1431)
Sermo IV (1) "Fides autem catholica" (dies Trinitatis, 27.05.1431)
Sermo VIII (10) "Signum magnum" (15.08.1431)
Sermo XI (2) "Et verbum caro factum est" (25.12.1431)
Sermo XVI (6/1) "Gloria in excelsis Deo" (1432-35)
Sermo XIX (13) "Verbum caro factum est" (25.12.1438)
Sermo XX (14 n. 1-12) "Nomen eius Jesus" (01.01.1439 oder 1440)
Sermo XXII (16) "Dies sanctificatus" (25.12.1440)
Sermo XXIII (17) "Domine, in lumine vultus tui" (01.01.1441)
Sermo XXIV (18) "Jhesus in eyner allerdemutichster Menscheit" (zwischen 01. und 05.01.1441)
Sermo XXVII (20) "Jesus autem emissa voce magna exspiravit" (dies Parasceves, 19.04.1443)
Sermo XXX (23) "Constituite diem solemnem (25.03.1444)
Sermo XXXI (24/1) "In nomine Jesu" (Dominica in Palmis, 05.04.1444)
Sermo XXXII (24/2) "In nomine Jesu" (Dominica in Palmis, 05.04.1444)
Sermo XXXV (26) "Oportuit pati Christum" (dies Parasceves, 10.04.1444)
Sermo XL (31) "Martinus hic pauper" (dies sancti Martini, 11.11.1444)
Sermo XLI (32) "Confide filia" (22.11.1444)
Sermo XLII (33) "Ecce evangelizo vobis" (25.12.1444)
Sermo XLIII "Dies sanctificatus" (25.12.1444)
Sermo XLIV (35) "Dies sanctificatus" (26.12.1444)
Sermo XLV (36) "Dies sanctificatus" (26.12.1444)
Sermo XLVI (37) "Dies sanctificatus" (01.01.1445)
Sermo XLVIII (39) "Dies sanctificatus" (06.01.1445)
Sermo LIV (51) "Remittuntur ei peccata multa" (22.07.1445)
Sermo LXII (57) "Si quis sermonem meum servaverit" (14.06.1446)
Sermo LXXI (62) "Mariam optimam partem elegit" (15.08.1446)
Sermo LXXVI (71) "Am ersten zw reden" (Anfangsworte) (01.-04.03.1451)
Sermo CLIII (145) "Sie quis sermonem meum servaverit (07.04.1454)
Sermo CLV (147) "Vere filius Dei erat iste" (Dominica in Palmis, 14.04.1454)

Sermo CLXXXIX (183) "Qui manducat hunc panem" (dies sacramenti, 05.06.1455)

Sermo CCI (197) "Induimini dominum Jhesum Christum" (28.08.1455)

Sermo CCXI (208) "Mitto angelum meum" (Dominica tertia adventus, 14.12.1455)

Sermo CCLVIII (255) "Multifarie, multis modis" (25.12.1456)

Sermo CCLXIV (261) "Volo mundare" (Dominica secunda post octavas Epiphaniae, 23.01.1457)

Sermo CCLXXVIII (275) "Crucifixus est pro nobis" (dies Parasceves, 15.04.1457)

Sermo CCLXXX (277) "Ego sum pastor bonus" (02.05.1457)

Sermo CCXCIII, gehalten in der Abtei Montoliveto (05.06.1463) [CT IV, 3]

5. Übersetzungen

"Dies sanctificatus" vom Jahre 1439, lateinisch und deutsch mit Erläuterungen hrsg. von E. Hoffmann u. R. Klibansky, CT I, 1, Heidelberg 1929.

Schriften des Nikolaus von Cues, im Auftrage der Heidelberger Akademie der Wissenschaften hrsg. von E. Hoffmann, Predigten 1430-1441. Deutsch v. J. Sikora† und E. Bohnenstädt, Heidelberg 1952.

Nikolaus von Kues, Philosophisch-theologische Schriften, hrsg. und eingeführt von Leo Gabriel. Übersetzt und kommentiert von D. und W. Dupré, I-III, Wien 1964.

Nikolaus von Kues, Textauswahl in deutscher Übersetzung. 2. Die Vaterunser-Erklärung in der Volkssprache. Der moselfränkische Text ins Neuhochdeutsche übertragen von W. Jungandreas, Trier 1982.

Literaturverzeichnis

1. Cusanus-Bibliographien

Cusanus-Bibliographie von H. Kleinen und R. Danzer, in: MFCG 1 (1961), S.95-126.

Cusanus-Bibliographie, Fortsetzung (1961-1964) und Nachträge von R. Danzer, in: MFCG 3 (1963), S.223-237.

Cusanus-Bibliographie, 2. Fortsetzung (1964-1967) und Nachträge von W. Traut und M. Zacher, in: MFCG 6 (1967), S.178-202.

Cusanus-Bibliographie, 3. Fortsetzung (1967-1973) mit Ergänzungen von M. Vázques, in: MFCG 10 (1973), S.207-234.

Cusanus-Bibliographie, 4. Fortsetzung (1972-1982) mit Ergänzungen von A. Kaiser, in: MFCG 15 (1982), S.121-147.

2. Benutzte Literatur

Alszeghy, Z., Die Theologie des Wortes Gottes bei den mittelalterlichen Theologen, in: O. Wehner und M. Frickel, Theologie und Predigt. Ein Tagungsbericht, Würzburg 1958, S.239-251; auch: Gregorianum 39 (1958), S.685-705.

Alvarez, M., Rezension: K. Jacobi, "Die Methode der Cusanischen Philosophie", Freiburg/München 1969, in: MFCG 8 (1970), S.255-267.

Anselm von Canterbury, Proslogion, in: Opera omnia, ad fidem codicum recensuit F.S. Schmitt OSB, Stuttgart-Bad Cannstatt 1968.

Apel, K.O., Die Idee der Sprache bei Nikolaus von Cues, in: Archiv für Begriffsgeschichte I, Bonn 1955.

Aristoteles, Opera ex recensione I. Bekkeri edidit Academia Regia Borussica ed. altera quam curavit O. Gigon, I, Berlin 1960.

Augustinus Aurelius, De Trinitate, in: CCSL LA

Balzer, U., Menschliche Existenz im Humanismus. Nikolaus Cusanus in Gegenüberstellung zu Jean Paul Sartre und Albert Camus, in: J. Ruhloff (Hrsg.), Renaissance - Humanismus. Historische und systematische Studien zur Bildungstheorie der frühen Neuzeit, Wuppertal 1986.

Bargelini, S. Piero, San Barnardino da Siena, Le prediche volgari, Milano/Roma 1936.

Beierwaltes, W., Identität und Differenz, Frankfurt a.M. 1980.

Bitter, G., Was ist Korrelation? Versuch einer Bestimmung, in: Kat.Bl. 106 (1981), S.343-345.

Blumenberg, H., Die Legitimität der Neuzeit, 4. Teil, Aspekte der Epochenschwelle: Cusaner und Nolaner, erw. u. überarb. Auflage, Frankfurt 1982 (Suhrkamp Taschenbuch Wissenschaft 174).

Böhme, G., Bildungsgeschichte des frühen Humanismus, Darmstadt 1985.

Ders., Bildungsgeschichte des europäischen Humanismus, Darmstadt 1986.

Bormann, K., Die Koordinierung der Erkenntnisstufen (descensus und ascensus) bei Nikolaus von Kues, in: MFCG 11 (1975), 62-78.

Ders., "Übereinstimmung und Verschiedenheit der Menschen" (De con. II, 15), in: MFCG 13 (1978), S.88-104.

Bredow, G. von, Art. Complicatio/explicatio, in: Historisches Wörterbuch der Philosophie, hrsg. von J. Ritter, Basel/Stuttgart 1971, I, Sp. 1026.

Dies., "meliori modo quo", in: MFCG 6 (1967), S.21-26.

Cassirer, E., Das Erkenntnisproblem in der Philosophie und Wissenschaft der neueren Zeit, Bd. I, Berlin 1906.

Ders., Individuum und Kosmos in der Philosophie der Renaissance, Leipzig 1929.

Charland, Th.-M. O.P., Artes Praedicandi, Contribution à l'histoire de la rhétorique au Moyen Age, Paris/Ottawa 1936.

Clemens, F.J., Giordano Bruno und Nicolaus von Cues, Bonn 1847.

Colomer, E., Das Menschenbild des Nikolaus von Kues in der Geschichte des christlichen Humanismus, in: MFCG 13 (1978), S.117-143.

Duclow, D.F., The Analogy of the Word, in: Bijdragen. Tijdschrift voor Filosofie en Theologie, Nijmegen 38 (1977), S.282-299.

Dupré, W., Marginalien zu den Schriften des III. Bandes der Wiener Cusanus Edition, in: MFCG 7 (1969), S.103-119.

Ders., Der Mensch als Mikrokosmos im Denken des Nikolaus von Kues, in: MFCG 13 (1978), S.68-87.

Eicher, P., Das Offenbarungsdenken in seiner katechetischen Konsequenz, in: Kat.Bl. 101 (1976), S.289-305; unter dem Titel: Offenbarung. Zur Präzisierung einer überstrapazierten Kategorie, auch in: G. Bitter/G. Miller, Konturen heutiger Theologie, München 1976, S.108-134.

Englert, R., Glaubensgeschichte und Bildungsprozeß. Versuch einer religionspädagogischen Kairologie, München 1985.

Eucken, R., Untersuchungen zur Geschichte der älteren deutschen Philosophie, I. Joh. Kepler; II. Nicolaus von Cues, in: Philosophische Monatshefte XIV (1878), S.30-45.

Falckenberg, R., Grundzüge der Philosophie des Nikolaus Cusanus mit besonderer Berücksichtigung der Lehre vom Erkennen, Breslau 1880.

Fiefel, E., Tradierung und Vermittlung des Glaubens als katechetisches Problem, in: E. Feifel u. W. Kasper (Hrsg.), Tradierungskrise des Glaubens, München 1987.

Feigl, M., Nikolaus von Kues, Über den Ursprung, Heidelberg 1967.

Flasch, K., Nikolaus von Kues und Pico della Mirandola, in: MFCG 14 (1980), S.113-120.

Gabriel, L., Einführung: Nikolaus von Kues, Philosophisch-theologische Schriften, hrsg. und eingeführt von L. Gabriel, übersetzt und kommentiert von D. u. W. Dupré, Bd. I, Wien 1964, S.IX-XXIV.

Gilson, E./Bohner, Ph., Nikolaus von Cues, in: Christliche Philosophie von ihren Anfängen bis Nikolaus von Cues, Paderborn [3]1954.

Glossner, M., Nikolaus von Cusa und Marius Nizolius als Vorläufer der neueren Philosophie, München 1891.

Halder, A., Aktion und Kontemplation, in: Christlicher Glaube in moderner Gesellschaft VIII, S.71-98, Freiburg 1980.

Haubst, R., Das Bild des Einen und Dreieinen Gottes in der Welt nach Nikolaus von Kues, Trier 1952 (abgekürzt zitiert: R. Haubst, Das Bild).

Ders., Studien zu NvK und Johannes Wenck, BGPhThMA XXXVIII/1, Münster 1955.

Ders., Die Christologie des Nikolaus von Kues, Freiburg 1956 (abgekürzt zitiert: R. Haubst, Die Christologie).

Ders., Über die jüngsten Fortschritte der Cusanus-Edition: Theol.Rev. 56 (1960).

Ders., Nikolaus von Kues vor dem verborgenen Gott, in: Wissenschaft und Weisheit. Zeitschrift für Augustinisch-Franziskanische Theologie und Philosophie in der Gegenwart, 23 (1960), S.174-186.

Ders., Die Thomas- und Proklos-Exzerpte des "Nicolaus Trevirensis" im Codicillus Straßburg 84, in: MFCG, 1 (1961), S.17-51.

Ders., Nikolaus von Kues und die Analogia entis, in: P. Wilpert (Hrsg.), Die Metaphysik im Mittelalter, Vorträge des II. Internationalen Kongresses für mittelalterliche Philosophie, Miscellanea Mediaevalia 2, Berlin 1963, S.686-695.

Ders., Das Wort als Brot, in: Martyria - Leiturgia - Diakonia. Festschrift für Bischof Hermann Volk, Mainz 1968, S.21-39.

Ders., Vom Sinn der Menschwerdung. Cur Deus homo, München 1969.

Ders., Theologie in der Philosophie - Philosophie in der Theologie des Nikolaus von Kues, in: MFCG 11 (Mainz 1975), S.233-260 (abgekürzt zitiert: R. Haubst, Theologie in der Philosophie).

Ders., Nikolaus von Kues als Interpret und Verteidiger Meister Eckharts, in: U. Kern (Hrsg.), Freiheit und Gelassenheit. Meister Eckhart heute, München/Mainz 1980, S.75-96.

Ders., Aktuelles aus der Cusanusforschung, in: MFCG 15 (1982), S.29-42.

Ders., Christliche Mystik im Leben und Werk des Nikolaus von Kues, in: Katholische Akademie Trier (Hrsg.), Die Bedeutung der Mystik für die Kirche (trierer scripte 18), Trier 1983, S.126-147 (abgekürzt zitiert: Christliche Mystik).

Ders., Christus ist uns "näher als Bruder und Freund", in: Corona amicorum. Alois Thomas zur Vollendung des 90. Lebensjahres von Kollegen, Freunden und Schülern dargeboten, Trier 1986, S.124-133.

Ders., Praefactio generalis, in: h XVI (noch nicht veröffentlicht).

Heimsoeth, H., Die sechs großen Themen der abendländischen Metaphysik und der Ausgang des Mittelalters, Darmstadt [4]1958.

Heinz-Mohr, G., Nikolaus von Cues und das Mönchtum, in: Benediktinische Monatsschrift zur Pflege religiösen und geistigen Lebens 38 (1952), S.27-32.

Ders., Unitas christiana. Studium zur Gesellschaftslehre des Nikolaus von Kues. Mit Geleitwort hrsg. von J. Lenz, Trier 1958.

Heinzmann, R., Veritas humanae naturae, in: L. Scheffczyk/W. Dettloff/R. Heinzmann (Hrsg.), Wahrheit und Verkündigung. München/Paderborn/Wien 1967, I, S.779-798.

Helander, B.H., Die visio intellectualis als Erkenntnisweg und -ziel des Nicolaus Cusanus, Uppsala 1988.

Herold, N., Bild, Symbol und Analogie: die "Modelle" des Nikolaus von Kues, in: H. Stachowiak (Hrsg.), Pragmatik. Handbuch pragmatischen Denkens, Bd. I. Pragmatisches Denken von den Ursprüngen bis zum 18. Jahrhundert, Hamburg 1986, S.300-318.

Hirschberger, J., Geschichte der Philosophie I, Altertum und Mittelalter, Freiburg 1976.

Ders., Das Prinzip der Inkommensurabilität bei Nikolaus von Kues, in: MFCG 11 (1975), S. 39-54.

Hoffmann, E., Nikolaus von Cues, 2 Vorträge, Heidelberg 1940.

Ders., Platonismus und christliche Philosophie, Stuttgart 1960.

Hofmann, F., Die unendliche Sehnsucht des menschlichen Geistes, in: MFCG 18 (1989), S.69-86.

Hommes, J., Die philosophische Gotteslehre des Nikolaus Kusanus in ihren Grundlehren, München 1926.

Institut für Cusanusforschung, Kritisches Verzeichnis der Londoner Handschriften aus dem Besitz des Nikolaus von Kues, in: MFCG 3 (1963), S.16-100.

Jacobi, K., Die Methode der Cusanischen Philosophie, Freiburg/München 1969 (abgekürzt zitiert: K. Jacobi, Die Methode).

Ders. (Hrsg.), Nikolaus von Kues, Freiburg/München 1979.

Jansen, B., Aufstiege zur Metaphysik heute und ehedem, Teil II, 1. Kapitel: Antinomistische Metaphysik: Nikolaus von Kues, Freiburg 1933.

Jaspers, K., Nikolaus Cusanus, München ^{2}1987.

Johannes Paul II., Apostolisches Schreiben "Catechesi Tradendae" über die Katechese in unserer Zeit, Hrsg.: Sekretariat der Deutschen Bischofskonferenz, Verlautbarungen des Apostolischen Stuhles 12, Bonn 1979.

Jungandreas, W., Zur Überlieferung und Sprache der deutschen Vaterunser-Auslegung des Nikolaus von Kues, in: MFCG 7 (1969), S. 67-88.

Ders., Glaubensverkündigung im Licht der Frohbotschaft, Innsbruck 1963.

Klibansky, R., Ein Proklos-Fund und seine Bedeutung, Heidelberg 1929.

Koch, J., Vier Predigten im Geiste Eckharts, lat. u. dt. mit Einl. und Erl., Cusanus-Texte, I. Predigten, 2/5, Heidelberg 1937.

Ders., Untersuchungen über Datierung, Form, Sprache und Quellen. Kritisches Verzeichnis sämtlicher Predigten, Cusanus-Texte, I. Predigten, 7, Heidelberg 1942.

Ders., Nikolaus von Cues und seine Umwelt. Untersuchungen zu Cusanus-Texte, IV. Briefe, 1, Heidelberg 1948.

Ders., Die Ars coniecturalis des Nikolaus von Kues, Köln/Opladen 1956.

Ders., Meister Eckharts Weiterwirken im deutsch-niederländischen Raum, Kleine Schriften I, Roma, Edizioni di Storia e Letteratura 127 (1973).

Ders./Teske, H., Die Auslegung des Vaterunsers in vier Predigten, Cusanus-Texte, I. Predigten, 6, Heidelberg 1940.

Kremer, K., Erkennen bei Nikolaus von Kues, Apriorismus - Assimilation - Abstraktion, in: MFCG 13 (1978), S.23-57.

Ders., Die Hinführung (manuductio) von Polytheisten zum einen, von Juden und Muslimen zum dreieinen Gott, in: MFCG 16 (1984), S.126-159.

Ders., Gott in allem alles, in nichts nichts, in: MFCG 17 (1986), S.188-219.

Leclercq, J., L'amour des lettres et le désir de Dieu, Paris 1957.

Lentzen-Deis, W., Cusanische Prinzipien der Glaubensvermittlung, in: TThZ 96 (1987), S.98-110.

Lenz, J., Die docta ignorantia oder die mystische Gotteserkenntnis des Nikolaus Cusanus in ihren philosophischen Grundlagen, Würzburg 1923.

Löwith, K., Weltgeschichte und Heilsgeschehen. Die theologischen Voraussetzungen der Geschichtsphilosophie, Stuttgart 1973.

Metzke, E., Nikolaus von Cues und Martin Luther (Aus dem Nachlaß), in: Gründer, K. (Hrsg.), Coincidentia oppositorum, Gesammelte Studien zur Philosophiegeschichte, Witten 1961, S.205-240.

Meuthen, E., Die letzten Jahre des Nikolaus von Kues. Biographische Untersuchungen nach neuen Quellen, Köln/Opladen 1958.

Ders., Die Pfründen des Cusanus, in: MFCG 2 (1962).

Ders., Peter von Erkelenz, in: Zeitschrift des Aachener Geschichtsvereins, Bd. 85/85, Aachen 1977/78.

Ders., Nikolaus von Kues. Skizze einer Biographie, Münster [6]1985.

Nagel, F., Nicolaus Cusanus und die Entstehung der exakten Wissenschaften, Münster 1984.

Neumann, E., Die Ursprungsgeschichte des Bewußtseins, München 1974.

Neuner, J., Das Gottesproblem bei Nikolaus von Cues, in: PhJ 46 (1933).

Nipkow, K.E., Christlicher Glaubensunterricht in der Säkularität. Die zwei didaktischen Grundtypen des evangelischen Religionsunterrichts, in: Ev.Erz. 20 (1968)

Ohly, F., Vom geistigen Sinn des Wortes im Mittelalter, in: Schriften zur mittelalterlichen Bedeutungsforschung, Darmstadt 1977, S.1-29.

Otto, S., Nikolaus von Kues, in: O. Höffe, Klassiker der Philosophie, Bd. I, München 1981, S.245-261.

Petzelt, A., Einführung, in: Nicolaus von Cues, Texte seiner philosophischen Schriften, Bd. I, Stuttgart 1949.

Pfeifer, H., Der Rückgriff auf das Neue Testament im Denken des Nikolaus von Kues, in: TThZ 94 (1985), S.197-211.

Pinborg, J., Die Entwicklung der Sprachtheorie im Mittelalter, in: BGPhThMA, XLII/2, Münster 1967.

Poulin, A., Die Fülle der Gnaden, Bd. I u. II, Freiburg 1901.

Pralle, L., Die Wiederentdeckung des Tacitus. Ein Beitrag zur Geistesgeschichte Fuldas und zur Biographie des jungen Cusanus, in: Quellen und Abhandlungen zur Geschichte der Abtei und Diözese Fulda, Bd. 17, Fulda 1952.

Przywara, E., Analogia entis, in: LTHK I, 468.

Rahner, K., Grundkurs des Glaubens, Freiburg/Basel/Wien [8]1976.

Ranft, J., Schöpfer und Geschöpf nach Kardinal Nikolaus von Cusa. Ein Beitrag zur Würdigung des Kardinals als Mystiker, Würzburg 1924.

Ratzinger, J., Einführung in das Christentum, München 1968.

Reinhardt, K., Christus, die "absolute Mitte" als der Mittler zur Gotteskindschaft, in: MFCG 18 (1989), S.196-220.

Ritter, J., Docta ignorantia. Die Theorie des Nichtwissens bei Nicolaus Cusanus, Leipzig 1927 (abgekürzt zitiert: J. Ritter, Docta ignorantia).

Ders., Die Stellung des Nicolaus von Cues in der Philosophiegeschichte. Grundsätzliche Probleme der neueren Cusanus-Forschung, in: Bl.f.dt.Phil. XIII (1939) (abgekürzt zitiert: J. Ritter, Die Stellung).

Ders., Nicolaus von Cues, in: Th. Haering (Hrsg.), Das Deutsche in der deutschen Philosophie, Stuttgart/Berlin 1941.

Ruhloff, J., Renaissance - Humanismus. Pädagogisches Gegenwartsproblem und historischer Begriff, in: Ruhloff, J., Renaissance - Humanismus. Historische und systematische Studien zur Bildunstheorie der frühen Neuzeit, Wuppertal 1986.

Schaeffler, R., Fähigkeit zur Erfahrung. Zur transzendentalen Hermeneutik des Sprechens von Gott, Freiburg 1982.

Schmidt, M./Biberach, R. von, Die siben strassen zu got. Florenz 1969.

Schnackenburg, R., Das Johannesevangelium, Herders theologischer Kommentar zum Neuen Testament IV, 1. und 2. Teil, Freiburg/Basel/Wien 1971.

Schneyer, J.B., Die Unterweisung der Gemeinde über die Predigt bei scholastischen Predigern. Eine Homiletik aus scholastischen Prothemen. München/Paderborn/Wien 1968.

Ders., Die Hochschätzung der Predigt bei den Predigern des Spätmittelalters, in: L. Scheffczyk/ W. Dettloff/R. Heinzmann, (Hrsg.), Wahrheit und Verkündigung, Bd. I, S.580-592.

Schönborn, Chr. O.P., "De docta ignorantia" als christozentrischer Entwurf, in: K. Jacobi (Hrsg.), Nikolaus von Kues, Freiburg 1979, S.138-156.

Schulz, W., Der Gott der neuzeitlichen Metaphysik, Pfullingen 1957.

Senger, H.G., Mystik als Theorie bei Nikolaus von Kues, in: P. Kolowski, (Hrsg.), Gnosis und Mystik in der Geschichte der Philosophie, Zürich/München 1988, S.111-134.

Ders., Die Sprache der Metaphysik, in: K. Jacobi (Hrsg.), Nikolaus von Kues, München 1979, S.74-100.

Sikora†, J./Bohnenstädt, E., Predigten 1430-1441, Heidelberg 1952, S. 368-390.

Stadtler, M., Rekonstruktion einer Philosophie der Ungegenständlichkeit. Zur Struktur des cusanischen Denkens, München 1983.

Stallmach, J., Der "Zusammenfall der Gegensätze" und der unendliche Gott, in: K. Jacobi (Hrsg.), Nikolaus von Kues, Freiburg/München 1957, S.56-73.

Ders., Ineinsfall der Gegensätze und Weisheit des Nicht-Wissens. Grundzüge der Philosophie des Nikolaus von Kues, Münster 1989.

Thomas v. Aquin, Summa theologiae, in: Opera omnia curante R. Busa S.J., Stuttgart-Bad Cannstatt 1980.

Torrell, J.P., Frère Thomas d'Aquin prédicateur, in: Freiburger Zeitschrift für Philosophie und Theologie 29, 1982, S.175-188.

Uebinger, J., Die Gotteslehre des Nikolaus Cusanus, Münster/Paderborn 1888.

Vansteenberghe, E., Le Cardinal Nicolas de Cues 1401-1464. L'action - la pensée, Paris 1920.

Volkmann-Schluck, K.H., Die Philosophie im Übergang vom Mittelalter zur Neuzeit, Frankfurt 1957.

Vorlander, K./Metzke, E./Knittermeyer, H., Geschichte der Philosophie, Hamburg 1963ff.

Wackerzapp, H., Der Einfluß Meister Eckharts auf die ersten Philosophischen Schriften des Nikolaus von Kues, in: BGPhThMa XXXIX/3 (1962).

Wenck von Herrenberg, Johannes, De ignota litteratura, ed. E. Vansteenberghe, in: BGPhThMA VIII/6 Münster 1910.